Große Prozesse
im antiken Athen

Große Prozesse im antiken Athen

Herausgegeben von
Leonhard Burckhardt und
Jürgen von Ungern-Sternberg

Verlag C.H. Beck

Mit 9 Abbildungen im Text

Die Deutsche Bibliothek – CIP-Einheitsaufnahme

Große Prozesse im antiken Athen / hrsg. von Leonhard Burckhardt
und Jürgen von Ungern-Sternberg. –
München : Beck, 2000 – ISBN 3 406 46613 3

ISBN 3 406 46613 3

© Verlag C.H.Beck oHG, München 2000
Satz: Janß, Pfungstadt.
Druck und Bindung: Ebner, Ulm
Gedruckt auf säurefreiem, alterungsbeständigem Papier
(hergestellt aus chlorfrei gebleichtem Zellstoff)
Printed in Germany

www.beck.de

Inhalt

Leonhard Burckhardt/Jürgen von Ungern-Sternberg
Einleitung: Große Prozesse im antiken Athen 7

I.
Die Gerichtshöfe und ihr Verfahren

Karl-Wilhelm Welwei Die Entwicklung des Gerichtswesens
im antiken Athen
Von Solon bis zum Ende des 5. Jahrhunderts v. Chr.   15

Gerhard Thür Das Gerichtswesen Athens im
4. Jahrhundert v. Chr. 30

Charlotte Schubert Der Areopag
Ein Gerichtshof zwischen Politik und Recht 50

Martin Dreher Verbannung ohne Vergehen
Der Ostrakismos (das Scherbengericht) 66

II.
Politische Prozesse

Lukas Thommen Spielräume der Demokratie
Der Prozeß gegen Themistokles 81

Kurt Raaflaub Den Olympier herausfordern?
Prozesse im Umkreis des Perikles 96

Fritz Graf Der Mysterienprozeß 114

Leonhard Burckhardt Eine Demokratie wohl, aber kein
Rechtsstaat? Der Arginusenprozeß des Jahres 406 v. Chr. . 128

Jürgen von Ungern-Sternberg ‹Die Revolution frißt ihre
eignen Kinder› Kritias vs. Theramenes 144

Peter Scholz   Der Prozeß gegen Sokrates
Ein ‹Sündenfall› der athenischen Demokratie? 157

Johannes Engels   ‹Der Streit um den unbeliebten Frieden›
Der Gesandtschaftsprozeß 343 v. Chr. 174

Wolfgang Schuller   Der Kranzprozeß des Jahres 330 v. Chr.
oder: Der Abgesang auf die klassische Polis 190

Walter Eder
Die Harpalos-Affäre 201

III.
Alltag vor Gericht: Zwei Privatprozesse

Ulrich Manthe   Die Tötung des Ehebrechers 219

Winfried Schmitz   Die zwei Leben des Euktemon
Familienstreit zwischen Bürgerlichkeit und Milieu 234

Anhang

Literatur und Anmerkungen 255
Zeittafel 289
Glossar 291
Sachregister 293
Personenregister 297
Die Autoren 301

Einleitung:
Große Prozesse im antiken Athen

Leonhard Burckhardt / Jürgen von Ungern-Sternberg

Das Gerichtswesen des antiken Athen genoß nie einen guten Ruf. Viele zeitgenössische Stimmen ließen an der Prozeßfreudigkeit der athenischen Bürger und an der Willkür und Beeinflußbarkeit der Richter kein gutes Haar und warfen den Gerichten vor, dem Einfluß geschickter Rhetorik stärker zu unterliegen als dem Willen der Gesetze und dem Wunsch, Gerechtigkeit zu üben. Am häufigsten aber wird das unheilvolle Wirken der Sykophanten, einer Art professioneller Ankläger, angeprangert, die mittels unberechtigter Klagen unschuldige Bürger erpreßten und sich so bereichern wollten.

Manche moderne Beobachter ließen sich von solchen Kritiken leiten und stellten ihrerseits der athenischen Rechtspflege kein gutes Zeugnis aus. Die Kenntnisse der einfachen athenischen Bürger, die die Geschworenengerichte besetzten, hätten kaum dazu ausgereicht, die Feinheiten jedes Falles nachzuvollziehen und so anhand der gesetzlichen Grundlage adäquat zu beurteilen. Mißbrauch sei an der Tagesordnung gewesen, sachfremde Gesichtspunkte hätten den Ausschlag für das Urteil gegeben, die Gerichte seien stark politisiert gewesen.

In der Tat sind einige athenische Gerichtsfälle durchaus dazu angetan, das Rechtswesen als wenig gerecht erscheinen zu lassen und damit das Unbehagen von Skeptikern zu bestätigen. Die Aufklärung des Hermenfrevels und der folgende Mysterienprozeß (415 v. Chr.) etwa verliefen so undurchsichtig, daß von Rechtsfindung kaum die Rede sein kann, sondern wir es eher mit politischen und persönlichen Abrechnungen zu tun zu haben scheinen. Im Arginusenfall (406 v. Chr.) wurden erfolgreiche Feldherren wegen unterlassener Hilfeleistung zum Tode verurteilt, obwohl sie, aus späterer Perspektive zu Recht, widrige Umstände geltend machen konnten. Im Sokrates-Prozeß, dem bekanntesten Skandal der griechischen Rechtsgeschichte (399 v. Chr.), wurde einer der aus heutiger Sicht bedeutendsten Philosophen der Weltgeschichte aus uns wenig einleuchtenden Gründen der Hinrichtung überantwortet.

Solche spektakulären Fälle prägten lange die moderne Wahrnehmung des athenischen Gerichtswesens. Aber trotz dieser zunächst eindeutig scheinenden Urteile und Hinweise fragt es sich, ob die antiken Autoren und die modernen Forscher den Athenern wirklich gerecht werden, wenn sie ihnen willkürlichen Umgang mit dem Recht vorwerfen. Die ersteren betrachten entweder von ihrem demokratiekritischen Blickwinkel die athenische Demokratie und ihre Institutionen besonders streng, oder sie urteilen aus einer gegebenen Situation heraus, die eine bestimmte Äußerung nahelegt: Sykophant ist dann zum Beispiel der jeweilige Prozeßgegner, der einen ohne jeden sachlichen Grund plagt. Die letzteren neigen häufig dazu, heutige Rechtsgrundsätze zum Maßstab auch für das antike Athen zu nehmen, und laufen damit Gefahr, modernes Verständnis von Rechtsstaatlichkeit bereits in der Antike finden zu wollen. Dieses aber ist keineswegs eine für alle Zeiten gültige Maxime, sondern fußt seinerseits auf Entwicklungen, die erst mit den Konsequenzen der Aufklärung zum Durchbruch gekommen sind.

In jüngster Zeit freilich hat sich die Tendenz verstärkt, das athenische Gerichtswesen aus seinem gesellschaftlichen, kulturellen, politischen und institutionellen Umfeld heraus und damit methodisch korrekter zu analysieren.[1] Es zeigt sich dabei, daß die athenische Rechtspflege und ihre Eigenheiten nicht verstanden werden können, ohne daß Athens politisches System als Ganzes ins Auge gefaßt wird. In der direkten Demokratie Athens war das Volk sowohl politischer wie judikativer Entscheidungsträger, und die Bürger wechselten fast nahtlos vom einen in den anderen Bereich. Die Bürgerschaft wollte in der Politik wie in der Rechtspflege das letzte Wort haben; jeder Athener sollte deswegen die Möglichkeit haben, als Richter tätig zu werden. Die Funktion der Gerichte ging weit über die Gerechtigkeitssuche und Streitschlichtung hinaus. Sie nahmen wesentliche politische Aufgaben wahr, nicht nur direkt, indem sie zumindest im 4. Jahrhundert v. Chr. in das Gesetzgebungsverfahren involviert waren, sondern auch indirekt. Ihnen oblag letztlich die Kontrolle der führenden Politiker durch den kleinen Mann, sie boten auch ein Forum zur kontrollierten Austragung politischen Streites und gleichzeitig ein Selektionsfeld zur Auswahl politischen Personals, und nicht zuletzt verhalfen sie der Demokratie auch zu einer Bühne der Selbstdarstellung, weil die jeweiligen Gerichtsfälle öffentlich waren und in präzise festgelegten Formen die Arbeit der Demokratie quasi dramaturgisch zugespitzt vorgeführt wurde. Natürlich widerspricht ein derart politisiertes Gerichtssystem unseren Normen, die eine Trennung zwischen richtender, vollziehender und entscheidender Gewalt verlangen, aber für die Athener war es wichtiger, daß das Volk in allen öffentlichen Bereichen unmittelbar die letzte Instanz blieb. Die Gerichte mußten in diesem Sinne eine politische Rolle spielen, sie waren neben anderen Instanzen mit ein Garant für das Wohlergehen der Demokratie.

Der vorliegende Band will einen Beitrag zu einem besseren historischen Verständnis der antiken griechischen Rechtspflege leisten, indem er zunächst in vier strukturell orientierten Beiträgen einen Überblick über das athenische Gerichtswesen gibt und dann anhand einzelner Fallstudien dessen Funktionieren konkret aufzeigt. Die enge Verflechtung zwischen Politik und Recht wird bereits in der Genese und der Entwicklung des athenischen Gerichtswesens deutlich. K.-W. Welwei stellt sie als einen von unterschiedlichen Tendenzen beeinflußten Prozeß dar, der zumindest für die athenische Einschätzung zur Gleichwertigkeit der Gerichte mit der Volksversammlung, der maßgeblichen politischen Instanz, führte.

In G. Thürs Beitrag werden die ausgeklügelten Mechanismen zur Bestellung der Gerichtshöfe sowie der konkrete Ablauf eines Verfahrens erläutert. Es wird deutlich, daß sich auch die Athener der Gefahr bewußt waren, daß sich ihr Gerichtswesen für Zwecke mißbrauchen ließ, die weder mit den Anliegen der Bürgerschaft noch mit der Wahrheitsfindung in Einklang zu bringen waren. Der Willkür und Bestechlichkeit versuchte die Polis mit äußerst feinen Mechanismen vorzubeugen, die geeignet sein sollten, irgendwelche unstatthafte Beeinflussung der richtenden Bürger zu verhindern. Sie dokumentieren das Bedürfnis, zu einem für die damalige Auffassung korrekten und für die Gemeinschaft zuträglichen Urteil zu kommen.

Das Oszillieren zwischen politischer und judikativer Rolle ist besonders auch beim ältesten Rat Athens, beim Areopag, spürbar, der zugleich Mordgerichtshof war. Ch. Schubert legt anhand der schwierigen Quellenlage dar, daß Vorstellungen über seine Position im öffentlichen Leben des 4. Jahrhunderts v. Chr. von zeitgenössischen Autoren auf frühere Zeiten zurückgespiegelt wurden und unser Bild von der frühen Bedeutung dieser Institution deswegen möglicherweise verzerrt ist.

M. Drehers Artikel über den Ostrakismos gilt keinem eigentlichen Gerichtsverfahren – insofern ist der bis heute sprichwörtliche deutsche Ausdruck ‹Scherbengericht› irreführend –, sondern einer Einrichtung, die zwar gerichtsähnliche Züge aufwies, aber sich als ein den Athenern und auch anderen Griechen eigentümliches Mittel politischer Auseinandersetzung erweist. Daß dabei nicht strafrechtliches Verschulden der betroffenen Politiker, sondern einzig politische Opportunität leitend war, erstaunt nicht.

Die einführende Darstellung des athenischen Gerichtswesens bildet den Auftakt zu den nun folgenden Fallstudien. Vor dem Ende des 5. Jahrhunderts v. Chr. erfahren wir Näheres nur von einigen politisch bedeutsamen Prozessen, die sämtlich wegen eben dieses politischen Charakters auch mehr oder minder irregulär verlaufen sind. Aber vielleicht ist das ein Urteil *ex post* und wäre es besser, von einem Lernprozeß zu sprechen, den die erste direkte Demokratie der Weltgeschichte gerade auf dem heiklen Gebiet der Rechtsprechung zu durchlaufen hatte.

So zeigt L. Thommen, wie ein Themistokles nach virtuosem Gebrauch des Ostrakismos zur Ausschaltung seiner Gegner selbst diesem plebiszitären Mittel zum Opfer fiel, um dann in einem dubiosen Prozeß *in absentia* – er, der große Sieger über die Perser! (480 v. Chr.) – wegen verräterischer Beziehungen zu eben diesen Persern bestraft zu werden. Der überragende Staatsmann der nächsten Generation, Perikles, wurde erst gegen Ende seiner politischen Laufbahn zu einer Geldstrafe verurteilt, und auch dies ohne nachhaltige Wirkung. Sehr lehrreich ist indes K. Raaflaubs Nachweis, daß die spätere Überlieferung allmählich die Personen um Perikles mit einem ganzen Kranz weitgehend erfundener Prozesse umgeben hat, die das Bild seiner Lebensgefährtin Aspasia ebenso nachhaltig geprägt haben wie das des berühmten Bildhauers Phidias oder des Philosophen Anaxagoras.

Der Peloponnesische Krieg (431–404 v. Chr.), das Jahrzehnte währende Ringen zwischen Athen und Sparta um die Hegemonie in Griechenland, setzte die athenische Gesellschaft auch psychisch unter hohen Druck und führte mehrmals zu politischen Umstürzen. Deshalb war es nur folgerichtig, daß gerade diese Epoche einige der berüchtigsten Justizskandale hervorgebracht hat. F. Graf zeichnet ein Bild des frivolen Spiels der athenischen Jeunesse dorée mit den religiösen Ängsten des Volkes und seiner überzogenen Reaktion darauf anläßlich von Hermenfrevel und Mysterienprozeß. Gleichzeitig machte sich hier aber auch schon oligarchische Opposition gegen die Demokratie geltend, die bald darauf einen Kritias und Theramenes auf die politische Bühne brachte. Ihr Zusammenwirken und schließlich den Sturz des Theramenes durch den radikalen Kritias setzt J. von Ungern-Sternberg mit ähnlichen Vorgängen während der Französischen Revolution in Verbindung. Die gefährdete Situation der athenischen Demokratie macht nach dem Urteil von L. Burckhardt auch das zunächst so irrational anmutende Todesurteil gegen die Sieger bei den Arginusen (406 v. Chr.) verständlicher. Eine geschickte Regie brachte die Volksversammlung dazu, auf ihrem Entscheidungsrecht uneingeschränkt zu beharren – auf Kosten von Rechtssicherheit und Berechenbarkeit, wie man im nachhinein erkennen mußte.

Im Sokratesprozeß hingegen verlief das Verfahren vollständig in den Bahnen rechtsstaatlicher Ordnung. Und doch ist er, wie P. Scholz zeigt, noch als Nachwirkung der vorangehenden Wirren zu betrachten, hatte Sokrates doch zahlreiche Schüler unter den nunmehr diskreditierten Oligarchen gehabt. Dieser Umstand erleichterte wohl zahlreichen Richtern das Todesurteil gegen den eigenwilligen Philosophen – dessen bleibender Ruhm sich paradoxerweise gerade der Akzeptierung dieses aus seiner Sicht ungerechten Richterspruchs verdankt.

Der bedeutendste Redner Athens war nach dem Urteil der Nachwelt Demosthenes. Sein Kampf gegen die aufstrebende Macht Philipps II. von Makedonien erwies sich zwar letztlich als vergeblich, sein konsequentes Eintreten für die als richtig erkannte Sache gewann aber vorbildlichen Rang, wie paradigmatisch die *Philippischen Reden* Ciceros gegen Antonius zeigen. W. Schuller schildert den ‹Kranzprozeß›, in dem die zeitgenössischen Athener nach und trotz der Niederlage von Chaironeia (338 v. Chr.) nicht anders empfanden – zu ihrer Ehre, da sie gerade in dieser symbolträchtigen Situation das sonst übliche opportunistische Prinzip der ‹Erfolgshaftung› hintanstellten, des Urteils also nach dem schlichten Ergebnis einer Politik oder eines Feldzugs ohne Rücksicht auf widrige und entlastende Umstände.

Im ‹Kranzprozeß› wie im vorhergehenden ‹Gesandschaftsprozeß› standen sich Demosthenes und Aischines gegenüber. Die Reden beider Seiten sind – ein seltener Fall! – erhalten. J. Engels verfolgt das finessenreiche Ringen um die richtige Politik gegenüber Philipp II., das schon damals Demosthenes für sich entschieden hat, auch wenn Aischines knapp freigesprochen wurde. In eine andere Zeit, die Spätphase Alexanders des Großen, führt uns die von W. Eder dargestellte Harpalos-Affäre, ein trüber Bestechungsskandal, in dem niemand eine gute Figur machte, auch Demosthenes nicht, der wie manch anderer nach ihm zu seinem Unheil seine eigentliche große Zeit überlebt hatte. Und doch bereitete sich inmitten von Intrigen und prozessualen Tricks noch einmal ein Freiheitskampf Athens, diesmal gegen Antipater, vor, bei dem Demosthenes seinen letzten Auftritt haben, freilich auch sein Ende finden sollte.

In Athen mußten Ankläger und Angeklagte vor Gericht in eigener Sache, also ohne Anwälte, auftreten. Sie konnten für die Abfassung ihrer Reden freilich die Hilfe anderer in Anspruch nehmen, wofür sich in den sogenannten *Logographen* ein förmlicher Berufszweig herausgebildet hatte. Eine Vielzahl der uns erhaltenen Reden verdankt ihre Entstehung dieser Praxis, die von den Verfassern nicht nur Sach- und Rechtskunde verlangte, sondern insbesondere auch psychologisches Feingefühl: Die Rede mußte im Munde derer, die sie dann hielten, glaubwürdig wirken, also deren Charakter entsprechen. In dem von U. Manthe analysierten Prozeß um ‹die Tötung des Ehebrechers› führt uns Lysias in die Häuslichkeit eines biederen Atheners mit seiner listigen Ehefrau und deren Liebhaber – oder war die Biederkeit nur vorgetäuscht, um die Tötung des Liebhabers als ungeplant und damit erlaubt zu erweisen? W. Schmitz entfaltet anhand der Isaios-Rede *Über das Erbe des Philoktemon* die verwickelten Verwandschafts- und Vermögensverhältnisse eines athenischen Familienpatriarchen, die unversehens auch das ‹Rotlichtmilieu› der Stadt in Erscheinung treten lassen.

Diese beiden Beispiele sollen abschließend zugleich deutlich machen, in welchem Ausmaß viele der uns erhaltenen Gerichtsreden das Alltagsleben Athens reflektieren und die Sorgen und Streitigkeiten der Menschen abseits der großen Politik in farbigem Lichte schildern.

Sämtliche Beiträge dieses Bandes wurden zunächst im Juni 1999 anläßlich einer Tagung in der Römer-Stiftung Dr. René Clavel in Augst bei Basel vorgetragen und diskutiert. Es ist den Herausgebern eine angenehme Pflicht, den Verantwortlichen der Stiftung zu danken, insbesondere auch Frau Anne-Marie Gunzinger-Vanotti, die die Tagung mit großer Umsicht organisiert und durchgeführt hat. Der Dank gilt in gleicher Weise der Freiwilligen Akademischen Gesellschaft und ihrem Vorsteher, Herrn Dr. Christoph J. C. Albrecht, die die Unkosten der Tagung finanziert haben. Herrn Rene Pfeilschifter danken wir für die sorgfältige Korrektur der Fahnen und die Anlage des Glossars. Schließlich danken wir auch Herrn Dr. Stefan von der Lahr, der als Lektor des Beck-Verlags die von uns vorgeschlagene Thematik bereitwillig aufgegriffen und mit schon gewohnter Sorgfalt und Energie die Drucklegung betreut hat.

I.
DIE GERICHTSHÖFE UND IHR VERFAHREN

Die Entwicklung des Gerichtswesens im antiken Athen
Von Solon bis zum Ende des 5. Jahrhunderts v. Chr.

Karl-Wilhelm Welwei

In den *Wolken* des Aristophanes erklärt ein skurriler Sokratesschüler dem attischen Bauern Strepsiades auf einer großen Landkarte die Lage Athens, findet aber keinen Glauben, weil Strepsiades in der Zeichnung keine Gerichte erkennen kann. Der Dichter karikiert in dieser Szene einfache Athener, die offenbar in den Gerichtshöfen das bedeutendste athenische Polisorgan sahen, weil Gerichtsurteile einerseits ihr eigenes Leben unter Umständen tiefgreifend veränderten, andererseits aber in dieser Institution alle Athener offizielle Funktionen ausüben konnten und infolge der Lücken im attischen Recht beachtliche Entscheidungsfreiheit besaßen.

Als die Komödie 423 v. Chr. aufgeführt wurde, hatte die Rechtspflege in Athen bereits eine lange Entwicklung durchlaufen. Ihre Anfänge gehen letztlich zurück auf vorstaatliche Formen der Streitschlichtung in Kleingesellschaften. Ein wohl typisches Verfahren in dieser Welt wird in der «Gerichtsszene» der homerischen Schildbeschreibung skizziert.[1] Bemerkenswert ist die Anteilnahme von Siedlungsbewohnern, die nicht an der Urteilsfindung beteiligt sind, aber die Ausführungen der Schiedsmänner akklamierend begleiten und hierdurch offenbar dazu beitragen, daß ein Konsens erzielt wird. Einzelpersonen, nicht aber besondere Gruppen von hohem sozialen Rang oder Verwandtschaftsverbände repräsentieren in dieser Szene als Zuschauer gewissermaßen eine «Öffentlichkeit».

Vermutlich waren ähnliche Formen oder Versuche der Streitbeilegung auch eine der Voraussetzungen für die Konstituierung des «Volksgerichtes» (*Heliaia*) durch den athenischen Staatsmann Solon im frühen 6. Jahrhundert v. Chr. Allerdings konnte die *Heliaia* nur dadurch staatliche Instanz mit allgemein anerkannten Kompetenzen werden, daß sich bereits auf der Führungsebene des sich formierenden Gemeinwesens Athen eine Institutionalisierung von Ordnungs- und Leitungsaufgaben durch potentiell ständig zur Verfügung stehende Funktionsträger (Archonten) vollzogen hatte. Konturen gewinnt für uns der Zusammenhang zwischen der Entwicklung der

Rechtspflege und der Institutionalisierung der Ämter in Athen erstmals im Blutrecht Drakons (um 620 v. Chr.). Hiervon sind Teile einer Neuaufzeichnung der Bestimmungen über die Verfolgung von unvorsätzlicher Tötung aus dem Jahre 409/08 v. Chr. erhalten.[2] Zuständig war in diesem Fall ein Gericht von 51 Epheten («Untersucher»), denen die Feststellung der Willensrichtung des Täters oblag. Verkündet wurde das Urteil vom *Basileus*, einem der neun Archonten, der die Polisgemeinschaft nach einer Bluttat zu entsühnen hatte und bei der Leitung des «Prozesses» vermutlich von den als *Phylobasileis* bezeichneten Vorstehern der vier altattischen Phylen, die Unterabteilungen der Polisgemeinschaft waren, unterstützt wurde. Die Epheten tagten in solchen Fällen am Palladion (östlich der Akropolis), wo sie auch nach einem Mord an einem freien Nichtbürger oder an einem Sklaven zu Gericht saßen; demgegenüber erfolgte ihre Urteilsfindung am Delphinion (beim Tempel des Zeus Olympios?), wenn jemand behauptete, rechtmäßig getötet zu haben (zum Beispiel einen auf frischer Tat ergriffenen Ehebrecher). Ferner hatten sich ihnen beim Bezirk des Phreatos (am Meer) Verbannte zu verantworten, die wegen eines Tötungsdeliktes angeklagt waren. Für die Ahndung von vorsätzlichem Mord an einem Athener war wahrscheinlich schon im Recht Drakons der aus einem Adelsrat hervorgegangene und nach seinem Tagungsort, dem Ares-Hügel, benannte Areopag zuständig, der aus ehemaligen Archonten bestand und als Blutgericht ebenfalls vom *Basileus* geleitet wurde.[3] Die genannten Gerichtsstätten waren sakrale Orte, an denen Tötungsdelikte abgeurteilt werden mußten.

Bereits vor Solon hatte der Areopag als Gericht auch Strafen gegen Unruhestifter und potentielle Tyrannen verhängt.[4] Ob entsprechende Kompetenzen auf Drakon zurückgehen, ist nicht zu entscheiden. Möglicherweise ist dem Areopag nach dem Putschversuch Kylons, der um 630 v. Chr. versuchte, Tyrann von Athen zu werden, ohne spezielle Regelungen die Aufgabe zugewachsen, Verbannungsstrafen bei Gefährdung des inneren Friedens der Gemeinschaft auszusprechen. Prozessuale Verfahren dieser Art setzen Anzeigen oder Meldungen voraus. Allem Anschein nach hat dann Solon Bestimmungen über die Verfolgung der betreffenden Straftaten in seine Satzungen aufgenommen.[5] Indem bereits seit Drakon Funktionsträger der Polis (des griechischen Stadtstaates) die genannten Aufgaben zur Sicherung der inneren Ordnung nach vorgeschriebenen Regeln zu erfüllen hatten, erhielt der Prozeß der Institutionalisierung von Gerichtsverfahren und darüber hinaus generell von politischen Organen der Polis zugleich neue Impulse.

Rechtshistorisch aufschlußreich ist zudem die Einbindung der Phratrien («Bruderschaften») in die sich entwickelnde Rechtspflege des Gemeinwesens. Phratriegenossen repräsentieren im Recht Drakons segmentale Elemente des Polisverbandes und fungieren insofern als Substitute für Verwandtschaftsverbände in Sozialsystemen, die noch sogenannten *face-to-face-societies* (Kleingesellschaften) zuzuordnen sind.[6] Zu beachten ist zudem, daß nach Tötungsdelikten relativ große Personenkreise (51 Epheten bzw. etwa 150 Areopagiten) als reguläre Organe eingeschaltet wurden. Offenbar sollte dies mit dazu beitragen, daß Racheakte gegen «Richter» möglichst verhindert wurden. Auch dies weist zurück auf vorstaatliche Verhältnisse.

Eine neue Dimension gewann der Aspekt der Beteiligung eines möglichst großen Kollektivs an der Urteilsfindung durch die Konstituierung der solonischen *Heliaia*, die in den Quellen nie generell mit dem Volk, dem Demos, identifiziert wird, so daß ihre Mitglieder jedenfalls in klassischer Zeit ihre Funktionen nicht *als* Demos, sondern *für* den Demos ausübten.[7] Allem Anschein nach galt die *Heliaia* schon seit Solon als eigene Institution neben der Volksversammlung. Wir wissen indes nicht, ob die klassische Zahl von 6000 Heliasten («Richter» in der *Heliaia*) bereits von Solon fixiert wurde. Angesichts der demographischen Verhältnisse im frühen 6. Jahrhundert ist dies unwahrscheinlich. Hingegen könnte das in klassischer Zeit für Heliasten geltende Mindestalter von 30 Jahren schon von Solon festgesetzt worden sein.

Im übrigen war die *Heliaia* wohl von Anfang an nicht nur Berufungsgericht gegen Strafen, die Amtsträger verhängt hatten, sondern für bestimmte Verfahren Gericht in erster Instanz. Wenn beispielsweise in klassischer Zeit jemand wegen Mißhandlung seiner Eltern oder wegen unvorsätzlicher Tötung oder wegen Verweigerung des Kriegsdienstes verurteilt worden war und sich an einem für ihn verbotenen Platz aufgehalten hatte und deswegen vor die *Heliaia* gebracht wurde, fungierte dieses Gericht nicht als Berufungsinstanz.[8] Diese Bestimmungen gehen offenbar schon auf Solon zurück, der die *Heliaia* in das sich formierende institutionelle Gefüge Athens integrierte. Sie konnte nur von zuständigen Amtsträgern einberufen und geleitet werden, so daß ihre Funktionsweise dem bereits im Blutrecht Drakons erkennbaren Prinzip einer Kooperation von Leitungsinstanzen und «Laienrichtern» in der Rechtspflege entsprach.

Durch Solons Konstituierung der *Heliaia* erhielt die athenische Rechtspraxis eine dritte tragende Säule neben den Blutgerichten und den mit Strafbefugnissen ausgestatteten Archonten einschließlich der Thesmotheten, der Rechtsetzer, die dann in klassischer Zeit vor allem den Vorsitz in den Gerichtshöfen der *Heliaia* führten. Die Schaffung der neuen Institution der *Heliaia* zählt zweifellos zu den folgenreichsten Maßnahmen Solons. Sie war wie kein anderes Polisorgan geeignet, eine starke Klammer für die Verbindung von Rechtsordnung und politischer Organisationsform zu bilden. In ihrem zeithistorischen Kontext war die *Heliaia* gleichsam Ausdruck des solonischen Leitgedankens der Sicherung eines geordneten Zusammenlebens der Polisgemeinschaft, in der die Rechtsordnung noch zugeschnitten war auf die Unmittelbarkeit der Lebensverhältnisse der archaischen Zeit. Sie sollte die Solidarität der Gemeinschaft fördern, wie vor allem die Popularklage verdeutlicht, die jedem Bürger die Anzeige von Unrechtstaten erlaubte. Als Laienrichter der *Heliaia* konnten sich auch die ärmeren Bürger als Teilhaber an der Polisgemeinschaft empfinden und Verantwortung tragen für den politisch-rechtlichen Gesamtverband des Gemeinwesens. Durch die große Zahl der Richter aber war die *Heliaia* auch geeignet, in ferner Zukunft einmal Funktionen auszuüben, die ihr Initiator nicht zu ahnen vermochte. Die Größe der *Heliaia* ermöglichte später ihre Aufteilung in mehrere Gerichtshöfe, Dikasterien, als nach der siegreichen Abwehr der Perser 480/79 v. Chr. die Großmachtstellung der Athener das Gerichtswesen mit einer Fülle von neuen Aufgaben konfrontierte. Diese trugen dann des weiteren mit dazu bei, daß die von Perikles beantragte «Richterbesoldung» als minimale Entschädigung für die Funktionen der Richter, der Dikasten, eingeführt wurde, damit die Funktionsfähigkeit der Polisordnung gewährleistet blieb, wenn permanent zahlreiche Bürger aktiviert werden mußten.

Bereits nach der Gesetzgebung Solons hatte aber die athenische Rechtsordnung Bewährungsproben ganz anderer Art zu bestehen. Zunächst handelte es sich um Unruhen, die um 590 v. Chr. sowie Mitte und Ende der achtziger Jahre des 6. Jahrhunderts aus aristokratischen Rivalitäten um die dominierende Position in Athen resultierten. Es ist bemerkenswert, daß die Rechtspflege hierdurch wohl kaum längere Zeit unterbrochen wurde. Auch die beiden sogenannten ersten Tyrannenherrschaften des Peisistratos haben offenbar nicht zu längeren Störungen im Gerichtswesen geführt, und nach seiner endgültigen Machtergreifung (etwa 546) hatte Peisistratos schwerlich unbegrenzte Handlungsmöglichkeiten, zumal er sich nicht auf einen durchorganisierten Erzwingungsstab stützen konnte und auf eine Kooperation mit Angehörigen der traditionellen Oberschicht angewiesen war, die ihrerseits durch Ausübung von Ämtern unter der Dominanz des Tyrannenhauses ihr Sozialprestige zu wahren suchten.

Als Neuerung des Peisistratos in der Rechtspflege wird lediglich die Einsetzung von sogenannten Demenrichtern in den Landgemeinden (Demen) genannt. Es muß aber dahingestellt bleiben, ob diese Nachricht in der unter dem Namen des Aristoteles überlieferten *Athenaion Politeia* («Staat der Athener») zutreffend ist. Demenrichter, die für vermögensrechtliche Bagatellsachen zuständig waren, sind erst seit 453/52 sicher belegt.[9] Unter Peisistratos blieb jedenfalls die solonische Gerichtsverfassung kontinuierlich funktionsfähig als Teil des institutionellen Gefüges der Polis Athen, das der Tyrann und seine Söhne und Nachfolger nicht beseitigen konnten, wenn auch die Peisistratiden ihr Machtmonopol bis 510 v. Chr. zu wahren vermochten.

Inwieweit dann Institutionen der Rechtspflege durch die Reformen des Kleisthenes (508/07 v. Chr.) direkt betroffen wurden, ist schwer zu sagen. Nachrichten liegen hierzu nicht vor. Vermutlich hat Kleisthenes keine gezielten Eingriffe in die Rechtspflege vorgenommen. Gleichwohl sind von seinen Maßnahmen bedeutende Impulse zur Weiterentwicklung des Gerichtswesens in Athen ausgegangen, weil in der Folgezeit Veränderungen in der Lagerung der Macht dazu führten, daß bei Verstößen gegen Polisinteressen bzw. bei vermeintlicher Gefahr für die innere Ordnung die *Ekklesia* (Volksversammlung) oder die *Heliaia* als Gericht fungieren konnten.[10] Neue gesetzliche Regelungen zur Verfahrensweise in solchen Fällen sind auch aus den Jahren nach den kleisthenischen Reformen indes nicht bekannt. «Politische» Prozesse gegen Miltiades den Jüngeren setzen aber voraus, daß in Athen bereits ein breiter Konsens in der Frage der Strafbefugnisse gefunden werden konnte, wenn Maßnahmen zum Schutz des Gemeinwesens getroffen werden sollten. Politische Prozesse waren jene Verfahren insofern, als es hier nicht darum ging, kriminelle Vergehen zu ahnden, durch die Einzelpersonen oder kleinere Gruppen Schaden erlitten hatten. Vielmehr waren nach Auffassung der Kläger Interessen der gesamten Polisgemeinschaft tangiert. Der erste Prozeß gegen Miltiades (493 v. Chr.) fand wahrscheinlich vor der *Heliaia* statt und endete mit einem Freispruch. Die Anklage wegen Errichtung einer Tyrannis auf der thrakischen Chersones[11] diente eher als Vorwand. Das eigentliche Problem war die Persergefahr. Ohne diese außenpolitischen Herausforderungen jener Jahre ist der Prozeß, der Ausdruck damaliger Rivalitäten um den maßgebenden Einfluß auf die Entscheidungsfindung in Athen war, gar nicht denkbar, denn es ging Ende der neunziger Jahre des 5. Jahrhunderts v. Chr. um die existentielle Frage, ob und wie man gegen die zu erwartende persische Invasion, die dann 490 bei Marathon scheiterte,

Widerstand leisten sollte. Auch im zweiten Verfahren gegen Miltiades 489 spielten sowohl innen- als auch außenpolitische Faktoren eine Rolle, nachdem vor Paros unter Führung des Miltiades ein großangelegtes Unternehmen gescheitert war, das darauf abzielte, durch Ausweitung des athenischen Einflusses auf Teile der Kykladen gewissermaßen ein strategisches Vorfeld gegen weitere persische Angriffe von der See her zu schaffen. Herodots Bericht über die Anklage, die auf Täuschung des Demos lautete, verschleiert den eigentlichen Hintergrund, läßt aber noch erkennen, daß Miltiades das Vertrauen, das ihm die Athener nach der Schlacht bei Marathon entgegenbrachten, eingebüßt hatte, so daß die Anklage seiner politischen Rivalen nunmehr zum Erfolg führte.[12] Das Verfahren fand in diesem Fall offenbar vor der *Ekklesia* statt.

Es bestätigt, daß sich seit Kleisthenes die politischen Rahmenbedingungen erheblich verändert hatten. Im Fall einer Anklage gegen politische oder militärische Führungskräfte konnte jetzt der Demos die Entscheidung über Freispruch oder Verurteilung treffen, sei es als theoretische Gesamtheit in der Volksversammlung, sei es durch die Institution der *Heliaia*, in der ja zahlreiche Bürger mitwirken konnten. In solchen Prozessen konnten aber auch Freundschafts- oder Verwandtschaftsverhältnisse wichtige Stützen darstellen, wie Herodots Bericht über den Verlauf des zweiten Verfahrens gegen Miltiades zeigt. Somit zeichnete sich bereits im frühen 5. Jahrhundert, das heißt Jahrzehnte vor der vollentwickelten klassischen Demokratie, ein Trend zu einer gewissen Politisierung von Prozessen gegen athenische Führungskräfte ab. Eindeutige Regelungen über Zuständigkeiten oder Instanzenwege für politische Prozesse gab es offensichtlich nicht. Es ist nicht überliefert, daß damals ein spezielles Eisangeliegesetz existierte, das nach einer «Anzeige» (*Eisangelia*) ein Verfahren vor der *Ekklesia* zwingend vorgeschrieben und damit indirekt Kompetenzen des Areopags eingeschränkt haben könnte. Wahrscheinlich wurde von Fall zu Fall darüber entschieden, ob die *Ekklesia* oder die *Heliaia* eingeschaltet werden sollte.

Eine Anzeige wegen politischen Fehlverhaltens war zwar wohl weiterhin beim Areopag möglich. Wenn aber entsprechende Verfahren auch vor der Volksversammlung oder vor dem Volksgericht stattfinden konnten, so bedeutet dies, daß es im Unterschied zu der seit Drakon klar geregelten Verfahrensweise in Fällen von Mord oder Totschlag noch keine zwingenden Vorschriften für die Verfolgung einer Verletzung der Polisinteressen gab. Offensichtlich wurde dies nicht als Defizit empfunden. Dies hatte in der Folgezeit wiederum erhebliche Konsequenzen in bezug auf das Strafmaß. So konnte später ein der Korruption überführter Beamter bei einem Eisangelieverfahren von der Volksversammlung oder einem Gerichtshof zum Tode verurteilt werden, während er mit einer Geldstrafe davonkam, wenn die Sache bei der Rechenschaftsablegung aufgedeckt wurde.

Die Vielfalt der Klagemöglichkeiten ist im übrigen weder in der öffentlichen Strafverfolgung (*Díke demosía*), die jeder Bürger (*ho Boulómenos*, «jeder, der will») anstrengen konnte, noch im Privatprozeß (*Diké idía*), in dem von der verletzten bzw. betroffenen Partei Klage erhoben werden mußte, beseitigt worden. Auch in der Privatklage, die nicht nur strittige Rechtsverhältnisse zwischen Privatleuten klären sollte, sondern auch der Verfolgung bestimmter Delikte diente, die gegen Einzelpersonen begangen worden waren, blieb es dabei, daß sich das Strafmaß nach der Form des Verfahrens richtete, wie dies etwa bei der Ahndung von Diebstahl der Fall war.[13]

Demosthenes sucht dieses Phänomen damit zu erklären, daß jeder athenische Bürger die Möglichkeit haben sollte, mit den ihm zur Verfügung stehenden Mitteln sein Recht zu erlangen.[14] Hierauf lief die skizzierte Rechtspraxis in der Tat hinaus. Allerdings hat Demosthenes nicht die historische Dimension der Entstehung der athenischen Rechtsordnung gesehen. Die genannten Möglichkeiten eines Geschädigten bestätigen erneut, daß gewisse Elemente der Rechtspflege einer Kleingesellschaft tradiert wurden. Dies ist nicht gleichbedeutend mit Stagnation. Im Kontext der Entstehung der athenischen Demokratie vollzog sich ein längerer, in den einzelnen Stadien allerdings nicht mehr klar erkennbarer Prozeß der Einschränkung der Strafbefugnisse der mit der Rechtspflege befaßten Magistrate. Sie konnten in klassischer Zeit nur fixierte Strafen auf niedrigem Niveau verhängen, wenn auch der Exekutivbehörde der Elfmänner nach wie vor in bestimmten Fällen die Ahndung eines schweren Deliktes (zum Beispiel eines Einbruchs) oblag und die Archonten (einschließlich der Thesmotheten) weiterhin Prozesse vor den Gerichtshöfen leiteten.

Ferner ist zu beachten, daß die athenische Polisgemeinschaft nach der Abwehr der Invasion des Perserkönigs Xerxes (480/79) sich wachsenden Herausforderungen infolge der neuen Großmachtstellung ihres Gemeinwesens stellen mußte. Dies wirkte sich in mannigfacher Weise auf die Formen der innenpolitischen Auseinandersetzungen und Rivalitäten aus, durch die auch das Gerichtswesen tangiert wurde. Ein frühes Indiz hierfür ist der Prozeß gegen den einst erfolgreichen athenischen Politiker Themistokles, der in Abwesenheit entweder von der *Heliaia* oder von der Volksversammlung wegen *Medismos*, Perserfreundlichkeit, verurteilt wurde. Das Verfahren gegen Kimon, der nach der Niederwerfung der Erhebung der Thasier im Anschluß an seine Rechenschaftsablegung von politischen Rivalen wegen Bestechlichkeit angeklagt wurde und einen Freispruch erhielt, fand dann bereits im Vorfeld der Reformen des Ephialtes (462 v. Chr.) statt. Verlauf und Ergebnis dieses Verfahrens haben in den Auseinandersetzungen um das Reformprogramm zweifellos eine Rolle gespielt.[15]

Die von Ephialtes, seinen Ratgebern und «politischen Freunden» vorgetragenen Argumente in der Vorbereitungsphase der Reformen sind allerdings im einzelnen nicht bekannt. Zu vermuten ist aber, daß insonderheit eine effektive Kontrolle der Strategen, der Befehlshaber der athenischen See- und Landstreitkräfte, gefordert wurde, deren Aufgabenbereich sich erheblich erweitert hatte, zumal sie gegebenenfalls weiträumige militärische Operationen leiten mußten. Eine Intensivierung der Beamtenkontrolle ließ sich beispielsweise damit begründen, daß der Demos in der Volksversammlung die wichtigsten Entscheidungen zu treffen hatte und aufgrund der Verlagerung der Macht auf die gesamte Bürgerschaft auch die Kontrolle über die Funktionsträger beanspruchen konnte. Hierfür sollten neben der *Ekklesia* selbstverständlich in erster Linie die *Heliaia* und der Rat der 500 zuständig sein, d. h. Institutionen, in denen alle Schichten der Bürgerschaft vertreten sein konnten. Jedenfalls oblagen die Beamtenkontrolle und die sich hieraus ergebende Gerichtsbarkeit fortan der Volksversammlung, der *Heliaia* und dem Rat *(Boulé)* der 500 bzw. Ausschüssen des Rates. Hingegen ist nicht bekannt, ob Ephialtes ein neues Eisangeliegesetz eingeführt hat. Möglicherweise wurden damals noch Meldungen über staatsgefährdende Aktionen unter den Begriff *Eisangelia* in einem allgemeinen Sinne subsumiert, so daß hierunter generell eine Anzeige verstanden wurde, während erst später verschiedene neue Beschlüsse die Verfahrensregeln für bestimmte Fälle vorschrieben, ohne daß ältere Bestimmungen außer Kraft gesetzt wurden. Jedenfalls konnten später Eisangelieklagen sowohl in der Volksversammlung als auch im Rat vorgebracht werden.

Im übrigen ist nicht bekannt, ob Ephialtes oder seine Helfer prozeßrechtliche Neuerungen für private Streitigkeiten und Deliktfälle initiiert und die Einteilung der *Heliaia* in mehrere Gerichtshöfe (Dikasterien) beantragt haben. Zweifellos zeichnete sich aber bereits ab, daß neue Anforderungen an die Rechtspraxis der Großpolis Athen gestellt wurden, die Zentrum eines weitreichenden Netzes von Handelsverbindungen wurde und sich als Vormacht des Seebundes in demographischer und wirtschaftlicher Hinsicht stark veränderte. Schon durch die Bevölkerungszunahme dürfte die Zahl der Klagen und Prozesse erheblich gewachsen sein. Pointiert könnte man postulieren, daß nach Ephialtes eine Konstituierung der für die Rechtspraxis der klassischen Demokratie charakteristischen Dikasterien notwendig geworden wäre, falls dies bis dahin noch nicht geschehen war. Jedenfalls wurden um 460 v. Chr. die 6000 Richter, die jährlich ausgelost wurden, auf 10 Sektionen verteilt, deren Vorsitz dann die Archonten einschließlich der Thesmotheten sowie des sogenannten Schreibers der Thesmotheten das gesamte Amtsjahr hindurch führten, so daß in dieser Zeit die einzelnen Gerichtshöfe jeweils mit Rechtsfällen befaßt waren, die in die Zuständigkeiten ihrer Leiter fielen.

Die Funktionen der Vorsitzenden dürften sich nach Einrichtung der Dikasterien im Prinzip kaum verändert haben. Alle politischen Prozesse wurden von den *Thesmotheten* geleitet, die «Fremdengerichtsbarkeit» fiel in den Kompetenzbereich des *Polemarchos*, des nominellen Oberbeamten für das Kriegswesen, der *eponyme Archon*, nach dem das Jahr benannt wurde, befaßte sich mit Familien- und Erbschaftsangelegenheiten, und der *Basileus*, der Oberbeamte mit sakralen Funktionen, leitete die Blutgerichte. An den Gerichtstagen – im 4. Jahrhundert etwa 170 bis 220 im Jahr – wurde aus der Großgruppe von 6000 Geschworenen die jeweils benötigte Zahl von «Richtern» ausgelost. Wir kennen zwar nur die Zahlen für die Zeit des Aristoteles, doch bietet die Überlieferung hier zumindest einige Anhaltspunkte für die Verfahrensweisen im 5. Jahrhundert, so daß anzunehmen ist, daß auch damals schon bei privaten Streitigkeiten mit einem Streitwert von unter 1000 Drachmen 201, bei einem höheren Streitwert aber 401 Geschworene für das «Richterkollegium» ermittelt wurden, während bei öffentlichen Anklagen Gerichtshöfe von 501, 1001, 1501, 2001 oder 2501 Richtern gelost und in einem brisanten Fall (415 v. Chr.) sogar alle Geschworenen berufen wurden.

Jeder Prozeß durfte nur einen Tag dauern. Für öffentliche Anklagen stand dem Ankläger und dem Angeklagten jeweils ein Drittel der Prozeßdauer von etwa $9^1/_2$ Stunden zur Verfügung. Die übrige Zeit wurde für Abstimmungen (auch über das Strafmaß) und Reden für die Festsetzung der Strafe benötigt. Die «Richter» hatten zu schweigen und konnten nur abstimmen. Im Prinzip liefen nach diesem Muster auch die «privaten» Prozesse ab, die aber gegebenenfalls weniger Zeit beanspruchten. Wie aufgrund einer Nachricht des Thukydides (8, 54, 4) zu vermuten ist, fungierten im 5. Jahrhundert auch bereits Vorläufer der sogenannten *Synegoroi*, die als «Mitredner» und Vertreter der Kläger und der Beklagten bzw. Angeklagten im 4. Jahrhundert in der den Parteien zustehenden Redezeit auftreten konnten.

Die *Synegoroi* waren natürlich ebensowenig wie die Geschworenen ausgebildete Juristen, die es in Athen bekanntlich gar nicht gab. Eine systematische Weiterentwicklung der Rechtspflege ist unter diesen Voraussetzungen nicht zu erwarten, doch entstand hierdurch in der Rechtsordnung kein Chaos. Die Kodifikation Solons blieb kontinuierlich eine Orientierungsmarke für Volksbeschlüsse über neue Gesetze und Verfahrensweisen. Wir können indes die einzelnen Phasen dieses Prozesses im 5. Jahrhundert nicht rekonstruieren. Es besteht aber kein Zweifel, daß die *Nomoi* (Gesetze) stets als dauerhafte Normen galten. Wenn Aristophanes in den im Frühjahr 422 aufgeführten *Wespen* zu suggerieren sucht, daß die Dikasterien faktisch Werkzeuge weniger Demagogen seien, so sind hier groteske Übertreibungen des Komödienspottes zu berücksichtigen. Die Stücke des Aristophanes verdeutlichen aber auch, daß Vermögens-, Familien- und Erbsachen einen beträchtlichen Teil der Rechtsprechung ausmachten. Viele Rechtsstreitigkeiten zwischen Privatleuten wurden im übrigen durch Schiedsrichter geschlichtet. Die Gerichte wurden dann nur im Fall eines Widerspruchs gegen die Entscheidung eingeschaltet.

Ein wichtiger Faktor für die Weiterentwicklung des athenischen Gerichtswesens wurde langfristig der Wandel der Strukturen des Seebundes. In diesem Zusammenhang ist noch einmal auf die Reformen des Ephialtes zu verweisen, die einen Zuwachs an Kontrollfunktionen der Polisorgane und eine hierdurch mitbedingte Erweiterung der Jurisdiktion sowie letztlich auch eine Aufteilung der Heliasten auf verschiedene Gerichtshöfe zur Folge hatten. Hierdurch wurde wiederum das athenische Gerichtswesen in die Lage versetzt, einen wesentlichen Beitrag zu einer Intensivierung athenischer Herrschaft zu leisten. Allerdings läßt sich diese Entwicklung nur vage zeitlich eingrenzen. Nach einem athenischen Volksbeschluß zur Regelung der Rechtsbeziehungen zwischen Athen und Phaselis in Lykien (Kleinasien) konnte offenbar der für Rechtsstreitigkeiten zwischen Athenern und *Xenoi* (freien Nichtbürgern) zuständige *Polemarchos* noch aus eigener Kompetenz Entscheidungen treffen.[16] Eine exakte Datierung jenes Vertrages, der nach 469 v. Chr. geschlossen wurde, ist nicht möglich.

Im übrigen wurden in der Folgezeit Veränderungen in der Jurisdiktion wohl kaum nur durch eine einzige umfassende Neuregelung initiiert. Wohl aber ergaben sich gerade um die Mitte des 5. Jahrhunderts infolge der Großmachtstellung Athens für die Gerichtshöfe zunehmend neue Aufgaben, wie etwa ein Zusatzantrag zu dem athenischen Volksbeschluß über die Wiedereingliederung der Polis Chalkis (Euboia) in den Seebund im Spätsommer oder Frühherbst 446 v. Chr. verdeutlicht.[17] Hiernach mußte eine *Ephesis*, d. h. hier eine «Überweisung», an die «Heliaia der Thesmotheten» in Athen erfolgen, wenn einem Chalkidier wegen eines Deliktes die Todesstrafe oder die Verbannung drohte. Wahrscheinlich bezieht sich der Antragsteller auf einen früheren athenischen Beschluß über die Verfolgung von Kapitaldelikten durch Athen. Solche Maßnahmen dienten der Konsolidierung der Macht Athens, garantierten aber auch geregelte Verfahren. Aus athenischer Sicht sollten hierdurch wohl nicht zuletzt auch innere Konflikte und Spannungen in Seebundstädten entschärft werden. Nichtintendierte Nebenwirkungen einer spezifischen Instrumentalisierung des athenischen Herrschaftsapparates durch Strafandrohungen und Durchsetzung eines Gerichtsmonopols skizziert der Autor der pseudoxenophontischen *Athenaion Politeia* generalisierend durch den Hinweis, daß sich die Bundesgenossen als «Knechte» (*Douloi*) der Athener fühlen, wenn sie vor deren Gerichten erscheinen müssen.[18]

Hatten aber die Athener überhaupt Alternativen zu den angedeuteten Mitteln der Stabilisierung ihrer Hegemonie im Seebund? Die Strukturen dieser zunächst als Schild gegen das Perserreich konzipierten Symmachie (Kampfbündnis) waren langfristig durch die Kräftekonstellation in der Ägäis vorgegeben. Neue Organisationsformen etwa auf der Basis eines Bundes gleichberechtigter Mitglieder waren nach Lage der Dinge in diesem gewaltigen Mosaik von kleinen und großen Gemeinwesen kaum zu realisieren. So entsprach aus der Sicht der Athener die Einbindung ihrer Gerichtshöfe in ein notwendiges Herrschaftsinstrumentarium ihren Mitteln, ihr Kontroll- und Überwachungssystem möglichst effizient zu gestalten. Dies wäre wiederum ohne eine breite Basis amtsfähiger athenischer Bürger nicht möglich gewesen. Die Strukturen der athenischen Polisorganisation bedingten geradezu eine Übertragung von Kontrollfunktionen an die Gerichtshöfe, die allen Bürgern zugänglich waren und infolge der Auslosung der Laienrichter nicht von sozial und politisch einflußreichen Kreisen gesteuert werden konnten, so daß kein Unterbau einer spezifischen Funktionärselite mit unentbehrlichem Herrschaftswissen zur Monopolisierung von Macht und Herrschaft entstand.

Indem die Dikasterien ebenso wie der Rat der Fünfhundert zunehmend mit den verschiedensten Seebundangelegenheiten befaßt waren, wurden diese Organe sowohl für die Ratsmitglieder (Bouleuten) als auch für die Laienrichter eine Art «Schule der Politik». Dies hat sicherlich mit dazu beigetragen, daß die *Ekklesia*, an deren Tagungen ja immer zahlreiche aktive und ehemalige Bouleuten und «Richter» teilnahmen, ihre Aufgaben als zentrales Entscheidungsorgan für den gesamten weiten Bereich des Seebundes überhaupt kontinuierlich wahrnehmen konnte.

Die Volksversammlung wurde aber auch durch die Straf- und Kontrollbefugnisse der Dikasterien entlastet. So wurden insgesamt gesehen die Gerichtshöfe nicht zuletzt durch den Aufstieg Athens zur ägäischen Großmacht ein integraler Bestandteil des politischen Systems dieser demokratischen Polis und ihrer Machtausübung im Seebund. Schwer einzuordnen ist in diesen Prozeß einer zunehmenden Bedeutung der Gerichtshöfe allerdings die *Graphè Paranómon*, die Klage wegen Gesetzwidrigkeit eines Volks- oder Ratsbeschlusses, die von jedem athenischen Bürger gegen einen sogenannten Redner, das heißt einen politischen Akteur, der einen solchen Beschluß beantragt hatte, eingebracht werden konnte. Wir kennen weder die Zeit der Einführung noch die gesetzlichen Grundlagen dieser Klageform, die vor 415 v. Chr. nicht belegt ist. Es handelte sich faktisch um die Errichtung gewisser Barrieren gegen übereilte Beschlüsse und insofern auch um neue Möglichkeiten einer Intensivierung der Interorgankontrolle. Hierdurch konnte die *Graphè Paranómon* freilich auch von vornherein eine Waffe für interne politische Rivalitäten werden. Ob in der von Thukydides stilisierten Rede des Diodotos für die Mytilenaier (427 v. Chr.) eine Anspielung auf die Paranomieklage vorliegt, muß dahingestellt bleiben.[19] Immerhin wäre denkbar, daß nach dem Tod des Perikles die Paranomieklage eingeführt wurde.

Einige Jahre später wurden infolge der kriegsbedingten Notwendigkeit, die Einkünfte Athens erheblich zu steigern, den Gerichten neue Aufgaben übertragen, als durch die Thudipposdekrete 425/24 v. Chr. einerseits eine effiziente Eintreibung höherer Phoroszahlungen (Tribute) erreicht werden sollte, andererseits aber auch den Bundesgenossen die Möglichkeit des Einspruchs geboten wurde, über den dann letztlich ein *Dikasterion* zu entscheiden hatte.[20] Wiederum hatten die Athener kaum eine andere Wahl. Es gab ja keinen personell gut ausgestatteten Erzwingungsstab, der ihnen die Aneignung strategischer Ressourcen – das heißt in diesem Fall die Steigerung der zur Sicherung der Herrschaft erforderlichen Einkünfte aus dem Seebund – ermöglicht hätte. Akzeptanz bei den Bundesgenossen war durch die genannte Einspruchsmöglichkeit freilich kaum zu erreichen, da das Gericht faktisch die Interessen Athens vertrat und somit Partei war.

Insofern bestand die Gefahr einer Depravation der Rechtspraxis durch außenpolitische Zielvorgaben. Noch gravierender war freilich innenpolitisch die schon angesprochene Instrumentalisierung der Gerichte im Kampf gegen Konkurrenten um Einfluß auf die Entscheidungsfindung. Politische Prozesse waren zwar einerseits Sicherheitsbarrieren gegenüber potentieller Gefährdung der Polisordnung durch verantwortungslose politische Akteure sowie ein Regulativ im Rahmen politischer Rivalitäten und ein unentbehrlicher Bestandteil der Kontrollmechanismen innerhalb des gesamten Systems, so daß die Gerichtshöfe unter diesem Aspekt gegebenenfalls einen stabilisierenden Faktor darstellen konnten. Andererseits konnte aber das Instrument, das der Demokratie hierfür zur Verfügung stand, für politische und militärische Führungskräfte geradezu ein Damoklesschwert sein.[21] Hierdurch konnten Entscheidungs- und Handlungsmöglichkeiten in erheblichem Maße eingeschränkt und unter Umständen sogar eklatante Fehlentscheidungen getroffen werden. Fatale Folgen hatte bekanntlich Nikias' Zögern, rechtzeitig die Operationen in Sizilien zu beenden, die zu einem militärischen Desaster für Athen führten und in letzter Konsequenz eine wesentliche Ursache der Niederlage dieser Polis im Peloponnesischen Krieg waren. Nikias soll befürchtet haben, nach einem Rückzug in Athen zur Verantwortung gezogen zu werden.[22] Wenn dieser Fall eingetreten wäre, hätte ein Prozeß sicherlich in einer durch demagogische Agitation aufgeheizten Atmosphäre stattgefunden.

Bereits die Prozesse nach dem Hermenfrevel 415 v. Chr. hatten demonstriert, wie Emotionen und Enthüllungen eine regelrechte Verfolgungswut auszulösen vermochten, als man Alkibiades unterstellte, mit seinen Gefolgsleuten und Freunden Büsten des Gottes Hermes (Pfeiler mit Hermeskopf) verstümmelt zu haben. Die Dramatik dieser Ereignisse wurde nicht nur dadurch gesteigert, daß der Hermenfrevel als Vorbote eines befürchteten Anschlages auf die Demokratie gewertet wurde. Kaum weniger brisant waren die religiösen Implikationen des Sakrilegs, da die Täter nach dem Glauben breiter Schichten sich an dem Gott des Geleites vergangen hatten, dessen Gunst für das Gelingen der Sizilischen Expedition unverzichtbar erschien.[23] Die religiöse Komponente in politischen Auseinandersetzungen gewann im Verlauf des Peloponnesischen Krieges durch die von Thukydides (3,82f.) beschriebene Auflösung traditioneller Bindungen und Normen eine neue Qualität, so daß auch und vor allem in Athen die als Träger der bestehenden Polisordnung sich empfindenden Kräfte Sakrilege oder vermeintliche Verstöße gegen göttliches Recht und religiöses Brauchtum als Frontalangriff auf die Fundamente ihres Gemeinwesens sehen mußten, dessen Bürgerschaft ja zugleich eine politische und eine durch Götterglauben und Kult verbundene religiöse Gemeinschaft darstellte. Dies erklärt natürlich nicht alle Entwicklungslinien in der Rechtspflege im ausgehenden 5. Jahrhundert. Die Prozeßflut gegen die Vierhundert und deren Anhänger – eine Gruppe antidemokratischer Putschisten im Jahre 411 – nach der demokratischen Restauration war sicherlich eine späte Abrechnung mit einer politischen Clique und resultierte aus einem verbreiteten Mißtrauen gegen alle Feinde der Demokratie. Im Arginusenprozeß, der vor der Volksversammlung stattfand, haben es Thrasybulos und vor allem Theramenes vermocht, die Emotionen zu steigern, um ihre eigene Haut durch Beschuldigung der angeklagten Strategen zu retten.[24]

Der Arginusenprozeß, in dem man siegreiche Flottenbefehlshaber fälschlicherweise wegen unterlassener Hilfeleistung für Schiffbrüchige anklagte, verdeutlicht aber auch gravierende Mängel der damaligen athenischen Rechtspraxis. Es gab hierzu keinen Präzedenzfall, und die Polis Athen besaß bekanntlich kein vereinheitlichtes Strafrecht. Aufgrund der athenischen Praxis, neue Prozeßformen zu fixieren, ohne ältere Normen und Verfahrensweisen für ungültig zu erklären, existierten beim Arginusenprozeß keine eindeutigen Verfahrensregeln. Diese prinzipiellen Mängel wurden durch die Neuaufzeichnung älterer Gesetze in der restaurierten Demokratie ab 410 v. Chr. nicht beseitigt. Hiermit konnte zwar ein Bestand an unanfechtbaren Gesetzen gesichert und damit wohl auch in Einzelfällen größere Rechtssicherheit erreicht werden, doch erfolgte keine systematische Vereinheitlichung der *Nomoi*. Bezeichnenderweise wird von attischen Rednern in der Folgezeit die Neuaufzeichnung der Gesetze nie als einheitlicher Gesamtkodex verstanden.[25]

Insgesamt gesehen war die Entwicklung des athenischen Gerichtswesens bis Ende des 5. Jahrhunderts durch unterschiedliche Tendenzen geprägt. Einerseits bedingten langfristig wirksame Polisstrukturen eine Orientierung an traditionellen Elementen. So blieb die von Solon eingeführte Popularklage, die aus dem Prinzip gegenseitiger Hilfeleistung in einer *face-to-face-society* erwachsen war, unverzichtbarer Bestandteil athenischer Rechtspflege. Andererseits zwang politische Dynamik auch im Rechtswesen immer wieder zur Bewältigung neuer Herausforderungen, wobei allerdings gewisse Inkonsequenzen nicht überwunden werden konnten. Spätestens seit perikleischer Zeit galten schriftlich fixierte Gesetze als große Errungenschaft der Demokratie, in der die *Nomoi* nach dem demokratischen Selbstverständnis jener Ära von der Mehrheit der in den Volksversammlungen präsenten Bürger beschlossen werden mußten und die Laienrichter eidlich zur Beachtung der Gesetze in der Urteilsfindung verpflichtet wurden. Die Paranomieklage und das später beschlossene, aber selten angewandte Verfahren gegen Antragsteller eines unzweckmäßigen (das heißt schädlichen) Gesetzes sind aber auch Indizien für eine Problematisierung des Gesetzgebungsverfahrens im späten 5. Jahrhundert. Dennoch entstand kein Code übergeordneter normativer Gesetze.

Das Kriterium in einem Verfahren wegen eines unzweckmäßigen Gesetzes blieb im Grunde der politische Nutzen, und die Paranomieklage war kein eigentliches Normenkontrollverfahren. In gewisser Weise kontrollierten sich hierbei die Bürger selbst, denn ein Teil der Richter konnte gegebenenfalls mit der Prüfung eines Gesetzes konfrontiert werden, dem sie selbst in der Volksversammlung zugestimmt hatten. Gewaltenteilung im Sinne der Praxis des modernen Rechtsstaates gab es dementsprechend nicht. Im Zuge der Entwicklung der athenischen Demokratie entstand zwar ein engmaschiges Netz der Beamtenkontrolle durch Gerichte, Volksversammlung und den Rat der Fünfhundert. Der Volkswille wurde aber faktisch nicht durch unabhängige Gerichte eingeschränkt. Für die Akzeptanz des demokratischen Systems in Athen war dies langfristig von großer Bedeutung. Die Paranomieklage hat Bewußtseinslage und Selbstverständnis der Bürger in dieser Hinsicht nicht prinzipiell verändert. Dies erklärt das Geschrei einiger Agitatoren im Arginusenprozeß, daß es unerträglich sei, wenn man den Demos hindern wolle zu tun, was ihm beliebe. Der Arginusenprozeß war natürlich nicht die Normalität athenischer Rechtspflege. Die im demokratischen Athen übliche Wertung der gleichsam institutionellen Rangordnung von Volksversammlung und Gerichten hat sich indes nach Einführung neuer Nomothesieverfahren nicht gewandelt. Wenn es etwa in der im Werk des Demosthenes überlieferten Rede gegen Neaira um 340 v. Chr. heißt, daß der Demos (als Volksversammlung) «Herr über alles» sei, so war dies nur eine subtilere Formel für den skizzierten Sachverhalt als die vulgäre Berufung auf plebiszitäre Prinzipien im Arginusenprozeß.

Auch unter diesem Aspekt führten die Kapitulation Athens 404 v. Chr. und das oligarchische Intermezzo der sogenannten Dreißig (404/03) nicht zu einem Kontinuitätsbruch. Die folgenden ersten Jahre der restaurierten Demokratie, die bereits die Schwelle zum 4. Jahrhundert markieren, waren insofern kein völliger Neubeginn.

Das Gerichtswesen Athens im 4. Jahrhundert v. Chr.

Gerhard Thür

In das 4. vorchristliche Jahrhundert fällt die Blüte der attischen Rhetorik. Rhetorik und Demokratie sind untrennbar miteinander verbunden: Wer Menschenmassen zu bestimmten Willensäußerungen bewegen will, muß die Grenze der menschlichen Psyche kennen und sie für seine Zwecke einsetzen. Einen erheblichen Teil im Corpus der zehn attischen Rhetoren machen Gerichtsreden aus. Die Gerichte (*Dikasterien*) setzten sich in der Regel aus einem Kollegium von Geschworenen zusammen, der simpelste Privatprozeß war von einem Dikasterion von 201 Mann zu entscheiden, je nach Streitsache werden auch 401, 501, ja bis 2501 und sogar 6000 Richter eingesetzt. Es waren Laien, die sich aus der gesamten Bürgerschaft Athens rekrutierten. In diesem demokratisch organisierten Gerichtswesen hatte von seiner Struktur her jeder Prozeß eine politische Dimension; andererseits gab es, vom Verfahrensablauf her betrachtet, keinen wesentlichen Unterschied zwischen Zivilprozessen und politischen, zum Beispiel wegen Hochverrats. Aufgabe dieser Einleitung soll es sein, den allgemeinen prozeßrechtlichen Rahmen abzustecken, in welchem die in diesem Band ausgewählten mehr oder weniger politischen Rechtsfälle entschieden wurden, und dabei auch die dem heutigen Rechtsverständnis manchmal widerstreitenden Grundgedanken des athenischen Prozeßrechts aufzuzeigen. Beides mag die historische Analyse der einzelnen Fälle fördern und zu ihrem besseren Verständnis beim historisch interessierten Laien beitragen.

Obwohl die attischen Gerichtsreden als klassische Beispiele der Überzeugungstechnik und nicht wegen ihrer prozeßrechtlichen Details Eingang in die Weltliteratur gefunden haben, werden sie seit Jahrhunderten von Juristen als Quelle des athenischen Rechts, besonders des Prozeßrechts, verwertet.[1] Seit dem 19. Jahrhundert zieht man auch Steininschriften als unmittelbare Zeugen des Rechtslebens mit heran. Sie überliefern zwar zum Gerichtswesen oft nur winzige Details, doch reißen die Funde bis heute nicht ab. Durch glückliche Papyrusfunde tauchte 1891 eine kleine, ohne jegliche literarische

Ambition verfaßte Schrift «Über den Staat der Athener» (*Athenaion Politeia*, fortan: *AP*) aus dem Vorlesungsbetrieb des Aristoteles auf; sie bietet als willkommene Ergänzung der Gerichtsreden für das 4. Jahrhundert v. Chr. auch einen knappen, aber systematischen Abriß über Gerichtsorganisation, Zuständigkeiten und Verfahrensablauf. Wesentlich zur Kenntnis der Gerichtsbarkeit in Athen haben schließlich auch Bodenfunde, vor allem durch die amerikanischen Grabungen auf der Agora, beigetragen. So wurden etwa die in *AP* 63,2 erwähnten *Kleroteria* zunächst als ‹Räume› zum Auslosen der Richter gedeutet, bis sie 1939 anhand speziell bearbeiteter Steinblöcke als ‹Losmaschinen› (Abb. 2) identifiziert wurden.[2]

Eine gute, systematische Zusammenfassung des gesamten athenischen Prozeßrechts auf dem Kenntnisstand von 1971 gibt Harrison, *The Law of Athens II, Procedure*. Inzwischen hat man sich einerseits weitere Gedanken über die leitenden Prinzipien des athenischen Prozesses gemacht, andererseits den äußeren Ablauf des Gerichtsverfahrens präziser erfaßt. Zum letzten ist vor allem Boegehold, *The Lawcourts at Athens* (1995), zu erwähnen. Dieses Werk sammelt alle schriftlichen und archäologischen Zeugnisse zur Lokalisierung der Gerichtsstätten in Athen und zu deren Ausstattung mit Baulichkeiten und technischem Gerät. In einem weiteren Kapitel rekonstruiert Boegehold aufgrund der äußeren Gegebenheiten jeden einzelnen Schritt des gerichtlichen Verfahrens. Zusammenfassend kommt er aufgrund der prozeßrechtlichen Charakteristika zu drei Epochen. Die Jahre 460–410 v. Chr. sollen hier nur im Rückblick erwähnt werden; für das 4. Jahrhundert relevant sind die Jahre 410–340 und 340–322 v. Chr. Der letzte Abschnitt ist, wie Boegehold entdeckt hat, vor allem durch die Konzentration der ordentlichen Gerichtstätigkeit auf ein einziges Gebäude gekennzeichnet, den quadratischen Peristylbau im Nordosten der Agora (s. Plan, Abb. 5, und Rekonstruktion, Abb. 6). Neben den Gerichten läßt Boegehold allerdings das gesamte übrige Justizwesen unerörtert: Prozeßparteien, Klagelegitimation, Jurisdiktionsträger (das sind jene ‹Beamte›, welche im Rahmen ihrer Zuständigkeit den Prozeß einleiten und den Dikasterien vorsitzen) und die Grundsätze des Verfahrens. Bevor wir mit Aristoteles und Boegehold einen ‹Gerichtstag› der Epoche nach 340 v. Chr. absolvieren können, müssen wir uns also zunächst diesen Fragen zuwenden.

Jeder athenische Bürger, der sich in seinen privaten Rechten verletzt fühlte – in gleicher Weise auch der in Athen ständig wohnende Ausländer (Metöke) und unter Umständen sogar der nicht ansässige Fremde –, konnte seine Gegner mit privater Klage (*díke*) belangen.

Dike ist ein schillerndes Wort: Neben «Klage» bedeutet es den dahinterstehenden «Anspruch» und auch den «Prozeß», das diesen verwirklichende gerichtliche Verfahren, keinesfalls aber «Recht» im objektiven Sinn oder «Gerechtigkeit». Die rechtliche Grundbedeutung dürfte darin liegen, daß eine Person, der Beklagte, einer Haftung, einem vollstreckenden, rächenden Zugriff des Klägers unterworfen war; so nennen die Athener den Kläger auch im 4. Jahrhundert immer noch «Verfolger» (*diókon*), den Beklagten «Fliehenden» *(pheúgon)*. Der rächende Zugriff auf eine Person zeigt sich auch in der Eigenheit, daß Prozesse wegen Tötung eines Menschen stets in einem privaten Verfahren, als Dike, durchgeführt wurden, wobei als Kläger nur die nächsten, racheberechtigten männlichen Verwandten legitimiert waren. Neben der privaten Dike gab es eine Reihe von ‹öffentlichen› Klagen, die als Popularklagen von jedem unbescholtenen Bürger erhoben werden konnten. Damit wurden Angriffe auf den Staat wie Hochverrat oder Religionsvergehen, also politische Tatbestände im engeren Sinne geahndet; aber auch hilflose Privatpersonen genossen den Schutz solcher Popularklagen, wie das Mündel bei Beraubung durch den Vormund oder die alten Eltern bei Mißhandlung durch die erwachsenen Kinder. Die allgemeine Form dieser Popularklage hieß *graphé* («Schriftklage» – obwohl im 4. Jahrhundert auch die Dike schriftlich einzureichen war), daneben gab es zahlreiche Sonderformen, wie die Eisangelie (*eisangelía*, «Meldeklage») oder die Phasis (*phásis,* «Anzeige»). Die athenische Strafgerichtsbarkeit funktionierte also auf Betreiben durch legitimierte oder interessierte, jedenfalls engagierte Privatpersonen. Eine staatliche Anklagebehörde, dem modernen Staatsanwalt entsprechend, war unbekannt. Lediglich in Sonderfällen betraute die Volksversammlung Privatpersonen als *zetetaí* (Untersucher) mit der Kompetenz, Verbrechen gegen die Allgemeinheit mit staatlicher Autorität zu untersuchen.

Selbstverständlich war auch die Ladung des Beklagten (wie der Prozeßzeugen) grundsätzlich Privatsache, sie geschah durch bloßen mündlichen Akt. Nur Nichtbürger durften gewaltsam vorgeführt werden. Ausnahmsweise konnte der Kläger die Behörde zum Einschreiten gegen gewisse Missetäter und zu deren Festnahme veranlassen. In Eisangelie-Verfahren wegen politischer Verbrechen konnte der Rat der «Fünfhundert» (die *boulé*), der die Anklageschrift formulierte, auch die Verhaftung des Beschuldigten beschließen. Auf das Ergreifen politischer Verbrecher, um sie vor Gericht zu stellen, wurden fallweise Geldprämien ausgesetzt. Bei der privaten Ladung nannte der Kläger dem Beklagten sein Begehren und forderte ihn vor Zeugen auf, an einem bestimmten Tag mit ihm vor dem zuständigen Amtsträger (*árchon*) zu erscheinen. Die athenische Demokratie lebte durch eine Vielzahl von Privatpersonen, die sich für eine kurze Periode, meistens ein Jahr, als Träger staatlicher Macht zur Verfügung stellten. Sie wurden entweder durch Los oder durch Wahl bestellt. Zum Inhalt jedes Amtes gehörte die Befugnis, kleinere Ordnungsstrafen gegen Ungehorsame zu verhängen und innerhalb der sachlichen Zuständigkeit Klagen entgegenzunehmen, einem Vorverfahren zu unterziehen und einem Dikasterion zur Entscheidung vorzulegen.[3] Die *Athenaion Politeia* handelt ausführlich von der sachlichen Zuständigkeit der einzelnen kollegialen oder alleinfungierenden Amtsträger, beginnend mit dem Rat (der *boulé*) über die neun Archonten bis zu den militärischen Kommandanten (cap. 43–62). Den Großteil der Gerichtsbarkeit erledigten die obersten zivilen Amtsträger, die neun Archonten: Der *Archon* war für Familien- und Erbrecht zuständig, der *Basileus* für Blutprozesse und Sakrales, darunter auch Religionsvergehen (*Asebie*), der *Polemarchos* für Prozesse, an denen Nichtbürger beteiligt waren, die meisten Popularklagen gehörten vor die sechs *Thesmotheten*. Für den Großteil der übrigen Privatprozesse amtierte ein Gremium von «Vierzig». Eine Eisangelie konnte auch vor der Volksversammlung oder dem Rat erhoben werden. Eine feste Einrichtung von Gerichten, wo man jemanden verklagen konnte, oder – ähnlich dem *praetor* in Rom – eines einzelnen Amtsträgers, der speziell für die Gerichtsbarkeit zuständig war, gab es in Athen nicht.

Nahm der angegangene Amtsträger die Klage an, bestimmte er einen Termin für das Vorverfahren, die *anákrisis* (Überprüfung). Hierin hatten die Parteien unter Leitung des Amtsträgers Gelegenheit, ihre Standpunkte, die sie im Hauptverfahren vor den Geschworenen zu vertreten planten, abzuklären und vorzubereiten, einander zu «überprüfen». Sie hatten einander auf förmliche Fragen zu antworten (womit sie ihre Positionen im Prozeß fixierten) und die Beweismittel offenzulegen, die sie vor dem Dikasterion verwenden wollten. Man kann diesen Abschnitt des Prozesses den ‹dialektischen› nennen, weil die Parteien hierin in ständiger Wechselrede agieren, während das Hauptverfahren vor dem Dikasterion den ‹rhetorischen› Abschnitt bildet, worin Kläger und Beklagter ihre Sache in umfassender, zusammenhängender Darstellung vortragen.[4] Die Amtsträger hatten in keinem der beiden Verfahrensabschnitte eine aktive Rolle, sie garantierten lediglich den ordnungsgemäßen äußeren Ablauf. Hauptsächlich im Vorverfahren wurden auch förmliche Aufforderungen gestellt, der Gegner möge einen Eid auf seine Sache leisten oder Sklaven über ein bestimmtes Thema auf der Folter befragen oder zur Befragung herausgeben. Auch wenn eine derartige Aufforderung (*próklesis*) abgelehnt wurde, konnten später vor den Geschworenen hieraus Schlüsse gezogen werden. In Blutprozessen hatte das Vorverfahren die Bezeichnung *prodikasíai* und erstreckte sich über drei aufeinander folgende Monate. In drei Terminen hatten Kläger, Beklagter und sämtliche Zeugen feierliche Eide abzulegen.

Kamen die Parteien im Vorverfahren zu keiner gütlichen Einigung, hatte der Amtsträger den Prozeß in ein Dikasterion «einzuführen» (*eiságein*). Er meldete bei den Thesmotheten an, daß er eine Geschworenenbank, ein Dikasterion, in der für die jeweilige Streitsache vorgesehenen Größe benötige. Diese setzten je nach Bedarf Gerichtstage an und losten die einzelnen Fälle zu (*AP* 59,1). Am Gerichtstag hatten die Streitparteien vor dem Dikasterion, das unter dem Vorsitz des einführenden Amtsträgers zusammengetreten war, persönlich zu erscheinen und ihre Rede selbst vorzutragen. Nur ausnahmsweise war neben der Partei auch ein Fürsprecher (*synégoros*) zugelassen. Die attischen Rhetoren betätigten sich folglich nicht als ‹Rechtsanwälte› im heutigen Sinn, sondern als im Hintergrund agierende ‹Redenschreiber› (Logographen). Sie hatten ihren Kunden die Rede ‹auf den Leib zu schreiben› und deren Wirkung auf die Geschworenen vorauszukalkulieren – eine doppelte psychagogische Herausforderung. Nur wenn sie persönlich als Politiker eine Popularklage betrieben oder angeklagt wurden – oder als Synegoroi –, traten sie offen vor Gericht auf und trugen selbst Plädoyers vor. Nach zusammenhängender Rede und Gegenrede entschieden die Geschworenen den Prozeß durch Abstimmung, noch am selben Tag und endgültig.

Wo traten die für heutige Verhältnisse oft riesigen Gerichtshöfe im 4. Jahrhundert zusammen? Politische Prozesse, Eisangelie-Verfahren, die von der gesamten Volksversammlung (der *ekklesía*) entschieden wurden, liefen an deren Tagungsort ab, der Pnyx, einem niedrigen Hügel ungefähr 400 m südwestlich der Agora. Um 400 v. Chr. wurde der Versammlungsort so umgebaut, daß er bis zu 8000 Teilnehmer fassen konnte, vielfach war ein Quorum von 6000 Bürgern vorgeschrieben (erforderlich war das Alter von 20 Jahren, d. h. Absolvierung der militärischen Ausbildung). Die übrigen – eigentlichen – Gerichtsstätten lagen zunächst verstreut im Stadtgebiet, etwa das Odeion oder die Stoa Poikile, hauptsächlich jedoch auf der Agora, bis sie um 340 v. Chr. dort im quadratischen Peristylbau (Abb. 6) konzentriert wurden. Zu ihnen hatten nur Bürger ab dem 30. Lebensjahr Zutritt, die den Richtereid (den «Heliasteneid») geschworen hatten. Problematisch ist die Lokalisierung eines Gebäudes, das den Namen *Heliaia* trug. Unbestrittenermaßen bezeichnet der Ausdruck (wörtlich übersetzt «Versammlung») seit Solon die als Geschworene tätigen Bürger Athens, oft den einem bestimmten Amtsträger zugeordneten Geschworenengerichtshof. Im 4. Jahrhundert werden Dikasterien, die mit tausend oder mehr Geschworenen bemannt sind, auch Heliaia genannt, und ebenso das Gebäude, in dem sie tagen. Zwei Strukturen, beide ohne Dach, kommen hierfür in Frage: der fast quadratische «rechteckige Peribolos», ein ummauerter Hof im Südwesten der Agora, und ein rechteckiger Säulenhof (Peristyl) im Nordosten, der um 340 v. Chr. vom «quadratischen Peristyl» überbaut wurde (s. Plan, Abb. 5); der wahrscheinlichere Kandidat für die Heliaia ist der zweite.[5] Der Nachfolgebau, das quadratische Peristyl (Abb. 6), ist jedenfalls ein Gerichtsgebäude, wird aber in der zeitgenössischen Literatur gewöhnlich als «die Dikasterien» bezeichnet. Es ist so eingerichtet, daß unter den Kolonnaden bis zu vier Geschworenengerichte von 500 Mann gleichzeitig tagen können, im ungedeckten Hof bei Bedarf eines mit 1500.

Unverändert blieben im 4. Jahrhundert die Stätten der Blutgerichtshöfe, von denen im Beitrag von K.-W. Welwei die Rede ist (S. 16). Möglicherweise gehen sie auf alte Eidesstätten zurück, an denen die Prozeßbeteiligten zu Beginn der Hauptverhandlung feierliche Eide zu leisten hatten.[6] Auf dem «Areshügel», zwischen der Agora und der Pnyx gelegen, entschied der «Rat auf dem Areopag» über eigenhändige (in der Regel vorsätzliche) Tötung eines Bürgers. Er war der einzige Gerichtshof Athens, der nicht mit erlosten Geschworenen, sondern mit lebenslänglich bestellten Mitgliedern besetzt war. Die übrigen Blutgerichtshöfe bestanden ursprünglich aus 51 «Epheten»; das 4. Jahrhundert behielt ihre Zahl bei, sie waren jedoch zu normalen, durch Los bestimmten Geschworenen geworden. Die Blutgerichtshöfe tagten nicht wie die großen Schwurgerichte aus praktischen Gründen unter freiem Himmel, sondern aus kultischen: Niemand sollte dadurch, daß er mit einem Mörder unter demselben Dach verweilte, befleckt werden.

Es wäre nun allzu bescheiden, bei den von Boegehold präzis aufgezeigten Äußerlichkeiten stehenzubleiben. Hinter dem äußeren Befund sind Grundgedanken zu erkennen, die sich seit der Frühzeit Athens nicht verändert haben. Es scheint verfehlt, das hoch entwickelte Gerichtswesen des 4. Jahrhunderts ohne diesen historischen Ballast schlicht durch die Brille der heutigen Justiz zu betrachten, die jeder moderne Leser unwillkürlich als Maßstab anzulegen geneigt ist. Vor allem drei Prinzipien sind in der Gerichtsbarkeit Athens durchgehend verwirklicht:

1) Die Athener hatten ein eingefleischtes Mißtrauen gegen die Streitentscheidung durch Einzelpersonen. Kein Amtsträger hatte in historisch greifbarer, durch klare Quellenlage gesicherter Zeit – und ich meine, auch früher nicht[7] – die Kompetenz, einen Prozeß ‹meritorisch›, d. h. durch Sachurteil, zu entscheiden. Im 5. und 4. Jahrhundert fällt die Entscheidung immer durch Abstimmung in einem vom Gerichtsmagistrat verschiedenen Spruchkörper. Das ist in Blutsachen die kleine, aus archaischer Zeit übernommene Zahl von 51 Bürgern (sofern nicht der auf dem Areopag tagende Rat zuständig ist), in Privatsachen sind es 201 oder bei einem Streitwert von über tausend Drachmen 401 Geschworene (*AP* 53,3), in politischen Prozessen 500 oder ein Vielfaches davon (immer vermehrt um eine Stimme). Die konkreten Zahlen mögen innerhalb dieses Grundrasters variiert haben, doch ist in Athen die Einrichtung des *iudex unus*, des Einzelgeschworenen, unbekannt, dem der Prätor in Rom die Entscheidung eines Zivilprozesses überträgt. Lediglich in Bagatellfällen bis zu zehn Drachmen – das entspricht 20 ‹Tagessätzen› von drei Obolen, welche im 4. Jahrhundert ein Geschworener als ‹Verdienstentgang› für einen Gerichtstag erhält (*AP* 68,2) – sind die «Vierzig» zu einer endgültigen Sachentscheidung befugt (*AP* 53,2). Jede der zehn attischen Phylen (die gesamte Bürgerschaft ist seit Kleisthenes, 507 v. Chr., aus organisatorischen Gründen künstlich in zehn «Stämme» eingeteilt) bestellt durch Los vier Mitglieder der Vierzig. Diese vier sind für die meisten privaten Streitfälle zuständig, in welchen ein Mitglied ihrer Phyle Beklagter ist. Aus der geraden Zahl ergibt sich, daß die vier in Bagatellfällen kraft ihres Amtes jeweils als Einzelrichter entscheiden; auch bei einem höheren Streitwert agieren sie als Einzelpersonen, indem sie einem Geschworenengericht vorsitzen. (Auf die Vorläufer der Vierzig, die im 5. Jahrhundert von Dorf zu Dorf ziehenden «Demenrichter», ist hier nicht einzugehen.)

2) Aus dem ersten Prinzip folgt, daß der ordentliche Prozeß in Athen strikt zweigeteilt ist: Das Verfahren ist beim zuständigen Amtsträger anhängig zu machen; dieser führt ein ‹Vorverfahren› durch, der Basileus in Form von drei *prodikasíai*, die übrigen Archonten als *anakrisis* (auf die Vierzig ist noch zurückzukommen). Finden die Streitparteien hierin keine Einigung, führt der Amtsträger die Sache in einen Gerichtshof zum ‹Hauptverfahren› ein (*eiságein*), in dem er den Vorsitz führt. Technisch ist diese Zweiteilung mit dem Verfahren *in iure* (vor dem Prätor) und *apud iudicem* (vor dem oder den Geschworenen) in Rom zu vergleichen, wobei in Athen allerdings im-

mer eine Mehrheit von Geschworenen auftritt. Die Zweiteilung wird in Athen viel strenger gehandhabt, da eine Sachentscheidung durch den Gerichtsmagistrat, entsprechend der *extraordinaria cognitio* in Rom, nicht zulässig ist.

3) Aus dem zweiten Prinzip, wonach die Sachentscheidung immer von einem – manchmal mehrere tausend Mann umfassenden – Kollegium und zwar durch schlichte Abstimmung gefällt wird, folgt weiter, daß das Gericht auf die Anträge der Parteien ausschließlich mit Zustimmung oder Ablehnung reagieren kann. Es gibt also in Athen weder einen richterlichen Urteilsspruch noch eine Urteilsbegründung. Wie im Gesetzgebungsverfahren vor der Volksversammlung wird von den Gerichtshöfen mit einem Schuldspruch lediglich der vom Kläger gestellte Antrag bestätigt, mit einem Freispruch verworfen, und zwar endgültig, ohne daß eine höhere Instanz die Entscheidung nachprüfen oder revidieren könnte.[8] Welche Konsequenzen dieses Prinzip für die heute selbstverständliche Rationalität einer Gerichtsentscheidung hat, wird noch zu überlegen sein.

Die drei als charakteristisch herausgegriffenen Grundsätze – kein Einzelrichter, Zweiteilung in Vor- und Hauptverfahren, Entscheidung großer Gerichtshöfe durch bloßes «Ja» oder «Nein» – galten im 5. und 4. Jahrhundert unverändert. Man könnte die Prinzipien noch um eine ganze Reihe sehr modern anmutender erweitern: Mündlichkeit, Unmittelbarkeit, Konzentration auf einen Termin, Parteienbetrieb, Prozeßökonomie, Öffentlichkeit, Laiengerichtsbarkeit; doch führte das zu weit ab. Natürlich gab es im 4. Jahrhundert auch Neuerungen. Auch wenn sie das Gerichtswesen nicht von Grund auf veränderten, zeigen sie doch die Probleme auf, welchen die Athener durch Reformen beizukommen suchten, und – im Kontrastverfahren – jene Einrichtungen, für die sie keinen Reformbedarf sahen. Drei Neuerungen scheinen bemerkenswert:

1) Kurz nach Wiederherstellung der Demokratie 403 v. Chr., die das Regime der dreißig Tyrannen – eine Folge der athenischen Niederlage im Peloponnesischen Krieg (404 v. Chr.) – ablöste, wurde das oben schon mehrmals erwähnte Amt der «Vierzig» als ständig in der Stadt Athen wirkende Gerichtsmagistratur für nicht in die Kompetenz anderer Magistrate fallende Privatprozesse eingerichtet. Doch führten die Vierzig die Vorverfahren nicht wie die Archonten persönlich in Form der Anakrisis durch; dafür wurde eine eigene Einrichtung geschaffen, die amtliche *díaita* (wörtlich: «Schiedsgericht»). Jeder Athener, der das 59. Lebensjahr vollendet hatte und damit aus der militärischen Dienstpflicht entlassen war, mußte ein Jahr lang als *diaitetés* (wörtlich: «Schiedsrichter») zur Verfügung ste-

hen, um für die bei den Vierzig eingebrachten Privatprozesse die Vorverfahren durchzuführen. Diese Diaiteten waren zwar keine Amtsträger, unterlagen aber einer strengen persönlichen Haftung für ihre Tätigkeit (*AP* 53, 4–6). Trotz ihrer Bezeichnung «Diaiteten» fungierten sie nicht als Schiedsrichter, da sie von den Streitparteien nicht einvernehmlich bestellt, sondern ihnen zugelost wurden. Sie beendeten das der Anakrisis entsprechende Vorverfahren zwar mit einem «Spruch», doch erhielt dieser nur dann Rechtskraft, wenn ihm beide Parteien ausdrücklich zustimmten – hierin lag gewiß ein kompromissarisches Element. War auch nur eine Partei damit unzufrieden, ging die Sache an das zuständige Mitglied der Vierzig zurück, das den Prozeß bei einem Geschworenengericht einführte und dort präsidierte. Den Charakter als Vorverfahren zeigt die amtliche Diaita dadurch, daß die Streitparteien vor den Geschworenen nur diejenigen Aktenstücke (Zeugnisse, sonstige Urkunden, Gesetzeszitate) verwenden durften, die sie einander bereits vor dem Diaiteten vorgelegt hatten.[9] Die amtliche Diaita war also keine revolutionäre Neuerung, keinesfalls die Einführung eines ‹Instanzenzugs› von einem Einzelrichter an das Dikasterion, sondern eine konsequente Weiterentwicklung bereits vorhandener Elemente in unverkennbar demokratischer Tendenz.

2) Soweit wir das Verfahren vor den Schwurgerichtshöfen Athens im 5. und 4. Jahrhundert kennen, war es geprägt vom Grundsatz der Mündlichkeit. Die Geschworenen entschieden nicht aufgrund der Aktenlage – Schriftsätze im heutigen Sinne gab es gar nicht –, sondern nach direktem, mündlichem Vortrag der Parteien. Gleichwohl verwendeten die Streitparteien, wie wir soeben sahen, im Prozeß Aktenstücke, die den Geschworenen vom Gerichtsschreiber vorgelesen wurden. Unter diesen Aktenstücken nennt die *Athenaion Politeia* (53,3) auch die schriftliche Zeugenaussage. Aus den Worten, mit denen die Prozeßparteien in den überlieferten Gerichtsreden die Zeugenaussagen ankündigen, kann man schließen, daß die Zeugen in älterer Zeit mündlich aussagten, ab 390–370 v. Chr. jedoch – vermutlich aufgrund einer gesetzlichen Bestimmung – lediglich eine schriftlich vorformulierte ‹Aussage› bestätigten. Kein Zweifel kann an der technischen Reform bestehen, am Übergang vom ‹mündlichen› zum ‹schriftlichen› Zeugnis, doch änderte sich dadurch der Charakter des Prozeßzeugnisses in keiner Weise. Ob mündlich oder schriftlich, der Zeuge hatte in Athen niemals eine Wahrnehmung mit eigenen Worten zu schildern und sich einem Verhör, sei es durch die Parteien oder durch ein Mitglied des Gerichts, zu stellen. Stets wurde das Beweisthema von der beweisführenden Partei wortwört-

lich vorformuliert, formelhaft eingeleitet mit «XY bezeugt zu wissen, daß ...» oder «dabeigewesen zu sein, als ...», worauf der Zeuge vor Gericht in der mündlichen Phase mit «ich weiß» antwortete[10] oder den schriftlichen Text durch bloße Anwesenheit vor den Geschworenen bestätigte. Wollte er den vorformulierten Text nicht bestätigen, hatte er lediglich die Möglichkeit, bereits vor der Hauptverhandlung das ihm zugesonnene «Wissen» durch einen Eid «nicht zu wissen» zu verneinen, sich freizuschwören (*exomosía*). Eine Exomosie hatte keinerlei Konsequenzen; bestätigte der Zeuge aber das entweder nur mündlich vorgesprochene oder aus einem Schriftstück vorgelesene Beweisthema vor den Geschworenen, so haftete er persönlich mit einer Klage wegen falscher Aussage (*díke pseudomartyríōn*) für die Wahrheit jedes einzelnen Wortes. Der Übergang von der ‹mündlichen› zur ‹schriftlichen› Aussage war also keineswegs als Reform des Beweisverfahrens gedacht, sondern diente – ohne Änderung des Systems – lediglich der Fixierung des Wortlauts, vermutlich, um die Klage wegen falschen Zeugnisses auf sicherere Grundlage zu stellen.

3) Viel Mühe gaben sich die Athener, die Besetzung der großen Geschworenengerichtshöfe so objektiv wie möglich zu gestalten. Hierin gelangte die Demokratie des 4. Jahrhunderts zu unerreichter Meisterschaft. Boegehold hat in seinem Kapitel «Three Court Days» (S. 21–42) die drei Etappen dieser Entwicklung genau nachgezeichnet. Bevor wir uns der letzten, durch die *Athenaion Politeia* bestens bekannten, zuwenden, seien die beiden anderen kurz skizziert. Oberstes Prinzip war die Bestellung der Geschworenen durch das Los – das Grundprinzip der Demokratie schlechthin. Doch wie sehr konnte man das Losverfahren verfeinern! Ab ca. 460 v. Chr. wurden die Geschworenen bestimmten Dikasterien fest zugelost; an den Gerichtsstätten gab es keine feste Sitzordnung. Als Nachteil stellte sich bald heraus, daß die Prozeßparteien ihre Richter, so viele es auch sein mochten, im voraus kannten und durch Bestechung oder Drohung zu beeinflussen suchten; in den Dikasterien setzten sich Cliquen von Parteigängern nahe zusammen und störten den Prozeßablauf. In der zweiten Etappe, ab 410/09, wurden die Gerichtshöfe erst am Tag der Verhandlung durch das Los zusammengestellt, doch die Gerichtsstätten lagen so weit auseinander, daß man die Geschworenen immer noch auf den Wegen von der Agora, wo gelost wurde, zu den Dikasterien beeinflussen konnte. Dort allerdings sorgte ein weiteres Losverfahren für eine der Willkür entzogene Sitzordnung. Die dritte Etappe, die uns die *Athenaion Politeia* beschreibt, beginnt ca. 340 v. Chr., als auf der Agora ein neuer,

Abb. 1 Richtertäfelchen aus Bronze: Demophanes, Sohn des Phili... aus Kephisia
(Abb. 1-6: American School of Classical Studies, Athen, Agora Excavations)

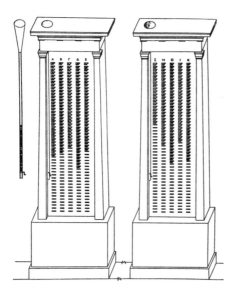

Abb. 2 Kleroteria (Losmaschinen), Rekonstr.

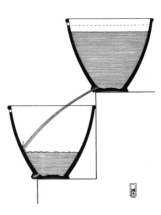

Abb. 3 Klepshydra (Wasseruhr), Rekonstr.

Abb. 4 Psephoi (Stimmsteine): *psēphos demosía*

Das Gerichtswesen Athens im 4. Jahrhundert v. Chr.

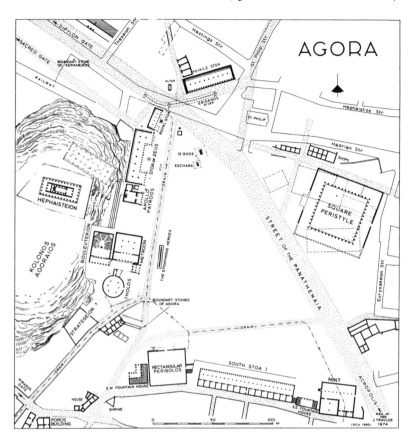

Abb. 5 Die Agora von Athen um 300 v. Chr.

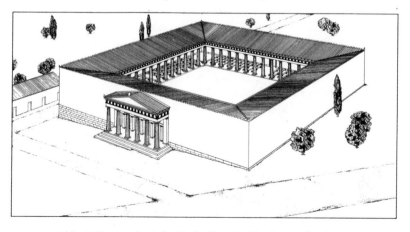

Abb. 6 Der quadratische Peristylbau im Nordosten der Agora

zentraler Gerichtsbezirk eröffnet wurde, das quadratische Peristylgebäude (Abb. 6). Damit waren die Wege zu den verstreuten Dikasterien weggefallen; außerdem wurde die Vermischung der aus allen zehn Phylen stammenden Geschworenen auf die Spitze getrieben. Da ein Verhandlungstag die Stadt viel Geld kostete – jeder Geschworene erhielt einen ‹Sold› von drei Obolen –, mußte die Organisation eines Gerichtstages in kürzest möglicher Zeit vor sich gehen.

Um sich ein lebendiges Bild von der organisatorischen Leistung des demokratischen Gerichtswesens im Athen des späteren 4. Jahrhunderts zu machen, lohnt es sich, die Kapitel 63–69 der *Athenaion Politeia* im Zusammenhang zu lesen.[11] Hier möge eine kommentierende Paraphrase genügen. Die Szene beginnt im Morgengrauen eines von den Thesmotheten angesetzten Gerichtstages. Man werfe einen Blick auf die Rekonstruktion des quadratischen Peristyls (Abb. 6) und stelle sich – wie Boegehold ansprechend vermutet – den Vorplatz vor dem Propylon durch Schranken abgetrennt vor. Außerhalb der Einfriedung warten Trauben von Geschworenen, die heute zum Zuge kommen wollen, etwas entfernt zahlreiche Parteien, deren Prozesse für heute angesetzt sind, deren Zeugen und Freunde und eine große Zahl von Schaulustigen. Vor Gericht wird immer Schmutzwäsche gewaschen, Boulevardblätter und Fernsehen gab es bekanntlich noch nicht.

Die Schranken haben (ähnlich einem Sportstadion) zehn Eingänge, jeweils einen für die Geschworenen einer Phyle. Vor jedem Eingang ist einer der neun Archonten postiert, den zehnten besetzt der Sekretär der Thesmotheten. Sie leiten das Losverfahren. An Geräten stehen bei jedem Eingang zwei Kleroterien (s. Abb. 2; also insgesamt 20), 10 leere Kästchen (insgesamt 100), bis zu 4 weitere leere Kästchen, je nach Zahl der zu besetzenden Dikasterien (weitere 10–40), 2 Krüge gefüllt mit durch Buchstaben markierten Eicheln (20 Krüge) und Stäbe in verschiedenen Farben. Die Zahl der Eicheln und der Stäbe entspricht insgesamt genau der Zahl der heute benötigten Geschworenen: Für vier kleine Dikasterien in Privatsachen benötigt man 804, für vier kleinere politische Dikasterien 2004. Soweit *AP* 63, 1–2.

Wir wenden den Blick zu den wartenden Geschworenen. Gelassen stehen sie vor dem Eingang der Phyle, der sie angehören, drängeln wäre sinnlos. Jeder hat als ‹Ausweis› ein Täfelchen aus Buchsbaumholz, auf dem sein Name, Vatersname und Herkunftsort (*demos*) eingeritzt sind sowie einer der ersten zehn Buchstaben des Alphabets (von *Alpha* bis *Kappa*). Innerhalb ihrer Phyle sind die Geschworenen nämlich wieder in zehn etwa gleich große Gruppen aufgeteilt (*AP*

63, 3–4). Im 5. Jahrhundert waren die Richtertäfelchen aus Bronze, nur solche sind erhalten (Abb. 1).

Während die Geschworenen noch warten, lost ein Thesmothet die Gerichtslokale – nehmen wir an, wir brauchen heute vier – den auf den Eicheln angebrachten Buchstaben zu (*AP* 63,5). Die Eingänge der vier Gerichtslokale, vermutlich an den vier Ecken des Peristylhofes, tragen vier verschiedene Farben; die Eicheln tragen, nachdem heute alle vier Gerichtslokale benötigt werden, jeweils einen der vier Buchstaben *Lamda, My, Ny* oder *Xi* (*Alpha* bis *Kappa* sind durch die Richtertäfelchen schon besetzt). Bevor die Geschworenen ausgelost werden können, muß man wissen, welcher Buchstabe zu welcher Farbe gehört. Es wird also der durch Los zugeteilte Buchstabe an dem farbigen Balken des Gerichtslokals befestigt (*AP* 63,5) und auch an den Eingängen der zehn Phylen mitgeteilt, welche Farben heute den vier auf den Eicheln eingeritzten Buchstaben entsprechen.

Inzwischen ist die Szene an den zehn Phyleneingängen in Bewegung geraten: Die zur Richtertätigkeit drängenden Geschworenen haben ihre Namenstäfelchen in eines der jeweils zehn dort aufgestellten Kästchen geworfen, und zwar in jenes, das den auf ihren Täfelchen vermerkten Buchstaben (*Alpha* bis *Kappa*) trägt. Der Amtsgehilfe schüttelt die Kästchen, und der für die Phyle tätige Thesmothet (Archont oder Schreiber) zieht jeweils ein Täfelchen heraus. Der Gezogene ist der «Einstecker», der die Täfelchen an den Losmaschinen in die senkrechte Reihe von Schlitzen einsteckt. Die beiden vor jedem Phyleneingang stehenden Losmaschinen haben je fünf senkrechte Reihen von Schlitzen, über denen die Buchstaben *Alpha* bis *Epsilon* bzw. *Zeta* bis *Kappa* angebracht sind (Abb. 2). Für jede Reihe von Schlitzen ist also ein Einstecker tätig, der alle übrigen Täfelchen seines Kästchens in die mit seinem Buchstaben überschriebene Reihe einsteckt (*AP* 64,2); er selbst ist jedenfalls ausgelost (*AP* 64,3). Insgesamt arbeiten also 100 Einstecker in fieberhafter Eile an den 20 Losmaschinen; zwei pro Phyle verwendet man, damit die 10 Einstecker einander möglichst wenig behindern. In ca. 15 Minuten sind die Maschinen startklar.

Sobald die zu den Farben der Gerichtslokale gehörigen Buchstaben bekannt sind, können die zehn leitenden Archonten das Losverfahren beginnen. In jede Losmaschine kann man seitlich ein oben trichterförmig erweitertes Bronzerohr einsetzen (s. Abb. 2). Der Archont wirft schwarze und weiße Bronzewürfel in die Trichter seiner beiden Maschinen. Die Würfel werden am unteren Ende des Rohres einzeln entnommen: Ein weißer Würfel bedeutet, daß eine waagrechte Reihe von 5 Täfelchen heute zum Zuge kommt (*AP* 64,3); die Reihe, die schwarz zieht, bleibt zunächst stecken, bis der Einstecker die Täfelchen am Schluß des Losverfahrens zurückgibt (*AP* 65,3). Die weißen Würfel (jeweils mit 5 Täfelchen pro Reihe multipliziert) entsprechen der Zahl der heute benötigten Geschworenen (*AP* 64,3); die genaue Zahl ergibt sich allerdings aus den vorbereiteten Eicheln (und Stäben, *AP* 63,2), so daß in einer Phyle von der letzten Fünferreihe vermutlich nicht alle Täfelchen zum Zuge kommen.

Die erlosten Geschworenen haben noch eine längere Prozedur vor sich. Zunächst nimmt der Herold die fünf Täfelchen aus den Schlitzen, ruft die Namen der Geschworenen einzeln auf und übergibt, sobald der Aufgerufene sich gemeldet hat, dessen Täfelchen dem Archonten. Der Aufgerufene zieht eine Eichel aus dem Krug und zeigt den eingeritzten Buchstaben (*Lamda, My, Ny* oder *Xi*) dem Archonten. Dieser wirft das Täfelchen in eines der vier mit demselben Buchstaben versehenen Kästchen; damit ist der Geschworene einem der vier heute tagenden Dikasterien zugeordnet (*AP* 64, 4–5). Nun erst darf der Geschworene seinen Phyleneingang passieren. Doch dort kontrolliert der Amtsgehilfe nochmals den Buchstaben der Eichel und händigt dem Geschworenen einen Stab aus, der die Farbe des dem Buchstaben vorhin zugelosten Gerichtslokals trägt. Mit farbigem Stab und Eichel durchschreitet der erloste Geschworene glücklich den Phyleneingang, betritt durch das Propylon das Peristyl und findet sich, von Außenstehenden unbehelligt, in dem Gerichtslokal ein, das die Farbe seines Stabes und den Buchstaben seiner Eichel trägt. Stimmen diese nicht überein, schlagen die Gehilfen dort Alarm; entweder hat der Geschworene geschwindelt, oder der Phyle ist ein Irrtum unterlaufen. Der offen sichtbare farbige Stab weist den Geschworenen auf dem Weg in das Peristyl als Mitglied eines der vier Dikasterien aus (*AP* 64,4). Stab und Eichel mit jemandem unauffällig zu tauschen ist schwierig und vor allem sinnlos: Noch kennt niemand die Prozesse, über die er abstimmen wird.

Wenn das Losverfahren beim Phyleneingang beendet ist, sind die 10 Kästchen mit den Buchstaben *Alpha* bis *Kappa* und die 10 entsprechenden Schlitze der Losmaschinen geleert, die 4 Kästchen mit den Buchstaben *Lamda* bis *Xi* für die 4 Dikasterien hingegen gefüllt und die übrig gebliebenen Täfelchen an die nicht zum Zuge gekommenen Geschworenen zurückgegeben worden. Die Archonten, Herolde, Hilfskräfte und die 100 Einstecker, die zumeist im Inneren des Gebäudes noch gebraucht werden, ziehen sich dorthin zurück, die übrigen haben für heute ihre Funktion erfüllt. Wichtig ist, daß die insgesamt 40 Kästchen, die mit den Täfelchen der den Dikasterien zugelosten Geschworenen gefüllt sind, mit hineingeschafft werden. Nichts steht nun im Weg, die Schranken zu beseitigen und die wartende Menge bis zum Propylon anbranden zu lassen. Das ganze Verfahren hat vielleicht eine Stunde des kostbaren Gerichtstages verbraucht.

Noch können die Prozesse nicht beginnen, da im Inneren des Peristyls noch einige weitere Losvorgänge laufen, die insgesamt wohl in einer weiteren Viertelstunde nach der Richterauslosung beendet sind. In jedem der vier am heutigen Gerichtstag aktiven Gerichtshöfe wird – vermutlich aus den 10 zuerst dort einlangenden Geschworenen – einer ausgelost, der seinen übrigen Kollegen – vermutlich aus einem nicht einsehbaren Gefäß – eine Kennmarke übergibt (*AP* 65,2). Diese *sýmbola* hat Boegehold (S. 34 u. 38) mit auf der Agora gefundenen Bronzemünzen identifiziert, welche die 24 Buchstaben des Alphabets, vermehrt um das *Sampi*, tragen. Sie weisen den Geschworenen eine der 25 hölzernen Sitzbänke des Gerichtslokals zu. Entsprechende Buchstaben sind im Fußbodenpflaster unter den Kolonnaden des Peristyls sichtbar eingemeißelt. Jede Sitzbank hat Platz für 20 Geschworene. Die Parteien halten ihre Plädoyers in den freien Ecken der Kolonnaden, hieran schließen sich entlang der Säulen 12 Holzbänke auf der einen Seite, 13 auf der anderen an (s. Abb. 6); die 501 Geschworenen eines kleinen politischen Prozesses finden also bequem Platz. In kleinen Privatprozessen besetzen die Geschworenen nur 5 Bänke auf jeder Seite. Hinter ihrem Rücken, ihnen ebenfalls den Rücken zukehrend, tagten gleichzeitig die Geschworenen des benachbarten Dikasterions. Vier gleichzeitig gehaltene Reden fordern den Auditorien gewiß einiges an Konzentration ab, doch sind vier parallele Verfahren ausdrücklich belegt (*AP* 67,1) und durch den Befund des Baues bestätigt.[12] Die am richtigen Dikasterion ankommenden Geschworenen nehmen also die Kennmarke für ihren Sitzplatz entgegen, geben dafür aber die Eichel und den farbigen Stab ab (*AP* 65,3); die Stäbe werden eventuell nochmals gebraucht, die Eicheln haben ihren Zweck erfüllt.

Die Plazierung der Geschworenen läuft ab, während vor dem Peristylgebäude bei den Phyleneingängen noch gelost wird. Erst wenn der Vorgang draußen beendet ist, folgt der letzte Akt. Durch Los wird bestimmt, welcher der heute amtierenden Gerichtsmagistrate welchem Gerichtshof vorsitzen wird – das können (mit Ausnahme des Basileus in Blutprozessen) vier der neun Archonten, der Vierzig oder aller weiteren Amtsträger sein. Dieser Vorgang findet im ersten, mit *Lamda* gekennzeichneten Gerichtslokal statt. Zwei der an den Phyleneingängen tätig gewesenen Archonten werden ausgelost; der eine wirft in eine Losmaschine vier bronzene Würfel in den Farben der Gerichtslokale ein, der andere in eine zweite Maschine vier Würfel, auf denen die vier Namen der heute amtierenden Gerichtsvorsitzenden stehen – beide ohne die Tätigkeit des anderen zu sehen. Die Würfel, die gleichzeitig ihr Rohr verlassen, ordnen den Vorsitzenden ihre Dikasterien zu, ein Herold ruft das Ergebnis aus (*AP* 66,1).

Nun sind die Gerichtshöfe endlich komplett. Keine Prozeßpartei und kein Gerichtsmagistrat kannten vorher die Zusammensetzung der Geschworenenbank, mit der sie es zu tun haben würden; jegliche Beeinflussung der Geschworenen und jegliche Cliquenbildung unter ihnen war unterbunden. Doch ist immer noch ein Losverfahren erforderlich, bevor die Prozesse beginnen können. Nachdem die vier Vorsitzenden im erlosten Gerichtslokal erschienen sind, haben sie aus der Masse der ihnen zugelosten Geschworenen die Funktionäre für den Prozeßablauf auszulosen. Man braucht dazu, das letzte Mal, wieder je ein leeres Kästchen (also insgesamt 4). In jedem der vier Gerichtslokale sind inzwischen jene 10 Kästchen angelangt, in die an den Phyleneingängen die Archonten die mit den Eicheln zugelosten Richtertäfelchen geworfen hatten (von 100 Kästchen vor den Losmaschinen waren sie auf 40 reduziert worden). Auf diese Weise sind in den Gerichtslokalen die Täfelchen der Geschworenen immer noch nach den 10 Phylen geordnet. Aus jedem dieser 10 Kästchen zieht nun der Gerichtsvorsitzende ein Täfelchen, wirft sie in das leere Kästchen und lost hieraus zunächst einen Geschworenen, der die Wasseruhr (Abb. 3) bedient, und vier, welche die Stimmsteine verwalten, die restlichen fünf sind am Schluß des Gerichtstages dafür verantwortlich, den Geschworenen den Richtersold von drei Obolen auszuzahlen und die Täfelchen zurückzugeben, jeder von den fünf für zwei Phylen (*AP* 66,2–3).

Nach diesen umfangreichen Vorbereitungen laufen die Prozesse relativ einfach ab. Das Propylon wird nun für die Allgemeinheit geöffnet, und die Gerichtsvorsitzenden lassen die Streitsachen aufrufen (*AP* 67,1), die Klageschrift und die Antwort verlesen und geben dem Kläger das erste, dem Beklagten das zweite Wort. In Privatsachen ist die Redezeit je nach dem Streitwert, abgestuft bis zu 1000 Drachmen, bis zu 5000 und darüber, genau bemessen. Gemessen wird in *choūs* Wasser (1 *choūs* rinnt aus dem Röhrchen der Wasseruhr, *klepsýdra*, in 3 Minuten aus, s. Abb. 3), für eine Rede stehen je nach Streitwert 15–30 Minuten zur Verfügung, für Replik und Duplik jeweils 3–9 Minuten. Der für die Wasseruhr zuständige Geschworene hat das Wasser anzuhalten, wenn der Sprecher vom Schreiber ein Dokument verlesen läßt. Angesichts der kurzen Redezeit wird kein Sprecher das Wasser allzulange anhalten lassen, damit die Gesamtwirkung seiner Rede nicht beeinträchtigt wird. Ein Gerichtshof kann jedenfalls mehrere Privatsachen an einem Gerichtstag entscheiden. In großen politischen Prozessen wird manchmal die Redezeit des gesamten Tages (berechnet nach dem Tageslicht im Dezember) gleichmäßig auf Anklage und Verteidigung aufgeteilt; Dokumente werden hierbei bei auslaufendem Wasser verlesen (*AP* 67,2–5).

Unmittelbar nach den Reden folgt die Entscheidung der Geschworenen. Sie treten in Reihe vor ihre vier Kollegen, die für die Stimmsteine ausgelost worden waren, und tauschen ihre Sitzmarke gegen zwei Stimmsteine (*pséphoi*) aus. Auch solche wurden auf der Agora in großer Zahl gefunden. Es sind Bronzescheiben, die in der Mitte eine Achse aufweisen, eine Scheibe hat eine durchbohrte Achse, die andere ist massiv (Abb. 4). Man kann die Psephoi an den Achsen bequem zwischen Daumen und Zeigefinger halten, so daß man zwar die Bohrung fühlt, aber kein Außenstehender sieht, in welcher Hand man die durchbohrte hält und in welcher die massive. Jeder Geschworene nimmt, kontrolliert von den Stimmsteinwarten, zwei Psephoi von einem Ständer, hält sie zunächst offen in einer Hand, so daß die Prozeßparteien überprüfen können, daß jeder wirklich einen durchbohrten und einen vollen empfangen hat, und gibt mit der anderen Hand die Sitzmarke dem ganz am Anfang dafür ausgelosten Geschworenen zurück. Nun hat der Abstimmende beide Hände zur Stimmabgabe frei. Vorher hat der Herold noch zwei wichtige Ankündigungen ausgerufen: Er hat die Parteien aufgefordert, allenfalls gegen Zeugen des Prozeßgegners eine Klage wegen falscher Aussage anzumelden (ein wichtiges Indiz für die Glaubwürdigkeit der Zeugen; unangemeldet ist die Klage nämlich nicht zulässig), und weiters hat der Herold verkündet, daß die durchbohrte Psephos für den ersten Sprecher, in der Regel für den Kläger, die massive für den zweiten, den Beklagten, zählt (all dies in *AP* 68,2–4).[13]

Auch dafür, daß die Abstimmung absolut geheim bleibt, haben die Athener eine einfache Vorkehrung ersonnen. Zwei Amphoren werden als Urnen aufgestellt; sie sind zerlegbar, damit man vorher kontrollieren kann, daß sie leer sind. Eine Urne, die zählende, hat einen Deckel mit einem Schlitz, durch den jeweils nur ein Stimmstein hindurchgeht; sie ist aus Bronze und gibt, wenn der Groschen fällt, einen hellen metallischen Klang. Die Urne für den überflüssigen Stimmstein ist aus Holz (*AP* 68,3) und klingt dumpf. Jeder kann also kontrollieren, ob der Geschworene sich der beiden Psephoi entledigt hat, aber nur der Geschworene selbst weiß, welche Psephos, die durchbohrte oder die massive, er in die zählende Urne geworfen hat. Früher hatten die Geschworenen nur einen einzigen Stimmstein, den sie in zwei verschiedene, abgedeckte Urnen warfen (eine für den Kläger, die andere für den Beklagten), doch konnte man aus dem Klang manchmal hören, in welche Urne der Stimmstein gefallen war.

Nach der letzten Stimmabgabe händigt der Kollege, der die Sitzmarken eingesammelt hat, dem Geschworenen eine weitere bronzene Marke aus, die den Buchstaben *Gamma* trägt, was die Zahl Drei bedeutet. Mit dieser Marke erhält der Geschworene, der seine Abstimmungspflicht erfüllt hat, am Schluß des Gerichtstages seinen Sold von 3 Obolen und auch sein Täfelchen wieder zurück (*AP* 68,2).

Doch noch ist der Prozeß nicht zu Ende. Nachdem alle Geschworenen abgestimmt haben, werden die Psephoi der zählenden Urne auf ein Zählbrett geschüttet, das so viele Löcher hat, wie Stimmen abzugeben sind. Die Psephoi liegen waagrecht, so daß die Achsen sichtbar sind. Blitzschnell werden die durchbohrten und die massiven gezählt, der Herold verkündet die Zahlen, und damit ist die Entscheidung entweder zugunsten des Klägers oder des Beklagten gefallen (*AP* 69,1).

Es gibt auch Prozesse, in denen zweimal abzustimmen ist, zunächst über Schuld- oder Freispruch, dann über die Höhe der Geldbuße oder die Art der Strafe. Auch bei der zweiten Abstimmung können die Geschworenen nur zwischen den beiden Anträgen, dem des Klägers und dem des schuldig gesprochenen Beklagten, wählen. Die Geschworenen nehmen in diesen Fällen nach der ersten Abstimmung wieder Platz, hören noch ein halbes *choūs* Wasser (eineinhalb Minuten) lang die Ausführungen der Parteien und schreiten zur zweiten Abstimmung. Technisch ist das so gelöst, daß die Geschworenen nach der ersten Abstimmung nicht die bronzene Drei-Obolen-Marke, sondern den Stab mit der Farbe ihres Gerichts wieder in die Hand bekommen (*AP* 69,2). Mit diesem Stab verlassen sie ihr Gerichtslokal nach der Stimmabgabe, um es dann wieder zu betreten. Das gleiche Verfahren muß auch gelten, wenn nach Abschluß des ersten Prozesses ein zweiter oder weitere anberaumt sind, denn die 3 Obolen winken erst am Abend. Vermutlich werden für jeden neuen Prozeß auch die Sitzplätze neu verteilt. Die farbigen Stäbe sind nötig, damit die Geschworenen der vier im Peristyl gleichzeitig tagenden Gerichtshöfe sich nicht unzulässigerweise vermengen.

Wer den ‹Gerichtstag› vor seinem Auge vorbeiziehen läßt, erkennt augenblicklich, daß es den Athenern in all ihren Reformen um das ‹demokratische Prinzip› ging. Perfekt gelöst wurde der faire Ablauf des Verfahrens und die Chancengleichheit der Parteien. Beeinflussung der Geschworenen durch die Parteien, die Amtsträger oder durch Cliquen unter den Geschworenen selbst war ausgeschlossen. Nach heutigen Maßstäben auf der Strecke geblieben war jedoch die ‹Rationalität des Verfahrens›: Das Beweisverfahren war nur rudimentär entwickelt, es gab weder Urteilsspruch noch -begründung. Keine Partei wußte, warum sie verurteilt oder freigesprochen worden war, keine Instanz konnte Fehler korrigieren. Diese Mängel wurden im 4. Jahrhundert zwar manchmal kritisiert, jedoch trotz aller Reformfreude niemals beseitigt.

Anstatt die Athener deshalb zu schulmeistern, sollte man sich fragen, welche Funktion das Verfahren vor dem Geschworenengericht im Leben der Athener hatte. Ging es um materielle Wahrheit, um Gerechtigkeit? Gewiß auch. Doch haben neuere Untersuchungen gezeigt, daß das Prozessieren vor den Geschworenen als Mechanismus der ‹sozialen Kontrolle› wirkte. Es kämpften Mitglieder einer gesellschaftlichen Elite um ihre bürgerliche, soziale Existenz, um Egalität oder Hierarchie.[14] Dieser Kampf wurde – wie zu ergänzen ist, in streng formalisiertem Rahmen – vor den aus kleinen ‹Drei-Obolen-Leuten› erlosten Dikasterien ausgefochten. Jede Partei legte ihre ganze Persönlichkeit in die Waagschale, tadellosen Lebenswandel, demokratische Gesinnung, Verdienste um die Gemeinschaft in Krieg und Frieden. Die ‹Abschweifungen› sind fester Bestandteil der Gerichtsreden. Das mag heute zwar manchen Juristen stören, enthüllt aber den Grundcharakter jedes Geschworenenprozesses in Athen als politischen.

Der Areopag
Ein Gerichtshof zwischen Politik und Recht

Charlotte Schubert

Nach dem Mythos der klassischen Zeit basierte der Name des Areopags («Ares-Hügel») auf der Tradition eines Blutgerichtes, das an diesem Ort über den Kriegsgott Ares vor einem aus Göttern bestehenden Gericht abgehalten worden war. Ares soll Halirrhothios, den Sohn des Poseidon, getötet haben, da dieser Alkippe, die Tochter des Ares und der Aglauros, vergewaltigt hatte.[1]

In historischer Zeit fanden Blutprozesse in Athen an fünf verschiedenen Orten statt:[2]

Am Palladion verhandelte man Prozesse wegen Tötung wider Willen und Fälle, in denen jemand einen Sklaven, einen Metöken oder einen Fremden getötet hatte.[3] Am Delphinion beriet man über Tötungen, die im Einklang mit den Gesetzen standen wie etwa die Tötung eines auf frischer Tat ertappten Ehebrechers oder diejenige eines im Krieg auf der eigenen Seite Kämpfenden, der irrtümlich nicht erkannt worden war, sowie schließlich über Todesfälle, die während eines Wettkampfes eingetreten waren.[4]

Auf dem Ares-Hügel hielt man Prozesse wegen vorsätzlicher Tötung, Giftmord oder Brandstiftung vor dem nach diesem Ort benannten Gerichtshof ab.[5] Möglicherweise ist bei diesen Prozessen zu unterscheiden zwischen vorsätzlicher Tötung durch die eigene Hand des Mörders und einer sogenannten mittelbaren Tötung (*bouleusis*),[6] bei der der Täter nur den Plan oder die auslösende Absicht zu verantworten hatte. Letztere Fallgruppe wäre nach den Angaben der *Athenaion Politeia* (*Der Staat der Athener* – eine Schrift aus dem 4. Jahrhundert) am Palladion verhandelt worden.[7] Weiterhin gab es noch einen vierten Gerichtshof für die Blutgerichtsbarkeit, denjenigen in Phreato, möglicherweise an einem Heiligtum des Phreatos,[8] wo über schon Exilierte bei entsprechenden Anklagen gerichtet wurde. Im Prytaneion schließlich verhandelte man über Tiere und Gegenstände, die zur Tötung eines Menschen geführt hatten.

Im Laufe der Zeit wurde einem dieser Gerichtshöfe, demjenigen auf dem Areopag, eine immer bedeutungsvollere Rolle zugeschrieben. Seit dem 4. Jahrhundert v. Chr. wird er als Hüter des Gesetzes,[9] als Wächter über die Beamten Athens,[10] ja als Wächter der Verfassung bezeichnet,[11] und schließlich soll er auch eine allgemeine Sittenaufsicht gehabt haben.

Die Frage nach der Bedeutung dieses Gerichtshofes ist nun einerseits diejenige, ob sich das im 4. Jahrhundert gezeichnete Bild durch frühere Quellen bestätigen läßt, und andererseits, warum gerade dieser Gerichtshof mit solch umfassenden Kompetenzen ausgestattet worden sein soll. Oder anders formuliert, ist der Areopag nicht nur ein Gerichtshof gewesen, sondern handelt es sich bei diesem Gremium um einen politischen Rat, dem seit dem 7./6. Jahrhundert in Athen sowohl politische als auch richtende Funktionen zukamen?

1. Der Areopag vor und nach Solon

Das älteste Zeugnis für die Entwicklung der Blutgerichtsbarkeit in Athen ist das nach dem legendären Gesetzgeber Drakon benannte Blutgesetz,[12] das in einer möglicherweise auch überarbeiteten Wiederaufzeichnung aus dem Jahr 409/8 v. Chr. vorliegt. Das Gesetz ist nicht vollständig erhalten, und größere Passagen sind vor allem durch Zitate aus zwei Reden des Politikers und Gerichtsredners Demosthenes ergänzt worden.[13] Ohne zu starken Rückgriff auf die Ergänzungen sind aus dem Inhalt zwei wesentliche Aspekte zu erkennen:
– Regelungen für den Fall einer unbeabsichtigten Tötung, einer Tötung wider Willen (*akon*),[14]
– Regelung des Verfahrens und der Zuständigkeit.

Als Konsequenz aus einer Blutschuld ergab sich zwangsläufig das Exil, das zu diesem frühen Zeitpunkt eher noch nicht als Strafe anzusehen ist, sondern erst später unter dem zunehmenden Einfluß eines sich entwickelnden Gerichtswesens zu einer Strafe im Sinn der Verbannung entwickelt wurde. Deutlich zu erkennen ist jedenfalls, daß der Stadtstaat, die Polis, hier bereit ist, die Regelungskompetenz für die nicht-vorsätzliche Tötung zu übernehmen. Schon ins Exil gegangene Athener konnten von diesem Moment an zurückkommen, ohne daß die Polis durch sie im kultischen Sinn verunreinigt worden wäre. Voraussetzung war die korrekte Durchführung des in dem Gesetz vorgeschriebenen Verfahrens, unter anderem durch Gewährung der Verzeihung (*aidesis*) von der Seite des betroffenen Geschlechterverbandes (*Phratrie*). Von nun an waren Blutvergießen und Tötung nicht mehr automatisch nicht zu heilende Sakrilegien, sondern die Polis als Ganze übernahm die Verantwortung.

Das Verfahren wurde nach dem erhaltenen Teil der Inschrift einem Gremium von 51 sogenannten Epheten (Richtern) zugeordnet, die, nach einem Spruch der Magistrate (*Basileis*), die Rechtslage festzustellen hatten. Hierbei bleibt unklar, ob sie nur die Unvorsätzlichkeit der Tötung auszuweisen oder auch Zeugenvernehmungen durchzuführen hatten. Wenn von der Familie des Opfers dem Täter Verzeihung gewährt wurde oder die Phratriegenossen dies zusagten, dann konnte das Verfahren damit beendet werden. Eine Beteiligung der Phylen – der großen staatlichen Gliederungseinheiten – oder des Volkes (*Demos*) wird nicht erwähnt, aber immerhin sollten die Phratriegenossen von den Epheten gewählt werden.[15] Auch die vor den Bluträchern ins Ausland Geflohenen sollten dem Schutz dieses Ephetenverfahrens unterstehen, indem die Bluträcher von diesen zur Verantwortung gezogen werden konnten.

Ein aus den genannten Gründen Verbannter, der sich gegen diese Bestimmungen verging, d. h. ohne das Verfahren nach Attika zurückkam, konnte jedoch getötet werden. Die erst später, in solonischer Zeit (7./6. Jahrhundert), verbotene Abpressung von Wergeld – einem vom Täter zu leistenden finanziellen Ausgleich an die Angehörigen des Getöteten – wäre dann als Verschärfung dieser Bestimmung zu verstehen:[16] Der vorsätzliche Mord war sehr wahrscheinlich nicht in diese Regelung mit einbezogen. Eine Tötung aus Vorsatz erlaubte nur noch das Exil oder den Prozeß, dem bei einem Schuldspruch dann die Exekution gefolgt wäre.[17]

Wenn in diesem ältesten Zeugnis über Blutgerichtsverfahren das zuständige Gremium der sogenannte Ephetenhof ist, dann stellt sich hier die entscheidende Frage, ob damit der Areopag gemeint sein könnte oder ob es sich um einen anderen, weiteren Gerichtshof handelt. Auch in der Antike hat man offenbar hierüber schon diskutiert: Plutarch weist darauf hin, daß nach Auskunft der meisten Autoren erst Solon den Areopag als politischen Rat aus den ehemaligen höchsten Magistraten (*Archonten*) konstituiert habe, hingegen bei Drakon nur von den Epheten die Rede sei.[18] Andererseits befände sich auf dem 13. *Axon* – einer der solonischen Gesetzestafeln – eine Bestimmung Solons, nach der Ausgebürgerte (*Atimoi*), die vor Solons Archontat aufgrund eines Urteilsspruches des Areopags oder der Epheten oder der *Basileis* (Magistrate) wegen Mordes, Blutvergießen oder Hochverrates ihr Bürgerrecht verloren haben, nicht amnestiert werden sollten.[19] Plutarch schlägt folgende Erklärung zur Auflösung des Widerspruchs vor: Nur diejenigen seien von der

Amnestie ausgenommen, die wegen solcher Straftaten verurteilt worden seien, wie sie *jetzt* von den Areopagiten, Epheten und Prytanen (Magistraten) abgeurteilt würden.

Wenn der Areopag und der Ephetenhof zu einem früheren Zeitpunkt einmal identisch gewesen sein sollten, dann hätten sie irgendwann in diese zwei verschiedenen Gremien aufgelöst worden sein müssen.[20] Es ist zwar nichts darüber bekannt, daß Solon etwas an den Mordgesetzen Drakons geändert hätte,[21] doch läßt sich aus dem Kontext des Wergeldverbots eine Ausweitung erschließen (S. 52).[22]

Die Existenz des Areopags vor Solon ist die wahrscheinlichere Variante als eine Neuschaffung des Gremiums während seines Archontats.[23] Bei der ihm zugeschriebenen Veränderung des Besetzungsmodus des Archontates soll Solon dem Areopag etwas von seinen alten Befugnissen genommen haben.[24] Ursprünglich ernannte der Areopag die Archonten und gab auch die Richtlinien für die Amtsführung vor, durch Solon ist ein Verfahren von Vorwahl und Los aus Phylenkandidaten für die Besetzung des Archontats eingeführt worden, das jedoch an die Voraussetzung eines sehr hohen Einkommens gebunden war. Demnach muß sich durch die Veränderung des Bestellungsmodus auch die Zusammensetzung verändert haben. Inwiefern damit jedoch eine Veränderung in den Zuständigkeitsbereichen einherging, wird nicht recht deutlich. Insgesamt scheint Solons Neuregelung für den Zugang zum Archontat, die dies an Einkommen, jedoch nicht mehr an die adelige Geburt knüpfte, in Athen zu größter Unzufriedenheit geführt zu haben. Offenbar kam es zu Unruhen und wahrscheinlich zu einer weiteren Neuregelung des Zugangs.[25]

Nach Ansicht des Verfassers der *Athenaion Politeia* waren sowohl *Nomophylakia* (Aufsicht über die Gesetze) als auch *Politophylakia* (Aufsicht über die Bürger) alte Funktionen des Areopags, die seine Stellung als Regierungsorgan schon von Anfang an geprägt hätten.[26] Diese Aufsichtsfunktionen verknüpft die *Athenaion Politeia* mit umfassenden Befugnissen eines Gerichtshofes, die in der Überwachung der Rechenschaftsablegung der Magistrate, der Verhängung von Bußen und Strafen sowie seit Solon auch in der Verhandlung von Anklagen gegen diejenigen lagen, die die Demokratie in Athen stürzen wollten (*nomos eisangeltikos*). Allerdings ist die Historizität dieser einzelnen Befugnisse kaum sicher zu überprüfen. Zwar läßt sich für das Recht auf die generelle Berufung an das Volk (*ephesis*), das auch auf Solon zurückgehen soll, aus der attischen Tradition kein Zeugnis finden, doch ein in etwa in die gleiche Zeit gehörendes Gesetz aus dem Inselstaat Chios kennt ein solches Berufungsrecht an eine *boule demosie,* einen Volksrat.[27] Dieser ist gleichzeitig auch richtende Instanz. Analog dazu wäre die Einrichtung einer *Heliaia* (eines Volksgerichtes) durch Solon nicht unwahrscheinlich.

Ein weiterer Hinweis, der dafür sprechen würde, daß diese Rechtslage seit Solon in Athen existierte, findet sich in einer Inschrift aus Naupaktos – einer Stadt am korinthischen Meerbusen –, die ebenfalls auf das 6. Jahrhundert zurückgreift.[28] Hier werden die Rechts- und Verfahrensregeln der Blutgerichtsbarkeit auf ganz andere Belange des öffentlichen Lebens wie etwa Landzuteilung übertragen. Dies deutet darauf hin, daß das Prozeßrecht der Blutgerichtsbarkeit am Anfang der Entwicklungslinie steht, die zu einem allgemeinen Rechtsregelwerk führt. Diese erkennbare Zentralisierung von Konfliktlösungen geht offenbar einher mit einer Politisierung. Die politischen Organe der Polis treten in zunehmender Verantwortlichkeit in die Lebenswelt der Bürger.

Wenn man allerdings danach fragt, wann und warum Gesetze geschaffen und benutzt werden, dann ergibt sich hier eine andere Perspektive. Die Bedeutung des Areopags im 6. Jahrhundert ist nicht erkennbar, ebensowenig die mit der nur aus Hypothesen gewonnenen Rekonstruktion einer Entwicklung von Berufungsrechten. Einzig die solonische Übertragung der Blutgerichtsbarkeit auf den Areopag läßt sich untermauern.[29] Allerdings ist auch hier Vorsicht geboten, da die antike Überlieferung darauf hinweist, daß Solons Gesetze schwer verständlich gewesen seien und die Fähigkeit des Lesens und Interpretierens zu Beginn des 6. Jahrhunderts nicht allzu hoch eingeschätzt werden darf.[30]

Auch die Frage nach der Wirksamkeit von schriftlichen Gesetzen in der archaischen Zeit ist damit berührt. Wenn man Plutarch Glauben schenkt, dann war der Ausgangspunkt für die solonische Regelung der Blutgerichtsbarkeit die zu seiner Zeit noch andauernde *Stasis* (Aufstand), die durch den sogenannten Kylonischen Frevel (Ermordung des Kylon, der die Alleinherrschaft über Athen anstrebte, und seiner Anhänger) ausgelöst wurde. Sie dauerte an, da die Frevler, die bei der Niederschlagung des Kylonputsches ein religiöses Tabu gebrochen hatten, sich weigerten, die Stadt zu verlassen. Solon überredete die Beteiligten zu einem Prozeß vor 300 Richtern, wobei der Areopag, aber offenbar auch die Epheten keine Rolle gespielt haben.[31] Schließlich soll auch erst der athenische Tyrann Peisistratos in der 2. Hälfte des 6. Jahrhunderts den Solonischen Gesetzen Geltung verschafft haben.[32] Das läßt durchaus den Schluß zu, daß Solons Gesetze tatsächlich schwer verständlich waren und wenig beachtet wurden.

Die zugrundeliegende Vorstellung von einem mit weitreichenden Befugnissen ausgestatteten Aufsichtsorgan scheint eher an später erst entwickelte Vorstellungen von «Hütern der Ordnung» anzuknüpfen als an die aristokratische Welt der archaischen Zeit. Die *Politophylakia* setzt den Gedanken einer Verfassung als eines ganzheitlichen Konzeptes voraus und paßt daher frühestens in das ausgehende 5. Jahrhundert, in dem solche ordnungstheoretischen, ganzheitlich ausgerichteten Konzeptionen zum ersten Mal entwickelt wurden.[33] Der Gedanke, eine Ordnung zu konstruieren und sie durch «Hüter» und «Wächter» in ihrer politisch-gesellschaftlichen Ganzheit überwachen zu lassen, ist sehr viel eher im Kontext der später entwickelten Verfassungstheorien denkbar.

Ebenso verhält es sich mit der *Nomophylakia*. Sie setzt die Vorstellung einer festen Ordnung in Recht und Normen im Sinne einer «Rechtskodifikation» voraus. Die Diskussion um die Gültigkeit von Normen bzw. die Erkenntnis ihrer Änderbarkeit durch Willkür und menschliche Einflußnahme ist Voraussetzung für den Gedanken, daß eine Ordnung schützenswert und damit zu überwachen sein sollte. Die am Ende des 5. Jahrhunderts geführte Auseinandersetzung um die Relativierung und Hintergehbarkeit von Normen, insbesondere die Relativierung des *Nomos* (einer von Menschen geschaffenen Norm oder Ordnung) zugunsten der *Physis* (Natur), macht die in dieser Zeit erstmals historisch faßbar werdenden *Nomophylakie*-Gesetze sinnvoll.[34] Solche Konzeptionen sind für die Zeit Solons jedoch noch nicht nachweisbar.[35]

Der spezielle Aspekt der Überwachung von Sitten, der im Zusammenhang der *Nomophylakia* begegnet, gehört ebenfalls in das 4. Jahrhundert, in dem man begann, sich über die schädlichen Auswirkungen von Muße Gedanken zu machen.[36]

Hier zeigt sich, daß die Aufsichtsfunktionen des Areopags in eine völlig andere Zeit gehören und einen ganz anderen Stand der Diskussion um ordnungstheoretische Konzepte voraussetzen. Die Kompetenzen, die der Areopag als Gerichtshof bei Mordfällen hatte, sind wahrscheinlich solonisch, doch seine politischen Funktionen, insbesondere die angenommene Doppelfunktion von politischem Rat und Gerichtshof, bleiben unklar.

2. Der Areopag im 5. Jahrhundert

In dem langen Zeitraum, der zwischen dem Archontat Solons und dem politischen Umbruch lag, der sich in Athen nach den die

Demokratie ermöglichenden Reformen des Kleisthenes (507 v. Chr.) im Zusammenhang mit den kriegerischen Auseinandersetzungen zwischen Griechen und Persern abspielte, wird der Areopag zwar ein einziges Mal als Mordgerichtshof erwähnt,[37] jedoch keineswegs als tragendes politisches Element etwa in der Rolle eines mächtigen, aristokratischen Rates. In das Reformprojekt des Kleisthenes war er nicht einbezogen. Nach der Schlacht bei Marathon (490 v. Chr.) ist durch eine weitere Veränderung des Bestellungsmodus der Archonten auch die Zusammensetzung des Areopags den strengeren Losverfahren angeglichen worden, wie sie auch bei der Besetzung des Rates der 500 seit Kleisthenes praktiziert wurden.[38] Damit wurden nicht nur die Archonten, sondern auch der Areopag in seiner Zusammensetzung den auf Mischung und Ausgleich basierenden Prinzipien der sich entwickelnden Demokratie unterworfen.

Auch in den vieldiskutierten Prozessen aus der 1. Hälfte des 5. Jahrhunderts wird er nicht als zuständiger Gerichtshof erwähnt. Da es sich dabei nicht um Mordprozesse handelte, wäre der Areopag in diesem Zusammenhang auch nur dann befaßt worden, wenn er über seine Blutgerichtsbarkeit hinaus tatsächlich seit Solon die von der *Athenaion Politeia* berichtete Kompetenz für Verfahren bei Hochverrat (*eisangelia*) besessen hätte. Folgt man deren Angaben, dann hätte der Areopag diese mindestens bis zur Zeit des Sturzes Kimons durch den athenischen Politiker Ephialtes (462/1) gehabt.[39]

Im Hinblick auf die Ereignisse um Themistokles und Ephialtes ist die Überlieferungslage uneinheitlich: Die *Athenaion Politeia* will seit der von Themistokles für Athen siegreich geführten Seeschlacht bei Salamis (480 v. Chr.) eine Phase der Vorherrschaft des Areopags in Athen beginnen sehen, die dann mit den Maßnahmen des Ephialtes in einen Sturz dieser Herrschaft mündet. Die Entschlossenheit des Areopags bei gleichzeitiger Ratlosigkeit der Strategen, der obersten athenischen Militärs, habe die Bemannung der Schiffe für die Schlacht ermöglicht und damit diesem hohes Ansehen sowie Autorität verschafft.[40] Das hier beschriebene Ausfüllen eines Machtvakuums in Krisenzeiten könnte, wenn die Überlieferung der *Athenaion Politeia* zuverlässig ist, auch darauf zurückgeführt werden, daß die Areopagiten im Unterschied zu den Strategen auf Lebenszeit bestellt waren, womit nicht nur Erfahrung, sondern auch Konstanz und Kontinuität in einem Ausmaß gegeben waren, wie sie bei den jährlich gewählten Strategen nicht vorstellbar sind.[41]

Dieser Vorstellung von der Rolle des Areopags steht allerdings entgegen, daß für die Zeit vor und nach Salamis außerhalb der Tradition der *Athenaion Politeia* weder etwas von einer Verschiebung der Gewichte innerhalb des politischen Gefüges in Athen bekannt ist noch die einzelnen Ereignisse selbst in den anderen Überlieferungen eine Spur dieser Vorrangstellung des Areopags zeigen. So belegt die Darstellung, die der zeitgenössische Geschichtsschreiber Herodot von den Ereignissen im Umfeld der Schlacht von Salamis gibt, zwar den Aufruf des Areopags an die Bürger, sich nach Salamis und das auf der Peloponnes gelegene Troizen in Sicherheit zu bringen, doch erscheint die Flotte in vollem, gut organisiertem Einsatz.[42] Auch die Biographien des Themistokles sowie der athenischen Staatsmänner Aristeides und Kimon bei Plutarch geben keine Hinweise auf eine Dominanz des Areopags in diesen Jahren.

Ein zusätzliches Problem, das in diesem eigentümlichen Bild von der Vorherrschaft des Areopags nach der Schlacht von Salamis liegt, ergibt sich aus dem chronologischen Zusammenhang. Die *Athenaion Politeia* beschreibt den sogenannten Sturz des Areopags, durch den er aller seiner politischen Funktionen beraubt wurde, im Zusammenhang der Angriffe, die gegen Themistokles geführt wurden. Ephialtes habe erfolgreich Prozesse gegen einzelne Areopagiten (Mitglieder des Areopags) geführt und somit schon dessen Autorität untergraben. Im Anschluß daran habe er ihm die besagten hinzugekommenen Funktionen (*epitheta*) genommen und auf den Rat der 500, das Volk und die Volksgerichte (*Dikasterien*) verteilt.[43] Dies alles habe Ephialtes unter Mithilfe des Themistokles durchgeführt. Diesem stand die Anklage wegen Hochverrates (*Medismos*) bevor, und so wollte er den Areopag auflösen.[44] Er plante, Ephialtes und den Areopag gegeneinander auszuspielen, und hatte, so die *Athenaion Politeia*, damit auch Erfolg, indem nämlich dann beide beim Volk mit ihren Anschuldigungen gegen Areopagiten Gehör fanden.[45] Die eigentlichen Anklagen wegen Hochverrats wurden dann jedoch vor dem Rat der 500 vorgebracht, so daß auch wieder ein Indiz dafür zu erkennen ist, daß die Hochverratsvergehen in diesem Fall auch vor den sogenannten Reformen des Ephialtes gar nicht dem Areopag angezeigt wurden.

Da sich Themistokles um diese Zeit jedoch nicht mehr in Athen aufhielt, sondern im Exil in Kleinasien, sind Zweifel an der Darstellung der *Athenaion Politeia* angebracht.[46]

Geht man nun davon aus, daß der Bericht der *Athenaion Politeia* wenigstens einen historischen Kern hat und daß es den Sturz des Areopags daher auch gegeben hat, dann bleibt immer noch die Frage offen, welches die Machtbefugnisse waren, die ihm Ephialtes genommen haben soll, und ob diese tatsächlich die Basis für eine Vorherrschaft des Areopags gebildet hatten. Die von der *Athenaion*

Politeia als hinzugekommen bezeichneten Befugnisse (*epitheta*) werden auf den Rat der 500 und die Volksgerichte (*Dikasterien*), aber auch auf das Volk (*Demos*), d. h. die Volksversammlung (*ekklesia*), verteilt. Inwiefern es sich hier um Funktionen des Areopags bei der *euthyna* – der Rechenschaftslegung von Beamten – und *dokimasia* – der Prüfung eines Kandidaten auf seine formale Eignung für ein Amt – handelte, läßt sich nicht rekonstruieren.[47]

Im zeitlichen Zusammenhang dieser Ereignisse stehen einige andere Hinweise, die hier mehr Aufschluß versprechen. Ephialtes ließ die Axones und Kyrbeis (pyramidenförmige Steinpfeiler) mit den Aufzeichnungen der solonischen Gesetze auf die Agora bringen.[48] Gleichzeitig ist dort auch ein Bau errichtet worden, der die Stellung des Marktplatzes, der Agora, als Zentrum nicht nur des bürgerlichen, sondern auch des institutionellen Gefüges Athens deutlich macht. Der Bau der Tholos, eines Rundbaus aus der Mitte der 60er Jahre des 5. Jahrhunderts,[49] läßt erkennen, daß die Umgestaltung des Rates der 500, in dem das Volk in seinen Gliederungen das Sagen hatte, zu einem institutionell durchstrukturierten Regierungsorgan in diesen Jahren erfolgt sein muß. In der Tholos tagten die Prytanen, der für jeweils ein Zehntel des Amtsjahres (Prytanie) geschäftsführende Ausschuß des Rates der 500, und so kann mit hinlänglicher Sicherheit angenommen werden, daß das Prytaniesystem ebenfalls in dieser Zeit eingeführt worden sein muß.[50] Die Einrichtung eines solchen Leitungsausschusses im Rat der 500 kann durchaus als Hinweis auf eine Stärkung dieses Rates verstanden werden.

Eine vergleichbare Entwicklung ist für die Rechtsprechung zu beobachten. Das Perikleische Gesetz über die Richterbesoldung, das in den Volksgerichten für die Tätigkeit als Laienrichter eine tägliche Zahlung festschrieb, und gerade auch die Übertragung entsprechender Kompetenzen an diese Gerichte sprechen dafür, daß diese Struktur der Volksgerichtsbarkeit ebenfalls in der Zeit geschaffen wurde, in der mit dem Prytaniesystem im Rat der 500 ein neuer Aufbau erfolgte.[51] Ohne die Einzelheiten dieses Prozesses wirklich beschreiben zu können, bleibt nur festzuhalten, daß er sich demnach doch eher über 10–15 Jahre hingezogen hat, als sich auf das Jahr 462/1 zu konzentrieren.[52] So ist in ganz allgemeiner Hinsicht zu erkennen, daß der Rat der 500 und die Volksgerichte (Dikasterien) gestärkt wurden. Der anonyme Verfasser der *Athenaion Politeia* vermutet wohl nur, daß dies auf Kosten des Areopags geschah.

Der vielleicht wichtigste Text zu den Veränderungen des Gerichtswesens in dieser Zeit, die den Areopag betreffen, ist die unter dem

Titel *Eumeniden* im Jahr 458 aufgeführte Tragödie des Aischylos. Sie wird gern als Beleg für die Auswirkungen, die der sogenannte Sturz des Areopags in Athen hatte, zitiert,[53] da in ihr Orest, der mythische Held und Rächer seines ermordeten Vaters Agamemnon, wegen des Mordes an seiner Mutter Klytämnestra vor dem Areopag in Athen angeklagt wird. Allerdings ist jüngst darauf hingewiesen worden, daß es in dieser Tragödie, die den alten Mythos vor der Folie des aktuellen innenpolitischen Geschehens auf die Bühne zu bringen scheint, weniger um den Sturz des Areopags gehe, sondern im Gegenteil gerade um die Einsetzung des Areopags und daß daher die Interpretation der *Eumeniden* im Zusammenhang der Reformen des Ephialtes auch unter diesem Aspekt geprüft werden müsse.[54] Das Thema des Dramas ist die Stabilisierung einer Rechtsordnung durch die Einsetzung eines Gerichtshofes, eben des Areopags. Insbesondere aber wird dabei die Rolle der Götter hervorgehoben: Erst durch die Stimme der Athena, die zur Stimmengleichheit führt, wird der Freispruch Orests herbeigeführt (bei Stimmengleichheit unter den Richtern wurde der Angeklagte stets freigesprochen). Es ist also gerade nicht die menschliche Rechtsprechung, die hier zum Ausgleich und zur Versöhnung führt, sondern das göttliche Eingreifen Athenas. Damit einher geht die Warnung, die sehr allgemein und grundsätzlich formuliert wird, daß die Gesetze nicht «durch Neuerungen verwässert, nicht durch böse Zeugnisse, die reines Wasser in Schlamm verwandeln», verändert werden sollen.[55]

Wie die Veränderungen, die sich aus der Geschichte des Rates der 500, der Volksgerichte (*Dikasterien*) und den in der *Athenaion Politeia* berichteten Maßnahmen des Ephialtes ergeben, läßt sich diese Warnung doch eher vor dem Hintergrund einer Neuordnung der Gerichtsbarkeit verstehen, die zwischen 470 und 450, wahrscheinlich in mehreren Stufen, in Athen durchgeführt wurde. Offenbar verband man damit auch eine neue Ordnung der politischen Gerichtsbarkeit, die die Überprüfung der Magistrate (*dokimasia* und *euthyna*) dem Rat der 500 und den Volksgerichten zuordnete. Vielleicht hat diese bis dahin beim Areopag gelegen, aber seit Kleisthenes wird die Stellung des Rates der 500 Stück für Stück ausgebaut. Die Bedeutung der Dikasterien, die von nun an eine so eminente Rolle in Athen spielen sollten, wird wohl aber erst in den 60er Jahren zustande gekommen sein.

Es bleibt festzuhalten, daß für die Ansicht, daß der Areopag sich in der Phase zwischen Solon und Ephialtes zu einem Gremium mit starkem politischen Einfluß entwickelt habe, kaum etwas spricht. Der Areopag war trotz des entgegenstehenden Zeugnisses der *Athe-*

naion Politeia auch nach der Schlacht von Marathon kein politischer Gerichtshof und kein politisch entscheidendes Organ. Die Auffassung, die sich die in der Mitte des 5. Jahrhunderts herausbildende politische Ordnung in Athen nicht ohne die vorhergehende Entmachtung des Areopags, eines starken, mit großer Autorität ausgestatteten Rates, vorstellen kann, muß daher aus späteren Entwicklungen zu erklären sein.[56]

Insgesamt ist zwischen der Reform des Kleisthenes und der Perikleischen Zeit eine zunehmende Ausdifferenzierung zwischen richtenden (*Dikasterien*), verwaltenden und beratenden Gremien (*Boule*) zu beobachten. Ob sich diese Entwicklung mit einem Einschnitt verband (im Sinne eines «Sturzes» oder einer «Entmachtung» des Areopags) oder ob es sich um einen sich länger hinziehenden Prozeß einer Verlagerung von Gewichten handelte, muß letztlich offenbleiben. Allerdings scheint die Annahme einer Entwicklung in einem längeren Prozeß die wahrscheinlichere zu sein.

3. Vom Blutgerichtshof zum politischen Gerichtshof

Auch nach den Reformen des Ephialtes ist in den Jahrzehnten bis zum Ende des 5. Jahrhunderts keine politische Gerichtsbarkeit des Areopags festzustellen. Während der politischen Umstürze im Peloponnesischen Krieg (431–404 v. Chr.) tritt der Areopag nicht hervor, und in den Konzeptionen zum Umbau der Demokratie spielt er keine Rolle. Das Gremium, das im Zentrum der oligarchischen Überlegungen zur *Patrios Politeia* (Verfassung der Väter) stand und das durch zusätzliche Funktionen bzw. neue Auswahlkriterien gestärkt wurde, war die *Boule*, der Rat der 500. Folgerichtig wurde in der ersten Restauration der Demokratie nach 410 auch darauf geachtet, Kompetenzerweiterungen der *Boule* zurückzunehmen und die Vorrangstellung der Volksversammlung wiederherzustellen.[57]

Einen wesentlichen Schritt über die Versuche der ersten Oligarchie im Jahr 411 hinaus gingen die 30 Tyrannen des Jahres 404/3, die nach der Niederlage Athens die Macht in der Stadt an sich gebracht hatten. Offenbar haben sie dem Areopag die Blutgerichtsbarkeit entzogen.[58] Darin ist nicht nur die Beseitigung eines für die Terrorherrschaft hinderlichen Relikts der Gerichtsbarkeit zu erkennen, sondern wohl auch die Tatsache, daß der Areopag durch die Unruhen und Kriegsstürme hindurch sich als ein der Demokratie treues und sie stützendes Element erwiesen hatte.[59]

Nach dieser offenbar vollständigen Zerstörung des demokratischen Institutionengefüges sowie des seit Solon geschaffenen gesetzlichen Regelwerkes war eine Überprüfung und Neukonstituierung nötig.[60] Im Jahre 403 beschloß man durch das von dem athenischen Politiker Teisamenos beantragte Dekret, das auch eine Amnestie für die an den Umstürzen Beteiligten vorsah, nicht nur eine Rechtskodifikation, sondern auch für das Gesetzgebungsverfahren selbst eine grundlegende Änderung. Das Dekret sah die Einsetzung von zwei Gremien – je eines aus der *Boule* und dem Demos – vor, wobei unter der Aufsicht (*epimeleia*) des Areopags das erste die Gesetze zusammenstellte, das zweite sie überprüfte und verabschiedete[61] und von da ab alle gültigen Gesetze ratifizieren sollte (*Nomothesie*). Auch wurde beschlossen, daß kein Gesetz aus der Zeit vor 403/2, das nicht in diese Sammlung aufgenommen worden war, mehr angewandt werden durfte. Gesetze, die nicht schriftlich niedergelegt waren, sollten ungültig sein. Von nun an hatten die nach diesem Verfahren eingeführten *Nomoi* (Gesetze) Vorrang vor einfachen Volksbeschlüssen (*Psephismata*).

Dem Areopag wurde in dieser Situation eine allgemeine Rechtsaufsicht eingeräumt, die angesichts des komplizierten Verhältnisses zwischen alten, neuen, weiter geltenden und aufgehobenen Gesetzesbestimmungen auch notwendig war.[62] Dies scheint eine Episode geblieben zu sein, denn gerade in der Rede gegen Timokrates, der einen gesetzeswidrigen Antrag gestellt haben soll, weshalb Demosthenes 355 vor Gericht gegen ihn auftritt und in dieser Rede das Verfahren der Nomothesie beschreibt, findet sie keine Erwähnung.[63] Allerdings werden dann in der Literatur des 4. Jahrhunderts mehrere Fälle erwähnt, in denen der Areopag in religiös-kultischen Bereichen tätig wird.[64] Die *Athenaion Politeia* erwähnt die frühere Zuständigkeit des Areopags bei einer Zerstörung der heiligen Ölbäume,[65] fügt dem aber hinzu, daß diese Gerichtsverfahren aufgegeben worden seien. Aus dem Kontext – Umstellung der Einziehung des Öls über Verpachtung hin zur direkten Abgabe der Landbesitzer und Ausgabe des Öls als Preis bei den Panathenäen-Festen – läßt sich entnehmen, daß diese Verfahren wohl mit der Einführung und Ausgestaltung der Panathenäen seit Ende des 6. Jahrhunderts aufgehört haben. Die klare Feststellung, daß solche Verfahren nicht mehr stattfanden, läßt eine Verbindung zwischen dieser alten Zuständigkeit für sakrale Vergehen und den im 4. Jahrhundert erwähnten Verfahren zwar zu,[66] aber kaum in dem Sinne einer daraus erwachsenen Kompetenzerweiterung des Areopags und auch nicht in dem Sinne, daß sich daraus eine allgemeine religiöse Schutz- und Aufsichtsfunktion entwickelt habe. Eher ist dies in Verbindung mit einer breiter verankerten Tendenz zu sehen, zu der auch die 352/1 verabschiedete Bestimmung gehört, die Areopag und Rat der 500 zusammen mit anderen Kollegien die Überwachung der Heiligtümer in Athen und Attika anvertraute.[67]

Andererseits ist es neben dem Alter dieses Gerichtshofes, das dasjenige aller anderen bei weitem überstieg, vielleicht gerade diese Verbindung zu sehr alten, traditionsverhafteten sakralen Aufgaben, die im 4. Jahrhundert den Anlaß gegeben hat, gerade den Areopag mit Vorstellungen von sehr grundsätzlichen politischen Aufsichtsfunktionen zu verbinden.[68] Die im 4. Jahrhundert immer wieder in Athen propagierten Vorstellungen von *Nomophylakia*[69] knüpfen allerdings weniger an ein spezifisches Reformprogramm zur Installierung eines starken Rates auf dem Areshügel an. Vielmehr beziehen sie sich auf pädagogische Ideale, die nicht das Institutionengefüge der Demokratie verändern wollten, sich jedoch durchaus ein klar konturiertes moralisches Gerüst in ihr vorstellen konnten.[70]

Erst mit Demosthenes in den 40er Jahren ist die Stellung des Areopags tatsächlich verändert worden.[71] Im Jahre 323 bezieht sich der Sprecher der von Deinarch verfaßten Rede gegen Demosthenes auf eine Maßnahme des Demosthenes, wobei die Rede voraussetzt, daß die Bestimmung noch in Geltung zu sein scheint. Der Sprecher der Rede wirft Demosthenes vor, hiernach für den Tod verschiedener Bürger verantwortlich zu sein, deren Vergehen vor dem Areopag in einer förmlichen Untersuchung festgestellt und die danach auf dessen Empfehlung von einem Volksgerichtshof verurteilt wurden. Die Fälle, in denen der Areopag in diesen beiden Jahrzehnten eingegriffen hatte, sind dadurch charakterisiert, daß er die Untersuchung geführt und anschließend einen Bericht (*apophasis*) hierzu verfaßt hat. Diese Berichte des Areopags, für die das Procedere und die Berichterstatter im voraus festgelegt wurden,[72] basierten teils auf seinem eigenen, teils auf einem Beschluß der Volksversammlung. Der Areopag konnte offenbar die *Apophasis* auch verweigern (335 v. Chr.),[73] und andererseits konnte die Volksversammlung darauf bestehen, daß er sie vorlegte (324).[74]

Die Analyse der verschiedenen Fälle, der Affären und Streitfragen vor und nach der Niederlage der Athener im Jahre 338 v. Chr. bei Chaironeia gegen die Makedonen zeigen bei allen Unterschieden der historischen Umstände, daß der Areopag mit Hilfe seiner Berichterstattung, die jedoch nicht an Stelle der Strafverhängung trat, einen enormen Einfluß auf die «öffentliche Meinung», die Volksgerichte und die Volksversammlung ausüben konnte.

In der Affäre um den Athener Antiphon, der im Auftrage des Makedonenkönigs Philipps II. einen Anschlag auf die Schiffshäuser im Piräus durchgeführt hatte,[75] läßt sich aus einer Kombination der Angaben bei Demosthenes und Plutarch folgender Ablauf rekonstruieren: Antiphon wird trotz einer Anklage durch Demosthenes vom Demos freigesprochen. Danach läßt Demosthenes ihn erneut verhaften und vor den Areopag bringen, der den Fall untersucht und ihn für schuldig erklärt. Daher läßt er Antiphon für ein Verfahren vor dem *Dikasterion* festsetzen. Letzteres verhandelt erneut und spricht ihn nun schuldig.[76]

Aus dem Procedere in der Affäre um Antiphon geht der Stellenwert der *Apophasis* hervor, die ja auch der Sprecher der Deinarch-Rede hier für die durch den Volksgerichtshof ausgesprochene Todesstrafe als entscheidendes Element anführt. In gleicher Weise zeigt auch das Eingreifen in die sogenannte delische Streitfrage die Möglichkeiten auf, die der Areopag zu dieser Zeit durch eine *Apophasis* hatte: Hier griff er in ein Wahlverfahren ein, indem er den schon zum *Syndikus* im Schiedsgericht vor der delphischen *Amphiktyonie* – einem Schutzbündnis mehrerer Staaten für ein Heiligtum – gewählten Aischines durch Hypereides, beides athenische Staatsmänner, ersetzte. Dabei könnte man die *Apophasis* an Stelle einer *Dokimasie,* also einer Überprüfung der Amtsfähigkeit, werten.[77] Auch die Wahl Phokions, eines politischen Gegners des Demosthenes, zum Strategen 338/7 v. Chr. kam infolge der Veröffentlichung eines Gutachtens durch den Areopag zustande.

An weiteren Fällen läßt sich zeigen, daß der Areopag als untersuchende Behörde, jedoch nicht als Polizei oder urteilender Gerichtshof in die verschiedensten Prozesse und politischen Streitfälle eingeschaltet wurde, ja daß sich dies in den 30er und 20er Jahren als eine politisch akzeptierte und standardisierte Form eingebürgert hatte.[78]

Eine Ausnahme bilden die Prozesse nach der Niederlage bei Chaironeia, in deren Zusammenhang der Areopag offenbar Sonderrechte erhielt, die es ihm ermöglichten, gleichzeitig zu untersuchen, zu urteilen und auch zu vollstrecken. Mehrere Hinrichtungen wurden so auf seine Veranlassung durchgeführt.[79] In dieser Lage, in der die Existenz der Demokratie bedroht zu sein schien, entschied man sich für Notstandsmaßnahmen, die in der nachfolgenden Stabilisierung jedoch nicht weiter beibehalten wurden.[80] Daß damit keine ungebührliche Machterweiterung des Areopags verbunden wurde, zeigt die Äußerung des Lykurg, eines Parteigängers des Demosthenes, der den Areopag nach Chaironeia als ein Bollwerk der Demokratie in dieser Krise lobt.[81]

Auch das 336 beschlossene Gesetz zum Schutz der Demokratie, nach dem Antragsteller Eukrates-Gesetz genannt,[82] in dem der Areopag auffällig herausgehoben wird, ist weniger als Einschränkung der Kompetenzen des Areopags zu verstehen; sie stellt in diesem Kontext vielmehr eine Maßnahme zur Stabilisierung der Demokratie dar. Auf dem inschriftlich erhaltenen Gesetz, das durch ein Relief gekrönt wird, auf dem die personifizierte Demokratia das Volk in Gestalt eines bärtigen Demos bekränzt, wird die Entsühnung eines Mörders für den Fall der Ermordung eines Tyrannen beschlossen und die Untersagung jedweder Tätigkeit des Areopags, falls die Demokratie gestürzt werden sollte. Für diesen Fall wird ferner der Verlust des Bürgerrechts (*Atimie*) angedroht und darüber hinaus beschlossen, dieses Gesetz in der Volksversammlung und am Eingang des Sitzungssaales des Areopags aufzustellen. Das Gesetz wird in den Folgejahren nicht mehr erwähnt und steht im Vergleich zu den kontinuierlich nachzuweisenden *Apophasis*-Verfahren und den damit verbundenen Einflußnahmen des Areopags bis 323 eigentümlich isoliert.[83]

Ob es aufgehoben oder durch die politische Wirklichkeit überholt wurde, ist nicht bekannt. Einerseits lassen sich für dieses Gesetz Traditionslinien zu ähnlichen Bestimmungen nach der erfolgreichen Überwindung von gegen die Demokratie gerichteten Umstürzen ziehen, etwa zum sogenannten Dekret des Demophantos aus dem Jahr 410/9 v. Chr.,[84] andererseits müßte, wenn es gegen eine angenommene oder in den Fällen nach der Schlacht von Chaironeia gezeigte Stellung des Areopags gerichtet gewesen wäre, etwas über eine Kompetenzeinschränkung des Areopags zu finden sein. Da dies aber gerade nicht der Fall ist, liegt vielmehr die Vermutung nahe,[85] daß der Areopag als politisches Gremium, das er nun ganz offenkundig durch Autorität und Sachverstand geworden war, auch für den Fall eines Umsturzversuches vor einer Instrumentalisierung durch die Feinde der Demokratie geschützt und somit eben als Stütze der Demokratie bewahrt werden sollte.

Eine solche Entwicklungslinie, wie sie hier in der *Apophasis* und dem Inhalt des von dem radikalen Demokraten Eukrates beantragten Gesetzes zutage tritt, weist auf eine deutlich werdende politische Rolle des Areopags seit den 40er Jahren des 4. Jahrhunderts hin. Damit zeigt sich auch, in welchem Zeitraum die Vorstellung vom Areopag als eines für *Nomophylakia* zuständigen politischen Gerichtshofes entstanden ist. Diese Rolle ist von der *Athenaion Politeia* auf die Entwicklung im 6. und 5. Jahrhundert zurückgespiegelt worden. Tatsächlich jedoch ist der Areopag bereits im 6. Jahrhundert ein

Gerichtshof, der im Verlauf der demokratischen Entwicklung Athens im 5. Jahrhundert keine nennenswerte politische Rolle spielte. Erst im 4. Jahrhundert jedoch wird er – kraft Tradition, Kompetenz und Entschlossenheit – zu einem politisch handelnden Gremium von großem Einfluß auf die Geschicke Athens.

Verbannung ohne Vergehen
Der Ostrakismos (das Scherbengericht)

Martin Dreher

In der Zeit des Kaisers Augustus wurde der Dichter Ovid nicht müde, sein Exiliertendasein zu beklagen. Nicht weniger schlimm erschien es einem Griechen der klassischen Zeit, wenn er aus seiner familiären, kultischen, sozialen und politischen Umgebung, aus allen Zusammenhängen seiner überschaubaren Polis-Welt – der Welt der griechischen Stadtstaaten – herausgerissen wurde. Denn seine Identität war wesentlich durch die Zugehörigkeit zu dieser typisch griechischen Bürger-Polis bestimmt.

Zehn Jahre Verbannung konnte die athenische Bürgerschaft jemandem auferlegen, wenn sie befürchtete, daß ihr Staat durch die allzugroße Macht und das allzugroße Ansehen eines Mannes Schaden nehmen könne. Mehrere prominente Politiker des 5. Jahrhunderts v. Chr. wie Themistokles, Aristeides oder Kimon traf dieses Verdikt des Volkes, durch das sie ihren Einfluß in Athen mehr oder weniger verloren, andere wie Perikles oder Alkibiades waren im Lauf ihrer Karriere mehrfach davon bedroht. Das Verfahren, das die Athener anwandten, nannten sie *Ostrakismós*, zu deutsch Scherbengericht: Das Wort *óstrakon* (Plural: *óstraka*) bezeichnet die Scherbe eines Tongefäßes, und mit solchen Scherben stimmten die Bürger ab.[1] Nach neueren Erkenntnissen ging dieser klassischen Form des Ostrakismos eine Phase voraus, in welcher der Ostrakismos nur von den Mitgliedern des Rates durchgeführt wurde.

I. Der Ostrakismos des Rates

Nach der einhelligen Aussage aller unserer Quellen[2] ist der Ostrakismos von Kleisthenes eingeführt worden. Während die meisten antiken Autoren annehmen, das von Kleisthenes eingeführte Gesetz habe im 5. und 4. Jahrhundert unverändert weiterbestanden, ergibt sich aus einem singulären Zeugnis, daß über die Ostrakisierung zunächst nur die Ratsmitglieder und erst später alle Bürger entschieden: «Kleisthenes hat das Ostrakismos-Gesetz in Athen eingeführt.

Es hatte folgenden Inhalt: Der Rat hatte regelmäßig an gewissen Tagen nach Prüfung der Lage denjenigen aus der Bürgerschaft, der verbannt werden sollte, auf Tonscherben aufzuschreiben und diese in die Umzäunung des Ratsgebäudes zu werfen. Der aber, gegen den sich mehr als 200 Scherben-Voten richteten, sollte auf zehn Jahre in die Verbannung gehen, ungehindert in der Nutzung seines Besitzes. Später jedoch hat das Volk als gesetzliche Regelung beschlossen, daß mehr als 6000 Scherben-Voten gegen den zu richten seien, der in die Verbannung geschickt werden sollte.»[3]

Das ursprüngliche, kleisthenische Gesetz über den Ostrakismos des Rates kann, so die erste Möglichkeit, in der kurzen Periode zwischen dem Sturz der Peisistratiden-Tyrannis (einer Dynastie von Alleinherrschern im 6. Jahrhundert v. Chr.) und dem eigenen, erzwungenen Exil des Kleisthenes eingeführt worden sein, also 510 v. Chr. oder kurz danach. In diesem Fall hätte der solonische Rat (*Boule*) der Vierhundert, dessen Historizität in der Forschung allerdings umstritten ist, die Abstimmung durchgeführt, und die Hälfte seiner Mitglieder hätte für die Verbannung eines bestimmten Atheners stimmen müssen, weil der Rat der Fünfhundert noch nicht geschaffen war. Nach der zweiten, wahrscheinlicheren Möglichkeit wurde das Gesetz mit den anderen Reformen des Kleisthenes im Archontat – der Amtszeit des namengebenden höchsten Amsträgers – des Isagoras (508/7) oder kurz danach beschlossen; dann wäre die verlangte Mindestzahl der Stimmen eine qualifizierte Minderheit von zwei Fünfteln im neu geschaffenen Rat der Fünfhundert gewesen. In dieser Frühphase des Verfahrens wäre es nach dem Wortlaut unserer Quelle möglich gewesen, mit einer Abstimmung gleichzeitig zwei Personen zu verbannen, und ebenso hätten im Laufe eines Jahres mehrere Ostrakismoi stattfanden können. Es deutet in unserer Überlieferung aber nichts darauf hin, daß das Gesetz in dieser Form jemals zur Anwendung gekommen wäre.

Das Gesetz ist wahrscheinlich als Präventivinstrument gegen eine mögliche Wiedererrichtung der Tyrannis eingeführt worden. Personen, von denen man die Errichtung einer Tyrannis befürchtete, sollten außer Landes gehen müssen, bevor sie ihre Absicht verwirklichen konnten. Zugleich war es aber von Anfang an auch eine Waffe in den Auseinandersetzungen zwischen rivalisierenden Adligen. Allerdings eine nicht allzu scharfe Waffe, denn die geregelte Verbannung auf zehn Jahre ohne Vermögensverlust war gegenüber anderen Maßnahmen – sei es direkte Gewaltanwendung, sei es ein Prozeß mit Todes- oder Atimiestrafe (Recht- und Ehrlosigkeit) – trotz des eingangs Gesagten eine relativ milde Angelegenheit. Nachdem die

Machtkämpfe eskalierten, die im Anschluß an den Sturz der Tyrannis zwischen den Anhängern des Kleisthenes und denen des Isagoras geführt wurden, hielt es die athenische Oberschicht offenbar für nützlich, ein solches Instrument zur Entdramatisierung und Kanalisierung ihrer Auseinandersetzungen zu schaffen.[4] Daß es nicht zum Einsatz kam, spricht nur für die in der Folgezeit relativ spannungsarme innerathenische Entwicklung, ist aber vielleicht auch in dem Verfahren selbst begründet: Durch Androhung des Ausschlusses aus der Gemeinschaft wurde eine festere Integration gerade des Adels in die Polis erreicht.[5]

II. Der Ostrakismos des Volkes

Das Verfahren

Nach dem ersten Angriff der Perser gegen Griechenland, der 490 v. Chr. in der Schlacht bei Marathon zurückgeschlagen wurde, hat das athenische Volk, durch den militärischen Erfolg selbstbewußter geworden, den Ostrakismos zu seiner eigenen Sache gemacht. Jetzt erst, so können wir den Hergang erschließen, wurde das Verfahren eingeführt, von dem die meisten Quellen ausschließlich berichten und von dem allein auch im folgenden die Rede sein wird. In dieser Form muß das Gesetz spätestens 488/7 vorgelegen haben, weil es damals zum ersten Mal angewandt wurde.[6]

Das neue Verfahren konnte nur noch einmal im Jahr durchgeführt und nur eine einzige Person konnte dabei ostrakisiert werden. Zunächst wurde der Volksversammlung die Frage vorgelegt, ob das Verfahren in dem entsprechenden Jahr überhaupt stattfinden solle. Nur wenn die Mehrheit dafür entschied, fand einige Zeit später[7] die eigentliche Abstimmung (die *Ostrakophoría*) statt. Dazu wurde auf der Agora, dem Marktplatz, ein Areal abgezäunt, in das zehn Eingänge führten, je einer für die Angehörigen jeder Phyle – der Gliederungseinheit der athenischen Bürgerschaft.[8] Sämtliche Athener, die das Bürgerrecht innehatten, konnten ihre Stimme abgeben. Jeder trug beim Betreten des Areals eine Scherbe in der Hand, auf welche der Name des Atheners geschrieben war, den er verbannt wissen wollte. Die Ostraka wurden mit der beschrifteten Seite nach unten abgelegt, so daß die Voten geheim blieben. Die Prozedur wurde von den neun Archonten und dem Rat der Fünfhundert, dessen frühere Entscheidungsfunktion damit noch anerkannt wurde, überwacht.

Die Archonten zählten dann die Stimmen aus. Darüber machen unsere Quellen allerdings unterschiedliche Angaben. Nach dem Atthidographen (Lokalhistoriker) Philochoros mußte derjenige, auf den die meisten Stimmen entfielen, in die Verbannung gehen, vorausgesetzt, er hatte eine Mindestzahl von 6000 Stimmen auf sich vereinigt. Nach Plutarch hingegen mußten die 6000 Stimmen nicht auf eine Person entfallen, sondern waren ein Quorum, ohne das die Abstimmung nicht gültig war. Um das sicherzustellen, hätten die Archonten zunächst alle Ostraka durchgezählt und sie dann nach Personen sortiert; wer die meisten Stimmen auf sich vereinigte, mußte in die Verbannung gehen. Philochoros und Plutarch haben in der modernen Forschung ungefähr gleich viele Anhänger gefunden. Hier wird der Version des Philochoros der Vorzug gegeben, weil sich dadurch eine Kontinuität zur Mindestzahl der 200 Stimmen herstellt, die nach dem oben akzeptierten Zeugnis über den Ostrakismos des Rates ein Kandidat auf sich vereinigen mußte. Plutarchs Version könnte außerdem leichter eine Verwechslung mit dem Quorum sein, das bei bestimmten Volksabstimmungen im 4. Jahrhundert v. Chr. gefordert war. Anhand der Zahl der gefundenen Ostraka wiederum kann das Problem nicht gelöst werden. Aber die über 4600 Scherben, die allein mit dem Namen Megakles erhalten sind, rücken die früher nicht für denkbar gehaltene Mindestanzahl von 6000 Stimmen gegen eine Person immerhin in den Bereich des Möglichen.

Innerhalb von zehn Tagen mußte der ostrakisierte Athener seine persönlichen Angelegenheiten regeln und das athenische Territorium auf zehn Jahre verlassen. Bei Zuwiderhandlungen, also beispielsweise einer kurzfristigen Rückkehr nach Attika vor Ablauf der Exilzeit, verfiel er wahrscheinlich, obwohl die Quellen das nicht ausdrücklich sagen, der Atimie, die in diesem Falle als Vogelfreiheit zu verstehen ist; das heißt auch, daß der Ostrakisierte straflos getötet werden konnte. Seine Familie und sein Eigentum erlitten durch die Ostrakisierung keinen Schaden. Allerdings konnte auch gegen einen schon im Exil lebenden Ostrakisierten zusätzlich ein «normaler» Prozeß geführt werden, wie der Fall des Themistokles lehrt.[9] Nach seiner Rückkehr war der Verbannte keinen weiteren Sanktionen mehr ausgesetzt, er konnte wieder öffentliche Ämter und Aufträge übernehmen, wie es auch verschiedentlich geschah.

Über einige Aspekte des Verfahrens geben uns die erhaltenen Ostraka Aufschluß. Von den knapp 11000 Scherben sind über 9000 im Kerameikos, dem Töpferviertel Athens, gefunden worden, gut 1300 auf der Agora, die übrigen an weiteren Orten der Stadt.[10] Es handelt sich um Scherben zerbrochener oder zerschlagener Tongefäße aller Art, auf welche die Schrift eingeritzt, seltener mit Tinte aufgemalt wurde. Auf den Ostraka stand auf jeden Fall der Name des Kandidaten, häufig auch sein Vatersname und seine Demenzugehörigkeit, also seine Zugehörigkeit zu einem der vielen kleinen athenischen Personenverbände, der Gemeinden; darüber hinaus weisen die Scherben zu etwa einem Prozent zusätzliche Beischriften oder Zeichnungen auf, mit denen die Abstimmenden ihrer Unzufriedenheit Luft verschafften.

Da die meisten dieser Ostraka offenbar im Anschluß an ihre Auszählung entsorgt wurden, ergeben sich aus einem so entstandenen – wörtlichen – Scherbenhaufen Aufschlüsse über ihre Datierung und somit über die Kandidaten, gegen die in einem bestimmten Jahr Stimmen abgegeben wurden. Entsprechende Erkenntnisse lassen sich noch präzisieren durch den Fund von Scherben, deren Bruchstellen aneinanderpassen, die also vom selben Gefäß stammen. Sofern solche Scherben jeweils von einer anderen Hand beschriftet sind, hat man an die Aufteilung eines Gefäßes innerhalb einer Familie, eines Freundeskreises oder einer Nachbarschaftsgruppe zu denken: Jeder Abstimmende beschriftete seine Scherbe selbst. Sofern aber ein Name oder auch verschiedene Namen von demselben Schreiber auf die Scherben desselben Gefäßes gesetzt sind, kann dahinter ein kommerzielles Interesse, Hilfe für Schreibunkundige oder Propaganda gegen bestimmte Personen gestanden haben. Von diesen möglichen Motiven hat das ökonomische am wenigsten für sich, denn es ist nicht bezeugt, daß Schreibfaule oder Schreibunkundige zum Kauf von Scherben bereit gewesen wären. Sie fanden wohl leicht jemanden, der ihnen auch ohne Bezahlung zur Hand ging, wie jener Athener, der sich nach einer von Plutarch erzählten Anekdote von einem Nebenstehenden den Namen Aristeides auf seine Scherbe schreiben lassen wollte, bei dem Angesprochenen aber ausgerechnet an eben diesen Aristeides geraten war. Ob Aristeides ihm denn irgend etwas getan habe, fragte der Politiker seinen Mitbürger. «Überhaupt nichts», antwortete jener, «ich kenne den Mann nicht einmal, aber es ärgert mich, daß er überall nur ‹der Gerechte› genannt wird». Aristeides antwortete nichts, schrieb seinen Namen auf die Scherbe und gab sie zurück. Nun ist tatsächlich auf der Agora ein Ostrakon gefunden worden, das genau jenes aus der Anekdote sein könnte, wenn man eine so unglaubliche Koinzidenz überhaupt in Erwägung ziehen darf.[11] Der Name «Aristeides» steht etwas ungelenk, aber korrekt obenan. Beim Vatersnamen gab der Schreiber den Versuch auf halber Strecke auf. Darunter hat er es noch mit dem *Demotikon* (dem Demennamen) versucht, aber auch damit kam er nicht zurecht. Daraufhin wurden die beiden mißratenen Wörter durchgestrichen und in deutlicher Schrift: «Sohn des Lysimachos» daruntergesetzt.

An politische Propaganda hingegen läßt ein Fund denken, der 1937 am Nordhang der Akropolis gemacht wurde. Er enthielt 151 meist recht schöne Tonstücke, hauptsächlich Füße von Rundgefäßen, in die von vierzehn verschiedenen Schreibern der Name des Themistokles geritzt worden war. Offenbar hatten sich Gegner des bekannten Politikers die gleichartigen Gefäßteile aus einer Töpferwerkstatt besorgt, mit dem Namen ihres Gegners beschriftet und sie dann an abstimmende Athener verteilt, die die gleiche Wahl treffen wollten oder dafür gewonnen werden konnten. Natürlich kann nicht mit Sicherheit ausgeschlossen werden, daß die Stücke verkauft werden sollten. Was auch immer beabsichtigt war, wir wissen nicht, wie viele Stimmsteine die Hersteller an den Mann gebracht haben: die nun wieder ans Licht gekommenen jedenfalls nicht; diese sind, da keine Scherben mit anderen Namen darunter waren, nicht verwendet worden, sondern vor der Abstimmung in einen Brunnen geworfen worden.

Abschließend soll daran erinnert werden, daß nicht jede Tonscherbe, auf der ein Name steht, von einer Ostrakophorie stammt. Nur weil wir aus den literarischen Quellen die historischen Umstände und viele Namen von Ostrakisierten kennen, kann ein beachtlicher Grundstock von Ostraka eindeutig identifiziert werden. Aufgrund von Namensgleichheiten und gemeinsamen Fundstellen, aber auch von grammatischen Formen und Beischriften lassen sich dann viele weitere Scherben dem Verfahren zuordnen. Dennoch muß bei einigen Scherben, gerade wenn sie vereinzelt gefunden wurden und eine unbekannte Person ohne *Patronymikon* (Vatersnamen) und *Demotikon* nennen, offenbleiben, ob sie nicht etwa den Eigentümer des Gefäßes oder Empfänger einer der Scherbe beiliegenden Sache bezeichneten, sofern es sich nicht einfach um Kritzeleien handelt. Aus diesem Grund können auch einige Namensscherben des 7. und 6. Jahrhunderts v. Chr. die Existenz des Ostrakismos vor Kleisthenes nicht beweisen.[12]

Die Blütezeit des Ostrakismos

Nachdem das Scherbengericht in die Kompetenz der Volksversammlung übergegangen war, wurde in den Folgejahren davon reger Gebrauch gemacht. Zuerst wurde 488/7 Hipparchos, ein Angehöriger der Peisistratidenfamilie, verbannt, im Jahr darauf Megakles,

486/5 ein namentlich nicht genannter Athener. Auch wenn wir das Urteil der Aristotelischen *Athenaion politeia* (22,6) – einer wichtigen Darstellung der athenischen Verfassungsgeschichte –, daß alle drei Verbannten Freunde der Tyrannen gewesen seien, nicht wörtlich übernehmen müssen, so dürfte doch die Tyrannenfurcht der Athener durch den Perserzug von 490, an dem auch der Ex-Tyrann Hippias teilnahm, neue Nahrung erhalten haben.

Auch die weiteren Verbannungen der 80er Jahre standen mit den athenischen Beziehungen zu Persien in Zusammenhang. In dieser Zeit lautete die außenpolitisch wichtigste Frage, ob man sich zum Krieg mit den Persern rüsten oder die Verständigung suchen sollte. Da mit Xanthippos (485/4) und vor allem Aristeides (483/2) prominente Vertreter der Verständigung ostrakisiert wurden, auf der anderen Seite aber Themistokles die Kriegsvorbereitungen vorantrieb, muß man schließen, daß der Ostrakismos ab jetzt weniger dazu diente, den mächtigsten Mann zu verbannen, sondern daß das Verfahren umgekehrt vom mächtigsten Mann dazu benutzt wurde, seine Konkurrenten außer Gefecht zu setzen. Die Waffe blieb aber immer zweischneidig, denn wer wirklich der mächtigste war, wußte man erst nach der Abstimmung – eben jener, der *nicht* verbannt wurde. Auch gegen Themistokles votierten nach dem Zeugnis der Ostraka bereits in dieser Zeit zahlreiche Athener, aber noch konnte er sich durchsetzen. Erst Ende der 70er Jahre wollten die Athener den Helden der Perserkriege, den strahlenden Sieger der Seeschlacht von Salamis, loswerden und richteten das Instrument des Ostrakismos gegen ihn selbst.

Vorher wurde aber eine zusätzliche Regelung in das Verfahren eingeführt, die wiederum im Zusammenhang mit den Perserkriegen stand. Angesichts des drohenden Xerxes-Zuges riefen die Athener im Jahr 481/0 alle bis dahin Ostrakisierten zurück,[13] zweifellos in der Absicht, deren mögliche Zusammenarbeit mit den Persern und mit perserfreundlichen griechischen Staaten zu verhindern. Da insbesondere Aristeides, vielleicht aber auch weitere Verbannte im nahen Ägina gelebt und von dort aus weiterhin Einfluß auf die athenische Politik genommen hatten, beschlossen die Athener gleichzeitig, daß die Ostrakisierten sich in Zukunft weiter von Athen entfernt niederlassen mußten, und zwar jenseits der markanten Kaps Geraistos (im Südosten Euböas) und Skyllaion (im Westen der Argolis).[14] Die Nichtbeachtung dieser Vorschrift führte zur Atimie.

Die Geschichte des Ostrakismos nach den Perserkriegen ist schwieriger nachzuzeichnen. Aus den 70er Jahren sind die gefundenen Ostraka noch zahlreich, für die folgenden Jahrzehnte wird die

Zahl aber immer geringer. Wenn die obige Voraussetzung über die Mindestzahl der 6000 Stimmen richtig ist, dann können viele Ostraka von Abstimmungen herrühren, die nicht zu einer Verbannung geführt haben. Und in der Tat nennen unsere literarischen Quellen nur noch wenige Personen, die ostrakisiert wurden. Kimon (462/1) stand der Reform des Areopag durch Ephialtes im Wege, und Thukydides, Sohn des Melesias (444/3), stand in Konkurrenz zu Perikles, dessen Einfluß sich mit der Ostrakisierung seines Gegners weiter festigte. Der Befund legt nahe, daß nach den 70er Jahren auch die Zahl der Ostrakophorien abgenommen hat. Insgesamt können im 5. Jahrhundert neun Ostrakismoi als gesichert gelten, für sechs weitere finden sich weniger sichere Anhaltspunkte in den Quellen. Wie oft die Athener zur Abstimmung schritten und wie viele Mitbürger sie für zehn Jahre verbannten, werden wir wohl niemals erfahren.

Die letzte Ostrakisierung und das Ende des Ostrakismos

Über die Hintergründe der letzten Ostrakisierung erfahren wir so viel wie über keine andere sonst.[15] In den Jahren vor der großen Sizilienexpedition der Athener im Rahmen des Peloponnesischen Krieges (431–404), und zwar wahrscheinlich 416/5, beantragte der ambitiöse Demagoge Hyperbolos eine Ostrakophorie, die wohl auf die Verbannung des berühmt-berüchtigten Politikers Alkibiades zielte. Alkibiades jedoch traf mit dem anderen bedeutenden Politiker dieser Zeit, Nikias, eine Absprache. Danach stimmten ihre Anhänger nicht gegen den jeweils anderen, sondern gegen Hyperbolos, den Antragsteller, der sonst sicher nicht im Visier der Athener gestanden hätte, aber durch diesen Coup selbst verbannt wurde. Nach Plutarch war dieser in vielen Augen paradoxe Ausgang der Abstimmung der Grund für die Athener, nach Hyperbolos niemanden mehr zu ostrakisieren.

Daß der Ostrakismos dennoch als Option im athenischen Gesetzeswerk verblieb, ergibt sich daraus, daß er in der *Athenaion politeia* (43,5) als regelmäßiger Tagesordnungspunkt der Volksversammlung genannt ist. Traditionell hat man das Gesetz im 4. Jahrhundert für einen toten Buchstaben gehalten. Hingegen ist jüngst gezeigt worden, daß der von Aristoteles genannte spezielle Typ einer Volksversammlung, die *ekklesía kyría*, überhaupt erst 337/6 eingeführt wurde. Deshalb muß auch die Festlegung, daß über eine Ostrakophorie auf dieser Hauptversammlung der 6. Prytanie (einem der zehn Teile des Amtsjahres) abzustimmen sei, eine Neuerung sein. Sie dürfte damit in Zusammenhang stehen, daß die Athener nach der griechischen

Niederlage gegen Makedonien bei Chaironeia (338) insbesondere aus den Reihen der Areopagiten – der Mitglieder des alten Adelsrates – Tyrannisbestrebungen befürchteten.[16] Die Wiederbelebung des Ostrakismos war daher ähnlich motiviert wie seine ursprüngliche Einführung, nämlich durch Tyrannenfurcht. Zu ihrem Glück mußten die Athener das Gesetz auch nach 337/6 ebensowenig anwenden wie am Ende des 6. Jahrhunderts.

III. Die Bedeutung des Ostrakismos

Daß die moderne Forschung hinter dem rationalen Instrument des Ostrakismos ältere rituelle und kultische Vorstellungen vermutet, kann hier nur angedeutet werden. Traditionell hat man vor allem an das Sündenbockritual gedacht, bei dem ein symbolisches Opferwesen (ein *Pharmakós*), meist ein Ziegenbock, verjagt wurde. Statt dieses Purifikationsritus wurden auch die Sagen über solche Heroen herangezogen, die wegen ihrer herausragenden athletischen Leistungen von der Gemeinschaft zunächst gesteinigt, aber dann doch gottähnlich verehrt worden waren.[17]

Der Ostrakismos selbst war ein bewußt eingeführtes politisches Verfahren. Politische Motive standen bei seiner Anwendung im Vordergrund: Mißtrauen gegen allzugroße Machtkonzentration bei einem einzelnen in der Anfangsphase, Entscheidung von Konkurrenzsituationen zwischen insbesondere zwei demokratischen Führungspersönlichkeiten in der weiteren Entwicklung. Der Ostrakismos war ein Kontrollinstrument des Demos, des athenischen Volkes, gegenüber aristokratischen Politikern und eine Waffe im politischen Machtkampf.

Hinzu kommt ein komplementäres, sozialpsychologisches Motiv. Bevorzugt verbannte das Volk Männer, die durch ihre allgemeine Lebensführung oder durch überhebliches Auftreten Neid und Abneigung ihrer Mitbürger auf sich zogen. Steine des Anstoßes waren Reichtum und exklusive, aristokratische Vergnügungen wie im Falle des Megakles, dem auf einigen Ostraka seine Vorliebe für die Pferdezucht vorgehalten wurde. Ein Abstimmender hat ihn auf seiner Scherbe sogar in einer Zeichnung als Angehörigen des Reiterkorps dargestellt;[18] oder es war ein als unmoralisch geltendes Verhalten wie bei Kimon, dem ein Verhältnis mit seiner Schwester Elpinike nachgesagt wurde; oder es war umgekehrt ein als besonders aufdringlich empfundener moralischer Nimbus, wie er in der oben erzählten Aristeides-Anekdote zum Ausdruck kommt.[19]

Von den Betroffenen aus gesehen bedeutete daher eine Ostrakisierung trotz aller eingangs beschworenen Härte der Verbannung gleichzeitig auch eine gewisse Anerkennung ihres besonderen Status in der Gesellschaft. Ein Durchschnittsmensch wurde nicht ostrakisiert. Aus dieser Perspektive spottete daher schon die zeitgenössische Komödie, daß ein Hyperbolos der Ostrakisierung eigentlich unwürdig und die Verbannung für ihn eine Ehre gewesen sei. Und Plutarch setzt hinzu, daß durch diese Pervertierung das Verfahren dauerhaft diskreditiert und nicht mehr angewandt worden sei.[20] Eher jedoch dürfte der Zusammenhang darin bestanden haben, daß zum Ende des 5. Jahrhunderts hin die Bedeutung der traditionellen aristokratischen Politikerklasse abnahm und einem neuen Typus Platz machte, dessen ganze Lebenshaltung weniger Distanz zum Volk aufwies.[21] Damit gingen dem Ostrakismos gewissermaßen die Opfer aus, es war ihm der soziale Boden entzogen.

Vom Volk aus gesehen sollte der Ostrakismos – bzw. möglichst schon die dadurch gegebene Bedrohung – dazu beitragen, daß sich die aristokratischen Politiker den demokratischen Spielregeln unterwarfen und nur innerhalb der demokratischen Institutionen agierten.[22] Der Ostrakismos brachte zum Ausdruck, daß dem Bürgerkollektiv die Entscheidungsgewalt über jedes seiner Mitglieder zustand.[23] Die Verbannung von jährlich höchstens einem Mitglied der Politikerklasse hatte eine Art Blitzableiterfunktion für den Demos, der sich aus der herrschenden Klasse ein Opfer aussuchte und damit jedesmal wieder unter Beweis stellte, wer der wahre Souverän im Staate war.

IV. Ostrakismos und Prozeß

Daß der Ostrakismos in diesem Sammelband behandelt wird, verdankt er zunächst einer gewissen Parallelität zu «normalen» gerichtlichen Verfahren vor den athenischen Gerichtshöfen, den *Dikasterien;* daraus dürfte auch die Übersetzung «Scherben*gericht*» resultieren, die um 1800 n. Chr. entstand. Auch wenn diese Parallelität im folgenden stark reduziert werden muß, behält der Ostrakismos doch in vielem den Charakter eines Rechtsverfahrens.

Genau besehen reduziert sich die Analogie zu einem Prozeß aber auf zwei Elemente. Erstens hat das Exil aufgrund eines Ostrakismos Ähnlichkeit mit einer von einem Gericht verhängten Verbannungsstrafe, die entweder für bestimmte Delikte gesetzlich vorgesehen war oder vom Gericht als Strafmaß festgesetzt wurde. Schon hierbei sind aber die Unterschiede hervorzuheben: Der Ostrakisierte mußte nur für zehn Jahre, der Verurteilte lebenslänglich in die Verbannung gehen, und der Ostrakisierte erlitt im Gegensatz zum Verurteilten keinen Vermögens- und Ehrverlust (*Atimia*).[24] Das zweite analoge Element besteht darin, daß jeweils eine Abstimmung über eine Person stattfand. Aber anders als im Prozeß gab es beim Ostrakismos zumindest offiziell keinen bestimmten Angeklagten. In jeder anderen Hinsicht überwiegen die Unterschiede: Beim Ostrakismos wurde keine Klage erhoben und daher auch nicht über ein bestimmtes Delikt entschieden;[25] Beweise wurden nicht erhoben; Klage- und Verteidigungsreden wurden nicht gehalten; keine erlosten Richter entschieden, sondern alle Bürger; es wurde kein Urteil gefällt, sondern eine Auswahl getroffen.[26]

Es fehlen dem Ostrakismos also im Grunde alle substantiellen Bestandteile eines Gerichtsverfahrens, zumindest auf der formalen Ebene. Informell hingegen besteht eine stärkere Ähnlichkeit, weil wir annehmen müssen, daß es im Vorfeld Diskussionen um mögliche Kandidaten gegeben hat und natürlich auch konkrete Vorwürfe gegen sie erhoben wurden. Die oben referierte Aristeides-Anekdote schildert eine solche Diskussion. Die Verteilung vorbereiteter Ostraka gegen bestimmte Personen ging sicher nicht wortlos vor sich. Konkrete Vorwürfe, teils öffentlicher, teils privater Natur, enthalten einige bekannte Ostraka:[27] Der Text: «Kallixenos der Verräter» wirft dem Kandidaten das (Hochverrats-) Delikt der Perserfreundschaft (griechisch *Medismós*) vor, das auch auf mehreren anderen Scherben genannt wird. Verrat (*Prodosía*) konnte aber zum Beispiel auch mit *Eisangelie*, einem öffentlichen Strafverfahren, verfolgt werden, wie es bei Themistokles der Fall war. Oder: «Megakles ... der Ehebrecher» – auch Ehebruch war unter bestimmten Umständen ein strafbares Delikt. Andere Ostraka sprechen generell von Unrecht. Sofern solche Vorwürfe schon im Vorfeld der Abstimmung erhoben wurden, sind sie von den Betroffenen bzw. ihren Verteidigern zweifellos zurückgewiesen worden. Diskussionen über bestimmte Beschuldigungen müssen auch die Grundlage für den Volksbeschluß gewesen sein, eine Ostrakophoria durchzuführen, denn ohne mindestens einen «vielversprechenden» Kandidaten hätte sie keinen Sinn gehabt. Wenn es solche Zuspitzungen auf bestimmte Kandidaten nicht gegeben hätte, wäre außerdem die nötige hohe Zahl von Ostraka für den zu Verbannenden niemals erreicht worden. Ferner setzt ja der Grundgedanke, daß jemand aus der Polis entfernt werden müsse, die Schädlichkeit oder zumindest potentielle Schädlichkeit seiner Anwesenheit voraus. In dieser Hinsicht könnte der Ostrakismos als vorbeugende Verurteilung verstanden werden. Im Bewußtsein der Athener mag also der Ostrakismos tatsächlich in höherem Maße als Strafe gegolten haben, als er es formal war. In diesem Sinn konnte er eine ähnliche politische Funktion haben wie ein politischer Prozeß.

Formal ähnelt der Ostrakismos mehr einer politischen Abstimmung in der Volksversammlung als einer Abstimmung der Richter, der Dikasten – genauer gesagt, da jemand aus einer (allerdings unbegrenzten) Kandidatenzahl ausgewählt wurde, einem Wahlverfahren. Das wird nicht zuletzt durch die Parallele zu heutigen Stimmzetteln deutlich, auf die mancher Wähler seine persönliche Meinung kritzelt. Entsprechendes findet sich auf den Ostraka – etwa: «Den Hunger ostrakisiere ich»[28] –, allerdings ohne daß sie dadurch, soweit wir wissen, ungültig geworden wären wie die modernen Stimmzettel. Da aber durch den Ostrakismos niemand gewählt, sondern jemand aus der Polis ausgeschlossen wurde, könnte man das Verfahren als «negative Wahl» bezeichnen. Man stimmte genaugenommen nicht für, sondern gegen eine bestimmte Person. Während bei der Wahl von Amtsträgern mit den Händen abgestimmt wurde und bei Losverfahren beschriftete Bronzetäfelchen eingesetzt wurden, scheint die Benutzung beschrifteter Ostraka eine Besonderheit unseres Verfahrens zu sein.

Allgemeiner, mehr vom Inhalt des Verfahrens her, hat Connor von einem «inverted popularity contest» – einem Popularitätswettbewerb mit umgekehrten Vorzeichen – gesprochen.[29] Zu wenig hat man bisher beachtet, daß der Ausgang des Wettstreits nicht nur für den ostrakisierten Kandidaten aussagekräftig war, sondern auch ein, im modernen Jargon gesprochen, *ranking* der herausragenden Persönlichkeiten herstellte und von daher eine Ähnlichkeit mit modernen Meinungsumfragen hat. Insbesondere dann, wenn niemand ostrakisiert wurde, weil die erforderliche Mindeststimmenzahl nicht erreicht war, gab die Abstimmung den Beteiligten trotzdem Hinweise darauf, wer wie oft genannt wurde und daher zur Führungsschicht gerechnet werden mußte und wer nicht. Der Ostrakismos ist also, so lautet das Fazit, am ehesten als ein eigenständiges Verfahren zu betrachten, das zwischen dem rein rechtlichen und dem rein politischen Bereich angesiedelt war.

II.
POLITISCHE PROZESSE

Spielräume der Demokratie
Der Prozeß gegen Themistokles

Lukas Thommen

Als ‹groß› wird man den Prozeß gegen den Athener Themistokles auf den ersten Blick kaum bezeichnen. Der Angeklagte war während des Verfahrens nicht einmal zugegen. Schon einige Zeit zuvor hatten ihn die Athener mittels Scherbengericht (*Ostrakismos*) des Landes verwiesen. Seither hielt er sich in der Peloponnes, vornehmlich in Argos, auf. Dennoch besiegelte der Prozeß gegen Themistokles das Schicksal einer bedeutenden Persönlichkeit in der Frühphase der athenischen Demokratie, der er zu Macht verholfen hatte. Das Verfahren ist somit charakteristisch für die neuen Bedingungen, die sich den führenden Politikern in Athen seit der Auflösung der alten aristokratischen Strukturen stellten und mit denen sie sich arrangieren mußten. Themistokles, der ‹Held der Seeschlacht von Salamis› (480 v. Chr.), war wesentlich an dem Erfolg beteiligt gewesen, den die Athener im Abwehrkampf gegen die Perser erreicht hatten, bekam aber auch die Kehrseite der neuen inneren Kräfteverhältnisse zu spüren, an denen er schließlich trotz seiner Verdienste scheiterte. Die athenische Demokratie begann damals, in der Auseinandersetzung mit ihrer Führungsspitze dem Strafprozeß als Mittel der Politik zentrale Bedeutung einzuräumen.

Die historischen Voraussetzungen

Die athenische Volksversammlung hatte durch die Reformen des Kleisthenes von 508/7 eine entscheidende Aufwertung erfahren und bezog die Bürger in einem noch nie dagewesenen Grade in die Gestaltung des Gemeinwesens ein. In der Politik ergaben sich seither grundlegend veränderte Rahmenbedingungen, die Themistokles mitzuprägen und für seinen Aufstieg zu nutzen wußte.

In den Perserkriegen von 480/79, zu deren siegreichem Ausgang zugunsten der Griechen Themistokles wirkungsvoll beitrug, bestand die athenische Demokratie ihre erste große Bewährungsprobe. Nach der Abwehr der persischen Gefahr kam es schließlich zur

Ausbreitung des athenischen Machtbereiches in der Ägäis, dem Attischen Seebund. Im Rahmen dieser Herrschaft weiteten sich das Aktionsfeld und die Aufgaben Athens deutlich aus. Dabei eröffneten sich für die Führungsschicht neue Möglichkeiten, sich im Rahmen der Polis auszuzeichnen und sich über das militärische Führungsamt, die Strategie, langfristig zu bewähren. Durch die wachsende Zahl von Beamten im Seebund gab es darüber hinaus auch für neue Bürgerschichten die Möglichkeit, sich in der Öffentlichkeit zu betätigen und Verantwortung zu übernehmen. Die Stärkung Athens lag nun im Interesse aller; das Gemeinwohl rückte ins Zentrum.

Die Erfolge der Unternehmungen kräftigten aber auch das Selbstbewußtsein der athenischen Bürgerschaft gegenüber ihren Führungsleuten. Deren persönliche Interessen hatten jetzt Hand in Hand mit dem öffentlichen Interesse zu gehen, da sie als Amtsträger der Öffentlichkeit Rechenschaft schuldig waren. Wer sich hier nicht genügend bewährte, nicht fürsorglich und loyal blieb, bekam die Konsequenzen zu spüren. Auch der Kampf an der Führungsspitze selbst mußte jetzt im Rahmen der Volksversammlung ausgetragen werden, die damit weitreichende Einflußmöglichkeiten auf das Schicksal der Mächtigen erlangte. Lag doch die Beurteilung ihres Erfolges in den Händen der Bürger, die auch zentrale gerichtliche Aufgaben übernahmen.

Themistokles geriet also auf ein ganz neues Feld der politischen Auseinandersetzung, und dies vermag auch sein Prozeß eindrucksvoll zu zeigen. Der Weg dorthin soll im folgenden zunächst nachgezeichnet werden.

Der Aufstieg des Themistokles

Themistokles wurde um 524/3 in Phrearrhioi im südlichen Attika geboren. Er stammte aus einer Familie, die dem Verband der Lykomiden zugerechnet wurde, bis dahin politisch aber nicht hervorgetreten war. Der Name seines Vaters, Neokles («neuer Ruhm»), deutet bereits an, daß die Familie zwar ein gewisses Ansehen genoß, jedoch nicht zur alten aristokratischen Führungselite der Stadt gehörte. Seine Mutter war nicht einmal Athenerin. Wohl etwa um 500 gelangte Themistokles nach Athen und nahm südwestlich des Kerameikos, dem Töpferviertel, im Demos Melite Quartier. Seine Heirat mit Archippe, der Tochter des Aristokraten Lysandros, dürfte seinem Aufstieg in der athenischen Gesellschaft und Politik förderlich gewesen sein. Mit rund dreißig Jahren, also dem erforderlichen Mindestalter, bekleidete er bereits das höchste städtische Amt, das Archontat.

Unsicher ist, ob Themistokles im Jahr seines Archontats (493/2) dem Dichter Phrynichos zur Aufführung des Stückes *Der Fall von Milet* verhalf, das die Athener in fataler Weise an die Zerstörung der griechischen Stadt an der kleinasiatischen Küste durch die Perser (im sogenannten ‹Ionischen Aufstand›) erinnerte und dessen Aufführung mit einem Skandal endete.[1] Athen hatte in diesem Freiheitskampf vergeblich Unterstützung geschickt und sollte später dafür noch büßen. Themistokles erkannte jedenfalls frühzeitig, woher Athen dereinst große Gefahr drohen würde.

Die bedeutendste Leistung während seines Archontats war folgerichtig der Ausbau des Piräus zu einem Kriegshafen, denn die bisher genutzte offene Bucht von Phaleron war zu Verteidigungszwecken ungeeignet. Themistokles' Vorhaben rief jedoch gerade in konservativen Kreisen Widerstand hervor, da sie einer politisch-militärischen Neuorientierung Athens auf die See hin kritisch gegenüberstanden. Der prominenteste Gegner erwuchs Themistokles in dem Aristokraten Miltiades, der seine Herrschaft auf der Halbinsel Chersonesos am Hellespont ausgeübt hatte und in demselben Jahr auf der Flucht vor den Persern nach Athen zurückgekehrt war. Dort wurde er wegen seines tyrannischen Gebarens angeklagt, jedoch aufgrund seiner patriotischen Haltung im Ionischen Aufstand und weiterer Verdienste um Athen freigesprochen.

Miltiades wurde in den nächsten Jahren sogar als Feldherr wiedergewählt, während Themistokles' Aufstieg eine Verzögerung erfuhr. Als die Perser im Jahre 490 tatsächlich zum Rachefeldzug gegen Eretria und Athen aufbrachen und bei Marathon landeten, gelang Miltiades ein glänzender Sieg über den unüberwindlich scheinenden Gegner. Themistokles, der ebenfalls an dem Kampf beteiligt gewesen war, soll nach Plutarch (*Themistokles* 3) die Schlacht nur als «Vorspiel zu größeren Kämpfen» betrachtet haben, auf die er Athen vorzubereiten begann. Im Jahr darauf kam es jedoch zum Sturz des Miltiades, da sein Strafunternehmen gegen die ‹medisierende›, d.h. mit den Persern sympathisierende, Insel Paros kläglich gescheitert war. Miltiades mußte damit schon vor Themistokles erfahren, wie jetzt mit aristokratischen Führern vor der Volksversammlung verfahren wurde, wenn sie ihre Aufgabe für die Polis nicht erwartungsgemäß erfüllten.

Themistokles konnte sich in den nächsten Jahren erfolgreich gegen weitere Gegner durchsetzen und seinen Aufstieg weiterbetreiben. Gefahr drohte insbesondere durch das Ostrakismos-Verfahren, das 487 zum ersten Mal zur Anwendung kam. Das Volk entschied dabei alljährlich, ob gegen führende Politiker ein Verfahren eingeleitet werden sollte, bei dem derjenige, für den die meisten Tonscherben (*Ostraka*) mit seinem Namen in die Abstimmungsurnen gelegt wurden, für zehn Jahre ins Exil gehen mußte – ein politisches Kontrollinstrument, mit dessen Hilfe die Bürger zu einem Schicksalsfaktor für die politische Elite wurden. Das Verfahren kam einerseits als Kampfmittel zwischen den führenden Familien – wie etwa den Peisistratiden oder Alkmeoniden – und damit gegen die Neigung einzelner, eine Alleinherrschaft (*Tyrannis*) zu errichten, zum Tragen; andererseits sollten vor allem auch Personen bestraft werden, die mit den Persern sympathisierten. Es tobte ein unerbittlicher Konkurrenzkampf, in dem auch Themistokles zur Zielscheibe wurde. Im Zusammenhang mit der Ostrakisierung des Alkmeoniden Megakles im Jahre 486 sind neben den mehr als 4600 Scherben mit dem Namen Megakles rund 1600 mit dem Namen Themistokles gefunden worden.[2] Im ganzen ging er jedoch gestärkt aus diesen Rivalitäten hervor und dürfte auch tatkräftig die Niederlagen seiner Gegner betrieben haben.

Der Flottenbau

Themistokles trat im Jahre 483/2 erneut und richtungsweisend hervor, als er in der Volksversammlung den Antrag stellte, den Ertrag aus den staatlichen Silberbergwerken von Laureion nicht – wie angeblich vorgesehen – zu verteilen, sondern für den Bau einer Kriegsflotte zu verwenden. Doch auch gegen dieses Projekt kündigte sich aristokratischer Widerstand an. Hauptgegner wurde Aristeides, der jedoch nach einem Ostrakismos außer Landes gehen mußte. Themistokles konnte durchsetzen, daß die attische Flotte auf 200 Schiffe aufgestockt wurde und damit eine bisher in Griechenland unbekannte Größe erreichte. Das eigentlich Neue aber daran war, daß die Kriegsschiffe jetzt nicht mehr von privaten Ausrüstern unterhalten wurden, sondern eine staatliche Kriegsflotte zur dauernden Verfügung bereitstand. Athen hatte damit ein neues Machtinstrument zur Hand, konnte zugleich einfachen Bürgern als Ruderern auf den Schiffen ein Auskommen verschaffen und sie in die Verantwortung für die Stadt einbeziehen.

Als Grund für den Flottenbau gab Themistokles die kriegerischen Auseinandersetzungen mit der Insel Ägina an, die sich schon vor der Schlacht bei Marathon den Persern unterworfen hatte und als Handelsmacht in wachsender wirtschaftlicher Konkurrenz zu dem aufstrebenden Athen stand. Die Flotte dürfte aber zugleich im Hinblick auf die Persergefahr gebaut worden sein, denn die Perser planten einen neuen großen Feldzug gegen Griechenland. Und Themistokles hatte richtig erkannt, daß es nur zur See möglich sein würde, den übermächtigen Gegner abzuwehren. Es gelang Themistokles, in der Volksversammlung einen Beschluß zur totalen Mobilmachung im Falle des Anrückens der Perser herbeizuführen; ein weiteres Dekret verordnete die Rückkehr aller Exilierten, darunter auch Aristeides, um im Abwehrkampf von den Fähigkeiten und Erfahrungen dieser Führungsleute profitieren zu können.[3]

Der Perserkrieg

Ende 481 versammelten sich die Griechen auf dem Isthmos von Korinth, um interne Feindschaften beizulegen und sich gegen die Perser zu einem Kampfbund zusammenzuschließen. Als die Perser im nächsten Frühjahr Richtung Thessalien vorrückten, wurde Themistokles als Stratege zum Anführer des athenischen Aufgebots auserkoren, das zusammen mit einer spartanischen Abteilung den Einfall nach Mittelgriechenland verhindern sollte. Das Unternehmen in Thessalien erwies sich jedoch als aussichtslos und wurde ohne Kampf abgebrochen.

Themistokles erhielt bald darauf mit der Flotte neue Gelegenheit, seine wahren Qualitäten unter Beweis zu stellen. Die Athener stellten die Mehrheit der 271 Schiffe, die unter dem Befehl des Spartaners Eurybiades standen. Themistokles besaß als athenischer Stratege nur beschränkte Amtsgewalt, wußte das aber zu überspielen und zum wichtigsten Entscheidungsträger zu werden. Beim ersten Treffen mit der persischen Flotte bei Kap Artemision an der Nordspitze Euböas verhinderte er, daß sich die griechische Flotte vorzeitig an den Isthmos von Korinth zurückzog. Während das an den Thermopylen unter dem Spartanerkönig Leonidas verbliebene Landheer niedergemacht wurde, endeten die Kämpfe auf dem Meer zunächst unentschieden. Die griechischen Schiffe zogen sich nun hinter die Athen vorgelagerte Insel Salamis zurück, während die Perser vor Phaleron an Land gingen. Die athenische Bevölkerung war trotz etlicher Widerstände gemäß dem weitsichtigen Plan des Themistokles nach Troizen (auf der Peloponnes), Ägina (im Saronischen Golf) und Salamis evakuiert worden.

Erneut plante ein Teil der auf der Flotte stationierten Griechen, sich an den Isthmos zurückzuziehen. Ihnen trat Themistokles wiederum entschieden entgegen, da er zu Recht die Auflösung der Flotte sowie die Preisgabe von Salamis, Ägina und Megara befürchtete. Themistokles konnte sich mit seinen Argumenten im Feldherrenrat jedoch nicht durchsetzen. Es mußte ihm jetzt also darum zu tun sein, die Perser zur Schlacht zu bewegen und sie zur Einfahrt in den engen Sund von Salamis zu veranlassen, wo die Griechen aufgrund ihrer wendigeren Schiffe mit einer taktischen Überlegenheit rechnen konnten.

In dieser Situation schritt Themistokles angeblich eigenmächtig, aber entscheidend zur Tat, indem er seinen persischen Sklaven Sikinnos mit einer privaten Nachricht ins Lager des Perserkönigs schickte, die diesen zur Einfahrt in die Bucht veranlaßt haben soll. Er habe Xerxes berichten lassen, daß die Griechen uneinig seien und aus Angst an Flucht dächten, so daß sie jetzt am leichtesten zu überwinden seien.[4] Die Schlacht verlief für die Griechen planmäßig erfolgreich, so daß die übriggebliebenen persischen Schiffe nach einer totalen Niederlage in ihre Heimat zurücksegeln mußten. Die sofortige Verfolgung, die Themistokles offenbar befürwortet hatte, wurde bald abgebrochen. Unklar bleibt, inwieweit Themistokles in dieser Situation erneut Kontakt mit dem Perserkönig aufnahm und daraus später Profit ziehen konnte.[5]

Die Feldherren hatten sich nach dem Seesieg bei Salamis wiederum am Isthmos versammelt, um einen Ehrenpreis für die Verdienste im Abwehrkampf zu verleihen. Nach der Anekdote, die der Geschichtsschreiber Herodot überliefert (8, 123), soll dabei jeder für sich selbst die erste Stimme abgegeben haben, dank der zweiten Stimme sei jedoch eine Mehrheit für Themistokles zustande gekommen. Der Preis sei ihm allerdings aus Neid nicht zugeteilt worden. Eine Auszeichnung erhielt Themistokles dagegen in Sparta, wo er einen Kranz aus Olivenzweigen für seine Klugheit und Gewandtheit erhielt und mit einem Prunkwagen sowie in Begleitung der 300 spartanischen Elitesoldaten an die Grenze eskortiert wurde.

Der Fall

Die Auszeichnung in Sparta dürfte Themistokles zu Hause übelgenommen worden sein. Im Jahre 479 finden wir Themistokles nicht mehr unter den Strategen, wohl aber seine Konkurrenten Aristeides und Xanthippos, die im Frühjahr mit der griechischen Flotte bis Delos gelangten. Es war Themistokles daher auch nicht möglich, die Früchte zu ernten, die dank der Erfolge den Athenern heranreiften.

Schon unmittelbar nach dem entscheidenden Sieg über die persische Flotte bei Mykale an der kleinasiatischen Küste schlossen sich nämlich Samos, Chios, Lesbos und andere Inselstädte der griechischen Allianz an, die damit eine neue Dimension erreichte. Der spartanische König Leotychidas und die Peloponnesier sahen ihren Auftrag in der Ägäis als erfüllt an und fuhren heim, während die Athener unter Xanthippos zur Belagerung von Sestos auf der Chersonesos schritten, um hier eine weitere Chance zu nutzen.

Im Anschluß an die Entscheidungskämpfe brach auch der Konflikt zwischen Athen und Sparta wieder auf, in den Themistokles unmittelbar verwickelt wurde. Sparta wollte persertreue Städte aus dem Bund (*Amphiktyonie*) um das Heiligtum von Delphi ausschließen. Themistokles stellte sich diesen Plänen jedoch entgegen. Er hatte wiederum frühzeitig erkannt, daß Sparta nach neuem Einfluß strebte und künftig zu einer entscheidenden Konkurrentin Athens werden würde.

In diesem Spannungsfeld konnte Themistokles nochmals eine wichtige Aufgabe für Athen übernehmen. Als die Athener nach den Perserkriegen die im Zuge der Kämpfe zerstörte Stadt wieder aufzubauen begannen, setzten sich die Spartaner gegen die Errichtung einer Befestigungsmauer zur Wehr. Themistokles wurde wohl gerade wegen seiner voraufgegangenen Auszeichnung zum Gesandten nach Sparta bestimmt; neben ihm aber auch Habronichos und Aristeides, der hier also nochmals auf der Linie des Themistokles operierte. Themistokles, der in Sparta Vertrauen und Ansehen genoß, gelang es, die Spartaner hinzuhalten. Als sich diese vor vollendete Tatsachen gestellt sahen, rechtfertigte Themistokles vor der spartanischen Volksversammlung offen den Mauerbau und unterstrich zugleich dessen Bedeutung für die Athener und ihre Führungsposition, die sie – auf Kosten der Spartaner – in Griechenland übernehmen wollten. Themistokles hatte demnach insgesamt sein Ansehen in Sparta zum Wohle Athens aufs Spiel gesetzt, und natürlich hatte er es sich durch diesen Schachzug auch ein für allemal verspielt.

In Sparta hatte sich der Regent Pausanias nochmals damit durchsetzen können, den Kampf gegen die Perser in der Ägäis fortzuführen. Zu seiner Flotte stießen im Jahre 478 auch dreißig athenische Schiffe, die unter dem Kommando von Aristeides und Kimon, dem Sohn des Miltiades, standen. Gemeinsam wurden die persischen Außenposten Zypern und Byzanz befreit. Durch das selbstherrliche Verhalten des Pausanias entstand aber ein Bruch in der Allianz der Griechen. Die Ionier forderten daher die Athener auf, die Führung zu übernehmen, und im Jahre 478/7 wurden unter Aristeides auf Delos Verträge beschworen, welche die Städte an Athen banden.

Themistokles soll in dieser Zeit die Befestigung des Piräus überwacht haben, die jedoch nicht vollendet wurde. Die Prioritäten der athenischen Politik hatten sich zuungunsten des Themistokles geändert.

Mit Aristeides gelangte jetzt auch Kimon, der Sparta freundschaftlich gesinnt war, an die Führungsspitze Athens. Er stammte ebenfalls aus einer aristokratischen Familie und pflegte seine vielfältigen Beziehungen und sein Ansehen mit der nötigen Freigebigkeit.[6] Damit griff ein prominenter Vertreter der jüngeren Generation in die Geschicke der Stadt ein. Themistokles, der keine große Anhängerschaft vorweisen konnte, gelangte zusehends ins Hintertreffen.

Anders als seine Konkurrenten betrachtete Themistokles Sparta als Haupthindernis für Athens Vorrangstellung. Die Gefahr, die von Sparta ausging, hatte sich mit der vorübergehenden Abberufung des Regenten Pausanias aber vermindert. Themistokles konnte in dieser Situation keine neuen politischen Pläne und Konzepte entwickeln, also auch in der Seebundspolitik keine Verantwortung übernehmen. So wurde er für Athen weitgehend funktionslos und mußte auch die entsprechenden Konsequenzen tragen. Er konnte sich nur auf seinen früheren Erfolg von Salamis berufen, womit er in dieser Situation aber wenig zu erreichen vermochte. Im März 476 brachte er als Chorege – als Ausstatter und Förderer des Chors in einer Tragödie – ein Stück des Phrynichos zur Aufführung, das die Perserthematik aufgriff; dabei handelte es sich sehr wahrscheinlich um die *Phoinissen* (Phönizierinnen), die Frauen der Krieger aus Sidon in der persischen Flotte. In diesen Jahren wurden auch Vorwürfe gegen Themistokles wegen dessen angeblicher Geldgier und Prunksucht laut. Mit dem Tempelbau für Artemis *Aristoboule* («die Bestberatene»), den er in der Nähe seines Hauses in Melite veranlaßt hatte und in dem – zumindest später – auch ein Standbild an ihn erinnerte,[7] eckte er bei seinen Zeitgenossen an, so daß er insgesamt in der Gunst der Bürger sank. Auch die Aufführung von Aischylos' *Persern* (472), die den Sieg des Themistokles in Erinnerung rief, konnte sein Ansehen nicht mehr verbessern.

Der Ostrakismos

Die wachsende Gegnerschaft führte schließlich dazu, daß Themistokles um 472/1 von der Volksversammlung ostrakisiert wurde. Wir können nur vermuten, daß Aristeides und Kimon dahinterstanden, da Themistokles wohl deren politisches Konzept im Rahmen des

Abb. 7 Themistokles-Herme aus Ostia (Gipsabguß); römische Kopie nach einem griechischen Original um 460 v. Chr. (?). Die Vorlage gilt als erste griechische Statue mit porträthaften Zügen; ob sie mit dem von Plutarch (*Themistokles* 22) für das Heiligtum der Artemis Aristoboule in Athen erwähnten Bild des Themistokles mit den «Zügen eines Helden» identisch ist, muß fraglich bleiben.
Foto: H. Stieger, Skulpturhalle Basel

Seebundes gefährdete. Themistokles mußte sich jedenfalls aus Athen entfernen und schied vorerst aus dem Konkurrenzkampf aus.

Der Ostrakismos ließ aber sowohl die bürgerlichen Ehren als auch das Privatvermögen des Betroffenen unangetastet und erlaubte ihm grundsätzlich, nach zehnjähriger Verbannung in die Heimat zurückzukehren. Während des Exils konnte sich der Ostrakisierte zudem frei bewegen und seine politischen Verbindungen außerhalb Attikas unterhalten. Themistokles wußte diesen Spielraum auch tatkräftig zu nutzen. Des Landes verwiesen, ging er nach Argos, die traditionelle Konkurrentin von Sparta auf der Peloponnes, und versuchte von dort aus auf verschiedenen Reisen, peloponnesische Städte gegen Sparta aufzubringen. In diese Zeit fallen dann auch demokratische Reformen in Elis und Mantineia sowie der Versuch arkadischer Städte, vom Peloponnesischen Bund abzufallen.[8] Sparta war daher bemüht, Themistokles noch härter zu bestrafen, als dies durch den Ostrakismos bereits der Fall gewesen war.

Um Themistokles langfristig die Basis für politisches Handeln zu entziehen, war ein gerichtliches Strafverfahren in Athen nötig. Dies bedingte, daß die Athener selber ein Interesse an der Verurteilung des Themistokles haben mußten. Politische Prozesse hatten seit der Verhandlung gegen Miltiades offenbar kaum mehr stattgefunden. Im Falle des Themistokles zeigten sich die Athener aber bereit, im Sinne verschärfter Sanktionen und zur Erzielung eines eindeutigen Schuldspruchs, auf das Gerichtsverfahren zurückzugreifen. Die athenische Demokratie begann also, dem Strafrecht eine neue Funktion zuzuweisen, die ihr mehr Spielraum im Umgang mit den politischen Exponenten verlieh. Mit dem gerichtlichen Strafverfahren wurde einem flexibleren und wirksameren Kontrollinstrument zum Durchbruch verholfen, das in der langfristigen Perspektive den Ostrakismos in den Hintergrund treten ließ.

Die Anklage

Eine willkommene Gelegenheit zur Anklageerhebung gegen Themistokles bot sich den Spartanern anläßlich des Sturzes ihres Regenten Pausanias. Dieser war kurz nach 470 aufgrund seiner eigenmächtigen Umtriebe in Sparta beseitigt worden. In seinen Unterlagen wurden angeblich auch Hinweise gefunden, die Verbindungen des Themistokles zum Perserkönig belegten. Sparta schickte daher Gesandte nach Athen, die Themistokles des ‹Medismos› bezichtigten und eine entsprechende Bestrafung wegen Landesverrat verlangen sollten. Pausanias selber war in Sparta jedoch nicht vornehmlich aufgrund seiner Kontakte zum Perserkönig in Mißkredit geraten, sondern durch seine Pläne, einen Teil der unterjochten Bevölkerung, der Heloten, zu befreien, was als Gefahr für den spartanischen Staat betrachtet wurde. Er verfolgte offensichtlich sowohl innen- als auch außenpolitisch ein eigenes Konzept, das auf eine Öffnung Spartas und seiner Bürgerschaft hintendierte, jedoch bei den Behörden mehrheitlich auf Ablehnung stieß.[9] Themistokles, der mit Pausanias in Verbindung stand, sollte nun ebenfalls dafür büßen. Die Sieger von Plataiai und Salamis wurden also für ihre späteren Taten, die geeignet schienen, dem eigenen Stadtstaat (*Polis*) zu schaden, gnadenlos bestraft.

Themistokles war nach Plutarch (*Themistokles* 23) freilich nur Mitwisser von Pausanias' Plänen, hatte also keinen Verrat geübt. Zudem kann im Falle von Themistokles auch nicht die Verbindung zu den Heloten das Hauptmotiv für die Anzeige der Spartaner dargestellt haben. Viel schwerer wogen seine antispartanischen Aktivitäten in der Peloponnes, die das peloponnesische Bündnissystem Spartas gefährdeten. In Athen selber reichte dieses Motiv indes für eine Strafverfolgung nicht aus. Der Perserkontakt bot dort den geeigneteren Ansatz, um gegen Themistokles vorzugehen.[10] Die Persergefahr war noch keineswegs völlig gebannt, und Kimon konnte im Jahre 469 oder kurz danach an der Südküste Kleinasiens am Eurymedon gegen die persische Flotte nochmals einen bedeutenden Sieg erringen. Kimon verfolgte zugleich einen freundlichen Kurs gegenüber Sparta, wo Themistokles in Ungnade gefallen war und in dieser Situation nicht mehr in die von Athen betriebene Außenpolitik paßte.

In Athen ließ sich offenbar auch leicht ein Ankläger finden, wobei mehrere Namen überliefert sind. Plutarch (*Themistokles* 23) berichtet einerseits von Leobotes, Sohn des Alkmaion, als Ankläger. Interessanterweise trägt dieser Alkmeonide den Namen eines spartanischen Königs, was also ebenfalls auf freundschaftliche Verbindungen zu Sparta weist. Andererseits nennt Plutarch (*Aristeides* 25) einen Alkmaion und Kimon als Ankläger, was jedoch weniger glaubhaft ist. Vielleicht war hier ursprünglich ebenfalls an Leobotes als Sohn des Alkmaion gedacht und Kimon nur aufgrund seiner generellen Gegnerschaft mit Themistokles ins Spiel gekommen. In den erst in der römischen Kaiserzeit entstandenen, angeblichen *Briefen des Themistokles*, denen schwerlich Glaube geschenkt werden kann, werden noch weitere Ankläger genannt; diese sind wohl nur allgemein zu den Gegnern des Themistokles zu zählen.[11]

Der byzantinische Schriftsteller Theodorus Metochites berichtet schließlich noch von einem Mann namens Lykomedes,[12] der möglicherweise aus einer rivalisierenden Familie des Lykomidenverbandes stammte, dem auch Themistokles angehörte. Plutarch (*Themistokles* 1) berichtet jedenfalls, daß Themistokles nach dem Persersturm das zentrale Heiligtum der Lykomiden in Phlya hatte restaurieren lassen. Damit wollte er sich im Kreise der Lykomiden möglicherweise eine einflußreichere Position verschaffen. In diesem Falle könnte also aufgrund einer internen Auseinandersetzung auch ein Angehöriger der Lykomiden belastend aufgetreten sein. Der Hauptankläger dürfte gleichwohl der Alkmeonide Leobotes gewesen sein, der wie Themistokles letztlich ein außenpolitisches Ziel verfolgte: die Hegemonie Athens. Zugleich konnten die Athener mit dem Gerichtsverfahren ein Zeichen des Wohlwollens gegenüber Sparta setzen, indem sie einem seiner Gegner den Prozeß machten und so einer Konfrontation mit dem mächtigen Rivalen erst einmal aus dem Weg gingen.

Das Verfahren

Diodor (11, 54 f.), der sein Wissen aus dem Werk des Ephoros (4. Jahrhundert v. Chr.) bezieht, berichtet von einem früheren Prozeß, in dem Themistokles einen Freispruch erlangt habe. Bei dieser Angabe dürfte es sich allerdings um eine nachträgliche Konstruktion handeln. Wollte Ephoros dadurch Athen von dem Vorwurf der ungerechtfertigten Verurteilung befreien?[13] Wenn sich auch Plutarch (*Themistokles* 23) auf frühere Anklagen bezieht, so wird er damit eventuell versucht haben, den einen Prozeß, wie ihn Thukydides (1,135) überliefert, mit Ephoros' zweimaliger Anklage zu harmonisieren. Ungerechtfertigt ist schließlich auch Diodors und Plutarchs Annahme, daß der Prozeß vor der Versammlung der verbündeten Griechen, dem *Synhedrion*, hätte stattfinden sollen;[14] gerade diese Darstellung dient allein der Entlastung der Athener.

Aus den Angaben des Thukydides kann man folgern, daß Themistokles verhaftet werden sollte, um ihn in Person bei der Gerichtsverhandlung in Athen vorführen zu können. Dazu kam es jedoch nicht. Gemäß Plutarch (*Themistokles* 23) konnte sich Themistokles infolge seiner Verbannung als Ostrakisierter nur schriftlich verteidigen; dabei habe er versucht, die Verleumdung seiner Gegner, immer der erste sein zu wollen, zu entkräften. Dies blieb freilich ohne Erfolg. Themistokles wurde von den Athenern in Abwesenheit wegen Hochverrats (*Prodosia*) verurteilt.[15]

Als verurteilende Instanz ist entweder die Volksversammlung selber oder ein aus Bürgern besetzter Gerichtshof anzunehmen – kaum jedoch der Areopag, wie Aristoteles (*Athenaion Politeia* 25) glauben machen könnte. Krateros, auf den sich Plutarch (*Aristeides* 26) stützt, nahm das Urteil jedenfalls in seine Sammlung von athenischen Volksbeschlüssen auf und führte es auf ein sogenanntes Eisangelie-Verfahren (öffentliche Anklage) zurück.[16] Wie die spätere Praxis zeigt, konnte im Falle eines schweren Vergehens gegen die Stadt schriftliche «Anzeige» bei der Volksversammlung eingereicht werden, die über die weitere Verhandlung vor dem Volk oder einem Volksgericht entschied. Plutarch (*Themistokles* 23,1: *grapsamenos*) legt im Zusammenhang mit Themistokles ebenfalls eine schriftliche Anklage nahe, so daß vieles dafür spricht, schon in dieser Zeit mit einem Eisangelie-Verfahren zu rechnen.[17]

Das Urteil gegen Themistokles umfaßte den Einzug des Vermögens und den lebenslänglichen Verlust der bürgerlichen Ehren (*Atimia*).[18] Da Themistokles gejagt wurde, läßt sich vermuten, daß die Todesstrafe verhängt worden war – also nicht nur das Exil, wie ein Teil der Quellen annimmt. Jedenfalls kam es jetzt zu einer wesentlich schärferen Bestrafung, als dies beim Ostrakismos der Fall gewesen war. Weil Themistokles auch von Argos aus Unruhe gestiftet hatte, sollte er endgültig ausgeschaltet werden. Dies hatte zur Folge, daß ihm sogar die Zuflucht an einen anderen Ort in Griechenland verwehrt wurde. Themistokles mußte sich daher spätestens nach dem Urteil abermals in Sicherheit bringen.

Der Abgang

Die Athener hatten Leute gestellt, die mit den Spartanern auf die Suche nach Themistokles gingen. Dieser war rechtzeitig gewarnt worden und aus Argos nach Kerkyra (Korfu) geflohen, das ihm aufgrund eines früheren Dienstes Dank schuldete. Von dort wurde er aber nach Epirus zum König der Molosser, Admetos, abgeschoben und gelangte dann nach Pydna zum makedonischen König Alexander. Da er im griechischen Bereich nirgends längerfristig unterkommen konnte, wandte er sich schließlich an seine ehemaligen Gegner, die Perser, die schon immer gerne Griechen als Berater an ihrem Hofe aufgenommen hatten. Von Pydna aus trat Themistokles also die Reise nach Kleinasien an, wobei er in der Ägäis beinahe den Athenern in die Hände fiel, die gerade Naxos belagerten.

Um 465/4 traf er angeblich in Ephesos ein und zog landeinwärts Richtung Sardes und Susa zum unlängst inthronisierten Perserkönig Artaxerxes, mit dem er schon zuvor brieflich Kontakt aufgenommen hatte. Thukydides (1, 138) berichtet: «Als er dann nach einem Jahr hinkam, wurde er beim König ein großer Mann, wie noch keiner der Hellenen, einmal wegen seines Ansehens von früher, dann wegen der Hoffnungen, die er ihm erweckte, Hellas zu unterjochen, namentlich aber, da er Proben seiner Klugheit (*xynetos*) ablegte.» Artaxerxes übergab Themistokles Magnesia am Mäander und ein paar kleinere Orte (darunter Myus bei Milet und Lampsakos am Hellespont) als königliche Lehen, wie dies auch bei persischen Satrapen der Fall war. Gleichzeitig sollten diese Orte wohl auch vom Attischen Seebund ferngehalten werden und als Bollwerk gegen die Griechen dienen. In Magnesia, wo Themistokles Wohnsitz nahm, dürfte er ein offizielles Amt – vielleicht das Oberamt eines Prytanen – ausgeübt haben. Er lancierte in der Art persischer Satrapen auch die Prägung von eigenen Münzen,[19] die für den Unterhalt von Truppen eingesetzt werden konnten.

Verrat war freilich nicht die Sache des Themistokles. Um das Jahr 460 starb er im Alter von etwa 65 Jahren wohl eines natürlichen Todes. Da in Attika ein Begräbnisverbot für Hochverräter existierte, wurde sein Grab in Magnesia angelegt. Dennoch gab es späterhin auch in Athen ein Themistokleion, das als Grab oder Kenotaph des Themistokles betrachtet wurde.[20] Die nachklassische Zeit sicherte Themistokles endlich den Ruf als «Retter von Hellas».[21]

Epilog

In der Neuzeit hat Themistokles als großer Staatsmann, Schöpfer der staatlichen Kriegsflotte und Wegbereiter der athenischen Seemacht Anerkennung und Bewunderung gefunden. Schon Herodot (8, 109 f.) hatte in Themistokles einen klugen, wohlratenden Mann mit der Fähigkeit zu weitreichenden Prognosen erkannt. Thukydides (1, 138) achtete Themistokles aufgrund seiner treffenden Urteilskraft und seines vorausberechnenden Weitblicks als eine der bedeutendsten Persönlichkeiten seiner Zeit. Andererseits gab seine Herkunft den Ausschlag, ihn in aristokratischen Kreisen als geldgierigen und verschlagenen Demagogen zu verleumden.[22] Der Prozeß gegen Themistokles zeigt seine Persönlichkeit indes in feineren Schattierungen und verdeutlicht zugleich die neuen Spielregeln der athenischen Demokratie.

Themistokles war es nach dem Sieg über die Perser nicht gelungen, sich an der Spitze der Stadt neu zu profilieren. Er war nicht in der Lage, aus seinem eigenen Schatten nach den Großtaten von Salamis und seiner – wenn auch im Interesse der Heimatpolis – von ihm selbst verschuldeten Gegnerschaft zu Sparta herauszutreten, und bezog sich zunehmend auf seine eigene Person. Frühere Erfolge reichten aber schwerlich aus, um im aufstrebenden Athen Bestand zu haben; stets neue Bewährung war gefordert. Daher konnte Themistokles auch nicht mehr mit den nachdrängenden Führungsleuten konkurrieren. Er geriet zwischen die Fronten und wurde aufgrund des fehlenden neuen Leistungsausweises von der athenischen Volksversammlung zunächst ostrakisiert, dann auf dem Gerichtsweg endgültig ausgeschaltet. Die Athener waren bereit, im Hinblick auf den Ausgleich mit Sparta, einen verdienten Staatsmann zugunsten der neuen politischen Spitze zu opfern. Die Ironie der Geschichte zeigte sich freilich darin, daß der athenische Staatsmann Kimon, der Sparta um 463/2 gegen die revoltierenden Messenier unterstützen wollte, vor Ort zurückgewiesen wurde; der Friede mit Sparta brach, und dieser Konflikt sollte schließlich in der militärischen Niederlage Athens gegen die alten Feinde des Themistokles enden.

Den Olympier herausfordern?
Prozesse im Umkreis des Perikles

Kurt Raaflaub

Perikles

Im Sommer 431 brach der ‹Peloponnesische Krieg› zwischen den von Sparta und Athen geführten Machtblöcken aus. Eine feindliche Armee marschierte in Attika ein und verwüstete die Höfe und Fluren in Teilen des Landes. Wie es der von Perikles durchgesetzte Kriegsplan vorsah, verzichteten die Athener darauf, die zu Lande überlegenen Feinde zum Kampf zu stellen. Athen und der Piräus, durch die Langen Mauern verbunden und zur uneinnehmbaren Festung gemacht, boten der evakuierten Landbevölkerung Asyl. Die Versorgung der Stadt wurde durch die seebeherrschende Flotte sichergestellt, die überdies die Moral der Gegner durch Angriffe auf ihr eigenes Hinterland zermürben sollte.[1]

Im zweiten Sommer setzte die peloponnesische Armee ihr Zerstörungswerk fort. Außerdem brach in Athen eine Seuche aus, die innerhalb von vier Jahren nicht weniger als ein Drittel der Bevölkerung dahinraffen sollte. Eine Flottenexpedition, die Perikles selber gegen Epidauros und die nördliche Peloponnes führte, war nur teilweise erfolgreich. Eine andere Expedition in den Norden der Ägäis wurde durch die Seuche dezimiert und kehrte erfolglos zurück.

Aufgrund dieser widrigen Umstände brach die Moral der Athener zusammen. Die Befürworter einer Friedenslösung gewannen die Oberhand, aber Sparta weigerte sich zu verhandeln. Der Volkszorn richtete sich jetzt ganz gegen Perikles, dem man weithin die Verantwortung für den Krieg zuschob. Er wurde seines Kommandos enthoben, vor Gericht gestellt und mit einer schweren Buße belegt. Im nächsten Sommer wurde er zwar als Stratege wiedergewählt, aber kurz darauf erlag er selber der Seuche.[2]

Damit endete die Karriere eines Mannes, der die Politik seiner Stadt mehr als drei Jahrzehnte lang maßgeblich bestimmt und, Thukydides (2,65) zufolge, Athen trotz seiner Demokratie als «Erster Mann» fast unangefochten regiert hatte. Perikles, wohl gegen 490 geboren, gehörte mütterlicherseits zur berühmt-berüchtigten Familie der Alkmaioniden, die in Athen seit vielen Generationen eine führende Rolle gespielt hatte. In den 460er Jahren tat er sich als Ankläger Kimons, des Sohnes des Miltiades, hervor, der nach den Perserkriegen den Aufstieg Athens zur seebeherrschenden Großmacht geprägt, aber an einem guten Verhältnis zu Sparta festgehalten hatte. Als diese Politik in eine Krise geriet, überzeugten Perikles und seine Verbündeten die Athener von der Notwendigkeit einer außenpolitischen Abkehr von Sparta. Gleichzeitig setzten diese Politiker weitreichende Reformen durch, die in Athen in einem präzedenzlosen Ausmaß die Demokratie verwirklichten.[3]

Im nächsten Jahrzehnt gelang es Athen zwar, seine Vormacht zur See gegen Persien zu behaupten und zu Lande sogar auszudehnen, aber es zeigte sich dann doch, daß es seine Kräfte überspannt hatte und mit Persien (ca. 450) wie auch Sparta (446) zu einer Verständigung kommen mußte. Die 440er Jahre waren von intensiven Auseinandersetzungen zwischen Perikles und einer von Thukydides, dem Sohn des Melesias (also nicht dem Historiker!), angeführten Gruppe von Politikern beherrscht. 443 wurde Thukydides ostrakisiert und Perikles fortan Jahr für Jahr als Stratege wiedergewählt.[4]

Unter seiner Führung baute Athen seine Seemacht weiter aus, in nicht wenigen Fällen auch auf Kosten von Verbündeten Spartas. Auf deren Drängen erhob Sparta 432 schließlich eine Reihe ultimativer Forderungen, die sich gegen zentrale Inhalte von Perikles' Politik und dessen Person selbst richteten. Perikles weigerte sich, auf Kompromisse einzugehen: Jedes Nachgeben werde nur weitere Ultimaten provozieren und unweigerlich zum Verlust der Macht und Freiheit Athens führen; Konflikte unter gleichrangigen Mächten müßten durch Verhandlungen und Schiedsverfahren, nicht durch Gewaltandrohung entschieden werden. Wie schon früher beim Abschluß eines Bündnisses mit Kerkyra regte sich auch jetzt massiver Widerstand. Einer verbreiteten Überlieferung zufolge versuchten Perikles' Gegner in jener Zeit, dessen Stellung auch durch gerichtliche Anklagen gegen ihm nahestehende Personen (seine Lebensgefährtin Aspasia, den Bildhauer Phidias und den Philosophen Anaxagoras) und zuletzt sogar gegen ihn selber zu schwächen, was Perikles angeblich erst recht in seiner Kriegsbereitschaft bestärkte. Eine letzte, erbitterte Debatte erhob sich über Spartas Forderung, die im athenischen Seereich verhängte Handelsblockade gegen Megara (den ‹megarischen Volksbeschluß – *Psephisma*›) aufzuheben. In dieser Debatte setzte sich Perikles durch. Der Krieg wurde damit unvermeidlich.[5]

Wenn wir von «Prozessen im Umkreis des Perikles» sprechen, meinen wir somit einerseits den Perikles-Prozeß des zweiten

Kriegsjahres, andrerseits das Knäuel von Prozessen gegen Perikles und seine Freunde kurz vor dem Krieg. Diese Vorgänge waren Teile eines intensiven Machtkampfes in Athen, in dem es um den beherrschenden politischen Einfluß in der Stadt, um Krieg oder Frieden und letztlich auch um ein Verdikt über die von Perikles seit vielen Jahren verfolgte Politik ging. Es kommt ihnen somit von vornherein größte politische und historische Bedeutung zu. Leider ist jedoch die Überlieferung über manche dieser Prozesse verdächtig und deshalb auch ihre Historizität von Zweifeln überschattet. Wir müssen uns deshalb in diesem Kapitel mehr als sonst üblich mit Problemen der Überlieferungskritik befassen, können jedoch mit einer zweifellos authentischen Affäre beginnen.

Der Perikles-Prozeß von 430

Im Spätsommer des zweiten Kriegsjahres (430), so berichtet Thukydides (2, 59), nachdem die Peloponnesier zum zweiten Mal Attika verwüstet und die Seuche wie auch der Krieg die Athener entmutigt hatten, erhoben sie «Vorwürfe gegen Perikles, daß er sie zu dem Krieg überredet habe und seinetwegen all das Unglück über sie gekommen sei». Besonders nachdem Sparta ihr Friedensangebot zurückgewiesen hatte, «fielen sie, ringsum hilflos und verzweifelt, über Perikles her». Da er «noch Stratege war», berief dieser eine Volksversammlung ein, in der es ihm mit einer regelrechten ‹Blut- und Eisenrede› (60–64) gelang, die Kriegsbereitschaft der Athener erneut zu wecken (65, 1–2). Individuell jedoch vermochten diese ihre Erbitterung nicht so schnell zu überwinden. «Und wirklich ruhten sie alle zusammen in ihrer Wut auf ihn nicht eher, als bis sie ihm eine Geldbuße auferlegt hatten. Sehr bald danach freilich, wie die Menge es zu tun pflegt, wählten sie ihn wieder zum Feldherrn» (65, 3–4; Übers. Georg Peter Landmann).

Dies ist der einzige zeitgenössische Bericht, der erhalten ist. Er ist für den Historiker eine bittere Enttäuschung. Wir erfahren nichts über den oder die Ankläger, den Gegenstand der Anklage, das Ausmaß der Buße und weitere Konsequenzen der Verurteilung. Sogar Perikles' Absetzung läßt sich dem Text nur indirekt entnehmen. Der Grund dieser Zurückhaltung liegt wohl darin, daß das schmachvolle Ende von Perikles' brillanter Laufbahn sich nur schwer mit dem heroischen Bild vereinbaren ließ, das Thukydides von dem erhabenen, unbestechlichen, das Volk jederzeit kontrollierenden und nur dem Wohl der Vaterstadt verpflichteten Staatsmann zu zeichnen bestrebt war. Dieses Bild, das Perikles in hellem Kontrast von seinen demagogischen und selbstsüchtigen Nachfolgern abheben soll (bes. 2, 65, 8–10), hat freilich genauso viel mit der Deutungs- und Darstellungsabsicht des Autors wie mit historischer Realität zu tun. Dennoch hat es die moderne Forschung bis heute entscheidend geprägt.[6]

Beim Versuch, uns aus dieser Abhängigkeit zu lösen, stehen wir vor der Schwierigkeit, daß uns ähnlich zeitnahe und qualitativ hochstehende Quellen fehlen, an denen wir Thukydides messen könnten. Welche Probleme sich daraus ergeben, werden wir noch sehen. In diesem Fall läßt sich freilich die spätere Überlieferung mit Thukydides' knapper Skizze zu einem einigermaßen plausiblen Bild kombinieren. Der Historiker Diodor (1. Jahrhundert v. Chr.), der sich für die Geschichte des 5. Jahrhunderts vorwiegend auf Ephoros (4. Jahrhundert) stützt, berichtet, die Athener hätten in ihrem Zorn Perikles «als Strategen abgesetzt und, aufgrund von irgendwelchen geringfügigen Anlässen für Anklagen, mit einer Buße von achtzig Talenten bestraft» (12, 45, 4). Nach Plutarch, dem Moralphilosophen und Biographen des 1./2. Jahrhunderts n. Chr., betrug die Buße «nach der geringsten Angabe fünfzehn, nach der höchsten fünfzig Talente». Aus drei Quellen nennt er drei verschiedene Ankläger: Kleon, Simmias und Lakratidas (*Perikles* 35, 3–5).

Die widersprüchlichen Angaben in Plutarchs Quellen bezeugen eine wichtige Tatsache: Es gab zu diesen Vorgängen keine eindeutige Überlieferung und schon gar keinen offiziellen und solide überlieferten Volksbeschluß. Spätere Historiker waren deshalb darauf angewiesen, zu raten und sich die nötigen Informationen zu beschaffen, wo immer es ging. Für historische Authentizität besteht somit keine Gewähr. Diodors Buße von achtzig Talenten mag durch eine Verschreibung zu erklären sein, aber selbst fünfzig – genug für den Bau von ebenso vielen Kriegsschiffen – scheinen, obschon Herodot (6, 136) dieselbe Zahl für den Miltiadesprozeß angibt, für eine Privatperson sehr hoch; die Zahl fünfzehn ist eher möglich. Es lag nahe, den Ankläger in dem als Gegner des Perikles bekannten Kleon zu vermuten; Simmias und Lakratidas dagegen waren wenig bekannte, wenngleich wohl aus angesehenen Familien stammende Politiker. Die Authentizität dieser Namen wird oft damit verteidigt, daß, wie etwa das Verfahren gegen Sokrates beweist, mehrere Ankläger in einem Prozeß auftreten konnten und ein Historiker nicht ohne guten Grund gerade auf Simmias und Lakratidas verfallen wäre. Dies sind jedoch Verzweiflungsargumente, denn es ist nicht einzusehen, weshalb, wenn denn die Überlieferung von mehreren Namen wußte, die Quellen Plutarchs je nur einen, und erst recht je einen andern, ausgewählt haben sollten. Wahrscheinlicher ist es, daß diese Namen aus Versen der attischen Komödie herausgesponnen wurden. Kurzum, es ist besser, unser Nichtwissen zuzugeben.

Was bleibt, ist dennoch aufschlußreich. Gemäß Aristoteles' Beschreibung der Verfassung der Athener hatte – jedenfalls im 4. Jahrhundert – das Volk in jeder Prytanie, also zehnmal im Jahr, die Amtsführung der Amtsinhaber, natürlich einschließlich der Strategen, in einer Abstimmung zu billigen (*epicheirotonia*). Ein negatives Ergebnis (*apocheirotonia*) führte zur Absetzung und einem Prozeß unter Vorsitz der Thesmotheten (Mitglieder des obersten Beamtenkollegiums der Athener). Im Falle einer Verurteilung setzte das Gericht die Strafe fest, während der Freispruch die Wiedereinsetzung ins Amt mit sich brachte; manche Einzelheiten sind unklar und umstritten.[7]

Perikles war im Frühjahr 430 für das im Juli beginnende Amtsjahr wiedergewählt worden. Nach der Rückkehr der beiden wenig erfolgreichen Flottenexpeditionen, also wohl im Herbst, wurde er zum Opfer einer *apocheirotonia*. Welchen Vergehens er angeklagt wurde, wissen wir nicht. Die Forschung vermutet Täuschung des Volkes, Führungsversagen in der Argolis-Expedition, Bestechung oder Veruntreuung von Geldern oder auch die illegale Verhinderung der Abhaltung von Volksversammlungen.[8] Platon erwähnt im *Gorgias* (516a), Perikles sei wegen Unterschlagung (*klopē*) schuldig gesprochen und fast zum Tode verurteilt worden. Wenn sich dies auf den vorliegenden Prozeß bezieht, mag es den historischen Tatbestand wiedergeben; in diesem Fall scheint die Gefährdung des Perikles freilich übertrieben: Wegen *klopē* verurteilte Amtsträger wurden in der Regel nicht hingerichtet, sondern hatten das Zehnfache des Fehlbetrages zurückzuerstatten.[9] Andrerseits spielten sicher religiöse Aspekte mit – die Seuche wurde als eine Strafe der Götter, besonders Apolls, betrachtet, und als Sündenbock bot sich der Kriegstreiber Perikles geradezu an.[10] Wie dem auch sei, die Buße wurde offenbar bezahlt (Ps.-Dem. 26, 6) und damit Perikles' bürgerliche Ehrenfähigkeit wiederhergestellt. Seine Wiederwahl wird dennoch erst im nächsten Frühjahr erfolgt sein.

In diesen Umrissen läßt sich der Vorgang einigermaßen zuverlässig rekonstruieren. Ob Elemente einer angeblich einige Jahre zuvor erhobenen Anklage wirklich authentisch sind und hierher gehören, sei dahingestellt.[11] Bevor wir die politische und historische Bedeutung dieses Prozesses analysieren, gilt es, das Prozeßknäuel der Vorkriegsjahre aufzurollen.

Die Anklagen gegen Phidias, Anaxagoras, Aspasia und Perikles

Um es vorwegzunehmen, die Überlieferung über die in den späten 430er Jahren gegen Perikles und mehrere ihm nahestehende Persönlichkeiten erhobenen Anklagen ist ein Rattennest von Widersprüchen, Erfindungen und sehr wenig Wahrheiten.[12] Diese Überlieferung geht auf einen phantastischen Scherz zurück, den ein großer Komödiendichter seinem Publikum auf Kosten eines großen Politikers servierte, den aber spätere Generationen nicht mehr als solchen erkannten, und wurde im Lauf von Jahrhunderten weiter ausgebaut und verformt. Das Ergebnis war die dramatische Geschichte einer systematischen Kampagne, mit der Perikles' Gegner das Prestige des sonst unantastbaren Staatsmannes zu untergraben suchten, um ihn am Schluß durch einen Frontalangriff zu stürzen. Dieser Überlieferung ist die moderne Forschung mit wenigen Ausnahmen nicht nur auf den Leim gegangen, sie hat sie sogar noch weiter bereichert.

Wie sich diese Überlieferung herausgebildet hat, läßt sich in den Grundzügen nachvollziehen; was dabei herauskommt, ist durchaus spannend und lehrreich. Wir lernen dabei zwar wenig über große Prozesse, aber viel über die Prinzipien, nach denen antike Autoren Geschichte (re)konstruierten, und über die Schwierigkeiten, die wir Modernen überwinden müssen, um es besser zu machen. Was am Schluß an historischen Tatsachen übrigbleibt, wird es uns freilich ermöglichen, die politischen Kämpfe im Athen des 5. Jahrhunderts, einschließlich des einen großen Perikles-Prozesses, besser zu verstehen.

Wir beginnen also mit Aristophanes, dem Meister der politischen Komödie, dessen früheste Stücke in den 420er Jahren aufgeführt wurden. Gerade in jener Zeit wurde wohl das Geschichtswerk Herodots bekannt. Dieses beginnt mit dem Hinweis, nach Ansicht gewisser Leute hätten die Konflikte zwischen Asiaten und Europäern, die schließlich in die Perserkriege mündeten, ihren Ursprung im gegenseitigen Raub von Frauen gehabt (Io, Europa, Medea, Helena: *Historien* I, 1–5). Genau diese Erzählung parodiert Aristophanes in den *Acharnern* von 425 (515–539). Er erklärt dort den Ausbruch des Krieges mit Sparta damit, daß betrunkene Athener eine megarische Dirne raubten, worauf die Megarer zwei Mädchen aus Aspasias Etablissement entführten, was wiederum den olympischen Perikles so erzürnte, daß er blitzte und donnerte und mit seinem megarischen *Psephisma* ganz Griechenland ins Chaos stürzte. Vier Jahre später erzählt der Komiker freilich im *Frieden* eine ganz andere Geschichte (605–608): Alles fing damit an, daß Phidias in Schwierigkeiten geriet (*praxas kakōs,* 605) und Perikles fürchtete, in dessen Malaise hineingerissen zu werden. Aus Angst vor dem bissigen Temperament der Athener setzte er, bevor ihm etwas Schlimmes zustoßen konnte, die Stadt in Flammen, indem er als Funken ein kleines megarisches *Psephisma* hineinwarf.

In beiden Stücken wird, wie es wohl durchaus zeitgenössischer Polemik entsprach, Perikles die Schuld am Krieg zugeschoben; er ist für das megarische *Psephisma* verantwortlich, das Hellas in Brand setzte, und zwar aus ganz persönlichen Gründen. Aber diese Gründe sind jeweils völlig verschieden. Aspasia wurde von der Komödie häufig als Edelhure und Bordellmutter verspottet.[13] Die Anspielung in den *Acharnern* bleibt also im üblichen Rahmen; von einer Anklage oder gar einem Prozeß gegen Aspasia ist keine Rede. Welcher Art Phidias' Probleme waren und weshalb Perikles fürchtete, davon betroffen zu werden, bleibt im *Frieden* ungesagt. Die beiden Geschichten in den vier Jahre auseinanderliegenden Stücken sind zweifellos als voneinander unabhängige witzige Erfindungen, nicht kumulativ zu verstehen. Denn einerseits ist es möglich, daß Aristophanes erst durch den kürzlichen Tod des berühmten Bildhauers und andere zeitgenössische Ereignisse veranlaßt wurde, Phidias und Perikles im *Frieden* dieses ‹komische Denkmal› zu setzen. Andererseits kennzeichnet der Dichter den Zusammenhang, den er hier zwischen den Problemen der beiden Männer und dem megarischen *Psephisma* und damit dem Ausbruch des Krieges herstellt, unmißverständlich als Erfindung, die er an dieser Stelle erstmals vorträgt.[14]

Diodor (12, 38, 2–41, 1) begründet Perikles' Flucht in den Krieg doppelt, und zwar zuerst mit einer Anekdote, in der Perikles selber die Veruntreuung von Geldern unterstellt wird, dann mit dem Phidias- und Anaxagoras-Prozeß. Die Anekdote (38, 2–4) war wegen eines klugen Ratschlags des Alkibiades beliebt; sie stammt sicher nicht aus Ephoros und erscheint noch bei Plutarch (*Alkibiades* 7,2) ohne Kontext und zeitliche Einordnung, ist also eine Wanderanekdote und als solche eine spätere Erfindung.[15] Die zweite Erklärung (39–40), für die sich Diodor ausdrücklich auf Ephoros beruft (41, 1), ist komplizierter. Einige von Phidias' Assistenten sollen demnach von Perikles' Gegnern angestiftet worden sein, den Meister wegen Veruntreuung heiliger Gelder und Perikles wegen Mitwisserschaft anzuklagen. Auf Volksbeschluß wurde Phidias verhaftet, Perikles wegen Tempelraub (*hierosylia*) angeklagt. Ferner wurde Anklage gegen Anaxagoras wegen Religionsfrevel (*Asebie*) erhoben und Perikles auch in diese Affäre hineingezogen. In dieser Notlage suchte Perikles den Ausweg in einem großen Krieg. Dies, schließt Diodor, bestätigt Aristophanes, «der in Perikles' Zeit lebte», worauf er die zuvor erwähnten Stellen aus *Frieden* und *Acharnern* zitiert (40, 6).

Es ist somit klar, woher diese zweite Erklärung stammt. Auch die Ausschmückung mit weiteren Details vermag freilich nicht eine komische Erfindung authentisch zu machen. Die Prozesse gegen Phidias und Anaxagoras sind hier als indirekte Angriffe gegen Perikles gedeutet, angestiftet von dessen Gegnern. Beide Affären dienen zur Erklärung der kompromißlosen Haltung des Perikles, die den Krieg unvermeidlich machte. Über ihren Ausgang erfahren wir nichts. Der unhistorische Ursprung der zentralen Elemente macht meines Erachtens alles andere ebenfalls verdächtig!

Diese Version finden wir bei Plutarch weiter ausgebaut (*Perikles* 31–32). Die einen, sagt dieser, begründen Perikles' Kompromißlosigkeit mit seiner Sorge um das Staatswohl, die andern mit seinem Eigensinn und Ehrgeiz. «Das Schlimmste aber, was als Kriegsursache angeführt und von sehr vielen Zeugen bestätigt wird, ist dies»: Es folgt zunächst die Anklage gegen Phidias – hier ausdrücklich ein Versuchsballon, mit dem Perikles' Gegner die Reaktion des Volkes im Hinblick auf eine Anklage gegen Perikles selbst prüfen wollen. Der Assistent des Phidias (einer, nicht mehrere!) hat hier einen Namen (Menon); er erbittet und erhält auf Volksbeschluß die Zusicherung von Straffreiheit (doch wohl für seine Beteiligung an Phidias' Verbrechen). Der Vorwurf der Veruntreuung wird jedoch entkräftet, weil – clever, clever – Perikles in weiser Voraussicht dafür gesorgt hat, daß das Gold von der Statue abgenommen und nachgewogen werden kann.[16] Der wahre Grund für den Angriff gegen Phidias ist freilich die Mißgunst, die sein künstlerischer Ruhm und der Vorwurf ausgelöst haben, er habe in der Darstellung der Amazonenschlacht auf dem Schild der Statue der Athena Parthenos sich selber und Perikles abgebildet. Phidias wird ins Gefängnis geworfen, wo er durch Krankheit oder Gift umkommt. Dem Informanten gewährt das Volk auf Glykons (oder Glaukons) Antrag Steuerfreiheit (*Atelie*) und persönlichen Schutz.

Zur gleichen Zeit wird gegen Aspasia ein Prozeß wegen *Asebie* angestrengt. Der Ankläger, der Komödiendichter Hermippos, beschuldigt sie des weiteren, als Kupplerin Perikles freigeborene Frauen zugeführt zu haben. Perikles erwirkt mit einem tränenreichen Plädoyer ihren Freispruch. Der Antrag eines Diopeithes, «es sei unter Anklage zu stellen, wer nicht an die Götter glaube und sich in wissenschaftlichen Vorträgen mit den Dingen über der Erde befasse», zielt auf Anaxagoras, hat aber den Zweck, Perikles selber zu diskreditieren. Perikles überredet Anaxagoras, die Stadt zu verlassen, bevor es zum Prozeß kommt. Der Erfolg all dieser Aktionen ermutigt die Gegner schließlich zum direkten Angriff auf Perikles. Der Antrag eines Drakontides wird angenommen. Perikles soll über seine Ausgaben Rechenschaft ablegen. Die Prozedur, die besondere sakrale Züge aufweist und deshalb wohl auch eine besonders hohe Strafe vorsieht, wird jedoch durch einen Gegenantrag abgeschwächt und in einen normalen Prozeß umgewandelt. Dies ist die Gefährdung, die Perikles veranlaßt, sein Heil im Kriege zu suchen. Plutarch schließt: «Aus diesen Gründen, heißt es, habe Perikles nicht zugelassen, daß das Volk den Spartanern nachgab; die Wahrheit aber bleibt im dunkeln.»

In mancher Hinsicht ja, lieber Plutarch, aber doch nicht ganz. Denn einiges können wir ohne große Mühe feststellen. Die an Einzelheiten reiche Erzählung nennt nicht weniger als drei Volksbeschlüsse samt Namen der Antragsteller und weckt damit oberflächlich Vertrauen. Aber dieser Eindruck täuscht. Wäre zum Beispiel Menons Anklage wegen Veruntreuung von Gold wirklich entkräftet worden, so hätte er nicht belohnt, sondern bestraft werden sollen: Ankläger, die nicht zumindest ein Fünftel der Stimmen erhielten, hatten eine Buße von tausend Drachmen zu zahlen und verwirkten das Recht, weitere Anklagen derselben Art zu erheben.[17] Daß Phidias auf dem Schild der Athena Parthenos lebende Personen porträtiert habe, kann aus verschiedenen Gründen eindeutig als unhistorisch erwiesen werden. Wenn diese oder eine ähnliche Behauptung aufs 5. Jahrhundert zurückginge, müßte sie wiederum aus der Komödie stammen, wofür es nicht den geringsten Anhaltspunkt gibt; wahrscheinlicher ist es eine hellenistische Erfindung.[18] Bei Plutarch ist also der vermutlich echte Vorwurf unwirksam gemacht und ein zur Verurteilung führender Prozeß aufgrund eines historisch unhaltbaren Tatbestandes impliziert.

Des weitern starb Phidias nicht in einem athenischen Gefängnis. Vielmehr ging er nach Fertigstellung der Parthenos nach Olympia, wo er die berühmte goldelfenbeinerne Statue des Zeus schuf. Das wissen wir aus zwei Quellen. Zum einen haben die Archäologen in Olympia Phidias' Werkstatt ausgegraben (einschließlich eines Bechers mit der Aufschrift «Ich gehöre dem Phidias») und sind deshalb in der Lage, die Zeus-Statue auf die Jahre nach seinem Wirken in Athen zu datieren.[19] Zum andern zitiert ein antiker Kommentator (Scholiast) in seinen Erläuterungen zum früher erwähnten Passus aus Aristophanes' *Frieden* den – ebenfalls nicht über alle Zweifel erhabenen — Bericht des Philochoros (ca. 340–260), des Verfassers einer Geschichte Athens (*Atthis*), über das Schicksal des Phidias.[20] Danach wurde Phidias in Athen wegen Unterschlagung von Gold oder Elfenbein, das für die Errichtung der Statue der Parthenos vorgesehen war, vor Gericht gestellt. Er wurde verbannt oder floh nach Olympia, wurde aber später auch dort der Unterschlagung bezichtigt und schließlich von den Eleern hingerichtet. Außerdem wird hier aufgrund von präzisen – aber leider fehlerhaft überlieferten – Archontennamen der Phidias-Prozeß sieben Jahre vor den Kriegsausbruch datiert und deshalb der von «gewissen Quellen» hergestellte Zusammenhang zwischen diesem Prozeß und Perikles' hartem Kurs in der megarischen Frage ausdrücklich bestritten. Diese chronologische Diskrepanz hat in der Forschung zu einer lebhaften Debatte geführt, die ich hier übergehen muß.[21]

Wichtig ist vor allem folgendes: Zum ersten ist kaum zu bezweifeln, daß Anschuldigungen oder sogar eine Anklage gegen Phidias wegen Veruntreuung von Gold und allenfalls Elfenbein von der Parthenos-Statue erhoben wurden. Wenn man Plutarch glauben könnte, was ich freilich nicht tue, hätte der anschließende Prozeß nicht auf einer bei der normalen Überprüfung der Abrechnungen entdeckten Unstimmigkeit, sondern auf einem in der Ekklesia eingeleiteten Verfahren (*Eisangelie*) beruht. Daß es wirklich zu einem Prozeß kam, scheint mir angesichts der leichten und publikumswirksamen Widerlegbarkeit der Veruntreuung von Gold (Wägt doch den Goldmantel der Göttin!) unwahrscheinlich. Philochoros spricht deshalb auch von Elfenbein; die Existenz dieser alternativen Tradition bezeugt, neben den Verformungen in Plutarchs Bericht, erneut die Verlegenheit der späteren Autoren, die sich eben auf keine klare Überlieferung verlassen konnten. Eine Verurteilung, selbst *in absentia*, halte ich, trotz Philochoros, für ausgeschlossen. Davon sagen selbst Diodor und Plutarch nichts; sie hätte wohl Phidias' Wirken in Olympia zumindest sehr belastet und ließe sich «nur schwerlich mit der beinahe schon propagandistischen Verherrlichung der Stadt Athen auf der Verzierung der Statue des olympischen Zeus vereinbaren». Dadurch wiederum fallen gravierende Zweifel auf die Authentizität des Glaukon-Dekrets, und es ist vielleicht doch nicht unwichtig, daß der Antragsteller bei Plutarch (*Perikles* 31,5) eben nicht Glaukon, sondern Glykon heißt und als solcher völlig unbekannt ist.[22]

Zweitens sagen weder Ephoros/Diodor noch Plutarch oder Philochoros etwas über das Resultat der Angriffe gegen Perikles. Es scheint, als ob dessen kriegerisches Ablenkungsmanöver vollen Erfolg gehabt hätte. Dies ist kaum glaubhaft. Daß sich gegen Perikles'

Kriegspolitik breiter Widerstand regte, deutet selbst Thukydides an, der sonst die ganze innenpolitische Dimension der Vorgänge, die zum Krieg führten, ausgeklammert hat. Hätte sich Perikles' Gegnern eine solch goldene Gelegenheit geboten, sie hätten sie mit Sicherheit genutzt. Die Diskreditierung des Perikles war eine der wenigen Waffen, die ihnen zur Verfügung standen; auch Sparta hat ja diese Taktik anzuwenden versucht.[23] Verurteilung wie auch Freispruch in einem solchen Verfahren wären, zumal in jener spannungsgeladenen Situation, sensationelle Nachrichten gewesen, die kaum so einfach unter den Tisch gefallen wären. Meines Erachtens weckt gerade dieses Schweigen der Quellen ernste Zweifel an der Historizität des ganzen Vorganges.

Dazu kommen andere Gründe, zumal eben die chronologischen Widersprüche, das Anekdotische an Diodors Bericht, die späten Manipulationen in Plutarchs Version und der Ursprung der ganzen Tradition in einer aristophanischen Erfindung. Gewiß besteht die theoretische Möglichkeit, daß dazu auch andere und bessere Quellen existierten, aber mit dem, was wir nicht wissen, sollten wir keine argumentativen Gebäude bauen. Daß Perikles weitgehend für das Festhalten am megarischen Dekret und damit für den Kriegsausbruch zu jenem Zeitpunkt und aus eben diesem Grund verantwortlich war und gemacht wurde, scheint gewiß. Daß diese Haltung jedoch auf rein oder primär persönlichen Motiven beruhte, ist höchst zweifelhaft.[24] Insgesamt betrachte ich deshalb ein formelles Verfahren gegen Perikles und dessen ursächliche Verknüpfung mit dem Kriegsbeschluß als unhistorisch.

Drittens: Die Tradition, die wir bei Ephoros/Diodor und später bei Plutarch fassen, integriert in den gleichen Kausalzusammenhang auch Anklagen gegen Anaxagoras und schließlich sogar Aspasia und interpretiert diese Angriffe gegen Freunde des Perikles als von dessen Gegnern geplanten umfassenden Versuch, den großen Staatsmann zu diskreditieren und samt seiner Politik zu Fall zu bringen.[25] Diese These hat auch in der modernen Forschung ihre Anhänger gefunden. Insbesondere ist der Versuch gemacht worden, den ‹Kopf› hinter dieser Strategie mit Perikles' altem Erzrivalen, Thukydides, Sohn des Melesias, zu identifizieren, der 433, zehn Jahre nach seiner Ostrakisierung, nach Athen zurückgekehrt sei und die antiperikleische Koalition neu belebt und verstärkt habe.[26] So eindrucksvoll sie klingt, diese ganze Konstruktion hat in den Quellen nicht die geringste Basis, über Thukydides' Schicksal nach 443 wissen wir nichts!

Dazu kommt, daß gegen die Authentizität der Verfahren gegen Aspasia und Anaxagoras seit langem gewichtige Bedenken erhoben worden sind. Aspasia wurde als Ausländerin und offenbar geistig hochstehende und unabhängige Frau von der Komödie schonungslos aufs Korn genommen, am meisten ausgerechnet von jenem Hermippos, der bei Plutarch als ihr Ankläger erscheint. Plutarchs zweite Quelle ist der Sokratiker Aischines von Sphettos, der bereits in der Antike wegen der Maßlosigkeit seiner Kritik und Beschimpfungen berüchtigt war. Was wir über Aspasias Prozeß erfahren, ist anekdotisch, wahrscheinlich aus zeitgenössischer Polemik herausgesponnen, und hält schlichtweg keiner historischen Kritik stand.[27]

Nicht viel anders steht es mit der Tradition über den Anaxagoras-Prozeß. Die Überlieferung über den Athen-Aufenthalt und späteren Verbleib dieses Philosophen ist derart von Widersprüchen durchsetzt, daß man erneut annehmen muß, die späteren Autoren seien in Ermangelung klarer Informationen aufs Raten angewiesen gewesen. Der These einer Anklage in Athen liegt möglicherweise eine Äußerung des Sokrates in der Apologie zugrunde, die freilich gerade beweist, daß kein Prozeß stattfand; Platon spricht an zahlreichen andern Stellen von Anaxagoras und seinen Lehren, ohne je massive Kritik, eine Anklage oder gar einen Prozeß zu erwähnen.[28] Selbst abgesehen von den großen chronologischen Schwierigkeiten, welche die These einer Anwesenheit des Anaxagoras in Athen zu diesem späten Zeitpunkt zu überwinden hat, spricht deshalb alles dafür, daß dieser Prozeß kein historisches Ereignis ist.[29]

Damit fällt die These einer konzertierten Aktion gegen Perikles und seine Freunde in sich zusammen. Aufgrund der vorliegenden Quellen müssen die meisten Komponenten dieser Aktion als späte Ausschmückungen einer Tradition gelten, die in Aristophanes' Komödienspott wurzelte. Authentisch scheint höchstens eine Anklage gegen Phidias, die freilich leicht widerlegt werden konnte. Wieweit sie wirklich durch den Verdacht von Unterschlagungen seitens des Künstlers motiviert war und wieweit politische Motive hineinspielten, können wir nicht mehr beurteilen, aber es besteht jedenfalls kein Grund, dieses Verfahren primär politisch zu deuten.

Politische, historische und andere Konsequenzen

Ich beschränke mich auf wenige Punkte. Der erste betrifft unser Verhältnis zu den Quellen. Der Leser mag sich gewundert haben, wie ‹großzügig› ich in der vorangehenden Analyse das Verdikt «nicht authentisch» verhängt habe. Er hat das Recht zu wissen, daß es hier nicht bloß um innerfachliche Querelen, sondern um Grundsätzlicheres geht. Die hier diskutierte Problematik bietet lediglich ein besonders akutes Beispiel dafür, wie schwer es der Althistorikerzunft noch immer fällt, demgegenüber kritische Distanz zu wahren, was sich als ‹antike Überlieferung› präsentiert. Ich streife hier nur kurz einige der wichtigsten Aspekte, die es zu bedenken gilt.[30]

Besonders in Zeiten schneller Entwicklung fiel es selbst seriösen antiken Historikern schwer, die Andersartigkeit früherer Perioden wahr- und ernstzunehmen. Das gilt ausgeprägt für Herodots Verständnis der archaischen Epoche und erst recht für die im 4. Jahrhundert und später schreibenden Autoren. Bereits Ephoros, Aristoteles und ihren Zeitgenossen waren die Politik und Geschichte des 5. Jahrhunderts weitgehend fremd geworden. Aus den Erfahrungen der eigenen Zeit heraus und aufgrund der ihnen vertrauten theoretischen Konzeptionen verstanden oder interpretierten sie diese oft falsch; für die Eigenheiten der verschiedenen ihnen vorliegenden Quellengattungen hatten sie wenig Verständnis, und außerdem stellten sie diese Quellen recht unbedenklich in den Dienst ihrer je besonderen Zwecke.

Antike Historiker haßten nichts so sehr wie Überlieferungslücken, die eine kohärente Erzählung erschwerten. Solche Lücken mußten gestopft werden, und die dazu benötigte Information holte man sich, wo immer man konnte, notfalls bei den Komikern, Philosophen oder politischen Pamphletisten; den Rest füllte man mit Wahrscheinlichkeitsargumenten oder gar freier Erfindung.

Die antiken Historiker erhoben zwar den Anspruch, der historischen Wahrheit zu dienen, aber ihr Wahrheits- oder Objektivitätsbegriff unterschied sich grundsätzlich von dem, zu dem wir Moderne uns seit Ranke bekennen – sosehr auch dieser heute umstritten ist. In der Antike war dieser Begriff dem Ziel der Interpretation der Geschichte zum Nutzen und zur Belehrung des gegenwärtigen und zukünftigen Leserpublikums untergeordnet. Dies gilt für die Historiker, von Herodot bis Tacitus, und erst recht für Biographen wie Plutarch, dessen Auswahlprinzipien, Darstellungsweise und Interpretationsabsicht wir heute besser verstehen als noch vor wenigen Jahren. Er bezog seine Informationen zwar aus vielen aussagekräftigen Quellen (unter andern den Komikern, Historikern, Rednern und Philosophen der klassischen Zeit), aber er unterwarf dieses Material einer ausgeprägt moralisierenden Interpretation und verstand die Eigenheiten und die Grenzen des Aussagewertes seiner Quellen noch viel weniger als seine Vorgänger.[31]

Des weitern unterliegt alle antike Geschichte dem, was ich das ‹Attraktionsprinzip› nenne: Berühmte Figuren ziehen alles in ihrem

Umkreis Geschehende in ihren Bann, und solches Geschehen wird im Hinblick auf solche Figuren interpretiert, auch wenn es ursprünglich nichts oder nur wenig mit ihnen zu tun hatte. Themistokles und Perikles sind solche Figuren. Der ‹Kreis des Perikles›, das heißt seine sehr enge Assoziation mit vielen wichtigen Autoren und Intellektuellen seiner Zeit, von Sophokles und Herodot zu Protagoras, Anaxagoras, Phidias und andern, ist zum guten Teil das Resultat eines solchen Attraktionsprozesses.[32]

Schließlich machte die Ausschmückungs- und Erfindungsfreude antiker Autoren auch vor Dokumenten nicht halt. Im gegenwärtigen Zusammenhang betrifft dies das Problem der Authentizität der von Plutarch erwähnten Dekrete, die angeblich von Glykon oder Glaukon, Diopeithes und Drakontides in der *Ekklesia,* der athenischen Volksversammlung, beantragt worden waren. Alle drei sind nur an dieser einen Stelle bezeugt. Es ist üblich, solche Dekrete auf die Sammlung zurückzuführen, die Krateros im späten 4. oder frühen 3. Jahrhundert anfertigte. Gegen dasjenige des Diopeithes sind in der Forschung ernste Bedenken erhoben worden. Das des Glykon hat unsere Erörterung in Zweifel gestellt. Der zeitliche Ansatz desjenigen von Drakontides ist umstritten. Gewiß sollte man ein Dekret nicht allein deswegen verdächtigen, weil es nur in einer späten Quelle erwähnt wird, aber umgekehrt fehlt es auch keineswegs an Beispielen für ‹falsche Urkunden›.[33] Ich denke, daß die Historiker und Biographen, wie auch die Politiker und Gerichtsredner, die die uns vorliegende Überlieferung mit so vielen schönen Erfindungen bereichert haben, auch ohne Mühe und Bedenken imstande waren, ihre Konstruktionen durch fiktive Dekrete imposanter und glaubwürdiger erscheinen zu lassen.

Antike Historiographie aller Gattungen stellt deshalb immer eine Mischung aus Fakten und Fiktion dar. Dies gilt, meine ich, in gewissem Maße selbst für die besten Autoren; für die sekundären und tertiären, mit denen wir es hier zu tun haben und die, wie Diodor und Plutarch, eine sich während Jahrhunderten ständig weiter entwickelnde und verformende Überlieferungsmasse vor sich hatten, gilt es erst recht. Da dies alles unseren eigenen Normen und Empfindungen widerspricht, macht es uns große Mühe: Wenn es darauf ankommt, das, was wir theoretisch wissen, in die Tat umzusetzen, scheuen wir davor zurück, konsequent zu sein – nicht zuletzt auch, weil die Eliminierung nicht völlig glaubhafter Zeugnisse uns vermehrt dazu zwingt, unser Nichtwissen zuzugeben, und welcher Historiker tut dies schon gern! Nur läßt sich eben aus Kartenhäusern kein Palast bauen. Gerade im Umgang mit späten Quellen ziehe ich einen nicht unvernünftig, aber konsequent kritischen Ansatz vor.

Wenden wir uns nun dem von diesen angeblichen Prozessen betroffenen Personenkreis zu, so fällt auf, daß es sich, abgesehen von Perikles selbst, mehrheitlich um Ausländer und durchweg um künstlerisch und intellektuell herausragende Persönlichkeiten handelt.[34] Damit eröffnet sich eine weitere Dimension der Beurteilung, die die Möglichkeiten und Grenzen von Rede- und Ausdrucksfreiheit im demokratischen Athen betrifft.

Für das letzte Drittel des 5. Jahrunderts sind eine ganze Reihe von Maßnahmen und Prozessen gegen Intellektuelle überliefert, die insgesamt den Eindruck erwecken, daß Athen für Leute mit neuen Ideen und für Nonkonformisten ein gefährliches Pflaster war. Wenn wir einerseits von Damon, Anaxagoras und Aspasia, andrerseits von Sokrates absehen, so wurden angeblich Diagoras von Melos, Protagoras, Prodikos, Diogenes von Apollonia und sogar Euripides verfolgt, vor Gericht gestellt, verbannt oder hingerichtet; sogar Bücher sollen verbrannt worden sein. Die sorgfältige Überprüfung all dieser Fälle hat ihre historische Unglaubwürdigkeit wahrscheinlich gemacht. Eine mögliche Ausnahme ist Diagoras, der angeblich wegen *Asebie* und Entweihung der Mysterien geächtet wurde.[35] Dazu paßt, daß Aristoteles im Jahre 322 Athen mit der Begründung verlassen haben soll, er wolle nicht, daß die Athener sich zweimal (nicht mehrfach!) an der Philosophie vergingen. Die Verurteilung des Sokrates war eine durch besondere Umstände erklärbare Ausnahme.[36] Unter ihrem Eindruck haben später demokratiefeindliche philosophische Kreise den Mythos von der Intellektuellenfeindlichkeit Athens systematisch geschürt.

Erneut ist festzuhalten, daß Polemik und beißender Spott eine Sache waren, politische Verfolgung eine ganz andere. Gewiß, es besteht kein Zweifel, daß in Athen zeitweilig gegen bestimmte Typen von Intellektuellen oder bestimmte Denkrichtungen eine nicht geringe Animosität aufkam, die etwa von der Komödie weidlich ausgenützt wurde – man denke an Aristophanes' *Wolken*. Vermutlich fühlte sich auch das ‹religiöse Establishment› gelegentlich herausgefordert. Dennoch scheint mir insgesamt mehr der Beachtung wert, was die Athener tolerierten, als was sie nicht akzeptierten. Der Redefreiheit der Komödie selbst wurden nur in ganz bestimmten Fällen – und dann offenbar mit guten Gründen – Grenzen gesetzt. Die Reihe derjenigen, die jahrzehntelang unbehelligt ihre unkonventionellen und zum Teil provokativen Meinungen und Theorien erörtern durften (privatim in den Häusern der reichen Patrone der

Künste und später in den philosophischen Schulen, aber auch in der Tragödie), ist lang und eindrucksvoll. Anstoß erregten solche Meinungen nur, wenn sie in irgendeiner Weise deutlich die Interessen der Polis zu verletzen schienen, und dies wiederum war offenbar lediglich in ganz außergewöhnlichen politischen Konstellationen der Fall.[37] Auch aus dieser Sicht erweist sich somit die Prozeßwelle gegen ‹Perikles' intellektuelle Freunde› als historisch unwahrscheinlich.

Dies bringt mich zum dritten Aspekt, der Politik. Die Athener galten als prozeßwütig. Besonders im 4. Jahrhundert traf dies, wie die Redencorpora des Aischines und Demosthenes zeigen, auch auf den politischen Bereich zu.[38] Es erhebt sich die Frage, ob dies auch im 5. Jahrhundert und zumal vor der Verschlechterung der allgemeinen Stimmung in den späteren Phasen des Peloponnesischen Krieges der Fall war. Die Quellengrundlage ist hier freilich ungünstig, nicht zuletzt, weil aus dieser Zeit keine Reden erhalten sind.

Eindeutig ist, daß alle Politiker sich ständig gegen Opponenten (wenngleich nur selten eine organisierte Opposition) durchzusetzen hatten. Selbst Thukydides läßt erkennen, daß vor allen wichtigen Entscheidungen heftige Debatten stattfanden. Des weiteren verbreiteten Komödien, politische Pamphlete und andere Schriften unablässig giftigen Spott, bittere Kritik und sarkastische Polemik.[39] Aber wir sollten uns davor hüten, solche Äußerungen als Gradmesser für Intensität und Ausmaß politischer Opposition zu nehmen. Derselbe Kleon, den unter andern Aristophanes in den *Rittern* ‹zur Wurst machte›, wurde kurz darauf als Stratege wiedergewählt. Dasselbe gilt für Perikles, der ja von den Komikern ständig als Tyrann, Olympier und noch Schlimmeres verschrien wurde.[40] Wie an der Basler Fasnacht boten offenbar auch in Athen die Unbeliebtesten und die Beliebtesten, die Stars und die Versager der politischen Satire die besten Sujets.

Was ich für das halbe Jahrhundert von der Mitte der 460er Jahre an erstaunlich finde, ist, wenn uns die dürftige Quellenlage nicht völlig irreführt, gerade die Seltenheit von gefährlichen Attacken auf führende Politiker. Daß der Prozeß als politisches Kampfmittel damals bereits erprobt und vertraut war, ergibt sich aus den Verfahren gegen Miltiades und Themistokles, die in anderen Kapiteln dieses Bandes besprochen werden. Gewiß, in den 60er wie erneut in den 40er Jahren, als in der athenischen Politik außen- wie innenpolitisch grundlegende politische Weichenstellungen zur Debatte standen, kam es zu heftigen Konflikten, die im ersten Fall offenbar auch von Prozessen gegen führende Mitglieder des Areopags und den seit langem führenden Politiker, Kimon, begleitet waren. Wie in solchen Situationen üblich, hatte letztlich ein Ostrakismos zwischen den Exponenten beider Richtungen zu entscheiden. Kimon verlor, weil seine spartafreundliche Politik die Legitimation des Erfolgs verloren hatte. Zwanzig Jahre später gewann Perikles gegen Thukydides, weil seine Politik populär und erfolgreich war.[41] Danach wurde er bis in den Peloponnesischen Krieg hinein zwar weiterhin oft angegriffen, kritisiert und verhöhnt,[42] war aber offenbar nie ernsthaft gefährdet – einerseits wohl, weil die von ihm vertretene Politik trotz gelegentlicher Rückschläge den Athenern ungemein große Vorteile brachte, andrerseits, weil die führenden Gegner eingeschüchtert waren und nicht gegen Perikles' Popularität und Einfluß aufkommen zu können glaubten. Dasselbe gilt auch für Kleon in der kurzen Zeit, in der er die politische Bühne beherrschte.

Im Vorfeld des Peloponnesischen Krieges, erneut einer Zeit mit grundlegenden Weichenstellungen, hätte es wiederum zu massiven Auseinandersetzungen, vielleicht sogar zu einem Ostrakismos kommen können oder müssen. Intensive Debatten gab es, aber offenbar mehr nicht. Weshalb? Es ist aufschlußreich, daß Thukydides bei dieser Gelegenheit – im Unterschied zu späteren ähnlich wichtigen Anlässen, zumal der Debatte vor der Expedition nach Sizilien – kein antithetisches Redepaar einfügt, sondern die Szene ganz Perikles überläßt (1, 139–145). Vielleicht dürfen wir daraus folgern, daß – im Unterschied zur Rivalität zwischen Nikias und Alkibiades – Perikles damals noch immer keinen ebenbürtigen Gegner und diejenigen, die auf eine friedliche Lösung des Konflikts mit Sparta hinarbeiteten, keinen starken, charismatischen Führer hatten. (Dies wäre übrigens, wenn richtig, ein gewichtiges Argument gegen die führende Rolle, die in diesem Zusammenhang gelegentlich Thukydides, dem Sohn des Melesias, zugewiesen wird [s. Anmerkung 26].)

Aus dem gleichen Grund schien Perikles' Gegnern vielleicht auch die Abhaltung eines Ostrakismos zu riskant; der Schuß hätte leicht hinten hinausgehen können – wie es einige Jahre später Hyperbolos erfahren mußte, gegen den sich die wahrscheinlich anvisierten Opfer Alkibiades und Nikias erfolgreich verbündeten. Damit endete dann auch die Reihe der Ostrakismen im 5. Jahrhundert. Gegenüber dem immer populärer werdenden politischen Prozeß wies dieses politische Kampfmittel zu viele Ungewißheiten und Nachteile auf.[43]

Wie dem auch sei, das Blatt wendete sich erst, als Perikles (jedenfalls in der vielleicht kurzsichtigen Perspektive seiner Landsleute) nun seinerseits die Legitimation des Erfolgs verlor. Er hatte einen sicheren Erfolg gegen Sparta versprochen, aber die Realität sah zunächst anders aus, und die Seuche tat ein übriges. Deshalb wurde er verletzbar und prompt Opfer eines Prozesses. Man nimmt sicher zu Recht an, daß es Kleon und Nikias nicht anders gegangen wäre, wenn sie die Debakel von Amphipolis und Syrakus überlebt hätten. Die Generäle Demosthenes und Thukydides (der Historiker) zogen es wie manche andere vor, nach einem Mißerfolg erst gar nicht nach Hause zurückzukehren. Die Liste der Strategen, die vor Gericht gezogen und häufig auch verurteilt wurden, ist lang, und der Arginusenprozeß, von dem anderweitig in diesem Band gehandelt wird, war nur ein extremer Fall.

Im Jahre 424 wurden zwei Generäle mit Verbannung, ein dritter mit einer hohen Geldbuße bestraft, «weil sie, statt Sizilien, was doch möglich gewesen, zu unterwerfen, durch Geschenke bestochen, abgezogen wären». Thukydides, selbst das Opfer eines solchen Prozesses, bemerkt dazu: So meinten die Athener «in ihrem gegenwärtigen Glück, ihnen dürfe nichts in den Weg treten; das fernste Ziel müßten sie so gut wie das erreichbare mit starker oder auch dürftiger Heeresmacht bewältigen. Das war die Folge des unerwarteten Gelingens ihrer meisten Unternehmungen, das ihren Hoffnungen so sichere Kraft verlieh.»[44] Diejenigen freilich, die solche übersteigerten Erwartungen im Volk weckten und den Zorn gegen nicht genügend erfolgreiche Feldherren schürten, waren deren politische Rivalen. Es ist eine von Thukydides' wichtigsten Thesen (bes. 2, 65, 10–11), daß Athen letztlich am Überborden solcher interner Rivalitäten gescheitert sei, die sich besonders auf die Außen- und Kriegspolitik negativ auswirkten. Daran ist sicher manches richtig. Noch im Jahre 351 kritisierte Demosthenes den Demos mit harten Worten dafür, daß mehr Generäle dem Gericht als dem Schlachtfeld zum Opfer fielen – so skandalös sei das athenische System, daß jeder Stratege zwei- oder dreimal in Prozessen um sein Leben ringen müsse.[45]

Nicht nur aus der historiographischen und kulturellen, sondern auch aus der historischen und politischen Perspektive ist es deshalb sinnvoll, daß sich insgesamt das Prozeßknäuel ‹im Umkreis des Perikles› auf zwei einfache und völlig einleuchtende Vorgänge reduziert: Ein großer Künstler wurde wegen Veruntreuung verdächtigt und vielleicht angeklagt, ein führender Politiker und General wegen Mißerfolges angegriffen und wegen nicht eindeutig bezeugter Vergehen verklagt, abgesetzt und bestraft.

Der Mysterienprozeß

Fritz Graf

Einleitung. Quellen

In der Vorgeschichte der unseligen Expedition, mit der sich Athen im Jahre 415 Sizilien unterwerfen wollte, letztlich aber seine eigene Macht verspielte, figurieren seit jeher zwei religiöse Affären, die beide eng mit der Gestalt des charismatischen Alkibiades verbunden sind: die Schändung der Statuen des Gottes Hermes (der sogenannte Hermenfrevel) und die mutwillige Verletzung des Geheimhaltegebots der Mysterien von Eleusis. Die althistorische Forschung hat sich insbesondere mit den unklaren politischen Konturen und den Fragen von Chronologie und Prosopographie beschäftigt, die religionshistorische Auseinandersetzung mit diesen gewöhnlich als pathologisch verstandenen Vorkommnissen ist selten.[1] Gerade auf sie soll im Folgenden der Hauptakzent gelegt werden.[2]

Die beiden Fälle – oder der eine Doppelfall, wie gleich klar werden wird – sind, insbesondere wegen Alkibiades' angeblicher Verstrickung, seit dem 4. Jahrhundert häufig in der antiken Historiographie und Biographie aufgegriffen worden,[3] doch verfügen wir über eine Fülle bereits zeitgenössischer Dokumente – insbesondere die zahlreichen Fragmente jener Stelen, auf denen die konfiszierten Güter der Verurteilten aufgezeichnet waren,[4] den Bericht des Thukydides,[5] die Rede *Über die Mysterien*, mit der sich im Jahre 400 der Politiker Andokides vom Vorwurf einer Verwicklung reinigen wollte,[6] schließlich die im Corpus der Reden des Lysias untergebrachte, nicht ganz vollständige Rede *Gegen Andokides*.[7] Anspielungen in der Alten Komödie, den Rednern des 4. Jahrhunderts und den Atthidographen kommen dazu. Nicht alle diese Quellen sind beim Nennwert zu nehmen – besonders Andokides verfolgt seine ganz spezifischen Ziele: In seiner Rede *Über die Mysterien* kämpft er um seine bürgerliche und politische Existenz, hat also alles Interesse, möglichst gut dazustehen; in den 15 Jahren seit den Ereignissen mag auch sein Gedächtnis die Dinge verändert haben. Andererseits kann er gerade seiner Absicht wegen kein Interesse daran haben, die Fakten, an die sich manche seiner Zuhörer noch erinnern konnten,

grundlegend zu fälschen – so ist man sich einig, daß man ihn mit
Skepsis, aber nicht mit offenem Mißtrauen lesen sollte.

Die Ereignisse des Sommers 415

Es ist der Bericht von Thukydides, der den Rahmen für die Ereignisse am Vorabend der Ausfahrt der athenischen Flotte nach Sizilien gibt. Zwar war Thukydides – erfolgreicher Politiker und glückloser Admiral – seit 424 als Folge eines militärisches Mißerfolgs von den Athenern ins Exil geschickt worden und damit nicht Augenzeuge der berichteten Ereignisse, doch gibt es keinen Grund, ihm grundsätzlich nicht zu trauen. In der folgenden Skizze der Ereignisse gibt sein Bericht die Hauptlinie, die anderen Texte werden von Fall zu Fall herangezogen.

Thukydides unterteilt die von ihm berichteten Ereignisse in zwei Phasen: die Geschehnisse in Athen unmittelbar vor der Ausfahrt der Sizilienflotte (6, 27–30) und die athenischen Untersuchungen und ihre Folgen nach der Abfahrt (6, 53–62).

Während der Vorbereitungen der Sizilienexpedition werden in einer Nacht die meisten der steinernen Hermen in der Stadt Athen – sie standen vor den Eingängen zu Privathäusern und Heiligtümern – beschädigt; Thukydides spricht von Beschädigungen im Gesicht, eine Anspielung in Aristophanes' *Lysistrate* auf die ‹Hermokopidai›, die ‹Hermenabschläger› (ein aristophanischer Neologismus) läßt an das Abschlagen der bei den Hermen ja prominenten Phalloi denken.[8] De facto wird man beides annehmen, doch das Entscheidende ist wohl, daß die Verstümmelung nicht einfach den leicht abzuschlagenden Phallos betrifft, sondern bedeutend weitergeht. Außerdem werden die Hermen umgestürzt,[9] mit Ausnahme der einen, die vor dem Haus des Andokides steht;[10] über die Urheber herrscht Unklarheit. Jedenfalls versteht die Stadt diesen Übergriff sogleich als Asebema, ein Vergehen gegen die Götter, verspricht denen eine Belohnung, deren Anzeige zur Ermittlung der Täter führen sollte, und beschließt, gleich auch gegen andere verwandte Fälle ermitteln zu lassen. Das ist bedeutsam: Von Anfang an wird die Beschädigung der Hermen in den Kontext der Störung des Verhältnisses zwischen Menschen und Göttern gestellt. Thukydides betont denn auch den Charakter eines üblen Vorzeichens am Anfang einer für die Stadt ganz wichtigen Unternehmung: Die Provokation der Götter durch ein Asebema bedroht den erfolgreichen Ausgang. Daneben steht freilich bei Thukydides die andere, politische Lesart des

Ganzen: Man vermutet eine oligarchische Verschwörung, um einen Umsturz herbeizuführen, oder gar – so eine spätere Lesart – eine Intervention der Korinther im Dienste von Syrakus.[11] Die Stadt freilich verfolgt allein die religiöse Seite, wohl nicht bloß, weil hier die gesetzliche Lage klarer ist.

Jetzt bekommt das Ganze eine Eigendynamik. Angesichts der ausgeschriebenen Belohnungen laufen zahlreiche Anschuldigungen ein. Zum Fall der Hermen freilich geben sie nichts her, doch werden andere, mutwillige Beschädigungen von Statuen[12] durch betrunkene junge Männer gemeldet: Das war also nicht so selten, nur ärgerte man sich offenbar sonst bloß im stillen darüber (Thukydides deutet damit auch an, daß er die Hermengeschichte ebenfalls in diesem Kontext zu lesen gewillt ist). Vor allem aber wird gemeldet, daß man in Privathäusern die Mysterien zelebriere und daß Alkibiades in diese zweite Sache verwickelt sei.

Alkibiades' Gegner verknüpfen gleich beides, Hermenfrevel und Mysterien, und schreiben Alkibiades deswegen Umsturzpläne zu. Alkibiades will sich sogleich, noch vor der Ausfahrt, einem Prozeß stellen, seine Gegner fürchten aber seine ihm hörigen Truppen. Man beschließt, ihn ausfahren zu lassen und ihn nach seiner Rückkehr vor Gericht zu stellen.

Nach Abfahrt der Flotte kommt die Sache aber nicht zur Ruhe. Das macht ja auch Sinn: Wenn die Meinung wirklich war, daß der Religionsfrevel den Erfolg der Expedition deswegen gefährde, weil die Götter den Athenern zürnten, mußte die Sache gleich erledigt, mußten die Schuldigen bestraft und die Götter wieder günstig gestimmt werden – diese Überlegung wirft ein einigermaßen schiefes Licht auf die Handlungsweise jener Gegner des Alkibiades, die ihn erst des Religionsfrevels anklagten, ihn dann aber nach Sizilien ausfahren ließen und so eigentlich, hätten sie denn ihrer eigenen Deutung geglaubt, den Erfolg der Expedition gefährdeten.

So setzt die Stadt nun eine Untersuchungskommission zu Mysterien- und Hermenfrevel ein; bei ihr laufen weitere Anzeigen ein, die man alle als Zeichen einer oligarchischen Verschwörung liest.[13] Es folgen zahlreiche Verhaftungen (bitter merkt Thukydides an, daß man allen Anzeigen ungeprüft glaubte, obschon sie meist von sozial niedrigen Menschen kamen und herausragende Bürger betrafen:[14] Das ist wohl mehr als aristokratische Voreingenommenheit). Mehr noch: In Erwartung eines Umsturzes ruft man die Bürger unter Waffen und hebt gar, wie Andokides anfügt, das Verbot, Bürger zu foltern, auf.[15] Schließlich nennt einer der Verhafteten – wohl eben Andokides – im Fall des Hermenfrevels gegen Straflosigkeit eine

Reihe von Mittätern; die Benannten werden zum Tode verurteilt und, sofern man ihrer habhaft werden kann, hingerichtet. Dann wendet man sich mit überraschender Energie dem Mysterienproblem zu: Man beschließt, Alkibiades und die anderen Angeschuldigten, die an der Flottenexpedition teilnehmen, holen zu lassen. Alkibiades wird während seines Kommandos vor Syrakus verhaftet und nach Athen verschifft, doch schon im süditalischen Thurioi gelingt ihm die Flucht. Die Athener führen den Prozeß in absentia durch, verurteilen ihn und seine Mitangeklagten zum Tode. Plutarch fügt an, daß die Anklage (angeführt von Thessalos, dem Sohn des Kimon) auf ‹Vergehen gegenüber den beiden Göttinnen› gelautet habe;[16] dieselbe Formulierung findet sich auf den Konfiskationslisten[17] – Alkibiades war also nicht in den Hermenfrevel einbezogen worden.

Thukydides gibt einen plausiblen Zeitraster vor: Die Beschädigung der Hermen kurz vor der Ausfahrt der Flotte provoziert die Suche nach Informanten, die rasch – noch vor der Abfahrt – zur Anklage des Alkibiades wegen Vollzug der Mysterien führt; die Entscheidung wird aber aufgeschoben. Die Hauptmasse der Informationen läuft erst nach der Ausfahrt der Flotte ein und führt zu zwei Prozessen (dies gegen manche moderne Ansicht, die mit einem Prozeß auszukommen meint) – zu einem ersten Prozeß gegen die wegen des Hermenfrevels Verhafteten, welcher dank der Aussagen eines von Thukydides nicht namentlich genannten geständigen Kronzeugen entschieden wird, anschließend zu einem zweiten wegen des Mysterienfrevels, in dessen Zentrum Alkibiades steht; dieser Prozeß wird in Abwesenheit des Alkibiades geführt. Die beim Heiligtum der eleusinischen Göttinnen Demeter und Kore oberhalb der Agora von Athen gefundenen Inschriften, welche die Konfiskation der Güter von Verurteilten in aller Detailliertheit aufzeichnen,[18] stimmen zu diesem Szenario zweier Prozesse: Sie betreffen allein die, welche sich gegen die beiden Göttinnen oder die Mysterien vergingen,[19] in drei Fällen auch solche, die «betreffs beider Dinge» verurteilt wurden. Dabei ist dieser Vermerk in zwei Fällen nachträglich angefügt worden, um diese Listen mit einem anderen, nicht erhaltenen Set von Listen kongruent zu machen, welche den Hermenfrevel betrafen: Sie waren eben nicht beim Heiligtum der beiden Göttinnen, die ja mit dem Hermenfrevel nichts zu schaffen hatten, sondern vermutlich auf der Akropolis und gingen verloren. In beiden Fällen waren die betroffenen Götter direkt an den konfiszierten Gütern interessiert, denn wenigstens ein Teil dieser Güter pflegte an die jeweiligen Götter beziehungsweise deren Tempelkasse zu fallen.

Weit farbiger, aber in seiner Chronologie unscharf, ist Andokides (von dem Thukydides wenigstens in Teilen wohl abhängt).[20] Er nimmt die beiden Dinge, Hermenfrevel und Mysterien, aus anderen Gründen auseinander: Er war allein in den Hermenfrevel verwickelt, sein Vater in die Mysterienprofanation (auch dies weist auf zwei getrennte Prozesse). Die erste Anklage gegen Alkibiades sei in einer wohl außerordentlichen Volksversammlung zum Dreierkommando von Nikias, Lamachos und Alkibiades durch einen gewissen Pythonikos erhoben worden. Die Prytanen, die die Versammlung leiteten, hätten gleich alle nicht in die Mysterien Eingeweihten entfernen lassen – schließlich durfte man vor Ungeweihten nicht über diese Dinge reden –, bevor sie den Hauptzeugen Andromachos, einen Sklaven des Alkibiades, auftreten ließen. Der Sklave belastete seinen Herrn aufs schwerste: Die Mysterien, so seine Aussage, hätten im Haus eines gewissen Pulytion stattgefunden, mit Alkibiades, Nikides und Meletos als den Hauptakteuren und zahlreichen weiteren Teilnehmern: Die Anzeigeliste umfaßt mit Alkibiades zehn Namen. Alle seien zum Tod verurteilt worden – nicht in dieser Volksversammlung, wie erst später klar wird, sondern als Ergebnis der Arbeit einer dafür eingesetzten Untersuchungskommission (40).

Diese erste, öffentliche Anklage gegen Alkibiades brachte den Stein ins Rollen: Andokides nennt drei weitere Anzeigen, die Alkibiades nur noch zum Teil betreffen – erst diejenige des Metöken Teukros[21] (der auch Anzeigen zum Hermenfrevel einbrachte) gegen weitere zwölf Männer, darunter sich selbst, doch ohne Alkibiades; dann diejenige der Agariste, der Frau des Alkmaionides, gegen Alkibiades, Axiochos und Adeimantos (im Haus des Charmides); schließlich die des Sklaven Lydos gegen seinen Herrn Pherekles, in die auch Andokides' Vater verwickelt war. Alle diese Anzeigen sind wohl erst nach Ausfahrt der Flotte erhoben worden: Teukros, der erste Anzeiger, der auch in eine Mysterienprofanation verwickelt war, war nach Megara geflohen und nur unter dem Versprechen der Straflosigkeit zurückgekommen: Das brauchte Zeit. Sie sind alle der einschlägigen Untersuchungskommission unterbreitet worden, welche dann auch die Anklage formulierte und einen besonders dafür eingesetzten Gerichtshof von in die Mysterien Eingeweihten informierte, welcher die Urteile fällte und die erfolgreichen Anzeiger belohnte.[22]

Noch detaillierter ist Andokides im Fall der Hermen. Die erste Anzeige, die beide Vergehen betraf, sei ebenfalls vom Metöken Teukros ausgegangen, der (neben den zwölf des Mysterienfrevels Angeklagten) achtzehn Männer mit den Hermen in Verbindung brachte. Als dann zwei Mitglieder der Untersuchungskommission darauf insistierten, daß es sich um eine weit größere Verschwörung handeln müsse, kam prompt eine neue, weit umfangreichere Anklage. Ein gewisser Diokleides behauptete, er habe in einer Vollmondnacht, in der er ins attische Bergwerksgebiet von Laureion gehen wollte, noch in der Stadt im Dionysostheater gegen 300 dunkle Gestalten ausgemacht, die sich offensichtlich verschworen hätten; wegen des Vollmonds habe er viele erkennen können, unter anderem Andokides: Das müßten, so schloß er, die Hermenfrevler sein. Er habe dann der Familie des Andokides dieses sein Wissen zugespielt, um entsprechend belohnt zu werden; als daraus nichts geworden sei, habe er 42 von ihnen angezeigt; sie seien verhaftet worden. Unter dem Druck seiner Verwandten habe Andokides dann gegen Straflosigkeit sich selbst und einige andere wegen des Hermenfrevels angezeigt (ebendies weist darauf, daß Andokides der ungenannte Kronzeuge bei Thukydides war): Andokides und die von ihm nicht Belasteten wurden freigelassen, die anderen zum Tod verurteilt, doch konnten alle fliehen. Dann kann Andokides nachweisen, daß die ganze Geschichte des Diokleides erfunden sei (wofür dieser denn auch später hingerichtet worden sei) und daß er sich selber nur deswegen angezeigt habe, um den größten Teil seiner mitverhafteten Verwandten und Freunde zu retten;[23] Diokleides' Geschichte, durch die erneute Suche nach Zeugen provoziert, spiegelt denn auch deutlich die Vorurteile des attischen Demos gegenüber den adligen Herrenclubs, den Hetairien, und nicht Insiderwissen ihrer Mitglieder.[24]

Soweit die Rekonstruktion der Ereignisse, die sich im wesentlichen auf Thukydides und Andokides stützt. Nicht alles ist klar, doch die Hauptlinien scheinen evident; insbesondere ordnen sich die Fakten unter der Annahme zweier getrennter Prozesse, welche die einzelnen Anzeigen nach der Arbeit der Untersuchungskommission thematisch bündelten. Das wird auch erklären, weswegen der Bericht bei Plutarch noch einmal abweicht: Hier ist der Ankläger der Demagoge Androkles, und angeklagt sind drei in den Anzeigen nicht kombinierte Personen, Alkibiades, Theodoros und Pulytion. Plutarch stützt sich dabei auf die öffentliche Anklageschrift durch Thessalos, den Sohn des Kimon.[25] Das muß darauf weisen, daß es nicht eine weitere, von Andokides unterdrückte Anzeige war, sondern eben die öffentliche Anklage, welche als Ergebnis der Untersuchungskommission beim Prozess gegen Alkibiades vorgebracht wurde.[26] Offenbleiben muß dagegen, was es mit einer weiteren Anzeige wegen Mysterienprofanation auf sich hat. Sie ist bei Diodor tradiert, wonach der Zeuge Alkibiades und andere in einer Neumondnacht beim Betreten des Hauses eines Metöken beobachtet haben will, was er gleich mit einer Mysterienfeier verbindet[27] – das mag eine sonst nicht überlieferte, dann auch verworfene Anzeige sein.

Es bleiben zwei Fragen, welche nicht zuletzt den Religionshistoriker interessieren: Weswegen war es die Verunstaltung der Hermen, welche diesen ganzen Ablauf auslöste, der zu zwei Prozessen, zu der Verurteilung des Alkibiades in absentia und zu seinem Frontwechsel zu Sparta führte und damit den militärischen und politischen Niedergang Athens zumindest beschleunigte, wenn nicht ursächlich bewirkte, und was muß man sich unter der Profanation der Mysterien genau vorstellen?

Der Hermenfrevel

Zuerst die Beschädigung der Hermen. Bereits Thukydides hat sich die Frage gestellt, was es damit auf sich habe: Er deutet die Beschädigung der Hermen als mutwilligen Unfug betrunkener junger Männer, wie dies auch mit anderen Weihgeschenken geschehen sei. Die Späteren haben sich dies zu eigen gemacht, bis in die moderne Forschungsliteratur hinein.[28]

In Wirklichkeit zeigt selbst der vorsichtige Bericht des Andokides, daß es sich jedenfalls um keine spontane Aktion einer betrunkenen Hetairie handelte. Als der Anführer dieser Hetairie, Euphiletos, bei einem Gelage die Idee aufbrachte, die Hermen zu beschädigen, habe er, Andokides, Widerspruch eingelegt. Doch als er dann durch einen Reitunfall ans Haus gefesselt war, habe Euphiletos behauptet, auch Andokides stimme jetzt zu, und man habe die Sache durchgezogen, ohne Andokides, der ja immer schon dagegen gewesen war und jetzt praktischerweise durch seinen Unfall ein Alibi hatte («selbstverständlich stehe ich als ausgezeichneter Mensch da», meint er denn auch);[29] verschont wurde allein die Herme gegenüber Andokides' Haus, für die Euphiletos ihn als zuständig erklärt habe (da gab es mithin beinahe generalstabsmäßige Planung). Daß allein diese Herme nicht beschädigt worden war und so den Verdacht auf Andokides lenken konnte, mußte Euphiletos wohl nur recht sein.[30]

Doch ob die politische Provokation wirklich primär war und nicht vielmehr eine jener in allen Geheimbünden bekannten Solidarisierungen durch eine kollektive Untat, ist zu fragen; Thukydides jedenfalls sagt explizit, daß die Mitglieder der Hetairie die gegenseitige Verpflichtung «nicht durch göttliches Gesetz begründeten, sondern auf gemeinsam begangenes Unrecht».[31] Und Andokides erklärt die ganze Unternehmung als eine «Treueprobe», eine Aufgabe, welche die gegenseitige Solidarität der Clubmitglieder prüfte und sicherte.[32] Wir kennen durch Zufall die Solidarisierungsaufgabe, welche Alkibiades für seine Hetairie benutzte: Er habe potentielle Anhänger in einen dunklen Raum geführt, ihnen eine dort liegende Statue als jemanden vorgeführt, den er ermordet habe, und um Hilfe bei der Verdeckung dieses Verbrechens gebeten:[33] Mitwisserschaft bei einem Mord ist ein geradezu klassischer Fall solcher Solidarisierung, Provokation der Götter ein anderer.[34]

Die Athener ihrerseits (so hebt Thukydides hervor) lesen, anders als der antike Historiker und seine Nachfolger, die Sache keineswegs als Bubenstreich, man liest das Geschehen in religiösem wie in politischem Code: «Die Athener nahmen die Angelegenheit ernster; denn es schien ein Vorzeichen für die Expedition zu sein und gleichzeitig veranstaltet wegen einer revolutionären Verschwörung und der Beendigung der Volksherrschaft».[35] Untersucht wird freilich dann bloß die religiöse Seite: Man sucht Informanten zu diesem und zu verwandten Vergehen gegen die Götter. Die moderne Lesung – es seien oligarchische Hetairien am Werk gewesen, welche die sizilische Expedition kompromittieren wollten – greift also insofern zu kurz, als sie ausschließlich im anderen Code, dem politischen, argumentiert und den religiösen auf ihn reduziert: Die Athener lesen andersherum, die politische Verschwörung äußert sich für sie in religiös relevantem Handeln. Das schlägt sich auch in der Wahl der Angeklagten nieder (ungeachtet dessen, wie viele der Anklagen wirklich zutrafen – schon Thukydides konnte darauf keine Antwort geben).[36] Die Konfiskationslisten zeigen, daß die Verurteilten alle der begüterten Oberschicht angehören; Land und viele Sklaven sind Standardbesitz. Die Liste der Angeschuldigten führt weiter,[37] soweit wir die Betreffenden bestimmen können: Viele sind Freunde des Alkibiades, und eine Reihe von Namen taucht wieder im Kreis um Sokrates auf – nicht nur Alkibiades, auch Axiochos, Charmides, Eryximachos, Kritias: Die übliche Wahrnehmung, daß es sich nicht einfach um die Jeunesse dorée Athens handelte, daß diese vornehmen jungen Männer auch mit den neuen und im Volk durchaus suspekten Intellektuellen, den Sophisten, verbunden waren, trifft durchaus zu.[38] Es scheint eben diese Verbindung gewesen zu sein, welche dem Volk von Athen nicht nur besonders auffiel, sondern auch den Verdacht erregte, religiös anstößig zu sein: Man darf nicht vergessen, daß auch Sokrates in der aristophanischen Komödie *Die Wolken* als Sophist dargestellt wird: nicht nur als Naturwissenschaftler und moralischer Nihilist, sondern auch als radikaler Neuerer in religiösen Dingen, der die Wolken zu Göttern erhob.[39]

Wenigstens punktuell läßt sich im übrigen durchaus fassen, wie die Hetairiai die athenische religiöse Tradition provozierten. Im Fragment seiner Rede gegen Kinesias versucht Lysias, den Gegner als gesetzlos und gottlos zu diskreditieren, indem er ihm Vergehen gegen die Götter vorwirft und dies mit der Erzählung von den Banketten konkretisiert, die dieser und seine Freunde bewußt an den religiös tabuisierten Tagen ansetzten; und als letzte Provokation nannten sie sich dabei ‹Club der unter einem üblen Daimon Lebenden›, Kakodaimoniastai, weil sie offenbar nicht den ‹Guten Daimon›, den Agathos Daimon, anriefen beim Gelage, sondern einen nur von ihnen verehrten Kakos Daimon – alles, um «die Götter und eure Traditionen zu verspotten».[40] Kinesias ist jener Lyriker des späteren 5. Jahrhunderts, den die konservativen Dichter der Alten Komödie ebenso wie Platon als Zerstörer der traditionellen Musik verstanden, der aber auch als Politiker eine Rolle spielte:[41] Da fassen wir mithin einen intellektuellen Angehörigen der Oberschicht Athens, der genau dies, Modernismus und religiöse Provokation, in sich vereint. – Demselben Kinesias hat Aristophanes auch vorgeworfen, er habe seine Notdurft an Hekateheiligtümern verrichtet[42] – auch das doch wohl eine Provokation der unheimlichen Göttin der Dreiwege. Anderes wirft der Redner in der pseudodemosthenischen Rede gegen Konon dem Angeklagten vor – nicht nur, daß er einer Gruppe angehöre, die sich sexuell provokante Namen gegeben habe: In seiner Jugend habe er zusammen mit einer sich Triballoi nennenden Hetairie auch die Hekatemähler und die Hoden der Opferferkel, die zur Reinigung bei der Volksversammlung verwendet wurden, gestohlen und verzehrt.[43] Das hat zwar sexuelle Nebentöne, ist aber primär ebenfalls auf eine Provokation der religiösen Tradition aus. Zudem: Die Mittel der rituellen Reinigung sind nicht anders als die Hekatemähler menschlichem Gebrauch entzogen und mit der Unterwelt und ihren finsteren Mächten verbunden; es werden nicht irgendwelche Götter provoziert, sondern die, vor denen sich der Durchschnittsathener (und wohl auch irgendwo die Täter selber) ganz besonders gruselte.[44]

Weswegen gerade die Hermen attackiert wurden, läßt sich demgegenüber nicht genau sagen. Politische Lesungen, welche die Herme als typisches Monument der attischen Demokratie verstehen wollten,[45] sind deswegen problematisch, weil die Häufigkeit der Herme im athenischen Stadtbild sie nicht zwingend zum Symbol für die radikale Demokratie macht. Die jüngste, religiöse Lesung, welche Hermes zum Gott der Kommunikation zwischen Gott und Mensch, ihre Beschädigung zur Störung dieser Kommunikation macht,[46] ist deswegen schwierig, weil sie zu schnell die Herme als Götterbild auffaßt: Andokides nennt die Hermen regelmäßig «Weihgeschenke», Anathemata, Thukydides und Plutarch Agalmata, wörtlich «Schaustücke», was ebenfalls Weihgeschenke bezeichnet: Als solche sind sie Besitz der Gottheit, nicht ihr Vertreter.[47] Schon Beschädigung des Besitzes einer Gottheit reicht aber als Provokation (entsprechend häufig sind die Geschichten, daß sich die Götter an denen rächten, die ihre Tempelbezirke ausraubten) – und die Provokation ist besonders augenfällig, wenn es derart viele Bilder sind, die beschädigt und umgestürzt werden. Sucht man nach weiteren Gründen, so kann man auf die Nähe des Hermes zum Gymnasion verweisen, wohl auch auf die durchaus provokante Form dieser Pfeiler mit bärtigem Gesicht und erigiertem Phallos. Daß sie Aggressionen provozieren konnte, zeigt die hübsche rotfigurige Kanne in Lausanne, auf deren Hauptbild ein Satyr mit erigiertem Glied sich mit einer Doppelaxt am Gesicht einer bereits umgestürzten Herme zu schaffen macht.[48]

Die Mysterien

Komplexer ist der Tatbestand im Fall der Mysterien. Zwei Fragen drängen sich auf: Was geschah eigentlich – und weshalb vervielfachten sich die Anzeigen in dieser Sache?

Sieht man die Berichte darüber an, was geschehen sein soll, so wird als erstes klar, daß unsere moderne Terminologie – Mysterienfrevel, profanation of the mysteries, gar der gelegentlich gehörte Vergleich mit einer Schwarzen Messe – unscharf, wenn nicht falsch ist. Thukydides spricht einfach davon, dass die Mysterien in Privathäusern ‹durchgeführt› wurden,[49] desgleichen Andokides, der von ‹durchführen› oder ‹stattfinden› spricht;[50] später ist einmal vom ‹Austanzen› die Rede,[51] während bloß bei Lysias und bei Plutarch (bei diesem allerdings im Text der öffentlichen Anklage) von ‹nachahmen› gesprochen wird.[52] Die Beschreibungen fügen sich dazu: Mehrfach ist die Rede davon, daß drei Hauptakteure auftraten, welche Hierophant (den Oberpriester, der wörtlich ‹das Heilige offenbart›), Dadouchos (‹Fackelträger›) und Hierokeryx (‹Heiligen Herold›) darstellten – wo Alkibiades beteiligt war, spielte natürlich er den Hauptakteur, den Hierophanten.[53] Nach Lysias hat Alkibiades im Gewand des Hierophanten die ‹heiligen Gegenstände› den Ungeweihten gezeigt und die ‹geheimen Dinge› laut ausgesprochen,[54] und der Text der öffentlichen Anklage formuliert noch detaillierter, daß «Alkibiades die Mysterien nachahmte, im Gewand, wie es der Hierophant trägt, die Hiera zeigte und sich Hierophant nannte, den Pulytion Dadouchos, den Theodoros von Phegeia aber den Keryken und alle anderen Mysten und Epopten, entgegen der herrschenden Tradition der Eumolpiden und Keryken und der Priesterschaft in Eleusis».[55] Da werden also keine schwarzen Messen oder Verdrehungen der Mysterien veranstaltet, sondern die Mysterien schlechthin, mit allem, was dazu gehört[56] – insbesondere mit der tragenden Rolle des Hierophanten, den schon sein Titel in seiner zentralen Rolle als den bezeichnet, der die Einweihung eigentlich vollzieht, dessen prächtiges Gewand literarisch und ikonographisch faßbar ist und dessen wohltönende Stimme ein kaiserzeitliches Epigramm lobt.[57] Wie präzise man sich eine solche Nachahmung vorstellen muß, zeigt eine Stelle in einer verlorenen zeitgenössischen Komödie, den *Demoi* des Eupolis: Ein Ankläger beobachtet einen reichen Fremden auf der Agora, sieht in seinem Bart Gerstenkörner, woraus er gleich schließt, daß er den Kykeon getrunken, mithin die Mysterien veranstaltet habe, und versucht ihn zu erpressen.[58] Der Kykeon, das von Demeter gestiftete heilige Getränk der Mysterien, der nach der Ankunft in Eleusis getrunken wurde und das dreitägige Fasten brach, bestand unter anderem aus geschroteter Gerste – selbst ihn kann man also bei dieser Inszenierung der Mysterien getrunken haben.

Das Verbrechen bestand also nicht in einer Persiflage des eleusinischen Ritus, und insofern ist es verschieden von jenen Provokationen, in denen Kinesias und Konon die unheimlichen Mächte der Unterwelt herausforderten. Hier wurde der Ritus vollständig durchgespielt, und das Vergehen bestand allein darin, daß er zur falschen Zeit, am falschen Ort und durch die falschen Leute vollzogen wurde – und daß Ungeweihte anwesend waren. Tatsächlich war es jenem Bürger, der als erster Alkibiades anklagte, aufgefallen, daß ein Sklave den Inhalt der Mysterien erzählen konnte, obwohl er nicht eingeweiht war,[59] während Andokides' Vater deswegen als unschuldig freigesprochen wurde, weil er während der imitierten Feier in seinen Mantel gehüllt schlief und nichts sehen konnte:[60] Von der Bedeutung des Sehens für Eleusis sprechen die Seligpreisungen der Mysten schon in archaischer Zeit.[61] Bestraft wurde aber offenbar nicht der Bruch des Mysteriengeheimnisses, obwohl schon der homerische Demeterhymnus im mittleren 7. Jahrhundert v. Chr. die Geheimhaltung strikt forderte, auf ihrem Bruch die Todesstrafe lag und der Hierokeryx vor jeder Feier darauf hinwies.[62] Bestraft wurde, wie insbesondere die Inschriften klarlegen, ein vagerer Tatbestand, die «Nichtachtung gegenüber den beiden Göttinnen» – die griechische Formulierung dieses Vergehens deckt sich mit Aristoteles' Definition des Tatbestands der Asebie, der Nichtachtung der traditionellen Götter.[63] Nur Lysias hebt hervor, daß Alkibiades die Geheimhaltung gebrochen hätte – das will aber bloß Stimmung gegen ihn machen, scheint keinen Rückhalt im Prozeß zu haben.[64]

Andokides macht klar, daß mehrere Fälle von solchen Mysterienfeiern in Privathäusern bekannt wurden und daß Alkibiades bloß in deren zwei verwickelt war. Das läßt nach den Motiven für diese Feiern fragen, aber auch nach dem Grund dafür, weswegen gerade die Durchführung dieser Feiern als besonders gravierend angesehen wurde. Vor einiger Zeit hat Furley argumentiert, daß die eleusinischen Mysterien deswegen herausgegriffen worden seien, weil sich mit ihnen eine athenische Friedensideologie verbunden habe; das habe auch die entsprechende Reaktion des Demos provoziert.[65] Doch davon abgesehen, daß dies zu einer ganz anderen Gruppe als jenen jungen Intellektuellen führt, von denen oben die Rede war, und daß dies nicht alle Feiern erklärt, läßt sich die Bedeutung dieser Ideologie gerade in der kritischen Zeit kaum nachweisen. Wenn schon, hängt an Demeter und ihren eleusinischen Mysterien seit dem 5. Jahrhundert die Vorstellung, daß von hier der Getreideanbau und damit nichts Geringeres als die Zivilisierung der Menschheit ausgegangen sei – wie Isokrates formuliert: «Als Demeter nach Attika kam ..., gab sie eine doppelte Gabe, die allergrößte – das Getreide, das schuld daran ist, daß wir nicht mehr wie die Tiere leben, und die Mysterien, die allen Teilnehmern bessere Hoffnung für ihr Lebensende und die Zeit danach vermitteln».[66] Dies, nicht eine Friedensideologie, ist der Grund für die Forderung eines Zehnten nach Athen, wie dies eine zentrale Inschrift um 430 ausformulierte[67] (das hat insbesondere Lehmann herausgestellt),[68] und die Propaganda Athens hielt sich bis in den späten Hellenismus daran; in etwa dieselbe Epoche wie die Inschrift fällt ein pseudepigraphisches ‹orphisches› Gedicht, das den neuen Mythos von Demeter als Getreide- und Kulturbringerin darstellt und den homerischen Demeterhymnus als panhellenisches Propagandainstrument ersetzen wollte.[69] Eben weil die eleusinischen Mysterien für das Selbstverständnis Athens so wichtig geworden waren, reagierte der Demos radikal: Kurz vor 414 wurde der Nicht-Athener Diagoras von Melos, der im Exil in Athen die Mysterien kennengelernt hatte, in absentia deswegen zu Tode verurteilt, weil er ihre Riten verspottet hatte.[70] Sein Prozeß muß kurz vor oder kurz nach demjenigen gegen Alkibiades stattgefunden haben.[71]

Hört man von den mehrfachen Mysterienfeiern – Andokides verwendet im übrigen in seinem Bericht bei allen vier Anklagen präsentische Verbformen, was auf wiederholtes, fast gewohnheitsmäßiges Feiern weist –, so wird man das Gefühl einer plötzlichen Mode nicht los: Es ist in diesen Clubs ‹in›, im Anschluß an ein Symposion Mysterien zu inszenieren (Die Requisiten sind kostbar und selten, weshalb sie also nicht mehrfach verwenden oder sie sich gegenseitig ausleihen?). Das schließt beim einen oder anderen der Teilnehmer und Veranstalter ernsthafte politische Motive nicht aus, redimensioniert sie aber doch; allein schon die Bedeutung der Mysterien für die Stadt Athen konnte Grund genug sein, mit ihnen respektlos umzugehen. Zusätzlicher Kitzel konnte der Umgang mit den Unterirdischen, mit Persephone, ihrer Mutter und ihrem unheimlichen Gatten, dem Herrn der Totenwelt, konnte auch der Bruch von Geheimgehaltenem sein, über dem die Strafe des Demos ebenso wie der Götter hing – und wir kennen einschlägige Geschichten, die von göttlicher Strafe für die Verletzung dieses Gebots sprechen;[72] und der für griechischen Kult ungewohnte Pomp in Ritual und Ausstattung konnte zusätzlich locken.

Denkbar ist im übrigen – obwohl keine Quelle davon spricht –, daß die Verspottung der Mysterien durch Diagoras überhaupt Auslöser für diese ganze Mode wurde. Da führte ein Intellektueller die Respektlosigkeit vor und kam einigermaßen ungeschoren davon (die Verurteilung in absentia hatte keine ernsthaften Folgen): weswegen nicht seine Anregung aufnehmen? Jedenfalls aber weist die Diagoras-Episode ebenso wie diejenige des Kinesias und seines Clubs darauf, daß die ganzen Ereignisse um Mysterien und Hermen sich einbetten lassen in eine Gesamtstimmung am Ende des 5. Jahrhunderts, in der nicht nur die demokratischen Werte und Institutionen, sondern auch die religiöse Tradition Athens vielen brüchig geworden waren. Das konnte politische Implikationen haben, mußte es aber nicht zwingend.

Epilog

Der Ausgang freilich war dann ernster, als die jungen Provokateure ihn sich hatten vorstellen wollen: Die langen Listen der konfiszierten Güter und die von Andokides mehrfach angesprochenen Todesurteile sprechen eine deutliche Sprache. Doch Athen verhängte nicht nur Todesurteile und exekutierte den, der faßbar war, zog zudem die Güter ein. Die Stadt ließ diejenigen, die sich durch das Exil entzogen hatten, auch nach alter Manier öffentlich verfluchen (womit wieder religiöses Handeln das juristische überlagert): «Über sie sprachen die Priester und Priesterinnen, indem sie nach Westen gewandt ihr Purpurgewand schüttelten, nach altehrwürdiger Sitte einen Fluch aus.»[73] Doch es war ein Zeichen der brüchigen Zeit, daß sich selbst hier ein Dissens auftat, wie noch Plutarch weiß: Theano, die Priesterin der Athena, weigerte sich, den Fluch auszusprechen – sie sei zum Beten, nicht zum Fluchen Priesterin geworden.[74] Da öffnet sich der Blick auf ein Gottesbild, wie es die zeitgenössische Philosophie zeichnet und Platon gültig darstellt, wo die Gottheit nicht mehr straft, sondern vollkommen ist und entsprechend nur mehr für das Gute zuständig.

Eine Demokratie wohl, aber kein Rechtsstaat?
Der Arginusenprozeß des Jahres 406 v. Chr.

Leonhard Burckhardt

I.

Wenige Rechtsfälle haben so viel zum schlechten Ruf des athenischen Gerichtswesens beigetragen wie der Prozeß gegen die acht Strategen, die im Jahre 406 die Seeschlacht bei den Arginusen gewonnen hatten. Schon antike Quellen, die kurz nach dem Ereignis entstanden sind, beurteilen diesen Prozeß als widerrechtlich, da gesetzliche Normen verletzt worden seien, oder meinen, daß das urteilende Volk aufgehetzt und irregeleitet worden sei.[1] Die Strategen seien zudem zu Unrecht beschuldigt worden, weil sie, durch äußere Umstände gezwungen, nicht anders hätten handeln können, als sie es taten,[2] und sie mithin auch kein Delikt begangen hätten. Als unfair wird schließlich auch empfunden, daß die Athener jene Männer hinrichteten, unter deren Führung sie den Sieg ‹in der größten Seeschlacht, die je unter Griechen stattgefunden hatte›,[3] errungen und damit die Stadt wenigstens vorübergehend aus einer militärischen Klemme befreit hatten.

Die meisten der hier einschlägigen antiken Beobachter, wie etwa Xenophon, Platon oder Diodor, betrachten den Gegenstand aus einer demokratiekritischen, um nicht zu sagen demokratiefeindlichen Haltung heraus, und sie nutzen nicht ungern die Gelegenheit, an einem weiteren Beispiel die Mängel dieser Staatsordnung darlegen zu können. Bei Platon und Xenophon kommt hinzu, daß sich ihr Lehrer Sokrates in ihren Augen während der Verhandlung als besonders standfest und gesetzesgehorsam erwiesen und damit einmal mehr ein leuchtendes Vorbild abgegeben hat.[4] Er wurde daher von diesen Autoren zur einsamen Stimme der Rechtlichkeit stilisiert, als Antipode des Pöbels, dessen Druck er nicht weichen wollte. Mag darin schon eine gewisse Tendenz einiger Autoren liegen, die bei der Auswertung zur Vorsicht nötigen sollte, wird die Quellenlage erst recht als problematisch zu beurteilen sein, wenn wir uns vor Augen führen, daß wir nur zwei einander in einzelnen wichtigen Punkten erheblich widersprechende Berichte haben, die den ganzen

Hergang integral erzählen, nämlich je ein Ausschnitt aus Xenophons Hellenika und Diodors Bibliothek.[5] Dabei ist im allgemeinen der detaillierteren und zeitnäheren Version Xenophons der Vorzug zu geben,[6] nicht zuletzt deshalb, weil seine Kenntnis von den Verfahrensabläufen deutlich präziser ist als diejenige Diodors (oder dessen Vorlage). Im übrigen ist das Material in Umfang und Aussagekraft eher dürftig. Der Überblick über die Quellenlage zeigt, daß wir hauptsächlich von einem einzigen Autor – nämlich Xenophon – abhängig sind, der nur sehr fallweise durch andere Stimmen ergänzt wird.[7] Seine demokratiekritische Haltung ist bekannt, sie muß freilich nicht bedeuten, daß er bewußt verfälscht habe oder seine Sachverhaltsdarstellungen unzuverlässig seien, sie nötigt aber zumindest dort zur Vorsicht, wo er das Verhalten des athenischen Volkes kritisiert.

Die moderne Forschung kommt in ihrer überwiegenden Zahl zu einem ähnlich ungünstigen Urteil über den Prozeß wie die antiken Quellen, und zwar sowohl über die Rolle der richtenden Instanz, der Volksversammlung, als auch über den Prozeß als Ganzes. Auch hier wird davon gesprochen, daß der Rechtshandel ohne gesetzliche Grundlage abgelaufen sei, weil das angewandte Verfahren nicht der athenischen Rechtsordnung entsprochen habe, und daß auch Terror am Werk gewesen sei, um eine Verurteilung der ihrer Verteidigungsmöglichkeiten beraubten Angeklagten durchzusetzen. Es wird weiter behauptet, daß das Volk seine Urteilsfähigkeit verloren habe[8] oder daß die Strategen Parteiintrigen zum Opfer gefallen seien.[9] Viele Forscher sehen die Arginusenaffäre denn auch als symptomatisch an für die Endphase des Peloponnesischen Krieges und den Untergang einer als radikal bezeichneten Spielform der athenischen Demokratie. Zudem unterstellen sie mindestens zum Teil, daß der Arginusenfall und alle seine durchaus unerfreulichen Implikationen das athenische Rechtssystem angemessen kennzeichnen.

Die hier nur sehr kursorisch gestreiften Einschätzungen berühren nun neben der Qualität der Quellen einerseits Rechtsordnung und Rechtspraxis der athenischen Demokratie, sie enthalten andererseits aber auch Urteile über das politische Verhalten des athenischen Volkes und einiger seiner Exponenten. Diese Bereiche, nämlich Rechtsprobleme und politische Zusammenhänge, möchte ich im folgenden nach einer kurzen Schilderung der Vorgänge rund um die Arginusenaffäre einzeln behandeln, um schließlich zu einer Gesamtbeurteilung zu gelangen.

II.

Um dem in Mytilene zu Wasser und zu Lande mit dem größten Teil der noch vorhandenen athenischen Flotte eingeschlossenen Strategen Konon zu Hilfe eilen zu können, rüsteten die Athener mit enormem Aufwand innerhalb außerordentlich kurzer Zeit unter Nutzung letzter Reserven eine Flotte von 110 Schiffen aus.[10] Dieser gelang es tatsächlich, unter dem kollektiven Kommando von acht Strategen, der spartanischen Belagerungsflotte bei den zwischen Lesbos und dem kleinasiatischen Festland liegenden Arginuseninseln eine Niederlage zuzufügen. Allerdings sanken dabei nicht nur 77 Schiffe der feindlichen Flotte, sondern auch 25 athenische. Der größte Teil von deren Besatzung konnte nicht gerettet werden. Die Umstände des Untergangs bzw. der mißlungenen Rettung waren in der Folge Gegenstand des hier behandelten Prozesses. Auf die Nachricht vom Ergebnis der Schlacht hin enthob die Volksversammlung die kommandierenden Strategen ihres Amtes und rief sie nach Athen zurück. Zwei von ihnen verzichteten wohlweislich auf eine Rückkehr, die übrigen sechs fuhren nach Hause.

Dort kam es zunächst zu einem Rechenschaftsverfahren (*Euthynai*) gegen Erasinides, einen der acht Generäle, und dieser wurde wegen Unterschlagung und schlechter Amtsführung verhaftet. Die übrigen statteten dann dem Rat Bericht ab über die Schlacht und wurden aufgrund dessen ebenfalls in Gewahrsam genommen. In der folgenden Volksversammlung[11] wurden Anklagen laut, die Strategen hätten die schiffbrüchigen Athener nicht gerettet; gemäß Xenophon habe sich bei dieser Anschuldigung besonders Theramenes hervorgetan. In ihrer Verteidigung im Verlaufe der Debatte machten die Beschuldigten einen schweren Sturm für das Schicksal der Ertrunkenen verantwortlich, fügten aber hinzu, daß sie bestimmten Schiffskommandanten, Trierarchen, unter ihnen Theramenes und Thrasybulos, den Auftrag erteilt hätten, eine Rettungsaktion zu unternehmen, die aber am Unwetter gescheitert sei. Diese Argumentation war so erfolgreich, daß viele Versammlungsteilnehmer bereit waren, sich als Bürgen für die Angeklagten zur Verfügung zu stellen, und nur die einbrechende Dunkelheit verhinderte eine Beschlußfassung. Der Rat, die *Boule*, wurde aber beauftragt, einer zweiten Volksversammlung ein *Probouleuma* (Beschlußvorschlag) mit einem Verfahrensantrag vorzulegen. Aufgrund der Agitation besonders des Theramenes während des anschließenden Apaturienfestes schlug die Stimmung im Volk wieder um; im Rat formulierte zudem Kallixenos einen Antrag, der eine einzige sofortige Abstimmung über das Los der Strategen vorsah, ohne daß diese Gelegenheit zu weiterer Verteidigung gehabt hätten und ohne daß unter ihnen nach dem Grad der Schuld am Unglück differenziert worden wäre. Gegen dieses Vorgehen kündigte Euryptolemos eine *Graphe paranomon*, eine Klage wegen gesetzwidrigen Antrages, an, um damit den Fortgang des Verfahrens zu unterbrechen. Nach massiven Drohungen aus der Volksversammlung – unter anderem wurde dem Euryptolemos dasselbe Schicksal verheißen wie den Strategen –, zog dieser die Klage zurück. Kallixenos versuchte nun wieder, seinen Antrag zur Abstimmung zu bringen, drang allerdings vorerst nicht durch, da sich einige Prytanen weigerten, diese vorzunehmen. Erneute Einschüchterungsversuche bewogen sie alle zum Einlenken bis auf Sokrates, der nichts Gesetzwidriges tun wollte. Es folgte die Rede des Euryptolemos, der im Bericht des Xenophon großes Gewicht eingeräumt wird: Sie umfaßt fast die Hälfte seiner Schilderung des Arginusenprozesses.[12] Ihr Augenmerk galt zunächst dem Verfahren, mit welchem die Beschuldigten beurteilt werden sollten: Euryptolemos schlug zwei Alternativen vor, einerseits den Volksbeschluß des Kannonos über Verbrechen gegen das Volk der Athener und andererseits das Gesetz über Tempelräuber und Hochverräter. Wenn man nach einem dieser Rechtssätze verfahre, sei garantiert, daß man die Wahrheit herausfinde und keinen Unschuldigen verurteile. Die Volksversammlung möge jeden Strategen gesondert prüfen, Verteidigung und Anklage genügend Zeit einräumen, um ihre jeweiligen Argumente vorzubringen, und darauf achten, daß gemäß dem Gesetz geurteilt werde. Der Redner warnt, daß übereiltes Vorgehen bereut werden könnte, bringt ein Beispiel dafür, daß einem erwiesenen Hochverräter ausreichend Verteidigungsmöglichkeiten gewährt wurden, und hebt demgegenüber das Verhalten der Strategen hervor, die gemäß den Anweisungen des Volkes gehandelt und die Feinde besiegt hätten. Euryptolemos kommt dann auf die Vorgänge nach der Schlacht zu sprechen und bezeichnet die Anordnungen der Strategen, die einerseits die Verfolgung der geschlagenen Spartaner und andererseits die Bergung der Schiffbrüchigen durch ein Detachement unter Theramenes und Thrasybulos vorsahen, als der damaligen Lage völlig angemessen; einzig der aufkommende Sturm habe die Rettung verhindert. Als Zeuge dafür wird einer der angeklagten Feldherren, der sich aus eigener Kraft habe retten können, angeführt. Euryptolemos appelliert schließlich an das Gerechtigkeitsgefühl der Athener, das eher zur Verleihung von Kränzen an die Sieger denn zum Todesurteil führen sollte.

Sein Antrag, die Strategen seien einzeln nach dem Volksbeschluß des Kannonos zu beurteilen und nicht in dem von der *Boule* vorgeschlagenen Kollektivverfahren, setzte sich zunächst durch, aber mit einer *Hypomosie,* einer Bitte um Aufschub des Verfahrens, erzwang Menekles eine zweite Abstimmung, und diese regelte die Angelegenheit im Sinne des Rates. Die acht Feldherren wurden in der Folge zum Tode verurteilt; die sechs, derer man habhaft war, wurden sogleich hingerichtet.

Xenophon berichtet in unmittelbarem Anschluß an die Schilderung dieser Verhandlungen, daß das Volk bald von Reue ergriffen worden sei[13] und begonnen habe, Untersuchungen anzustellen über das Verhalten derjenigen, ‹die es getäuscht hatten›. Sehr weit gedieh dies – aus welchen Gründen auch immer – jedoch nicht.

III.

Die rechtliche Würdigung der vorgetragenen Geschichte setzt am besten beim gewählten Verfahren an, da athenisches Recht großen Wert auf verfahrenstechnische Regelungen legte, die mehr noch als die genaue Festlegung materieller Straftatbestände die korrekte Durchführung einer Gerichtsverhandlung garantieren sollten. Es ist also zu fragen, ob der Verlauf des Arginusenfalles in Art und Ablauf einem damals gängigen Prozeßtyp entsprach und ob das Verfahren dementsprechend durchgeführt wurde. Die Frage nach dem Prozeßtyp zu beantworten fällt nicht allzu schwer. Vergehen von Strategen im Amt wurden im allgemeinen in einem *Eisangelie*-Prozeß beurteilt. Dieses Verfahren war eigens zur Verfolgung von Amtsträgern geschaffen worden, denen fehlerhafte Amtsführung vorgeworfen wurde, und war daher gewiß auch für das den Strategen der Arginusenschlacht unterstellte Verbrechen das richtige. Es kannte mehrere Ausformungen und konnte zu einem Prozeß sowohl vor dem Volksgericht wie vor der Volksversammlung führen.[14] Einzig letztere kommt in unserem Zusammenhang in Frage. Nach Hansen[15] spielt sie sich in mehreren Etappen ab: Nachdem die Klage vor der Volksversammlung anhängig gemacht und von dieser akzeptiert worden war, hatte der Rat ein *Probouleuma,* einen Verfahrensvorschlag, auszuarbeiten. In einer nächsten Volksversammlung wurde darüber beraten, er wurde eventuell abgeändert und es wurde über den weiteren Verlauf beschlossen, das heißt, es wurde entschieden, ob die Sache dem Volksgericht überwiesen oder von der Volksversammlung beurteilt werden sollte. Es konnte also in *Eisangelie*-Prozessen zu bis zu drei Volksversammlungen kommen, ehe ein rechtsgültiges Urteil vorlag. Vergleicht man dieses so skizzierte Verfahren mit den Geschehnissen im Arginusenprozeß, so ist klar ersichtlich, daß sich das Volk mindestens bis zur zweiten Versammlung, als ihm der von Kallixenos formulierte Verfahrensantrag des Rates vorgelegt wurde, wenigstens verfahrenstechnisch korrekt verhielt. Die erste Volksversammlung, während der einleitend über den Sachverhalt diskutiert, aber noch kein materieller Entscheid gefällt worden war, wurde jedenfalls im Rahmen der Usancen abgewickelt[16] und endete mit dem üblichen Auftrag an den Rat, einen Vorschlag zum weiteren Vorgehen zu machen.

Bedenklich scheint aber der folgende Verlauf gewesen zu sein, der sich nach dem entsprechenden Antrag des Kallixenos richtete. Sein Vorschlag, sofort und kollektiv über sämtliche Angeklagten abzustimmen, war der Stein des Anstoßes für Euryptolemos. Er plädierte in seiner Rede für ein Verfahren, das die Angeklagten gesondert behandelte und ihnen ihre Verteidigungschancen sicherte. Er sah das Widerrechtliche der Sache also im Kollektivverfahren und in der Beschneidung der Verteidigung. Man geht wohl sicher in der Annahme, daß mit Euryptolemos' Votum Xenophon auch seine eigene Haltung zum Ausdruck bringen wollte. Dafür spricht neben dessen Länge auch die Art, wie Euryptolemos eingeführt wird, sowie die ganze Tendenz der Passage. In der Tat ist kaum zu bezweifeln, daß den Strategen nicht die üblichen Verteidigungsmöglichkeiten eingeräumt wurden – eine eigentliche Gerichtsverhandlung fand nicht statt, das Urteil wurde allein aufgrund der Debatten während der beiden Versammlungen gesprochen, während derer die Strategen aber nie Gelegenheit hatten, sich auf die gängige Weise, nämlich mit einem ausführlichen Plädoyer, der Vorlage von entlastendem Beweismaterial und dem Aufruf von Zeugen, zu verteidigen. In diesem Punkt war das Verfahrensrecht, soweit es sich damals schon herausgebildet hatte, verletzt. Zudem wäre üblicherweise zweistufig zu verhandeln gewesen, nämlich zunächst über die Schuldfeststellung, und, so denn schuldig gesprochen wurde, danach über das Strafmaß. Auch davon ist im Arginusenprozeß nichts zu sehen. Insofern ist dieser gewiß willkürlich gehandhabt worden.

Der zweite Vorwurf des Euryptolemos geht dahin, daß alle Angeklagten über einen Leisten geschlagen würden, obwohl ihr Verschulden möglicherweise unterschiedlich sei.[17] Es finden sich unter den von Hansen zusammengestellten, uns bekannten *Eisangelie*-Prozessen freilich nicht wenige Anklagen, die gegen Gruppen von Angeklagten gerichtet sind, darunter auch Fälle von Amtsträgern, die einer Kollektivbehörde angehörten und daher auch gemeinsam die Verantwortung für die ihnen übertragenen Amtspflichten trugen.[18] Es scheint auch durchaus zu einigen Kollektivverurteilungen gekommen zu sein.[19] Es ist freilich einzuräumen, daß wir gerade über diejenigen Prozesse wenig wissen, die einen Präzedenzfall hätten bilden können. Immerhin sind Fälle bekannt, daß Mitglieder eines Gremiums der Polis, die an einer inkriminierten Tat beteiligt waren, als solche gemeinsam zur Verantwortung gezogen wurden.[20] Kallixenos konnte sich also auf Vorbilder stützen; die rechtliche Garantie, daß in solchen Momenten jeder Angeklagte jeweils gesondert behandelt werden sollte, scheint es jedenfalls nicht gegeben zu haben. In diesem Punkt muß also sein Antrag nicht illegal gewesen sein. Es wird vielmehr in der Entscheidungsfreiheit des Volkes gestanden haben, in jedem Fall über das Verfahren und einzelne Prozeduren beschließen zu können. So geschah es ja häufig im *Eisangelie*-Prozeß, allerdings in einem durch Erfahrung und Rechtsbrauch definierten Rahmen. Die Rechtssätze, auf die sich Euryptolemos dagegen beruft, nämlich das *Psephisma* (Volksbeschluß) des Kannonos und das Gesetz über Tempelräuber und Hochverräter, müssen nicht verbindlich gewesen sein, sondern konnten wahrscheinlich mit einem Verfahrensbeschluß der Volksversammlung, der Ekklesie, beiseite geschoben werden. Es war zumindest im 5. Jahrhundert sogar möglich, und es scheint auch Grundlage für den Vorschlag des Kallixenos gewesen zu sein, daß ad hoc neue Verfahren entwickelt wurden,[21] allerdings mit der oben vorgebrachten Einschränkung, daß die Verteidigungsrechte gewahrt bleiben mußten.

Es ist aber klar, daß ein für jeden Angeklagten gesondertes Verfahren, wie Euryptolemos es vorschlug, gebräuchlicher war als das Gegenteil. Es hing also von der Überzeugungskraft der Antragsteller und der Stimmungslage im Demos ab, welches jeweils angewendet wurde. Xenophons Hinweis auf die Illegalität des Verfahrens wird nicht präzisiert, und seine Auffassung muß in diesem Punkt zumindest als nicht völlig überzeugend bezeichnet werden.

Als unbillig wird zudem aber auch empfunden worden sein, daß die Sprecher, die sich zugunsten der angeklagten Strategen äußern wollten – jedenfalls, wenn dem Referat Xenophons Glauben geschenkt werden soll –, massiv unter Druck gesetzt wurden. Das Recht der freien Rede, auf das man in Athen so stolz war, drohte natürlich mit solchen Einschüchterungsversuchen zur Farce zu werden. Im Arginusenprozeß verhinderten diese eine *Graphe paranomon*, eine Klage wegen Gesetzwidrigkeit, und machten damit ein wesentliches Instrument der Selbstkontrolle des Volkes unwirksam.

Betrachten wir nunmehr das zur Debatte stehende Delikt näher, so gilt es zunächst festzustellen, daß Xenophon und Diodor dieses unterschiedlich definieren. Während der erste davon spricht, daß die noch lebenden schiffbrüchigen Opfer der Schlacht nicht geborgen wurden, sieht der zweite in der unterlassenen Bergung der bereits Gefallenen das verfolgte Vergehen.[22] Die unter das *Eisangelie*-Verfahren fallenden Handlungsweisen sind zum Teil recht allgemein gefaßt,[23] aber es bereitet keine Mühe, in beidem für athenische Begriffe je nach den näheren Umständen schwere Verbrechen, nämlich Hochverrat durch Unterlassen einer Hilfeleistung für athenische Bürger in Lebensgefahr bzw. die Verhinderung eines ordentlichen Begräbnisses für solche, zu sehen,[24] und beide Quellen machen deutlich, daß irgend etwas Derartiges auch tatsächlich vorgefallen ist. Das erkannten die Beteiligten, die Angeklagten bzw. deren Fürsprecher Euryptolemos eingeschlossen, auch an; der Streit drehte sich vielmehr darum, wer dafür verantwortlich war und ob diese Verantwortlichen das Geschehen hätten verhindern können.

Was also ist genau geschehen? Für die Darlegung des Herganges gibt es unterschiedliche Versionen. Diodor[25] berichtet, daß die siegreiche athenische Flotte zunächst die Verfolgung der geschlagenen Gegner aufnahm und dabei viele Schiffe versenkte. Erst danach wollte ein Teil der Strategen die Toten bergen, während die anderen die Fahrt nach Mytilene fortsetzen wollten, um die Flotte Konons zu entsetzen. Ein Sturm brach aus, und die ermüdeten Rudersoldaten weigerten sich, die Leichen an Bord zu nehmen. Das Anwachsen des Sturmes machte dann aber ohnehin jede Aktion unmöglich. Nach dieser Darstellung hätten die Strategen immerhin Gelegenheit gehabt, sich um die Toten zu kümmern, wenn sie nämlich, anstatt die Feinde zu verfolgen, rechtzeitig für deren Bergung gesorgt hätten.

Xenophon berichtet nichts von einer Verfolgung der spartanischen Flotte, sondern läßt die Feldherren unmittelbar, nachdem die Schlacht durch die Flucht der Kontrahenten entschieden war, nach einiger Diskussion über das weitere Vorgehen beschließen, daß ein Teil der Flotte unter dem Kommando erfahrener Trierarchen wie Theramenes und Thrasybulos Schiffbrüchige bergen solle, während der größere Rest unter dem Befehl der Strategen die Verfolgung aufnehmen solle.[26] Der aufkommende Sturm verhinderte die Ausführung beider Vorhaben. Bemerkenswert ist, daß sowohl Euryptolemos in seiner Rede zugunsten der Feldherren wie auch Theramenes, als er sich im Jahre 404 v. Chr. vor den Dreißig – der in Athen damals herrschenden oligarchischen Clique – zu verteidigen hatte,[27] sich so weit einig sind, daß es einen solchen Befehl gegeben habe, und beide betonen auch, daß die Rettungsaktion wegen des Sturmes unterblieben sei. Dieser Autor stellt die Geschichte also so dar, daß zwischen Schlacht, Beratung der Feldherren und Sturm keine Zeit geblieben sei, um den gekenterten Landsleuten zu Hilfe zu kommen. Die Verurteilung der Feldherren wegen Hochverrats wird in diesem Lichte um so willkürlicher, da sie in dieser Version durch die Teilung der Flotte zwar den Versuch unternommen hatten, die Schiffbrüchigen zu retten, äußerer Umstände wegen aber gar keine Chance hatten, dieser Pflicht nachzukommen.

Die Differenz beider Versionen in der Schilderung des Ablaufes der Schlacht reduziert sich so gesehen auf den Zeitpunkt der Beratung der Strategen und der Organisation der Bergung. Xenophon, zumal wenn er durch den Mund des Euryptolemos spricht, hat nun erkennbares Interesse daran, die Phase zwischen dem Ende der Schlacht und dem Einsetzen des Sturmes als möglichst kurzen Zeitraum darzustellen, um nicht den Anschein aufkommen zu lassen, die Feldherren hätten genügend Zeit gehabt, die Schiffbrüchigen bergen zu lassen, dies aber versäumt, weil sie die Verfolgung für wichtiger hielten. Es ist deswegen leicht zu erklären, weswegen er davon nichts sagt.

Vor diesem Hintergrund scheint mir die Version Diodors plausibler; es dünkt ohnehin naheliegender, daß sich im Schlachtverlauf Flucht und Verfolgung quasi automatisch aus der Dynamik des Kampfes heraus ergeben. Die ziemlich abrupte Beendigung des Kampfes seitens der siegreichen Athener, wie sie Xenophon schildert, ist auch weniger geeignet, die hohen Verluste der peloponnesischen Flotte zu erklären.[28] Diese werden am ehesten eingetreten sein, nachdem die Schlacht entschieden war und die Gegenwehr der Unterlegenen nachließ.

Allerdings erschließt sich, wie ich gerne zugebe, die Beurteilung solcher nautischen Phänomene dem Vertreter eines friedlichen Binnenlandes nicht leicht. Ich möchte also zurückhaltend bleiben, selbst wenn in Xenophons Bericht eine weitere Ungereimtheit zutage tritt: Es wurde schon mehrfach bemerkt, daß in seiner Version die Absetzung der Feldherren, die *Apocheirotonie* durch das Volk, recht unvermittelt erfolgt und auch kein Grund angegeben wird, weshalb die Volksversammlung zu dieser drastischen Maßnahme schreitet. Er bleibt also zumindest hinsichtlich des Auslösers der ganzen Affäre merkwürdig unbestimmt. Bei Diodor hingegen wird sie immerhin mit dem späteren Anklagemotiv begründet, nämlich dem Umstand, daß die Gefallenen unbestattet geblieben waren. Xenophon, soviel zumindest läßt sich behaupten, hat die Phase vom Ende der Schlacht bis zur Absetzung der Strategen also nur sehr verkürzt und verstreut[29] geschildert; es läßt sich deswegen seinem Bericht nicht entnehmen, wie groß der Handlungsspielraum der Strategen nach der Schlacht tatsächlich war. Ob das sein Ziel war, bleibe dahingestellt – ihm kann aber für diesen Punkt nicht vertraut werden.

Wenn wir uns an die Version Diodors halten, so hatten die Feldherren die Möglichkeit, etwas für die Bergung der Gefallenen zu tun, zogen es aber vor, zunächst der Verfolgung ihren Lauf zu lassen. Erst später und, wie sich dann herausstellte, zu spät machte man sich an die Aufnahme der Toten.

Das richtende Volk hatte demgemäß abzuwägen, ob die Feldherren mit diesem Beschluß die richtige Option gewählt hatten, und es entschied, daß diese ihren Spielraum falsch genutzt und dadurch athenischen Bürgern, die als Soldaten für ihre Polis in den Krieg gezogen waren, vermeidbaren Schaden zugefügt hatten. Das Volk gestand den Befehlshabern nicht zu, daß es in der Situation der Schlacht in ihrem Ermessen lag, sich für das eine oder andere Vorgehen zu entscheiden, obwohl es für beides gewiß vernünftige Argumente gab. Sein Todesurteil erscheint aus heutiger Sicht immer noch sehr willkürlich, und auch Diodor hält es für ungerecht.[30] Die faktische Basis des Schuldspruches scheint aber doch nicht ganz so an den Haaren herbeigezogen, wie uns Xenophon glauben machen will. Zumindest einen Anlaß für die Aufnahme eines Verfahrens haben die kommandierenden Strategen wohl gegeben – das mindestens kann einen das Schweigen Xenophons vermuten lassen. Worin der bestanden haben könnte, davon gibt uns Diodor höchstens eine Andeutung. Xenophon und andere demokratiekritische Zeitgenossen haben also in der Betonung der Widerrechtlichkeit und Irrationalität des Prozesses übertrieben – wahrscheinlich, weil sie die Gelegenheit ergreifen wollten, die Unfähigkeit des Demos zur vernunftgeleiteten Entscheidung und die Anfälligkeit der Demokratie für Willkür an einem einleuchtenden Beispiel hervorzuheben, an dem sich nur wenig deuten ließ.

Dennoch ergibt die rechtliche Würdigung des Prozesses ein zwiespältiges Bild. Die *Ekklesia* wich von elementaren Verfahrensgrundsätzen ab, und es war zumindest zweifelhaft, ob überhaupt ein Delikt vorlag. Die Reaktion des Sokrates und der übrigen *Prytanen,* die nicht über den verhängnisvollen Antrag des Kallixenos hatten abstimmen lassen wollen, bestätigt, daß auch schon das Rechtsempfinden von Zeitgenossen verletzt war; ähnliche Fälle sind sonst kaum dokumentiert, wie wir überhaupt fast nichts wissen über die konkrete Amtsführung von einzelnen Prytanenkollegien – zumal als Leiter der Volksversammlungen. Der Antrag des Kallixenos wurde dann auch erst nach einem vergeblichen ersten Anlauf und nur unter massivem Druck seitens militanter Befürworter des Todesurteils zum Beschluß erhoben.

IV.

Wie aber hatte es so weit kommen können? Was bewog das Volk, erfolgreiche Feldherren in angespannter äußerer Lage zum Tode zu verurteilen und entscheidende Schutzmechanismen zugunsten von Angeklagten außer acht zu lassen? Die antiken Quellen führen das Fehlurteil auf die Agitation des Theramenes und seiner Anhänger und auf den Druck auf die Volksversammlung zurück.[31] In der Tat scheint Theramenes nicht ganz ohne Anlaß befürchtet zu haben, daß seine Rolle bei der mißglückten Rettungsaktion diskutiert werden würde und er dabei in Bedrängnis geraten könnte. Er hat deswegen Anklage und Schuldspruch energisch betreiben helfen – aber weniger aus politischen Motiven, wie lange vermutet wurde, denn aus Gründen der Selbsterhaltung. Sein Vorgehen scheint aber nicht wenig zur Emotionalisierung des Falles beigetragen zu haben. Neben einem dramatischen Auftritt in der *Ekklesia* wiegelte er Angehörige auf, nutzte die Feier des Apaturienfestes als Agitationsfeld, führte die Trauer augenfällig vor, nahm Einfluß auf Ratsmitglieder und schuf so ein Klima, das die Bürger geneigter sein ließ für Appelle an ihre Gefühle.

Die Chancen des Theramenes, die Schuld von sich selbst auf die Strategen abzuwälzen, standen dabei nicht schlecht: Das athenische Volk zögerte selten, die politisch Verantwortlichen für ein Vorhaben, das unglücklich verlief, zur Rechenschaft zu ziehen – oft unabhängig davon, ob sich die Betroffenen schuldhaftes Handeln vorwerfen lassen mußten oder nicht. Die Verantwortung für militärische Unternehmungen lag nach athenischer Auffassung bei den gewählten Strategen und nicht bei deren Untergebenen, und diese waren dann üblicherweise auch im Visier der *Ekklesia,* wenn die Sache schiefging. Das hatte sich gerade ein Jahr vor der Arginusenschlacht wieder gezeigt, als Alkibiades wegen der verlorenen Seeschlacht von Notion als Stratege zurückzutreten hatte, obwohl nicht er, sondern sein Unterfeldherr Antiochos die Niederlage in klarer Zuwiderhandlung gegen ausdrückliche Weisungen seines Vorgesetzten herbeigeführt hatte. Diese Neigung des Demos, sich an die Spitze der

Hierarchie zu halten, setzte Theramenes also strukturell in Vorteil gegenüber den Strategen; sie erklärt, weshalb seine Bemühungen, sich zu entlasten, erfolgreich waren – Athens Volksversammlung hielt sich dabei an ein durchaus gebräuchliches Muster.

Nicht erklärt ist damit allerdings, wieso es angesichts des Erfolges, den die Strategen im Gegensatz zu Alkibiades bei Notion hatten, überhaupt zur ihrer Absetzung und schließlich zu einem Prozeß, der einer solchen häufig folgte, kommen mußte – kurzum, wieso das Verhalten der Strategen nach der Schlacht strittig wurde. Die Propaganda des Theramenes setzte nämlich erst ein, nachdem das Verfahren bereits eröffnet worden war – darin darf man also nicht die Ursache der Anklage suchen. Soweit ich sehe, wurde die Bergung der Schiffbrüchigen nach einer Seeschlacht – ob tot oder noch lebendig – in der Zeit vor 406 nie zu einem Thema in Athen, das in einem Prozeß, geschweige denn in der Geschichtsschreibung abgehandelt wurde.

Eine schlüssige rationale Erklärung zu finden fällt schwer. Möglicherweise liegt sie in einer Kombination mehrerer Faktoren, die sich zu einer für die Strategen verhängnisvollen Konstellation zusammenfügten. Davon war die Einflußnahme des Theramenes nur einer. Zunächst ist festzustellen, daß die athenischen Verluste trotz des Sieges nicht unbedeutend waren. 25 Schiffe umfaßten immerhin ein Sechstel der Flotte; sie waren jeweils mit 200 Mann besetzt, die fast alle mit den Schiffen untergingen.[32] Sie werden nicht alle Bürger gewesen sein – es waren für die Ausrüstung dieser Flotte als Notmaßnahme auch Sklaven aufgeboten worden. Dennoch war deren Anteil wohl auch nicht zu vernachlässigen. Die Verluste unter dieser Gruppe können daher mehrere 1000 Mann betragen haben. Entsprechend viele Verwandte werden um sie getrauert haben, und gerade sie werden mobilisierbar gewesen sein – Xenophon läßt dies auch erkennen.[33] Es kommt dazu, daß die Bürgerschaft die bei den Arginusen siegreiche Flotte nur unter erheblichen Opfern an Menschen und Ressourcen hatte ausrüsten können – man verfügte gegen Ende des Peloponnesischen Krieges (431–404 v. Chr.) kaum noch über Reserven, und die politische, materielle und psychische Belastung war enorm. Die athenische Bürgergemeinschaft war reizbarer und damit wohl auch empfänglicher für Demagogie geworden, als sie es ohnehin schon war.

Diese Demagogie des Theramenes und anderer[34] konnte zudem auf einen hohen Wert rekurrieren, nämlich auf Leben und Würde der Bürger, die sich für die Polis einsetzten. Die Erkenntnis, daß dieser Wert für alle griechischen Poleis, besonders aber für Athen, elementar war, ist trivial. Auf Zahl und Einsatzbereitschaft der Bürger ruhte Macht und Existenz der Polis. Ihnen gebührte denn auch besonderer Schutz, gerade durch die Amtsträger, die im Fall der Strategen ihre Funktion als Fachleute erhalten und sie als Sachwalter der Polis und ihrer Bürger wahrzunehmen hatten. Übertreibend wird von den Anklägern dargestellt worden sein, wie dies durch die Angeklagten mißachtet worden sei.

Der Arginusenprozeß war damit auch geeignet, sich und anderen zu demonstrieren, daß dies nicht ungestraft geschehen konnte. Dabei spielte der reale Sachverhalt gar keine so entscheidende Rolle; wichtig war nur, daß die Mehrheit der richtenden Bürgerschaft überzeugt werden konnte, einigen aus ihrer Mitte, und zwar solchen, die ihr Leben für die Polis riskiert hatten, sei schweres Unrecht widerfahren. Jeder Bürger konnte sich durch das angeblich verächtliche Tun der Strategen selbst angegriffen fühlen. Das Urteil war in diesem Sinne auch ein Akt der Selbstvergewisserung der Bürgerschaft und der Demokratie. Dafür konnten Gerichte und Gerichtsverhandlungen im übrigen auch in anderen Fällen durchaus eine Bühne bilden.[35] Das Prozeßtheater um die Arginusenschlacht sollte, so gesehen, die Hochachtung vor dem Bürger-Sein neu einschärfen und zwar hauptsächlich gerade denjenigen, in deren Hand es vorübergehend gelegt wurde. Daß dies zumindest von einigen auch so verstanden wurde, zeigt das Verhalten des Chabrias nach der Seeschlacht von Naxos 376 v. Chr., der damals auf eine Verfolgung der geschlagenen lakedämonischen Flotte verzichtete und lieber zuerst die schiffbrüchigen eigenen Leute rettete – gemäß Diodor durchaus mit dem Hinweis auf das Schicksal der Strategen nach der Schlacht bei den Arginusen.[36]

Natürlich wird durch diese Erwägungen der Gang des Verfahrens und sein Ende noch nicht hinreichend verständlich. Damit ist zunächst nur eine Disposition eines größeren Teils der Bürgerschaft dargestellt, die diese geneigt sein ließ, das Verhalten der Feldherren nach der Schlacht näher zu überprüfen. Zwar rechtfertigte die Verfolgung von Hochverrat und anderer schwerer Verbrechen in den Augen der Athener einiges, aber sie führte noch nicht notwendigerweise dazu, daß das Volk anerkannte Verfahrensregeln mißachten konnte. Um dies erklären zu können, sollte noch eine weitere Entwicklung beachtet werden.

Mit nur wenigen Rückschlägen hatten sich seit den Reformen von Kleisthenes 508/7 und Ephialtes 462/1 v. Chr. die Rechte des athenischen Volkes und der Volksversammlung ständig ausgeweitet. Die *Ekklesia* hatte sich zum ausschlaggebenden Faktor der Politik entwickelt, ihr Einflußbereich war immer stärker ausgebaut worden, und sämtliche Gegenkräfte waren gescheitert oder diskreditiert. Das Volk konnte sich als Herr über alles (*kyrios panton*) betrachten. Der theoretische Endpunkt einer solchen Entwicklung ist die schrankenlose Volkssouveränität, die Kontrollmechanismen und sichernde Verfahren nicht mehr kennt, sondern nur mehr den spontan geäußerten Willen des Volkes in ungebremster Kraft als politisch und gesellschaftlich allein relevant nimmt. Ob ein Staatsmodell, das darauf beruht, überhaupt funktionstüchtig ist und ob es in Athen je bewußt angestrebt wurde, bleibe hier dahingestellt. Die Gefahr, daß auf notwendige politische und rechtliche Grenzen nicht mehr Rücksicht genommen wurde, lag in Athen jedenfalls bereits recht nahe. Xenophon berichtet, daß Euryptolemos' Versuch, mit der Anstrengung einer *Graphe paranomon* den Antrag des Kallixenos scheitern zu lassen, von der Menge mit dem Argument beiseite geschoben wurde, es sei doch empörend, daß das Volk nicht handeln dürfe, wie es wolle.[37] Hier wird also aus der Situation heraus, in einem ohnehin schon emotionsgeladenen Klima, diese Volkssouveränität in Anspruch genommen – der oben erwähnt Endpunkt ist erreicht.[38]

Diese Forderung nach unmittelbarer, uneingeschränkter Demokratie war im vorliegenden Fall freilich kein Ausfluß einer breiten staatspolitischen Diskussion – es lag ihr keine umfassende politische Reflexion zugrunde, und ein zukunftsgerichtetes politisches Programm mit entsprechender Strategie war damit nicht verbunden. Sie war hier vielmehr aus dem Moment geboren, und die wenigsten, die sie erhoben, werden sich damals ihrer Gefahren bewußt gewesen sein. Sie diente in der Debatte, die auf Messers Schneide stand, als Argument, um den eigenen Standpunkt durchzusetzen und ein konkretes Ziel zu erreichen. Man ließ sich in erhitzter Atmosphäre von der Stimmung mitreißen.

Freilich ist es das Wesen einer Demokratie, daß das Volk seinen Willen letztlich durchsetzen kann. Die athenischen Bürger hatten in den Jahrzehnten vor dem Arginusenprozeß erfahren, daß die Demokratie lebensfähig war, und die überwiegende Mehrheit der Bürgerschaft hatte sie als die für Athen richtige Verfassung akzeptiert und sich damit identifiziert. Man hatte den fortwährenden Ausbau der Rechte und Möglichkeiten des Volkes als bereichernd und vielleicht auch zunehmend als selbstverständlich erfahren. Das Verlangen, daß der Demos machen können soll, was er wolle, lag im politischen Trend und konnte vor diesem Hintergrund daher von vorneherein damit rechnen, mit Sympathie aufgenommen zu werden – zumindest von einem größeren Teil des Publikums. Es entsprach voll und ganz dem Wertesystem, das Athen zuerst vor allen anderen Poleis auszeichnete. In den Augen der *Ekklesia* überwog es denn auch sämtliche Bedenken rechtlicher Natur und ließ sämtliche Hinweise, daß der Demos auch auf korrektem und bereits erprobtem Wege zu seinem Recht kommen könne, vergessen. Es war damit ein Nerv der Bürgerschaft getroffen.

Es kommt hinzu, daß die Demokratie 411, also wenige Jahre vor dem Prozeß, ein erstes Mal gestürzt worden, die Entwicklung also nicht ungestört verlaufen war. Die demokratische Selbstgewißheit hatte einen Rückschlag erlitten. Um so empfindlicher wird man reagiert haben, wenn die Essenz der Verfassung, Rechte und Integrität des Bürger wie die Macht des Demos, zur Diskussion standen – in welchem Zusammenhang auch immer.

Besonnenere Stimmen hatten es demgegenüber schwer, besonders auch weil sich die Menge, wenn man Xenophon glauben will,[39] zur Drohung verstieg, denjenigen, die die Rechtlichkeit des Verfahrens mittels einer *Graphe paranomon* überprüfen wollten, dasselbe Schicksal angedeihen zu lassen wie den Angeklagten. Euryptolemos versuchte gar nicht erst, die zu erwägende Haltlosigkeit der Anklage darzustellen, sondern berief sich darauf, daß das Volk auch auf andere Weise sein ungeschmälertes Recht wahrnehmen könne als mittels eines willkürlich auf den Augenblick hin festgelegten Beschlusses. Er stellt also die dem Volk bedeutsamen Werte, auf die sich die Gegner der Strategen stützten, nicht in Frage; das wäre ohnehin ein aussichtsloses Unterfangen gewesen, und Euryptolemos ist auch nicht als Gegner der Volksherrschaft bekannt. Sein primäres Ziel wird gewesen sein, Zeit zu gewinnen und damit der Nachdenklichkeit wieder Raum zu schaffen. Sein Verweis auf frühere Beschlüsse zeigt aber auch, daß dem Volk der rechtliche Umgang mit Hochverrat nicht unvertraut war. Die Dynamik und die Emotionalität der Debatte hatte aber davon weggeführt und eine untaugliche Lösung Platz greifen lassen. Daß solche ‹Betriebsunfälle› bisweilen geschehen konnten, gehörte wohl zur Versammlungsdemokratie; in diesem Falle zahlten sechs erfolgreiche Strategen mit ihrem Leben einen hohen Preis dafür.

V.

Ich fasse zusammen: Zwar hatte der Arginusenfall dem athenischen Volk die Bestätigung wesenhafter gesellschaftlicher Werte der Demokratie möglich gemacht. Die Achtung vor dem Bürger als Träger der Polis und der absolut gesetzte Wille des Volks wurden in diesem Prozeßtheater emphatisch vorgetragen. Aber das ging nur auf Kosten anderer Werte, die für das Funktionieren einer staatlichen Ordnung mindestens so bedeutsam waren – Sicherheit und Berechenbarkeit von Konfliktregelungsmechanismen und Freiheit von Willkür. Gerade weil die Rede des Euryptolemos unmißverständlich auf deren Bedeutung hinweist, wird sie zu einem wichtigen, geradezu ‹überzeitlichen› Dokument der Geschichte des Rechtsstaates. Umgekehrt braucht nicht betont zu werden, daß die Gelegenheit, die die *Ekklesia* ergriff, um ein Exempel für die unbedingte Durchsetzung des Volkswillens zu statuieren, ungünstiger kaum hätte sein können. Politik und Recht – in Athen ohnehin keine klar voneinander geschiedenen Bereiche – hatten sich auf eine unglückliche Art vermengt; mit dem Blick auf politisch Grundsätzliches hatte das Volk in einem Einzelfall als Richter ungerecht entschieden.

Für viele spätere Betrachter fügt sich der Arginusenprozeß nahtlos in die Endphase des Peloponnesischen Krieges: Er erscheint als ein Hinweis für die Verunsicherung und Anspannung, unter der der athenische Demos in jener Zeit litt. Aber unmittelbarer Schaden ist Athen, soweit wir sehen können, daraus nicht erwachsen. Es ist aber angesichts des Vorgefallenen nicht erstaunlich, daß die Kritiker der Demokratie – und davon gab es in der Publizistik des 4. Jahrhunderts v. Chr. bekanntlich nicht wenige – den Arginusenfall zum Exempel für die Fragwürdigkeit der Volksherrschaft und deren Umgang mit dem Recht machten. Zumindest der gute Ruf der Stadt war also beeinträchtigt – und vielleicht sogar über Gebühr, denn es ist unübersehbar, daß Xenophon und andere Autoren den Gang der Dinge recht einseitig darstellen. Ihre Stimme verstärkt den skandalösen Aspekt des Prozesses.

‹Die Revolution frißt ihre eignen Kinder›
Kritias vs. Theramenes

Jürgen von Ungern-Sternberg

> Wo die Notwehr aufhört, fängt der Mord an; ich sehe keinen Grund, der uns länger zum Töten zwänge.
> *Georg Büchner, Dantons Tod*

I.

Der Peloponnesische Krieg hatte wohl gerade begonnen, als sich ein Athener daran machte, die demokratische Verfassung seiner Vaterstadt einmal kritisch unter die Lupe zu nehmen. Wir kennen seinen Namen nicht; überliefert ist die kleine Schrift unter dem Namen Xenophons.[1] Frappierend indes ist die gewählte Perspektive. Der Autor stellt nämlich von vornherein klar, daß ihm eine Staatsform gründlich mißfalle, in der «es die Gemeinen besser haben als die Edlen», die ‹Schlechteren› den ‹Besseren› überlegen sind. Er betrachtet die Demokratie also nicht als die Gemeinschaft der unter sich gleichberechtigten Bürger, sondern als Herrschaft des (niederen) Volkes über den Adel. Gleichwohl verspricht er, die Zweckmäßigkeit der nun einmal etablierten Staatsform zu beweisen, und zeigt dementsprechend, daß die Demokratie in sich konsequent und daher auch stabil eingerichtet sei. Ausführlich verweilt er bei den äußeren Erfolgen, der Machtstellung Athens im Seebund, wobei sich hier unwillkürlich doch ein ‹Wir-Gefühl› einstellt (2, 11–12): Von der Seeherrschaft profitierten alle, und gerade auch die reichen Athener.[2]

Der Antagonismus des Volkes und des Adels steht ihm dennoch fest, und zugleich die Überzeugung, daß die Vormacht des einen immer auf Kosten des anderen gehen werde. Unverhohlen gesteht er zu, «wenn nur die Edlen redeten und sich berieten, so wäre es ganz unleugbar für ihresgleichen selbst vorteilhaft, für die Volkspartei jedoch nicht gerade vorteilhaft» (1, 6). Entsprechend ominös sind seine Vorstellungen vom Zustand der ‹Wohlgeordnetheit› (*Eunomia*). Dann werden «die rechten Männer ihnen die Gesetze geben, die

Gewalt ferner werden die Edlen über die Gemeinen haben und beraten werden die Edlen über die politischen Fragen und werden sinnlose Leute nicht zum Rate, zum Worte oder auch nur zu einer Versammlung zulassen; und die Folgewirkung dieser Vorteile wäre, daß das Volk binnen kurzem in einen Zustand der Knechtschaft verfiele» (1, 9).

Der Autor gehörte zu einer Generation, die die Demokratie schon vorgefunden hatte, in sie hineingewachsen war und die zu ihr, selbst wenn sie sie ablehnte, keine realisierbare Alternative sah.[3] Es handelte sich folglich um theoretische Überlegungen für eine theoretische Debatte, vielleicht in sophistischen Kreisen, vielleicht in Adelsklubs (*Hetairien*); ähnlich denen, die Platon im *Gorgias* einen Kallikles formulieren läßt, oder den Maximen, die bei Thukydides der syrakusanische Politiker Athenagoras den ‹jungen Leuten› unterstellt: «Wo aber die Wenigen die Macht haben, gewähren sie der Menge Anteil nur an den Gefahren, von allem Nutzen nehmen sie nicht nur das größere Stück, sondern behalten das Ganze ganz für sich» (6, 39).[4] Da freilich befinden wir uns im Jahre 415 v. Chr.; der Krieg hatte längst als «gewalttätiger Lehrer» (Thuk. 3, 82) auf das allgemeine Denken einzuwirken begonnen, und die Spaltungen innerhalb der athenischen Bürgerschaft hatten erheblich an Brisanz zugenommen.[5]

II.

Der Untergang des Expeditionskorps in Sizilien brachte Athen insgesamt an den Rand der Katastrophe und gab den oppositionellen, oligarchischen Kräften eine Chance. Thukydides schildert im achten Buch seines Geschichtswerkes das raffinierte Spiel des verbannten Alkibiades zwischen Spartanern, dem persischen Satrapen Tissaphernes und der athenischen Flotte auf Samos und das nicht minder raffinierte Treiben eines Antiphon, Peisandros und Phrynichos, die einerseits das Volk durch die nunmehr aktivierten Hetairien terrorisierten und es andererseits durch das Versprechen persischer Hilfe oder die Aussicht auf einen erträglichen Frieden mit Sparta gefügig machten (411 v. Chr.). Gerade weil Thukydides dies so präzise und ungeschminkt tut, erstaunt sein Lob der «einsichtigen Männer» und die abgeklärte Feststellung, daß es «kein Kleines» gewesen sei, «dem Volk von Athen ziemlich genau 100 Jahre nach dem Sturz der Tyrannen seine Freiheit zu nehmen» (8, 68). Offenbar schätzte er die damalige Demokratie in Athen noch weniger.

Gleichwohl berichtet er anschließend deutlich, wie sich das solchermaßen etablierte Regime von 400 Männern binnen weniger Monate völlig diskreditierte und einer Verfassung der Hopliten, der ‹5000›, weichen mußte. Auch diese Verfassung lobt er als vernünftigen Ausgleich, kurz bevor sein Werk abbricht (8, 97) – für uns wiederum schwer erklärlich, weil auch sie ohne nennenswerte Leistungen binnen Jahresfrist der wiederhergestellten Demokratie Platz machte. Eine vorübergehende Stabilisierung der Lage war vielmehr der nach kurzem Schwanken demokratischen Flotte zu verdanken. Die Oligarchen hatten ihre Chance nicht nur nicht genutzt, sondern geradezu kläglich verspielt. Eine Herrschaft, die breite Kreise von vornherein ausschloß, war kaum zur Mobilisierung aller Kräfte geeignet.

III.

Mit dem Regime der ‹400› betraten zwei Männer die Bühne der großen Politik, beide gegen vierzig Jahre alt, aus bester Familie und gut gebildet: Kritias und Theramenes. Kritias bewunderte die spartanische Lebensweise, vor allem die Trinksitten hatten es ihm angetan, und betätigte sich als Poet, gelegentlich seine Kenntnis sophistischer Gedankengänge parodistisch nutzend, etwa in dem Satyrspiel *Sisyphos*.[6] Daß er selbst zu den ‹400› gehört hat, ist nicht ganz gesichert; sein Vater Kallaischros jedenfalls war ein Mitglied dieses erlauchten Kreises.[7] Theramenes war bereits um 420 dem Komödiendichter Eupolis aufgefallen[8] und mag daher zu den Leuten gehört haben, «von denen man» nach Thukydides (8, 66) «niemals gedacht hätte, daß sie sich für die Macht von Wenigen einsetzen würden». Im Jahre 411 nahm er alsbald als Stratege eine führende Position ein, wobei mitgespielt haben könnte, daß sein Vater Hagnon – ein wichtiger Mann der Perikleischen Zeit – als einer der zehn ‹vorberatenden Männer› (*Probulen*) dem neuen Regime maßgebend mit in den Sattel geholfen hatte.[9]

Binnen kurzem indes wurde die Situation ungemütlich, da die Flotte in Samos samt Alkibiades eindeutig gegen die ‹400› Stellung nahm, andererseits sich einige der Machthaber nur allzu eng mit dem Landesfeind, den Spartanern, einließen. Theramenes begann sich umzuorientieren und die Ausdehnung politischer Partizipation zu fordern mit dem Rat, die ‹5000› «jetzt wirklich und nicht nur dem Namen nach zu bestellen und in den bürgerlichen Rechten mehr Gleichheit zu geben» (Thuk. 8, 89). Als dann noch einer der

‹400›, Phrynichos, auf offenem Markt einem Attentat zum Opfer fiel und ein im Bau befindliches Hafenkastell von den erregten Hopliten abgerissen wurde, weil es nur die Kollaboration mit den Spartanern decken sollte, da führte Theramenes entschlossen den Umschwung herbei.

Sehr bezeichnend aber ist, wie er im Verein mit Kritias sich sogleich daran machte, durch eine Serie von Prozessen gegen ehemalige Kollegen seine Position im nunmehr etablierten Regime der ‹5000› zu festigen.

Vordringlich war es, mit Alkibiades zu einem guten Einvernehmen zu gelangen. Dazu bot sich ein postumes Verfahren gegen dessen erbitterten Gegner Phrynichos an. Auf Antrag des Kritias beschloß die Volksversammlung einen Prozeß wegen Verrat und im Falle des Schuldspruchs die Entfernung seiner Gebeine aus Attika. Möglicherweise waren die beiden Strategen Alexikles und Aristarchos in das Verfahren verwickelt, wodurch die spartafreundliche Gegenpartei weiter geschwächt wurde (Lykurg 1, 113–115). Auch das Verdienst, den Rückkehrbeschluß für Alkibiades herbeigeführt zu haben, nahm Kritias für sich in Anspruch.[10] Dieser konnte allerdings auch Theramenes zugeschrieben werden.[11] Berühmt-berüchtigt aber wurde vor allem die damalige Prozeßwut des Theramenes, die die Komödie geradezu von den «drei des Theramenes», nämlich von den drei von ihm vorgeschlagenen Arten von Hinrichtungen, sprechen ließ.[12] Insbesondere trat er im Winter 411/10 in dem großen Prozeß gegen die führenden Oligarchen Antiphon, Archeptolemos und Onomakles als Ankläger auf, der mit der Hinrichtung der beiden ersteren – Onomakles war rechtzeitig geflohen – endete.[13]

Solchermaßen ebnete sich Theramenes den reibungslosen Übergang in die bald darauf wiederhergestellte Demokratie; und ihn vor allem meint wohl Thukydides, wenn er zusammenfassend feststellt: «Am entschiedensten aber ermutigte diese Leute die starke Stellung des Alkibiades in Samos, und daß sie der Alleinherrschaft keine Dauer versprachen: so mühte sich jeder um die Wette, selber der erste Führer des Volkes zu werden.»[14]

Als Stratege versuchte Theramenes nunmehr, mit einem Flottenkontingent von zwanzig Schiffen kriegerischen Lorbeer zu erwerben. Zunächst befaßte er sich mit dem Eintreiben von Geldern auf den Inseln der Ägäis, wobei er vielleicht in Paros ein oligarchisches Regime stürzte und die Demokratie wiederherstellte.[15] Im Frühjahr 410 war er am Seesieg Athens bei Kyzikos beteiligt und anschließend am Bosporos zur Bewachung einer Zollstation stationiert (Xenophon, *Hellenika* 1, 1, 22). Ob er dort auch in den folgenden Jahren – und dies als Stratege – tätig war, bleibt leider ungewiß.[16]

Aus der schließlich im Jahre 408 erfolgten Rückkehr des Alkibiades nach Athen konnten weder Kritias noch Theramenes Nutzen ziehen. Kritias mußte 407 oder 406 auf Betreiben des Demagogen Kleophon nach Thessalien in die Verbannung gehen.[17] Später stritt man sich über die Frage, ob er die Thessaler oder ob die Thessaler ihn verdorben hätten.[18] Daß er dort gar eine Demokratie einzurichten und die hörigen Bauern, die *Penesten,* gegen ihre Herren aufzuwiegeln versucht habe, behauptete Theramenes in seiner großen Schlußauseinandersetzung mit Kritias (Xen. *Hell.* 2, 3, 36) – wenig glaubwürdig, so hübsch die Pointe bei dem Spartanerfreund und Demokratenhasser auch wäre.

Theramenes begegnet uns wieder als Schiffskapitän (*Trierarch*) anläßlich des letzten großen Seesiegs Athens bei den Arginusen, wo er und Thasybulos von den Strategen den Befehl erhielten, die schiffbrüchigen Athener zu bergen (Xen. *Hell.* 1, 6, 35). Vom Mißlingen der Bergung, dem daraus resultierenden Prozeß, der Verurteilung und Hinrichtung der Feldherrn und der Rolle des Theramenes dabei als Zeuge bzw. Ankläger handelt der Beitrag von Leonhard Burckhardt in diesem Band. Bei allen Schwierigkeiten der Bewertung – es geschieht Theramenes kaum Unrecht mit der Feststellung, daß sich auch hier wiederum seine Geschicklichkeit bewährte, einer drohenden Gefahr, zur Rechenschaft gezogen zu werden, durch einen rechtzeitigen Gegenangriff zuvorzukommen.

Die Gefühle in Athen waren gegenüber so viel Wendigkeit offenbar gespalten. Für das Jahr 405/04 wurde er zwar zunächst zum Strategen gewählt, bestand aber dann nicht die notwendige gerichtliche Überprüfung (Lysias 13, 10). Für das damalige Bild der Athener von Theramenes haben wir das wertvolle zeitgenössische Zeugnis in den im Frühjahr 405 aufgeführten *Fröschen* des Aristophanes. Zweimal kommt dieser auf ihn zu sprechen, und beide Male ist es sein Talent, die sichere Seite des Schiffes zu wählen bzw. sich in jeder Lage zu helfen, das hervorgehoben wird (534 ff. 959 ff.). Das sind doch recht ambivalente Bemerkungen, auch wenn Aristophanes den Theramenes dabei als klug (*sophos*) und geschickt (*deinos eis ta panta*) bezeichnen läßt (vgl. das Urteil des Thukydides 8, 68: «ein kluger Mann und guter Redner»). Konnte dieser als Zuschauer wirklich «rather pleased with himself» sein?[19] In die gleiche Richtung weist seine spöttische Bezeichnung als ‹Kothurn›, also als Stiefel, der auf beide Füße gleichermaßen paßte. In der Komödie des Philonides *Kothornoi* wurde Theramenes jedenfalls genannt; nach dem Titel zu urteilen, kann er sehr wohl der Hauptheld des Stücks gewesen sein.[20]

IV.

Nach der endgültigen Niederlage Athens im Peloponnesischen Krieg bei Aigospotamoi im Jahre 404 zeigte sich freilich, daß Theramenes keineswegs jeden Kredit verloren hatte; vielmehr machte ihn gerade seine Wendigkeit zum Mann der Stunde. Zunächst überredete er die Volksversammlung im belagerten Athen dazu, ihn als Gesandten zu dem spartanischen Feldherrn Lysander zu schicken, um die genauen Friedensbedingungen der Spartaner in Erfahrung zu bringen (Xen. *Hell.* 2, 2, 16). Drei Monate verbrachte er bei dieser Mission und konnte in dieser Zeit nicht nur abwarten, bis die Athener durch den Hunger mürbe gemacht wurden, sondern auch im Einvernehmen mit Lysander und wohl einigen verbannten Oligarchen die kommenden Aktionen vorbereiteten. Er selbst behauptete freilich, daß er von Lysander hingehalten worden sei. Nach seiner Rückkehr wurde er sogleich wieder mit neun anderen für die Gesandtschaft gewählt, die in Sparta Friedensverhandlungen führen sollte, und setzte anschließend in Athen die Annahme der Bedingungen durch (Xen. *Hell.* 2, 2, 17-23). Nach dem Verlust ihrer Flotte und ihres Reiches sank die Stadt in der Gefolgschaft Spartas zu einer Macht zweiten Ranges herab.

Mit der durch eine ganze Reihe von innen- wie außenpolitischen Fehlgriffen im wesentlichen selbstverschuldeten Katastrophe hatten sich die bis dahin herrschenden Demokraten diskreditiert. So bekamen die oppositionellen Oligarchen eine zweite Chance.[21] Daß sie diese entschlossen nutzten, ist nicht verwunderlich – zu groß war die wechselseitige Erbitterung, die niemand besser analysiert hat als Thukydides in seiner ‹Pathologie des Bürgerkrieges› (3, 82/83). Oder wäre Verwunderung nicht doch angebracht? In den Jahren ihrer ersten Machtergreifung (411/10) hatten die Oligarchen wenig Konstruktives geleistet, sondern sich in Faktionskämpfen aufgerieben, bis die Demokratie sich schließlich fast von selbst wiederherstellte. Welches Programm, außer dem festen Willen, als ‹Bessere› über die große Masse der ‹Schlechteren› die Oberhand zu gewinnen, rechtfertigte die erneute Machtergreifung?

Hinsichtlich dieser allerdings gingen sie taktisch so geschickt vor wie schon beim ersten Mal, wobei Kritias und Theramenes mit verteilten Rollen in geradezu perfekter ‹konzertierter Aktion› zusammenwirkten. Kritias suchte als einer von fünf nach spartanischem Vorbild so benannten ‹Ephoren› mittels der wieder aktivierten oligarchischen Klubs (*Hetairien*) die Kontrolle über die Volksversammlung zu gewinnen (Lys. 12, 43–47); eine zum Widerstand entschlossene Gruppe demokratisch gesinnter Strategen und Taxiarchen (Kommandeure) wurde verhaftet (Lys. 13, 13 ff.). In der entscheidenden Volksversammlung Mitte 404 führte Theramenes, unterstützt von Lysander, das große Wort und erreichte, daß ein Gremium von dreißig Männern zur Abfassung von Gesetzen eingerichtet wurde. Da er selbst zehn Mitglieder vorschlagen durfte, weitere zehn von den Ephoren benannt wurden und nur die letzten zehn von der Versammlung, wird klar, wer hier das Sagen hatte.[22]

Vom Auftrag der Gesetzgebung war freilich hinfort nicht mehr die Rede. Wie im Jahre 411 ging es den ‹30› allein um die Konsolidierung ihrer Macht durch eine entsprechende Besetzung des Rates und der Magistrate und um die Ausschaltung aller Mißliebigen durch Willkürprozesse. Psychologisch klug begannen sie mit der Beseitigung von allseits unbeliebten Sykophanten (Berufsdenunzianten und Anklägern). Wer in diesem Fall indes das summarische Verfahren mit Genugtuung zur Kenntnis nahm, mußte sich schnell belehren lassen, wohin die Aufhebung rechtsstaatlicher Prinzipien führte.[23] Eindrucksvoll schildert uns Lysias (13, 35–38), wie die ‹30› auf einer Tribüne sitzend den Rat in offener Abstimmung die verhafteten Strategen und Taxiarchen zum Tode verurteilen ließen. Eine spartanische Besatzungstruppe – 411 vergeblich angestrebt – sollte auch in Zukunft jede Opposition niederhalten helfen (Xen. *Hell.* 2, 3, 13–14).

V.

Das Jahr 411 sollte sich aber noch in anderer Hinsicht wiederholen. War damals dem Theramenes die Radikalisierung des Regimes unheimlich geworden und hatte er Mäßigung und eine Verbreiterung der politischen Basis gefordert, so begann er jetzt, sich im gleichen Sinne zu äußern. Gegenüber Kritias machte er geltend, «es sei unbillig, jemanden nur deshalb hinzurichten, weil er beim Volke Ehre und Ansehen genossen, dabei aber den ‹Schönen und Guten› nicht das geringste zuleide getan» habe. Auch die nunmehr aufgestellte Liste von 3000 politisch vollberechtigten Bürgern schien ihm einerseits zu sehr begrenzt, andererseits in den Auswahlkriterien willkürlich (Xen. *Hell.* 2, 3, 15–19).

Doch was waren die Beweggründe des Theramenes? Handelte er aus Einsicht? Dann ist schwer verständlich, warum er sich nach den Erfahrungen von 411 überhaupt noch einmal auf ein oligarchisches Experiment einließ. Oder war er der Mann, der auf jeder Woge schwamm und nun rechtzeitig in ruhigere Wasser hinübersteuern wollte? Ein wenig erinnert der Revolutionär Theramenes an einen anderen Revolutionär: Danton, wie ihn uns Georg Büchner in seinem Drama so hinreißend vor Augen stellt. Phasen energischen, skrupellosen Zupackens wechseln mit Phasen des Abwartens, ja der Distanzierung – Revolutionäre, die ihren Weg nicht zu Ende gehen wollen. Sollte unsere Auffassung etwas für sich haben, dann können wir freilich auch feststellen, daß Theramenes-Danton nunmehr in Kritias seinen Robespierre gefunden hatte.

VI.

Und damit sind wir bei der großen Schlußabrechnung zweier Männer angelangt, die vieles untereinander verbunden hatte, die jedoch jetzt die Entschlossenheit eines Kritias trennte, den Wahnsinn einer Klüngelherrschaft in Athen bis zum totalen Terror und damit zugleich zur totalen Absurdität zu steigern. Auf Dauer nämlich konnte der Raubbau an Menschenleben und Gütern gar nicht angelegt sein. Mochte Kritias mit Recht den Opportunismus eines Theramenes wittern, so diagnostizierte Theramenes durchaus richtig den Nihilismus eines Kritias.

Wer den ersten Zug in diesem Spiel mit tödlichem Ausgang machte, ist letztlich eine Definitionsfrage. Wohl doch Theramenes mit seinem Aufruf zur Mäßigung, der bei der Gegenseite als Beginn einer Absetzbewegung aufgefaßt wurde. Demgegenüber festigten die ‹30› das Regime, indem sie zuerst alle Athener außer den ‹3000› entwaffnen ließen. Anschließend suchten sie durch die willkürliche Verhaftung und Hinrichtung vermögender Metöken einerseits die notwendigen Gelder für die spartanische Besatzungstruppe zu beschaffen, andererseits sich gegenseitig zu Komplizen bei diesem Verbrechen zu machen, indem jeder einzelne von ihnen einen Metöken greifen sollte.[24] Als Theramenes sich diesem Ansinnen verweigerte, das die Herrschaft der ‹Edlen› und ‹Besten› endgültig in die Solidarität einer Gangsterbande umschlagen ließ, hatte er den Test nicht bestanden, war der Bruch offenkundig vollzogen.

Ein Prozeß vor dem Rat sollte ihn aus dem Weg räumen. Dessen Zuständigkeit war soeben in den neuen Gesetzen festgelegt worden.

Danach durfte nur der Rat über die zu den ‹3000› gehörenden Bürger das Todesurteil verhängen (Xen. *Hell.* 2, 3, 51). Folgerichtig bearbeiteten die ‹30› die einzelnen Mitglieder des Rates, um sie gegen Theramenes als einen Feind der neuen Verfassung einzunehmen. Junge Leute, die mit dem Dolch unter der Achsel erschienen, sorgten für zusätzlichen Druck auf das Verfahren (Xen. *Hell.* 2, 3, 23). Ob der Prozeß förmlich angekündigt wurde, Theramenes also von der Anklage vorher wußte, ist unklar, aber eher unwahrscheinlich.

Jedenfalls eröffnete Kritias mit einer großen Rede die eigentliche Verhandlung.[25] Erst ganz am Ende freilich nennt er die konkrete Anklage: Theramenes plane «gegen uns und euch» (das heißt die Ratsherren) einen Anschlag und Verrat und verdiene deshalb die Todesstrafe. Dabei wirkt es durchaus sachgemäß, daß Kritias die angeblichen Opfer der Pläne des Theramenes derart personalisiert: Diesem Regime von Räubern staatliche Qualität zuzuerkennen und folgerichtig das Delikt des Theramenes als versuchten ‹Hochverrat› zu qualifizieren fällt einigermaßen schwer. Aber natürlich meinte Kritias dies in der Sache.

Schon der Anfang der Rede jedoch zeigt, daß Kritias in ganz außerrechtlichen Bahnen dachte: «Ihr Ratsherren, wenn einer von euch glaubt, daß derzeit mehr Menschen sterben, als den Umständen angemessen wäre, so soll er bedenken, daß dies überall geschieht, wo Staatsformen geändert werden» (Xen. *Hell.* 2, 3, 24). Es ist die kalte Logik des Revolutionärs, der axiomatisch von der Todfeindschaft zwischen Demokratie und Oligarchie ausgeht und seine Entscheidung getroffen hat, «daß für Leute wie für uns und für euch die Demokratie eine untragbare Verfassung ist». Die Konsequenz ist klar: Beseitigung aller Gegner der Oligarchie, vor allem indes die Beseitigung von Gegnern aus den eigenen Reihen. Es ist die Logik eines Robespierre (der freilich umgekehrt die Aristokratie und ihre wirklichen oder angeblichen Helfer im Visier hatte): «Die soziale Revolution ist noch nicht fertig; wer eine Revolution zur Hälfte vollendet, gräbt sich selbst sein Grab. Die gute Gesellschaft ist noch nicht tot, die gesunde Volkskraft muß sich an die Stelle dieser nach allen Richtungen abgekitzelten Klasse setzen» (Büchner, *Dantons Tod*).

Es folgt ein Überblick über die politische Laufbahn des Theramenes, wobei Kritias es in der Tat nicht schwer hat, dessen mannigfache Frontwechsel aufzuzählen. Jeder Umsturz bringe den Tod mit sich, Theramenes aber habe durch seine Kehrtwendungen den Tod vieler Oligarchen durch das Volk und vieler Demokraten durch die Vornehmen wesentlich mitverschuldet. Beachtlich aber ist der Hinweis des Kritias darauf, daß es doch gerade Theramenes gewesen sei, der mit dem erneuten Umsturz und der Auflösung der Demokratie einen Anfang gemacht habe und der bei den ersten Prozessen auf eine Bestrafung gedrängt habe. Das konnte auch Theramenes nicht abstreiten, ganz im Gegenteil: Nach dem Bericht des Lysias hielt er seinen Gegnern vor, daß sie durch ihn hätten zurückkehren können, und beschwerte sich über seine jetzige Behandlung durch Leute, die sich ihm gegenüber damals eidlich verpflichtet hätten (Lys. 12, 77). Dann aber war der Vorwurf des Kritias, Theramenes wolle sich nunmehr angesichts des offenen Hasses des Volkes zurückziehen und «selbst eine unangreifbare Stellung» einnehmen, «während wir die Strafe für die getroffenen Maßnahmen abzubüßen haben», nicht ganz unverständlich (Xen. *Hell.* 2, 3, 28).

Klagt Kritias letztlich die Geschlossenheit der Gruppe als oberste Maxime ein, fernab jeder inhaltlichen Zielsetzung, so tritt ihm Theramenes auf diesem Feld eigentlich nicht entgegen. Ja, er stimmt sogar dem Kritias ausdrücklich zu: «Wenn jemand eure Herrschaft beenden will und die Partei derer stärkt, die heimlich gegen euch arbeiten, so ist es nur gerecht, daß er der schwersten Strafe verfällt» (Xen. *Hell.* 2, 3, 37). Folgerichtig erwähnt er nur ganz nebenbei, daß zu Unrecht Leute um ihre Habe gebracht und Unschuldige getötet würden (Xen. *Hell.* 2, 3, 43), während er in den Vordergrund seiner Verteidigung das Argument der Zweckmäßigkeit stellt. Bekannte und keineswegs demokratisch gesonnene Männer wie Leon aus Salamis, Nikeratos, Sohn des Nikias, und Antiphon umzubringen treibe nur alle ihresgleichen in das Lager der Gegenseite. Dasselbe gelte von der Ermordung der Metöken und der Verbannung eines Thrasybulos, Anytos oder Alkibiades. Abzulehnen sei es auch, die Bürger außer den ‹3000› zu entwaffnen und die Herrschaft auf eine spartanische Besatzungstruppe zu stützen; besser hätte man die Basis so weit ausgedehnt, daß aus eigener Kraft eine stabile Herrschaft in der Stadt möglich geworden wäre.

Damit klingt bereits das politische Credo an, mit dem Theramenes seine Verteidigungsrede schließt. Er habe stets gegen eine Demokratieauffassung gekämpft, die «die Sklaven und die Ärmsten, die um eine Drachme ihre Vaterstadt verkaufen würden, ... an der Regierung beteiligen» wolle – eine offenkundige Verleumdung der kleinen Leute; zum Verkauf Athens, freilich zu höherem Preise, waren ganz andere Männer im Jahre 411 bereit gewesen, und Theramenes hat sie kurz zuvor selbst erwähnt: Sei er doch auch stets dagegen gewesen, eine Oligarchie mit der Tyrannis einiger weniger gleichzusetzen. Sein Ideal sei jetzt wie früher die Verwaltung der Staatsgeschäfte durch diejenigen, die mit ihrem Pferd oder ihrem Schild dem Staat nützen könnten, also durch die Ritter und die Hopliten. Theramenes plädiert folglich für eine ‹gemäßigte› Oligarchie.

Die Rede des Theramenes klingt insgesamt vernünftig, verglichen jedenfalls mit dem Amoklauf der Gegenseite. Offen bleibt allerdings, warum er sich überhaupt erneut auf ein so zweifelhaftes Experiment eingelassen, vielmehr es sogar wesentlich mitinszeniert hatte. Nun fraß die Revolution ihn selbst, der genügend Proben seiner Skrupellosigkeit gegeben hatte, jetzt aber erfahren mußte, daß eine revolutionäre Entwicklung nicht zu jedem beliebigen Zeitpunkt gestoppt werden kann.

Bei den Ratsherren freilich fand seine Rede so viel Beifall, daß sich ein Freispruch anzubahnen schien. Nicht alle Mitglieder des Regimes wollten also den harten Kurs eines Kritias steuern. Dieser aber griff umgehend zu noch rabiateren Mitteln. Nach Absprache mit den übrigen ‹30› ließ er die Dolchträger nun unübersehbar am Rande der Ratsversammlung auftreten und erklärte drohend, diese Männer würden «es uns (!) nicht zugeben, daß wir (!) diesen Mann freilassen, der offenkundig die Oligarchie zersetzt», wie auch er es als die Aufgabe eines pflichtgetreuen Vorstehers ansehe, «seine Freunde» vor Täuschung zu bewahren. Nachdem er solchermaßen Wahrheit und Irrtum verteilt hatte, erklärte er kurzerhand, daß nach dem neuen Gesetz zwar die ‹3000› nur vom Rat zum Tode verurteilt werden dürften, für alle anderen aber die ‹30› zuständig seien. Deshalb streiche er nun «mit unser aller Zustimmung» (der ‹30›?) den Theramenes von der Liste der ‹3000›. «Diesen Mann», so endete er, «verurteilen wir also zum Tode» (Xen. *Hell.* 2, 3, 51).

Soweit in dieser Situation von Gesetzlichkeit überhaupt die Rede sein kann, ist dies Verfahren wohl als ‹Versagen des gesetzlichen Richters› zu qualifizieren. Erst recht indes ist es müßig, darüber nachzudenken, ob die kurze Beratung und Beschlußfassung der ‹30› in irgendeinem Sinne die Bezeichnung als ‹Urteil› verdiente. Vergessen wir aber nicht, daß Theramenes selbst bei ähnlich ‹abgekürzten Verfahren› gegen die Sykophanten und die demokratischen Strategen und Taxiarchen mitgewirkt hatte. Zu erinnern ist auch an den Arginusenprozeß, in dem Kallixenos in Absprache mit Theramenes nach einer Vertagung die sofortige Abstimmung herbeigeführt und damit den angeklagten Strategen das ‹Recht auf richterliches Gehör› zumindest sehr verkürzt hatte (Xen. *Hell.* 1, 7, 9) – in frappierender Parallele übrigens zur Abkürzung des Verfahrens gegen Danton und seine Freunde in den Apriltagen des Jahres 1794.[26]

Theramenes blieb angesichts dieses Gewaltstreichs nurmehr die dramatische Geste. Er flüchtete zu dem Altar im Ratsgebäude und appellierte vergeblich an die Solidarität der Ratsherren, die doch das Schicksal, von der Liste gestrichen zu werden, ebenso leicht ereilen könne wie ihn. In Satyros als dem Anführer der für die Vollstreckung von Todesurteilen zuständigen ‹Elfmänner› fand sich nun der Sanson der athenischen Revolution, der Theramenes quer über den Marktplatz zur Hinrichtung abführte. Deren Modalitäten, das Trinken des Schierlingsbechers, gaben dem Verurteilten freilich die Chance zu einem Abgang in aristokratischer Grandezza. Wie beim Gastmahl die letzten Tropfen des Weines im sogenannten Kottabosspiel verspritzt wurden, so schüttete Theramenes die letzten Tropfen des Giftbechers aus und widmete sie ironisch und unheilverkündend «dem schönen Kritias» (Xen. *Hell.* 2, 3, 56).

VII.

Kritias sollte sich in der Tat seines Sieges nicht lange freuen. Nach weiteren Untaten fand er im Kampf gegen die Demokraten sein verdientes Ende (Xen. *Hell.* 2, 4, 19). Das Regime der ‹30 Tyrannen› verfiel völliger Verfemung, wie niemand klarer zum Ausdruck bringt als in der Mitte des 4. Jahrhunderts der Redner Isokrates. Bei aller Kritik an der Demokratie seiner Zeit – und er hatte viel an ihr auszusetzen – schien sie ihm im Vergleich zu den ‹30› als von den Göttern selbst geschaffen. Und nach einer Schilderung der Schreckenszeit kommt er zum Ergebnis, daß selbst schlecht eingerichtete Demokratien weniger Unheil anrichteten als Oligarchien (*Areopagitikos*, 62–70).

Demgegenüber kam dem Andenken des Theramenes sein gewaltsamer Tod durch das Regime selbst zugute – zunächst schon aus naheliegenden Gründen. Nach dem Sieg der Demokraten schien es manchem überlebenden Oligarchen ein erfolgversprechendes Mittel, sich als Freund des Theramenes und damit als Anhänger einer ‹inneren Opposition› auszugeben. Bereits der Redner Lysias setzt sich kurz nach dem Umsturz mit derartigen Tendenzen kritisch auseinander (Lys. 12, 62–78); gegen seine Vorwürfe haben wir in einem neueren Papyrusfund möglicherweise die bald darauf versuchte Ehrenrettung des Theramenes.[27] Nach Ansätzen bei Thukydides (8, 89.97) wurde Theramenes in der Folgezeit zum Vorbild für alle, die eine ‹gemäßigte› Verfassung wollten, die wir vereinfacht als ‹Staat der Hopliten› bezeichnen können. Wie weit damit dessen eigene Intentionen wirklich getroffen wurden, ist eine schwierige Frage, die in neuerer Zeit unter dem Begriff des ‹Theramenes-Mythos› kontrovers diskutiert wird.²⁸ Wenn wir dem Verfassungsideal, das er in der Verteidigungsrede bei Xenophon vorträgt (*Hell.* 2, 3, 48), glauben dürfen, wollte er in der Tat ‹ein bißchen Oligarchie›. Dann hatte er aus der Wiederherstellung der Demokratie im Jahre 410 mit dem Willen auch der überwiegenden Zahl der Hopliten keine Lehre gezogen und wurde beim zweiten Versuch am untauglichen Objekt zum unfreiwilligen Märtyrer einer verfehlten Idee.

Der Prozeß gegen Sokrates
Ein ‹Sündenfall› der athenischen Demokratie?

Peter Scholz

I.

Im Winter des Jahres 399 v. Chr. suchte Meletos, der Sohn des Meletos,[1] den *Archon Basileus*, den athenischen Jahresbeamten, dem die Fürsorge für alle religiösen Angelegenheiten, insbesondere die Leitung der großen Feste, oblag und der als Gerichtsmagistrat für religiöse Vergehen zuständig war, in dessen Amtssitz, der sogenannten «Königshalle» in der Nordwestecke der Agora, auf. Er kam, um Klage gegen den siebzigjährigen athenischen Steinmetz Sokrates wegen Religionsfrevels zu erheben (*graphe asebeias*). Dieser Sokrates, der Sohn des Sophroniskos und der Phainarete, hatte das väterliche Handwerk erlernt und wohl auch eine Zeitlang ausgeübt, sich dann aber dem Anaxagorasschüler Archelaos angeschlossen, seinen Beruf aufgegeben und sich, so behauptete er jedenfalls in der Öffentlichkeit, im Auftrag einer mysteriösen namenlosen Gottheit, eines *Daimonion*, auf die Suche nach der Weisheit begeben.

Meletos erschien als Anklageführer in Begleitung zweier weiterer athenischer Bürger, des Anytos, des Sohns des Anthemion,[2] des eigentlichen Initiators des Prozesses, und des Lykon, die als sogenannte «Fürsprecher» (*synegoroi*) die von ihm erhobenen Vorwürfe bezeugen und unterstützen sollten.[3] Nach Prüfung der eigenen Zuständigkeit, der Rechtmäßigkeit und formalen Richtigkeit der Klage (*anakrisis*) wies der *Archon Basileus* den Prozeßparteien einen freien Tag im Gerichtskalender zu und ließ beide ihren Standpunkt unter Eid beschwören (*diomosia*). Besondere Bedeutung für die athenische Bürgerschaft maß er dem damit eingeleiteten Prozeß offenbar nicht bei, da er es bei den üblichen 500 Richtern beließ – möglich wären auch 1000 oder 1500 Richter gewesen. Der Schreiber des Archons nahm die beeidigte Klage und die Erwiderung auf einer Wachstafel zu Protokoll. Diese Mitschrift wurde dann auf eine geweißte Holztafel (*sanis*) mit Kohle aufgezeichnet und an zentraler Stelle öffentlich ausgehängt, an der Holzumzäunung des Monuments der eponymen Phylenheroen, also jener zehn

Heroen, die den zehn Gliederungseinheiten der athenischen Bevölkerung nach Kleisthenes den Namen gaben. Dort konnte nun jedermann die beeidigte Klage gegen Sokrates, dessen Erwiderung und den Prozeßtermin nachlesen. Nur der Wortlaut der Anklage hat sich erhalten. Sie lautet in der Version, die Diogenes Laertios überliefert (2, 40):

«Diese Anklage hat eingebracht und als wahr beschworen Meletos, der Sohn des Meletos, aus dem Demos Pitthos, gegen Sokrates, den Sohn des Sophroniskos, aus dem Demos Alopeke: Sokrates tut Unrecht, indem er nicht an die Götter glaubt, an die die Stadt glaubt, sondern andere, neue dämonische Wesen einführt; außerdem tut er Unrecht, indem er die Jugend verdirbt. Als Strafe wird der Tod beantragt.»

Am angesetzten Gerichtstag versammelten sich die gemeldeten Kandidaten für das Richteramt aus den einzelnen Phylen schon am frühen Morgen, da bis zum Abend ein Urteil gesprochen sein mußte. Die attische Prozeßordnung sah dabei vor, daß erst zu diesem Zeitpunkt die Richter und deren Verteilung auf die einzelnen Gerichtshöfe in einem aufwendigen Losverfahren bestimmt wurden. Zu diesem Zweck führte jeder Richterkandidat ein Bronzeplättchen mit Namen, Patronymikon und Demosangabe mit sich.

Als Zeichen seiner richterlichen Autorität erhielt jeder Bürger, der durch das Los bestimmt worden war, einen Richterstab (*bakterion*), der je nach Gerichtshof eine bestimmte Farbe besaß und die Zugehörigkeit zu diesem anzeigte. Die Möglichkeit zur Bestechung und Einflußnahme der Richter war dadurch äußerst begrenzt. Am Eingang jeden Gerichtshofes mußten sie eine mit einem Buchstaben des Alphabets bezeichnete Marke (*symbolon*) ziehen, die ihnen eine von insgesamt 25 Sektionen innerhalb des Gerichtshofes zuwies. Da niemand bei Eintritt in das Gericht wissen konnte, mit welchen neunzehn anderen Richtern er auf den Holzbänken einer Sektion zusammensitzen würde, war auch die Möglichkeit der Blockbildung und der damit einhergehenden Verständigung über das Vorgehen bei der Abstimmung ausgeschlossen.

Das aufwendige Verfahren zur Bestimmung der Richter garantierte allen Bürgern einen gleichberechtigten Zugang zu der Richtertätigkeit, die neben der Tätigkeit im beratenden Gremium der Boule und in der verabschiedenden der Volksversammlung zu den drei wesentlichen politischen Rechten des Bürgers gehörte. Die erlosten Richter dürften die ihnen zugewiesene Aufgabe mit einem gewissen Stolz ausgeübt haben; denn in der Richtertätigkeit, in der souveränen und unabhängigen Abstimmungsentscheidung, im unwiderrufbaren, niemandem Rechenschaft schuldenden Urteilsspruch jedes einzelnen Richters manifestierte sich unmittelbar die Herrschaft und Freiheit des athenischen Volkes.

Aus den beiden Grundprinzipien der demokratischen Herrschaft, aus dem Willen, einerseits stets die Masse der Bürger an der Herrschaft teilhaben zu lassen und andererseits jegliche Professionalität und personelle Kontinuität in den politischen Ämtern und Gremien zu unterbinden, ergab sich, daß das Richtergremium nur aus Laienrichtern bestand. Tiefere Kenntnisse des attischen Rechts waren nicht erforderlich; der Besitz des Bürgerrechts, der Nachweis der finanziellen Unbescholtenheit und ein Mindestalter von 30 Jahren waren die einzigen formalen Anforderungen an die Richter. Allerdings darf man voraussetzen, daß die meisten von ihnen mit dem unter Eukleides reformierten Gesetzescorpus vertraut waren, da seit 403 jeweils zu Beginn eines Amtsjahres in der ersten Prytanie – dem zehnmal im Jahr wechselnden obersten Verwaltungsausschuß der Athener – in der Volksversammlung nach Gesetzesänderungswünschen gefragt und die bestehenden Gesetze deshalb der Reihe nach durchgegangen wurden. Darüber hinaus verfügten sicherlich viele Kandidaten durch frühere Richtertätigkeit bereits über ein gewisses Maß an Erfahrung im Urteilen. Da die Eintragung in die Richterlisten in den Phylen freiwillig geschah, müssen bestimmte Altersgruppen und soziale Schichten überproportional vertreten gewesen sein. Zweifelsohne waren die armen Stadtbewohner besonders stark unter den 500 Richtern vertreten, da diese mangels anderer Verdienstmöglichkeiten auf die Aufwandsentschädigung (sogenannte Diätenzahlungen) von drei Obolen zur Bestreitung ihres Lebensunterhaltes angewiesen waren; das galt gewiß auch für die alten Bürger, denen die Richtertätigkeit eine willkommene Abwechslung zu ihren täglichen Besuchen der Gymnasien und Palästren sein mochte. Ein nicht geringer Teil von ihnen dürfte ein geradezu persönliches Interesse am Urteilen entwickelt haben.

Alle Richter waren zweifellos tief geprägt vom Peloponnesischen Krieg (431–404 v. Chr.) und dem damit verbundenen Verfassungsumsturz. Alle werden sie in den zurückliegenden Jahrzehnten bittere persönliche Erfahrungen durchgemacht und tiefgreifende politische Wandlungen erlebt haben: Die Mehrheit von ihnen, die Vierzig- bis Fünfzigjährigen, hatte noch die Blüte des Attischen Seebundes und das goldene Zeitalter des Perikles, aber auch die siebenundzwanzig Jahre blutigen Ringens mit Sparta miterlebt. Als der Krieg nach schmachvoller Belagerung und viermonatiger Auszehrung schließlich im April des Jahres 404 mit der bedingungslosen Kapitulation endete, schien Athen alles verloren zu haben: Die Flotte war vor Syrakus untergegangen, wohl annähernd die Hälfte der wehrfähigen Männer umgekommen, der Attische Seebund aufgelöst. Die Landwirtschaft lag infolge der mehrjährigen Besetzung Attikas darnieder, und gewaltige Einnahmeausfälle waren durch den Verlust des Reiches zu beklagen. Darüber hinaus wurde nach dem Einzug des Siegers in die Stadt damit begonnen, die Langen Mauern, das Symbol der Wehrhaftigkeit und Macht Athens, zu schleifen. Schließlich wurde auch die demokratische Ordnung gestürzt, die – abgesehen von der kurzen Episode von 411 – über einhundert Jahre kontinuierlich bestanden hatte, und ein oligarchisches Regime unter dem Schutz spartanischer Truppen etabliert.

II.

Die sechsmonatige Herrschaft der 30 Tyrannen unter Führung des Kritias – ein Onkel Platons und ebenfalls Schüler des Sokrates – rief tiefe Verbitterung bei der athenischen Bevölkerung hervor und brachte oligarchische Gedanken dauerhaft in Mißkredit. Die anfängliche Begeisterung, die das neue Regime bei jungen Aristokraten wie Platon hervorgerufen hatte, schlug angesichts der Herrschaftsmethoden rasch in Enttäuschung um. Geschützt durch die spartanische Besatzung auf der Akropolis, gingen die 30 Tyrannen skrupellos und mit brutaler Gewalt gegen ihre politischen Gegner vor.[4] 1500 Bürger wurden umgebracht – in vielen Fällen nur zum Zweck der persönlichen Bereicherung. Unter ihnen befand sich auch ein gewisser Autolykos, möglicherweise der Sohn des Mitanklägers Lykon. Rund 5000 Athener verloren ihr gesamtes Vermögen und mußten die Stadt verlassen – so auch Anytos, der spätere Ankläger des Sokrates, der bis dahin ein reicher Lederfabrikant gewesen war. Demgegenüber verblieb Sokrates in der Stadt; er dürfte zu den 3000, zumeist der Hoplitenklasse angehörenden Bürgern gezählt haben, denen die Oligarchen nach strenger Einzelprüfung die vollen Bürgerrechte zugestanden hatten.

Zu Beginn des Jahres 403 gelang es den Demokraten nach der Besetzung der im Norden Attikas gelegenen Festung Phyle und der Eroberung der Burg des Piräus, Munychia, die Herrschaft der 30 in Athen zu stürzen. Kritias und Charmides fielen dabei im Kampf. Die überlebenden Anhänger der oligarchischen Bewegung konnten sich nach Eleusis flüchten. Daraufhin gestand der spartanische König Pausanias den Athenern zwar die Wiedereinführung der demokratischen Ordnung zu, doch knüpfte er diese an die Bedingung einer allgemeinen Amnestie, von der nur die schwerbelasteten Personen ausgenommen blieben. Die Annahme dieser Bedingung zwang die aus dem Exil zurückgekehrten Demokraten wie Anytos zu großen Verzichtsleistungen. Sie hatte unter anderem zur Konsequenz, daß der von den 30 Tyrannen konfiszierte Besitz nun endgültig verloren war. Es war, wie die betroffenen Demokraten diesen Verlust vor sich selbst rechtfertigen mochten, ein unvermeidliches Opfer für die Wiederherstellung der Demokratie.[5]

Zudem stellte nach 403 das nur zwanzig Kilometer entfernte oligarchische Regime in Eleusis eine ständige Bedrohung für die erneuerte Demokratie dar. Dort hatten sich nicht nur die verbliebenen Mitglieder der 30 verschanzt, sondern aus Furcht vor Repressionen auch zahlreiche Männer aus dem Kreis der ehemaligen 3000. Die demokratischen Politiker versuchten zwar diese Abwanderung einzudämmen, da sie in vielerlei Hinsicht auf die oligarchischen Familien angewiesen waren; dennoch hielt die Spaltung der athenischen Bevölkerung und die damit verbundene unsichere Lage noch bis zu Beginn des Jahres 400 an. Erst das abrupte Ende der eleusinischen Oligarchenherrschaft beendete den Krieg und brachte Athen wieder die staatliche Einheit.[6]

III.

Seit 403 hatten die Demokraten wieder die politische Führung übernommen, ohne daß Männer aus dem Kreis der 3000 davon vollends ausgeschlossen geblieben wären. Anytos und Meletos etwa gehörten zu der Gruppe demokratischer Politiker, die bereit waren, sich mit weitgehend unbelasteten Oligarchen zu arrangieren. Dennoch bestimmten die materiellen wie personellen Opfer, die die Herrschaft der Dreißig gefordert hatte, die Diskussionen auf den öffentlichen Plätzen und in den Volksversammlungen.

Die Amnestie hatte zwar nach wie vor Geltung, doch bahnten sich Wut und Verbitterung eigene Wege, um den Rachegelüsten Befriedigung zu verschaffen. Die Prozeßreden des Lysias geben eindrucksvoll die Stimmung wieder, die in den Jahren zwischen 403 und 400 herrschte.[7] Nahezu sämtliche Mitglieder der athenischen Reiterei wurden von seiten der Demokraten oligarchischer Umtriebe verdächtigt. Die Situation hatte sich 401 bereits so krisenhaft zugespitzt, daß etwa Xenophon und andere Mitglieder aus dem Kreis der athenischen Reiterei sich gezwungen sahen, Athen den

Rücken zu kehren und in die Dienste des persischen Thronprätendenten Kyros einzutreten. Hierdurch endgültig kompromittiert, blieb ihnen eine Rückkehr nach Athen für lange Zeit verwehrt.[8]

Als 401 ein Krieg zwischen Sparta und Elis ausbrach, die spartanische Kontrolle sich zu lockern begann und kurz danach auch die verhaßte Oligarchenherrschaft in Eleusis zusammenbrach, wurden einige Bürger, die ehemals dem Kreis der 3000 angehört hatten, wegen ihres Verbleibs in der Stadt angeklagt und vermutlich auch verurteilt. Uns sind die Prozesse gegen Eryximachos, Eratosthenes und Hippotherses bekannt.[9] Meines Erachtens spricht vieles dafür, daß auch der Prozeß gegen Sokrates in diese Reihe politisch motivierter Prozesse gehörte. Offener als je zuvor scheinen die ehemals aus Attika geflüchteten Demokraten um die Jahrhundertwende von den 3000 verlangt zu haben, Rechenschaft über ihren damaligen Verbleib in Athen abzulegen und ihre Unbescholtenheit nachzuweisen. Vor Gericht wurde oft das Exil als Argument in der Verteidigung angeführt; dessen bediente sich etwa Lysias (24, 25), wenn er einen Invaliden, dem sein Gegner die Rente kürzen wollte, in dessen Verteidigungsrede voller patriotischer Inbrunst sagen ließ: «Habe ich etwa als einer der Machthaber unter den Dreißig vielen Mitbürgern Böses getan? Im Gegenteil, ich habe mich mit der Volkspartei nach Chalkis am Euripus geflüchtet, und während ich hier mit jenen ungefährdet hätte leben können, habe ich es vorgezogen, mit euch allen gemeinsam den Kampf zu bestehen.» Verglichen mit diesem Mann, fehlte Sokrates nach 403 ein ähnlich eindeutiger Nachweis seiner demokratischen Gesinnung.

Bis zu seinem Entschluß, auch unter den 30 Tyrannen in der Stadt zu bleiben, konnte Sokrates auch aus Sicht eines athenischen Demokraten als durchaus unbescholtener und rechtschaffener Mann gelten, der, um eine Formulierung des Lysias (12, 4) zu gebrauchen, weder anderen Unrecht getan noch selbst Unrecht erlitten hatte. Bis dahin nämlich war Sokrates seinen Pflichten als Bürger, ob als Soldat oder als städtischer Beamter, nicht nur bereitwillig nachgekommen, sondern hatte diese, wenn man den Angaben Platons glauben darf, sogar vorbildlich erfüllt. Als Hoplit hatte er an drei Feldzügen teilgenommen:[10] 429 bei der Belagerung von Poteidaia auf der Chalkidike, 424 beim Feldzug gegen die Boioter und 422 schließlich bei der vergeblichen Verteidigung von Amphipolis. In dieser Hinsicht war ihm ebensowenig ein Vorwurf zu machen wie 406 bei der Ausübung des Prytanenamtes. Damals hatte er für Aufsehen gesorgt, weil er sich als Prytane mutig gegen die allgemeine Stimmung gestellt und geweigert hatte, den Antrag des Kallixenos zur Abstimmung zu bringen, der eine kollektive Verurteilung aller Strategen der Seeschlacht bei den Arginusen gefordert hatte – damit hatte er nur den bestehenden Gesetzen Genüge getan.

Erst nach dem Sturz der Dreißig geriet Sokrates in den Ruf, ein Feind des Volkes (*misodemos*) zu sein.[11] Seine Aufnahme unter die 3000 hatte ihn so weit kompromittiert, daß er nach 403 geradezu zwangsläufig in das Blickfeld der demokratischen Rache geriet. Sosehr seine Schüler und Anhänger sich auch bemühten, Beispiele für das redliche Verhalten des Sokrates unter dem Terrorregime anzuführen[12] – sie genügten bei weitem nicht, um das Mißtrauen der Demokraten ihm gegenüber abzubauen. Die Frage, die Lysias kurz vor dem Sokratesprozeß in seiner Rede *Gegen Eratosthenes* (12, 49) an diejenigen richtete, die sich keines persönlichen Vergehens schuldig wußten und für sich reklamierten, trotz der Oligarchie der 30 eine gute Gesinnung bewahrt zu haben, ließ sich auch dem Philosophen stellen: «Wie kam es, daß sie damals nicht (auf das Unrecht) hinwiesen, da sie doch (angeblich) das Beste rieten und andere von Vergehen abhielten?»

Wie die anderen 3000 Bürger war Sokrates aus Sicht des Demos wenn nicht zum aktiven, so doch zum stillen Teilhaber der Schreckensherrschaft geworden und damit mitschuldig an deren Greueltaten. Nun erinnerte man sich auch wieder: War es nicht Sokrates gewesen, der das bei der jährlichen Besetzung der Ämter angewandte Losverfahren immer wieder kritisiert hatte? War nicht er es gewesen, der jahrelang Umgang mit zahlreichen Mitgliedern der 30 gepflegt, der Kritias, Charmides und Alkibiades gelehrt und sie womöglich dazu angestiftet hatte, göttliches und menschliches Recht zu mißachten und sich skrupellos über geheiligte religiöse und politische Normen hinwegzusetzen? Seine kolportierte Geringschätzung der Demokratie wurde folglich von seiten der Demokraten als grundsätzliche Feindschaft gedeutet, und seine Beziehungen zu prominenten Vertretern der 30 nährten den Verdacht, daß man jahrelang einen der intellektuellen Hintermänner ungestraft – und zum Schaden der Demokratie – hatte gewähren lassen.

Daß Anytos sich von Sokrates persönlich verhöhnt und verunglimpft glaubte, mag ihn veranlaßt haben, sich an dem Philosophen zu rächen und ihn zu verklagen. Ein solches Motiv hätte allerdings, für sich genommen, keinesfalls ausgereicht, um eine öffentliche Klage zu rechtfertigen. Darüber hinaus mußte Anytos das Prozeßrisiko abwägen: Wollte er nicht selbst eine Geldstrafe von 1000 Drachmen zahlen und eine Gegenklage auf sich ziehen, mußte er zumindest ein Fünftel der Richterstimmen auf seinen Klageantrag vereinigen. Zum Zeitpunkt der Klageerhebung muß er daher davon überzeugt gewesen sein, daß seine persönlichen Antipathien gegen Sokrates von großen Teilen des Demos in irgendeiner Weise geteilt wurden. Da die Amnestie von 403 eine Klage aus politischen Gründen verbot, hatte Anytos eine Asebieklage gegen Sokrates angestrengt. Die Amnestiebestimmungen schützten Sokrates zwar vor einer Klage wegen seines langjährigen Umgangs mit Kritias und Alkibiades, doch schloß das nicht aus, daß der Ankläger in seinem Plädoyer ausführlich auf die politischen Vergehen des Angeklagten einging und dieser Appell an die Rachegefühle der Richter einen Schuldspruch herbeizuführen half.

IV.

Soweit die Vorgeschichte des Prozesses, der am Morgen eines Februar- oder Märztages des Jahres 399 v. Chr. – es war gerade ein Tag nach der Abreise der athenischen Festgesandtschaft nach Delos – in einem der Gerichtshöfe, vermutlich auf der athenischen Agora, eröffnet wurde:

In gebührendem Abstand zu den Richtern, zurückgehalten durch die Holzabsperrungen, konnten Schaulustige dem Prozeßgeschehen beiwohnen und ihre Zustimmung oder ihr Mißfallen über die Ausführungen der Prozessierenden lautstark kundtun. In der platonischen *Apologie* muß Sokrates sich mehrere Male gegen die Unruhe unter dem Publikum zur Wehr setzen. Zu den sicherlich stilleren Beobachtern des Prozesses zählten einige seiner Schüler, darunter Platon, der den Prozeß einige Jahre später literarisch in der Schrift *Verteidigungsrede des Sokrates* (*Apologia Sokratous*) verewigte, und Hermogenes, Sohn des Hipponikos, dessen Bericht der *Apologie* und den *Memorabilien* Xenophons zugrunde liegt. Da die Prozeßschilderungen dieser beiden Sokratesschüler in vielen Punkten übereinstimmen, kann man davon ausgehen, daß Platon und Xenophon zumindest in Grundzügen den Prozeß glaubwürdig schildern.[13]

Das Signal des Herolds eröffnete die Sitzung. Unter Anführung des *Archon Basileus* traten die beiden Prozeßparteien auf, Meletos mit seinen beiden *Synegoroi* Anytos und Lykon, hinter ihnen Sokrates und seine Anhänger. Auf Wink des Archon verlas der Herold noch einmal die Klage wie auch die Erwiderung des Beklagten, die Wasseruhr, die den prozeßführenden Parteien ihre Redezeit vorgab, wurde von einem Gerichtsdiener aufgefüllt, dann stieg Meletos, der Hauptankläger, auf ein kleines Rednerpodium und begann mit seinem Plädoyer, das die Anklagepunkte erläuterte. Sooft er dabei Gesetze, Verordnungen und Zeugenaussagen einschob, wurde die Wasseruhr vom Gerichtsdiener angehalten. Es folgte der erste Nebenkläger, Lykon; Anytos schließlich beendete die Anklagereden. Danach hatte der Beklagte das Recht, diesen Vorwürfen entgegenzutreten – wie es vorgeschrieben war, verteidigte Sokrates sich selbst. Er hielt eine Stegreifrede, die eindrücklich war, aber nicht genügte, um die Vorwürfe der Ankläger zu entkräften.

Zumindest die Grundzüge der Verteidigungsrede des Sokrates sind noch klar zu fassen:[14] Nach Aussage Platons stand er grundsätzlich vor der schwierigen Aufgabe, nicht nur die offiziellen Anschuldigungen der Ankläger zu widerlegen, sondern zugleich auch, Stellung zu nehmen zu all den bösartigen Gerüchten und Unterstellungen (*kategoriai*), die bezüglich seines philosophischen Wirkens umliefen.[15] Nachdrücklich wehrte er sich gegen die öffentliche Meinung, die ihn als Naturphilosophen und Atheisten bezeichnete. Gleichwohl war eindeutig, daß dem Demos sowohl die Bereitschaft als auch das Verständnis fehlte, sich auf haarspalterische Diskussionen über die Merkmale eines Naturphilosophen einzulassen. Der Demos fühlte sich frei, jeden so zu benennen, wie es ihm gefiel. Daß Sokrates diese gedankenlosen Zuordnungen, die Produkte des täglichen «Klatsches» auf der Agora waren, schroff zurückwies, bestätigte dem Volk nur, daß es sich bei diesem Mann tatsächlich um einen Sophisten handelte, der einem das Wort immer schon im Munde herumgedreht hatte.

Als Uneinsichtigkeit mußte dem Philosophen weiterhin die Behauptung ausgelegt werden, daß er, statt der Jugend zu schaden, sie vielmehr gebessert habe, was den Anklagepunkt des Meletos provozierend ins Gegenteil verkehrte. Kopfschütteln muß bei seinen Zuhörern auch die Erzählung verursacht haben, daß er im göttlichen Auftrag begonnen habe, nach echter Weisheit unter den Menschen zu suchen, und bei seiner Suche bislang vom delphischen Apoll nur die Antwort erhalten habe, daß keiner weiser als Sokrates sei. Das konnten die Richter nicht anders als eine ungeheure Anmaßung auffassen. Zu seiner Entlastung haben derartige «freche Reden» sicherlich nicht beizutragen vermocht.

Auf die Vorwürfe, die Lykon und Anytos in ihren Reden gegen den «Sophisten» erhoben, er habe schon in der Vergangenheit engen Umgang mit stadtbekannten Oligarchen unterhalten und lasse sich auch nach dem Sturz der 30 Tyrannen nicht davon abhalten, solche Beziehungen zu pflegen, blieb Sokrates auffälligerweise eine Antwort schuldig. Nur beiläufig weist er in der platonischen *Apologie* auf seine gesetzestreue Haltung im Arginusenprozeß und seine Weigerung hin, mit den 30 Tyrannen zu kooperieren, als diese von ihm die Festnahme des Strategen Leon von Salamis gefordert hatten.[16] Gerade im Blick auf die Zeit der Herrschaft der 30 dürften die Richter indes eine ausführlichere Erwiderung erwartet haben, vor allem eine Antwort auf die demokratische «Gretchen-Frage», warum er damals hatte in der Stadt bleiben und seine philosophische Weisheitssuche zunächst ohne Einschränkungen fortführen können. Die Namen des Kritias und des Alkibiades fallen in seiner Rede nicht ein einziges Mal.

An die Verteidigung in eigener Sache schlossen sich die Reden der Freunde des Sokrates an. Es ist anzunehmen, doch nicht sicher zu erweisen, daß sie dem Vorwurf, daß Sokrates antidemokratisches Gedankengut verbreitet habe, energischer entgegentraten, als dies ihr Lehrer getan hatte.

Unmittelbar danach erfolgte die Abstimmung. Ebensowenig wie es eine Vorbereitung der Richter auf den Prozeß gegeben hatte, gab es nun eine Möglichkeit, noch einmal einen Einwand zu äußern, eine Rückfrage an den Ankläger oder den Beklagten zu stellen oder eine Diskussion über die anstehende Abstimmung zu führen. Allein auf der Grundlage der Reden der beiden Prozeßparteien mußten die Richter sich ein Urteil über die Schuld oder Unschuld des Angeklagten gebildet haben. Nach erfolgter Abstimmung wurden auf zwei großen Holztafeln die Stimmsteine ausgelegt, so daß von jedermann deren Auszählung verfolgt und das Ergebnis überprüft werden konnte: Die Mehrheit der Richter schloß sich dem Antrag der Kläger an. 280 Richter sprachen Sokrates schuldig, 220 hielten ihn für unschuldig.

Über das Strafmaß, das in diesem Fall nicht die Richter bestimmen durften, sondern für das der Kläger und der Beklagte einen Vorschlag einbringen mußten, entschied eine zweite Abstimmung. In der Klageschrift hatte Meletos den Tod des Sokrates gefordert. Entgegen der Erwartung der Richter stellte Sokrates jedoch nicht den in dieser Situation üblichen und völlig legalen Antrag auf Verbannung.[17] Nach Xenophon verzichtete er zunächst auf einen eigenen Strafvorschlag, nach der sicherlich dramatisch überzeichneten und deshalb wohl kaum authentischen Darstellung Platons soll er hingegen in ebenso provokanter wie berühmter Paradoxie statt einer Bestrafung eine Ehrung beantragt haben, nämlich die lebenslange Speisung im Prytaneion auf Kosten der athenischen Bürgerschaft – die höchste politische Auszeichnung, die die Stadt an verdiente Bürger und Fremde zu vergeben hatte.[18]

Indem Sokrates sich weigerte, einen der Todesstrafe angemessenen alternativen Strafantrag zu stellen, hatte er endgültig die Sympathien bei der Mehrheit der Richter verspielt. Mit diesem Verhalten bewies er aufs neue, daß er ein «äußerst sonderbarer» Mensch (*atopotatos*) war, der sich über den Schuldspruch der Richter lustig machte und offenkundig lieber den Tod als das Leben suchte. Verärgert über das anmaßende Auftreten des Angeklagten, folgten nun sogar 360 gegen 140 Richter dem Strafantrag der Ankläger – dies bedeutete den Tod durch den Schierlingsbecher.

V.

Weshalb hatte Sokrates das Todesurteil bewußt in Kauf genommen, warum hatte er anschließend während seines dreißigtägigen Aufenthalts im Staatsgefängnis jedes Angebot zur Flucht strikt zurückgewiesen und statt dessen in heroisch-heiterer Gelassenheit – so schildern es zumindest die platonischen Dialoge – auf seine Hinrichtung gewartet? Die Gründe dieser rigorosen Haltung hatte er in seiner Verteidigungsrede dargelegt. Es war vor allem die bedingungslose Anerkennung der Gesetze der Polis, die ihn zu diesem selbstzerstörerischen Schritt bewog. Da er von Geburt an die Vorteile der Gesetzesordnung in Anspruch genommen habe, so argumentierte Sokrates, könne er sich nun nicht undankbar erweisen. Der ihm von der Gottheit gegebene lebenslange Auftrag, jedes Unrecht zu vermeiden, verbiete es, jetzt, da die Gesetze von ihm Gehorsam forderten, wie ein entlaufener Sklave vor ihnen zu fliehen.[19] Zudem wären die Flucht oder ein eigener Vorschlag zum Strafmaß von der Öffentlichkeit zwangsläufig als ein Schuldbekenntnis gewertet worden.

Diese Begründung seiner kompromißlosen Haltung, der letzte öffentliche Auftritt des Sokrates, entsprach ganz dem Bild, das die Richter und die Athener, die dem Prozeß beiwohnten, von ihm gewonnen hatten: In ihren Augen war er ein Sonderling, soziologisch ausgedrückt, ein Außenseiter. Er war alles andere als ein Liebling der Menge, alles andere als ein volkstümlicher, harmloser alter Herr. Er war der bekannteste unter den in Athen lehrenden Sophisten und aus diesem und anderen Gründen, schon wegen seines kauzigen Aussehens, bereits seit längerer Zeit zum Hauptziel des Komödienspotts geworden. Nicht zufällig, eben weil man tagtäglich das seltsame, müßiggängerische Treiben des Sokrates in den städtischen Palästren, Gymnasien und auf den Märkten verfolgen konnte, hatte Aristophanes diesen in seinen *Wolken* zur Karikatur der neuartigen, gegen Geld unterrichtenden Redelehrer gemacht.[20] Berüchtigt war bei den Athenern insbesondere seine hintersinnige Art des Fragens, die jedermann in tiefe Ausweglosigkeiten (*aporiai*) stürzen konnte. Sicher geglaubtes Wissen etwa um das, was unter Tugend, Gerechtigkeit und Frömmigkeit zu verstehen sei, entlarvte Sokrates als trügerisch, alte Gewißheiten und liebgewordene Konventionen brach er auf; ohne Rücksicht auf Tradition und ehrwürdige Autoritäten entkleidete er die Begriffe und wies schonungslos auf die in ihnen enthaltenen Widersprüche und die Notwendigkeit einer weitergehenden Begründung hin. Sein kritisches Fragen kannte kein Ende, es machte vor nichts und niemandem halt, und nur wenige vermochten der zwingenden Logik seiner Fragen standzuhalten. Der Reiz des bewundernden Beobachtens eines solchen intellektuellen Kräftemessens, des unermüdlichen, täglich neu aufgenommenen Ringens um Worte, des beständigen Rührens an der Grundlage aller Werte, schließlich die Erprobung und Bewährung der eigenen intellektuellen Kräfte gegen und mit dem unnachgiebigen Lehrmeister dürften die jungen Männer aus den alten aristokratischen Familien beeindruckt und darin bestärkt haben, immer wieder den Umgang mit dem wunderlichen, aber phänomenalen Sokrates zu suchen. Es ist zu vermuten, daß es ihm in zahlreichen Streitgesprächen mit berühmten Sophisten gelungen war, viele von ihnen der unreflektierten Vielwisserei bzw. Unwissenheit zu überführen und so als ein intellektueller Herakles gerade die begabtesten unter den jungen Aristokraten an sich zu ziehen.[21]

Die denkerische Strenge und Sorgfalt, die er dabei walten ließ, trug ihm natürlich nicht nur Bewunderung ein, sondern schuf ihm auch viele Feinde. Nicht wenige Bürger wird er heftig vor den Kopf gestoßen haben, wenn er ihnen ihre Inkompetenz in vielen grundlegenden politischen und moralischen Fragen des Lebens nachwies und sie damit vor seinen Schülern und dem umstehenden Publikum der Lächerlichkeit preisgab. Gerade von älteren Bürgern, gestandenen und angesehenen Männern wie Anytos, die auf ihre langjährige Teilhabe an den politischen Entscheidungen mit Stolz zurückblickten, mußte das als ungeheure Anmaßung, ja als Angriff auf ihr politisches Ansehen empfunden worden sein.

Mochte er schon mit seiner unbarmherzigen Fragenstellerei ein rechtes Ärgernis und eine Plage für viele seiner Mitbürger gewesen sein, so war er es erst recht durch sein ungepflegtes Äußeres. Schmutzig, barfüßig und abgemagert – so werden er und andere Sophisten in den Fragmenten der Alten Komödie beschrieben.[22] Selbst im Winter pflegte man ihm ohne Sandalen und in einen einfachen Mantel gehüllt, den *spartanischen* Tribon aus grobem Stoff, zu begegnen.²³ Daß er sich gerade im äußeren Erscheinungsbild, in Habitus und Kleidung einem Bettler annäherte, um sich provokativ gegen den traditionellen bürgerlichen Lebensstil abzugrenzen, liegt auf der Hand, zumal Sokrates nicht völlig mittellos war.

Der offenkundig negativen Popularität und Außenseiterstellung des Sokrates entspricht es, daß es keinerlei Hinweise darauf gibt, daß die Athener, wie ihnen erstmals Diodor unterstellt (19, 37, 7), in irgendeiner Weise Reue über den Tod des Sokrates empfunden hätten. Keiner der drei Ankläger wurde vor Gericht gestellt und mit Verbannung bestraft. Die wenigen Äußerungen athenischer Redner, die Bezug auf die Verurteilung des Sokrates nehmen, bestätigen diese Haltung: Hypereides (Fragment 55 Blass) forderte kurz nach der Mitte des 4. Jahrhunderts unter Rückgriff auf den Präzedenzfall des Sokratesprozesses, daß sein Gegner Autokles wegen unschicklicher Reden (*logoi*) zur Verantwortung gezogen werden müsse. Auch der Philosoph Sokrates sei wegen solcher öffentlichen Äußerungen zu Recht bestraft worden. Nicht anders urteilte der athenische Patriot Aischines (1, 173) über den Philosophen, den er bemerkenswerterweise als Sophisten bezeichnete. Er sah in Sokrates den Erzieher des Kritias, des verhaßten Führers der 30 Tyrannen; insofern war seiner Meinung nach Sokrates einst auch maßgeblich am Sturz der Demokratie beteiligt und die Hinrichtung dieses «geistigen Brandstifters» gerechtfertigt. Die beiläufige Bemerkung des Aischines kann als Beleg für die sicherlich weitverbreitete Ansicht genommen werden, daß Sokrates als Lehrer der Oligarchen deren antidemokratische Haltung ausgebildet und zu Recht den Schierlingsbecher getrunken habe. Sokrates ging somit keineswegs als populäre Gestalt in das Gedächtnis der Athener ein, wie es uns die spätere philosophische Überlieferung, vor allem Diogenes Laertius, glauben machen will.

VI.

Zieht man all diese Umstände und Konstellationen in Betracht, die politische Vorgeschichte und die Zugehörigkeit dieses Prozesses zu einer ganzen Reihe politisch motivierter Anklagen, das nonkonformistische Auftreten und die «frechen» Reden des Sokrates, seinen Ruf als Sophist und Oligarchenfreund sowie die damit im Zusammenhang stehenden langjährigen Anfeindungen, so wird man daraus schließen dürfen, daß das Richterkollegium dem Philosophen Sokrates kaum besonderes Wohlwollen, sondern eher Argwohn entgegenbrachte, zumal aus Sicht der Zeit die Berechtigung der beiden offiziellen Anklagepunkte nur schwer von der Hand zu weisen war. Der Vorwurf der Asebie war dabei keinesfalls nur ein vorgeschobener Grund, denn die unautorisierte Einführung neuer Gottheiten und deren kultische Verehrung wurden als Verstoß gegen die Sakralgemeinschaft und zugleich als Zerstörung der Eintracht zwischen Menschen und Göttern aufgefaßt, die, so glaubte man jedenfalls, eine kollektive Bestrafung der Bürgerschaft nach sich ziehen konnte. Gerade auf religiösem Gebiet wurde daher vom einzelnen eine starke Rollen- und Normenkonformität erwartet.[24]

Die geforderte religiöse Anpassung ließ Sokrates durchaus vermissen: Zumindest konnte der Umstand, daß Sokrates sich in der Öffentlichkeit immer wieder auf ein geheimnisvolles *Daimonion* berief und Ratschläge von ihm empfing, so ausgelegt werden. Daß die Götter sich den Menschen mitteilten und Warnungen und Drohungen aussprachen, indem sie sich zu Tieren oder Menschen verwandelten, waren zwar der Vorstellungswelt der Richter durchaus vertraute Phänomene; daß aber jemand behauptete, eine Gottheit leite ihn nicht von außen, in Gestalt eines Lebewesens, sondern als eine bloße innere Stimme, war ihnen fremd und schwer begreiflich. Darüber hinaus mußten die Richter sich daran stören, daß Sokrates in keiner Weise von der Bürgerschaft als legitimes Medium angesehen wurde, dem es erlaubt war, göttliche Winke exklusiv zu empfangen, und das daher die Funktion eines Priesters oder Sehers ausfüllte. Einem gewöhnlichen Bürger war diese intime Form der Kommunikation mit den Göttern weder möglich noch gestattet. Sokrates erhob sich hier über die religiösen Hierarchien, Konventionen und Normen der Bürgergemeinschaft und bedrohte damit die religiöse Einheit der Polis. Der zweite Vorwurf gegen den Philosophen ergab sich geradezu zwangsläufig aus dem ersten: Wie sollte jemand wie Sokrates, der nicht an die Stadtgötter, sondern an andere, neu eingeführte dämonische Gottheiten glaubte, in der Lage sein, die städtische Jugend zu tüchtigen und guten Männern zu machen? Das mußte vielen Bürgern unvereinbar mit Sitte und Tradition der Stadt erscheinen, und es trug dem Philosophen die Rolle des Jugendverderbers ein. Der Vorwurf zielte vor allem auf seine erzieherische Tätigkeit, die Sokrates scheinbar in der gleichen Weise wie viele zeitgenössische Sophisten ausübte. Das erschreckende Ergebnis derartiger Unterrichtung, das schon Aristophanes in den *Wolken* schildert, war: Die Heranwachsenden waren nicht mehr bereit, den von den Vätern vorgegebenen Bahnen und Weisungen zu folgen, und begannen, sich übermütig über bewährte Verhaltensweisen hinwegzusetzen; zu «jungen, wilden Politikern» herangewachsen, scheuten sie sich dann gewiß nicht, Moral, Tradition und Religiosität zu mißachten. Der Hermenfrevel – die angeblich von dem Sokratesschüler Alkibiades und seinen Gefolgsleuten im Jahre 415 verübte Verstümmelung von Standbildern des Gottes – und die Gründung von privaten Vereinen wie der Vereinigung der sogenannten *Kakodaimonistai* (eine Art Teufelsverehrer), die in unverhohlen-provokativer Absicht und Abgrenzung gegen die «Spießermoral» ihrer Väter das personifizierte Schlechte verehrten, waren beredte Zeugnisse für diese als negativ empfundene Entwicklung.[25] Aristophanes dürfte daher die geheimen Wünsche des Anytos recht gut getroffen haben, wenn er die Denkerklause des Sokrates am Ende seiner *Wolken* (423 v. Chr.) in Brand aufgehen ließ und damit in der literarischen Fiktion bereits implizit die Bestrafung des Philosophen vorwegnahm. Auf der Bühne war Sokrates somit bereits lange vor seiner Hinrichtung beseitigt worden – bemerkenswerterweise schon damals als Verderber der Jugend.

VII.

War der Prozeß gegen Sokrates ein Justizskandal? Lag dem Schuldspruch ein Fehlurteil zugrunde, wie es dessen Schüler propagierten und in ihrer Nachfolge all diejenigen behaupten, die die Freiheit des einzelnen vor staatlicher und religiöser Bevormundung und Kontrolle geschützt wissen wollen? Oder hatten die Athener vielmehr nach bestem Wissen und Gewissen Recht gesprochen? Nach allem, was wir wissen, wurde geltendes athenisches Recht im Sokratesprozeß nicht verletzt, und auch den Richtern war, wenn man ihren Erfahrungshorizont und ihre Mentalität in Betracht zieht, kein Vorwurf zu machen. Es kann keine Rede davon sein, daß sich die Athener an der Philosophie versündigt hätten, wie es über 75 Jahre später, vom Standpunkt der institutionalisierten Philosophie betrachtet, Aristoteles aus Anlaß der eigenen Flucht aus der Stadt im Sommer 323 v. Chr. scharfzüngig bemerkte.[26]

Sokrates wurde schuldig gesprochen, weil er die Erwartungen, die das richterliche Publikum an seine Verteidigungsrede stellte, grob mißachte. Die Bedeutung, die dem Prozeß später beigemessen wurde, entsprach keineswegs der zeitgenössischen. Der Prozeß gegen den Philosophen war durchaus kein Einzelfall; eine Asebieklage gegen Philosophen und Intellektuelle war im 5. und 4. Jahrhundert selten, aber dennoch jederzeit möglich. Zwar propagierte der Demos Freiheit und Toleranz, doch hatte das letztlich nur Geltung für die Bürgerschaft als Ganzes, nicht für den einzelnen Bürger, der in diesem Kollektiv lebte. Gleichheit und Freiheit der Rede bezogen sich nur auf die Diskussion und Abstimmung in den politischen Gremien. Es gab keinen verbürgten Schutz vor dem Zugriff der Gemeinschaft, keine Vorstellung von der Autonomie und dem Schutz der Privatsphäre, keine Idee der Gedanken- und Gewissensfreiheit im Athen des beginnenden 4. Jahrhunderts. Der Demos handelte als Souverän. Solange niemand die Initiative ergriff und behauptete, daß das Wohl des Volkes durch die Taten oder Äußerungen einer Person bedroht sei, wurde jedermann in der Stadt geduldet. Nur so lange blieb auch die Toleranz gegenüber Andersdenkenden bestehen. In Krisensituationen und Notzeiten konnte sich die Sachlage für Außenseiter wie Sokrates jedoch rasch ändern. Der Sokratesprozeß verstellt nur allzu oft den Blick darauf, daß durchaus vorher wie nachher in Athen einige, wenn auch wenige Prozesse dieser Art stattfanden.[27] Gleichwohl konnte es, wie man betonen muß, erst durch das unglückliche Zusammenwirken verschiedener Umstände und Konstellationen zur Anklageerhebung gegen Sokrates kommen.

Persönliche Gründe sollen Platon zufolge Anytos veranlaßt haben, gegen Sokrates gerichtlich vorzugehen. Diesen schwerwiegenden und durchaus riskanten Schritt hätte er gewiß nicht gewagt, wenn seine individuelle Abneigung damals nicht von einem großen Teil der Öffentlichkeit geteilt und unterstützt worden wäre. Mißmutig werden viele Athener auf die beständige Fragerei des Sokrates reagiert, mißtrauisch dessen Umgang mit den reichen jungen Herren beobachtet und vor den verderblichen Folgen einer solchen Unterrichtung gewarnt haben – vor der Mißachtung väterlicher Anweisungen und göttlicher Gebote, das heißt: vor der Zersetzung der traditionellen Moralität und Religiosität. Vor dem Putsch der 30 waren Anschuldigungen dieser Art zwar durchaus plausibel, aber nicht hinreichend, um mit einer Asebieklage vor Gericht Erfolg zu haben. Bis dahin zumindest blieben die Attacken gegen Sokrates auf individuelle Äußerungen der Empörung und gelegentlichen Komödienspott beschränkt.

Erst die nach dem Sturz der 30 einsetzende antioligarchische Stimmungsmache brachte den Vorwurf gegen Sokrates auf, daß er ein «Volkshasser» (*misodemos*) und mitverantwortlich an den Verbrechen der 30 Tyrannen sei. Das Bedürfnis nach politischer Rache war die entscheidende Voraussetzung dafür, daß gegen den mißliebigen Philosophen ein Asebieprozeß mit so vagen Vorwürfen wie der Einführung neuer Götter und dem Verderben der Jugend erfolgreich geführt werden konnte. Ebenso verhielt es sich bei einer Reihe weiterer Prozesse, die seit der Jahrhundertwende unter Umgehung der Amnestiebestimmungen gegen mehrere Personen, die wie Sokrates ehemals dem Kreis der 3000 angehört hatten, angestrengt wurden. Es ist daher nicht zufällig, daß gerade im Jahr 399 v. Chr. Anklage gegen Sokrates erhoben wurde.

In der Verurteilung des Sokrates ist keineswegs eine universale Wahrheit versinnbildlicht, nämlich die vom scheinbar unversöhnlichen Gegensatz zwischen der ewigen Unvernunft der Menge und der Wahrheitssuche des Philosophen. Im Gegenteil: Nicht willkürlich und unüberlegt, wie Platon in der *Apologie* suggeriert, sprachen die Richter Sokrates schuldig, keineswegs verurteilten sie einen lästigen Unruhestifter in einem «einzigartigen Akt der Notwehr», wie jüngst Michael Stahl (im Anschluß an Christian Meier) geurteilt hat.[28] Der verhältnismäßig knappe Ausgang der Abstimmung über die Schuldfrage – Sokrates fehlten nur 30 Stimmen – weist vielmehr darauf hin, daß die Richter die Argumentationen von Anklage und Verteidigung sorgsam abwogen und viele von ihnen bereit waren, über das eigenwillige Auftreten und die wohlkalkulierten Provokationen des Sokrates hinwegzusehen.

Die Hinrichtung des uneinsichtigen Philosophen zog bei den Athenern weder Reue noch Trauer nach sich. Erst Xenophon, Platon und andere von den Athenern und ihrer Demokratie enttäuschte Männer wie der aus der peripatetischen Schule hervorgegangene Politiker Demetrios von Phaleron schufen den Mythos vom Märtyrer Sokrates.[29] Dabei berücksichtigten sie nicht, daß die Wahrheitssuche des Sokrates, für die das Wirken in der Öffentlichkeit konstitutiv war, selbst eine, wenn auch nicht beabsichtigte Folge der günstigen Entfaltungsmöglichkeiten im Rahmen der athenischen Demokratie darstellte. Platon zog aus der Hinrichtung des Sokrates seine persönlichen Konsequenzen. Er nahm den Tod seines Lehrers zum Anlaß, sich als Philosoph nicht länger inmitten des Volkes auf den Marktplätzen und Gymnasien öffentlich zu exponieren (*demosieuein*), sondern die theoretische Suche nach Wahrheit und Gerechtigkeit künftig im Privaten zu betreiben, in einem kleinen Kreis von Eingeweihten (*idioteuein*) ... doch das ist eine andere Geschichte.

‹Der Streit um den unbeliebten Frieden›
Der Gesandtschaftsprozeß 343 v. Chr.

Johannes Engels

Unter dem Gesandtschaftsprozeß versteht man das 346/5 eingeleitete, aber erst 343 in Athen vor Gericht entschiedene *Parapresbeia*-Verfahren (Verfahren wegen einer untreu wahrgenommenen Gesandtschaft) des Demosthenes, Sohn des Demosthenes aus dem Demos (der Gemeinde) Paiania, gegen Aischines, Sohn des Atromethos aus dem Demos Kothokidai. Es ist das späteste und zugleich das am besten bekannte Verfahren dieser Art im demokratischen Athen. Dieses Verfahren im Rahmen der formalen Entlastung eines athenischen Gesandten ist nach der *Eisangelia* (öffentliche Klage in Strafsachen) des Hypereides gegen Philokrates die politisch wichtigste in einer Reihe von gerichtlichen Auseinandersetzungen, in denen die Verantwortung für den Abschluß und die inhaltliche Ausgestaltung des Philokratesfriedens geklärt werden sollte. Philokrates hatte 346 v. Chr. das entscheidende *Psephisma* (den Volksbeschluß) in der athenischen Volksversammlung über einen Frieden und ein Bündnis mit dem Makedonenkönig Philipp II. beantragt. Der nach ihm benannte Philokratesfrieden wurde mit großen Erwartungen in der athenischen Öffentlichkeit beschlossen. Doch schon unmittelbar danach verschlechterten sich die Beziehungen zwischen Athen und Philipp II. nachhaltig. Der Frieden war daher 343 bei den meisten Athenern unbeliebt geworden. Einige Politiker, darunter auch Demosthenes, der an seinem Abschluß tatkräftig mitgewirkt hatte, versuchten sich nun von diesem Frieden und seinen für Athen ungünstigen Folgen zu distanzieren. Die gemeinsamen Architekten des Friedens warfen sich vor Gericht und in der Volksversammlung gegenseitig politische Leichtgläubigkeit gegenüber dem Makedonen, falsche Lageeinschätzung im Frühjahr 346, absichtlich falsche Information des Volkes, Bestechlichkeit und Landesverrat vor. Daher ging es im Gesandtschaftsprozeß auch um eine klare Richtungsentscheidung über das außenpolitische Verhältnis Athens zu Makedonien. Der Ausgang des Prozesses, ein knapper Freispruch für Aischines, beschleunigte den Weg Athens und seiner Verbündeten in den Krieg gegen Philipp II.

1. Die athenisch-makedonischen Beziehungen von 348–343 v. Chr. als politischer Hintergrund des Gesandtschaftsprozesses

Der langjährige Krieg gegen Philipp II. seit der Eroberung von Amphipolis in Nordgriechenland durch den Makedonenkönig 357 v. Chr. hatte sich für Athen nicht ausgezahlt. Es war ein strukturell neuartiger Konflikt, in dem die dynamisch expandierende makedonische Monarchie Philipps gegen die traditionsreiche Polis Athen stand, die seit dem Ende des Bundesgenossenkrieges 355 vor allem darum bemüht war, den ihr verbliebenen Rang zu verteidigen. Unter dem Schock der brutalen Zerstörung der Stadt Olynth auf der Chalkidike durch Philipp im Jahre 348 war die öffentliche Meinung in Athen gespalten. Führende Rhetoren und Strategen wollten schon im Amtsjahr des Archon Theophilos 348/7 v. Chr. Friedensmöglichkeiten ausloten. Ende 347 wurden jedoch noch auf Initiative des Eubulos Gesandte in die griechische Staatenwelt geschickt, unter anderen Aischines auf die Peloponnes, die gegen Philipp eine neue *Koine Eirene* aufbauen sollten. Mit einem solchen kollektiven Friedens- und Sicherheitssystem wollte man ein weiteres Vordringen des makedonischen Einflusses verhindern.

Der diplomatischen Initiative war aber kein Erfolg beschieden. Auch im Dritten Heiligen Krieg, in dem sich verschiedene Staaten in Mittelgriechenland seit 356 bisher ergebnislos bekämpften, spitzte sich die Lage in Phokis 347/46 durch innerphokische Spannungen und die unberechenbare Haltung des Söldnerführers Phalaikos zu. Athenische Staatsmänner hatten also gute Gründe, nach einer schnellen diplomatischen Lösung ihres Konfliktes mit Philipp und des Dritten Heiligen Krieges zu suchen. Schwieriger zu beschreiben sind die Motive, die den Makedonenkönig von den Vorteilen eines Friedensschlusses überzeugten. Hypothesen hierzu sind abhängig von der in der Forschung kontrovers beurteilten Gesamteinschätzung der strategischen Absichten Philipps II. im Jahre 346. Der König betrachtete eine vertragliche Bestätigung seiner Gewinne in Nordgriechenland (inklusive des Prestigeobjektes Amphipolis) durch Athen sicher als Anreiz. Ohne ihn einzubeziehen, war ein diplomatisches Ende des Dritten Heiligen Krieges kaum vorstellbar, und jede denkbare Friedensregelung würde seine Position in Zentralgriechenland gestärkt haben. Einige Forscher vermuten – allerdings ohne sichere Quellenzeugnisse –, daß Philipp schon damals einen Angriffskrieg gegen das Perserreich in Kleinasien geplant habe.

Anfang 346 wurde in Athen die Aussendung einer Zehn-Männer-Gesandtschaft zu Philipp beschlossen: Aischines, Demosthenes,

Philokrates, Phrynon, Nausikles, Aristodemos, Iatrokles, Kimon, Ktesiphon und Derkylos. Sie war mit bekannten Mitgliedern der politisch-militärischen Elite Athens besetzt. Aristodemos, Ktesiphon, Iatrokles und Phrynon hatten schon Erfahrung als Diplomaten im Verkehr mit Makedonien. Philokrates hatte schon 348/7 beantragt, man solle Philipp erlauben, eine Friedensgesandtschaft nach Athen zu senden. Philokrates empfahl auch die Nominierung des Demosthenes. Nausikles dagegen schlug Aischines vor. Er und Demosthenes waren die beiden jüngsten Gesandten, die bisher in der Volksversammlung noch weniger bekannt waren als ihre Kollegen. Auch ein elfter Gesandter seitens der Alliierten Athens im Seebund war beteiligt, Aglaokreon von Tenedos. Die Gesandten können nicht alle einer einzigen politischen Rhetorengruppe, einer Hetairie (politischer Club) oder gar pro- oder antimakedonischen 'Partei' zugerechnet werden. Daß Eubulos und Phokion nicht zu den Gesandten zählten, beweist nicht, daß sie gegen den Friedensschluß waren.

Die Rückkehr der ersten Gesandtschaft nach Athen erfolgte Ende März 346. Die Bedingungen des vorgeschlagenen Friedens und Bündnisses mit Philipp wurden am 18. Elaphebolion athenischen Kalenders (ca. 15. April) in der Volksversammlung diskutiert und am 19. beschlossen. Am Tag der Abstimmung stellten sich Eubulos, Aischines und Ktesiphon offen hinter den Antrag des Philokrates und sicherten damit seine Annahme, während sich Demosthenes zurückhielt. Der einzige namhafte Gegner des Friedensantrages in dieser Versammlung war Aristophon von Azenia, der auf die Seemacht Athens, die stolzen Traditionen seiner Außenpolitik und auf die Bedeutung von Amphipolis verwies. Die Alliierten Athens im Zweiten Seebund beantragten vergeblich, vor einem Friedensschluß die Rückkehr aller Botschafter abzuwarten, die man Ende 347 in die hellenische Staatenwelt ausgesandt hatte. Ferner wollten die Verbündeten einen 'Allgemeinen Frieden' aushandeln. 346 drängten gerade kleinere Staaten auf eine neue *Koine Eirene*, während zuvor meist die größeren Staaten dieses Vertragsinstrument als Vehikel ihrer Hegemonialpläne benutzt hatten. Hierzu fällt in der Rede des Aischines von 343 der interessante, selten belegte Terminus der *Mikropolitai*, der Einwohner kleiner Staaten, die sich vor den *Aporreta*, der Geheimdiplomatie, der großen Staaten in Hellas vorsehen müßten. Die Unzufriedenheit vieler kleiner Staaten mit dem Philokratesfrieden wird oft als ein Belastungsfaktor dieser Ordnung unterschätzt.

Der Philokratesfrieden war eine bilaterale Friedens- und Bündnisordnung (*eirene kai symmachia*). Die entscheidenden Bestimmungen lauteten: gegenseitige Hilfeleistung im Falle eines Angriffes, Aufrechterhaltung des gegenwärtigen territorialen Status quo, Bestimmungen über die Bekämpfung von Piraten, Einschluß der Bundesgenossen Athens und Philipps in den Vertrag. Diese wurden aber nicht namentlich im Vertragsinstrument erwähnt, sondern in den Vertrag dadurch aufgenommen, daß sie an der Eidesleistung beteiligt wurden. Der Thrakerkönig Kersobleptes, die Stadt Halos und die Phoker fielen als athenische Verbündete außerhalb des Seebundes oder als nur befreundete Mächte nicht hierunter. Entscheidend für die Aushandlung der Klauseln und die Zustimmung zum Vertrage in Athen war bis zu diesem Zeitpunkt weder das Verhalten des Aischines noch dasjenige des Demosthenes als Gesandte, sondern das Gewicht anderer Teilnehmer der Gesandtschaft und der Einfluß anderer Rhetoren in Athen, vor allem des Philokrates und des Eubulos.

Mit schriftlichen Instruktionen versehen, reiste nun eine zweite athenische Zehn-Männer-Gesandtschaft in gleicher Besetzung erneut nach Makedonien, um zur Ratifizierung des Vertrages die Eide Philipps und seiner Verbündeten einzuholen. Dieser kehrte erst nach der Unterwerfung des Kersobleptes in Thrakien im Juni 346 in seine Hauptstadt Pella zurück. Ohne Eile warteten die athenischen Gesandten dort auf ihn. Philipp selbst leistete seinen Eid vielleicht schon in Pella, verzögerte aber die endgültige Ratifizierung des Friedens durch seine thessalischen Verbündeten, bis seine Truppen kurz vor dem Thermopylenpaß bei Pherai standen.

Als die Gesandten im Juli 346 nach Athen zurückkehrten, distanzierte sich Demosthenes erstmals deutlich von seinen neun Mitgesandten und erhob gegen sie vor der *Boule,* dem Rat der 500, Beschuldigungen. Als sich die Volksversammlung wenig später versammelte, war inzwischen bekannt geworden, daß Philipp sich mit dem phokischen Söldnerführer Phalaikos geeinigt und die Thermopylen besetzt hatte. Aischines hielt nun eine – nicht erhaltene – Rede, die Demosthenes 343 als offenkundigen Beweis dafür bezeichnet, daß Aischines auf der zweiten Gesandtschaft von Philipp bestochen worden sei und daß er in Makedonien als Gesandter sowie in Athen als Rhetor im Rat und in der Volksversammlung die Interessen der Polis verraten habe. Was aber Aischines 346 tatsächlich genau gesagt hat, ist nicht mehr zu ermitteln, da sich die rückblickenden Behauptungen des Demosthenes und des Aischines im Gesandtschaftsprozeß widersprechen. Vermutlich hat Aischines angesichts der dramatisch veränderten militärisch-strategischen Lage eingesehen, daß Athen jetzt die Phoker nicht mehr retten konnte. Vielleicht versuchte er, der Volksversammlung diese unangenehme Wahrheit schmackhaft zu machen, indem er vage für Athen Vorteile in Aussicht stellte, falls man mit Philipp zu einem Frieden und einem Bündnis gelange. Demosthenes behauptet jedoch, Aischines habe sogar einen angeblichen Brief Philipps vorgezeigt, in dem explizit versprochen worden sei, die Krise in Phokis unter Wahrung der athenischen Interessen zu lösen und der Stadt noch weitere Zugeständnisse zu machen.

Der genaue Auftrag und der tatsächliche Verlauf der dritten athenischen Gesandtschaft Anfang 346/45 bleiben unklar. Als sich definitiv bestätigt hatte, daß die Phoker vor Philipp kapituliert hatten, wurde eine vierte Gesandtschaft bestimmt, die zu Philipp und dem Amphiktyonenrat von Delphi gehen sollte, um Athens Interessen bei der Neuordnung dieser religiösen Eidgenossenschaft von Umwohnerstaaten Delphis und bei den Anordnungen über die Phoker zu wahren. Aischines war hieran erneut beteiligt, Demosthenes nicht. Die Athener waren im Sommer 346 über Philipps Entscheidungen über Phokis und die Amphiktyonie so verstimmt, daß sie sich weigerten, Sakralgesandte zu den ersten unter Philipps Leitung veranstalteten Pythischen Spielen zu senden. Als Gesandte Philipps in Athen offiziell die Anerkennung des Königs als neues Mitglied der Amphiktyonie forderten, rieten Aischines und andere Rhetoren dazu, Philipps neue Stellung aus Staatsräson anzuerkennen. Es ist umstritten, ob auf Anregung der delphischen Amphiktyonie und unter Hegemonie Philipps ein neuer Allgemeiner Friede in Griechenland den Philokratesfrieden abrundete. Falls dies der Fall war, nahm Athen demonstrativ nicht daran teil. Schon wenige Monate nach Abschluß des Philokratesfriedens entstand offener Streit unter den führenden Rhetoren und Strategen Athens über das Verhältnis zu Makedonien. In dieser emotional angespannten Stimmungslage mußte Aischines über seine Tätigkeit als Gesandter 347/46 formal Rechenschaft ablegen. Jetzt griffen Timarchos und Demosthenes ihn juristisch an und setzten damit den Gesandtschaftsprozeß in Gang.

Von Sommer 346 bis Sommer 343 warb Philipp weiterhin diplomatisch um Athen, zuerst durch die Entscheidung zugunsten Athens im Streit der Polis mit den Deliern um die Kontrolle über das delische Heiligtum vor der delphischen Amphiktyonie als Schiedsgericht, am nachdrücklichsten wohl durch die ernsthaften Versuche, anläßlich der Gesandtschaft Pythons nach Athen und der Gegengesandtschaft des Hegesippos nach Makedonien über eine Verbesserung des Philokratesfriedens zu verhandeln. Von einer Selbstbeschränkung der makedonischen Expansion in Regionen, in denen aus athenischer Sicht vitale Interessen der Stadt betroffen wurden, wollte Philipp jedoch zwischen 345 und 340 nichts wissen. Seit Beginn des Archontenjahres 343/42 v. Chr. – die Athener zählten ihre Jahre nach den Namen der jeweiligen Oberbeamten, der eponymen Archonten – war für zeitgenössische Beobachter erkennbar, daß eine neue Mehrheit in Athen unter Einfluß des Demosthenes einen Konfrontationskurs gegen Philipp eingeschlagen hatte. Die Athener bereiteten sich jetzt auch auf einen offenen Bruch des Philokratesfriedens und eine kriegerische Auseinandersetzung vor.

2. Die Quellenlage zu den Gesandtschaften von 346 und dem Gesandtschaftsprozeß von 343

Vorgeschichte und Inhalt des Philokratesfriedens werden in den nur fragmentarisch erhaltenen zeitgenössischen und späteren antiken historiographischen Quellen nicht näher behandelt. Auch inschriftliche Zeugnisse über den Philokratesfrieden fehlen. Dennoch scheint auf den ersten Blick die Quellenlage zu diesen Gesandtschaften, zum Frieden selbst und zum Gesandtschaftsprozeß günstig. Denn sowohl die Hauptrede der Anklage des Demosthenes (Rede 19) als auch die Hauptrede der Verteidigung des Aischines (Rede 2) sind überliefert. Nimmt man umfangreiche Passagen des Aischines und des Demosthenes in den Reden des Kranzprozesses 330 hinzu, so verfügen wir aus der Feder der Hauptbeteiligten über sehr detaillierte Einlassungen. Zudem erweitern Passagen aus der *Friedensrede* des Demosthenes (Rede 5) unsere Kenntnisse über die Lage im Sommer 346. Wichtige Einzelinformationen finden wir auch in den antiken Einleitungen (*Hypotheseis*) und Scholien (Texterläuterungen) zu den Reden des Aischines und Demosthenes, in Stiltraktaten (Dionysios von Halikarnassos), Rhetoriklexika (Harpokration) und in der biographischen Literatur (Plutarchs Demosthenesvita, Ps.-Plutarchs Lebensbeschreibungen der 10 Redner). Bei dieser Quellenlage stellt sich mit exemplarischer Schärfe die Frage nach dem Quellenwert und der Glaubwürdigkeit rhetorischer Quellen. Da Reden oft unsere Hauptquellen für die politisch-militärische Ereignisgeschichte, die Rechts-, Verfassungs- und Sozialgeschichte des 4. Jahrhunderts bilden, sei auf dieses Problem hier etwas ausführlicher eingegangen:

Viele Altertumswissenschaftler vertreten heute eine sehr kritische Auffassung über den geringen Wert von Redenquellen des 4. Jahrhunderts. Ohne Zweifel verlangen Reden als Quellen eine besonders vorsichtige Interpretation. Denn alle Bemerkungen in attischen Reden sollen vor allem einen bestimmten Zweck in einer konkreten Redesituation erfüllen. Selbst Gerichtsreden unterliegen nach allgemeiner antiker Auffassung keinem strikten Wahrheitspostulat. Bei jeder rhetorischen Information ist zu prüfen, welche

Funktion sie im Kontext der Rede erfüllt, ob es Widersprüche hierzu oder Bestätigung hierfür durch historiographische, epigraphische oder sonstige Testimonien gibt, die von diesen Reden unabhängig sind, oder ob eine Aussage nur in einer Redenquelle gemacht wird. Dann ist besondere Vorsicht geboten. Selbst die Wahl der Verfahrensform eines Rechtsstreites wurde im Athen des 4. Jahrhunderts oft von außerjuristischen, politischen Überlegungen bestimmt. Formal starke Rechtspositionen und mehrheitsfähige politische Auffassungen werden nicht seltener als schwache Rechtspositionen durch rhetorische Kunstmittel, insbesondere die für heutige Leser oft unerfreuliche *Diabole* (Verleumdung) des Gegners und seiner Angehörigen, verstärkt. Verdrehungen der Wahrheit finden sich in den Reden aller kanonischen zehn attischen Redner. Von wenigen Ausnahmefällen abgesehen, spricht es gegen die Glaubwürdigkeit eines Redners, wenn er sich selbst in einem bestimmten Punkt an einer späteren Stelle der gleichen Rede oder in einer späteren Rede widerspricht. Wenn ein Redner in einem Punkt die Unwahrheit vorträgt, muß sein Gegner in diesem gleichen Punkt nicht notwendigerweise die Wahrheit vertreten. Athenische Redner instrumentalisieren schließlich historische Beispiele (*Paradeigmata*) mit einer erstaunlichen Rücksichtslosigkeit hinsichtlich der historischen Tatsachen selbst der jüngeren Zeitgeschichte.

Die folgenden Ratschläge zu einer vorsichtigen Interpretation von Redenquellen, die unter anderem in jüngerer Vergangenheit Sealey, Worthington und Harris hervorgehoben haben, sollten auch für die Interpretation der Reden im Gesandtschaftsprozeß beachtet werden:

– Aussagen, Behauptungen oder Bewertungen, die nur in Redenquellen vorkommen und mit einer präzisen Datumsangabe versehen sind, sind seltener frei erfunden oder glatt gelogen als ähnliche Behauptungen ohne präzise Datierung.

– Falls ein Redner für eine Aussage einen Augenzeugen zitiert oder zur Bestätigung dokumentarische Quellen hierzu verlesen läßt, ist sie seltener frei erfunden oder glatt gelogen, als wenn er keine Zeugen oder keine Dokumente aufbieten kann. Der genaue Wortlaut bestimmter Gesetze und Dekrete war allerdings den Geschworenen bei der Verlesung meist nicht präsent. Man ging daher durchaus so weit, den angeblichen Inhalt und die Absicht bestimmter Gesetze und Dekrete gehörig zu verdrehen.

– Falls ein Redner andeutet, eine Handlung oder Aussage seines Gegners sei nur im verborgenen oder im privaten Rahmen geschehen, ist besondere Vorsicht vor Verleumdungen geboten. Im Unterschied zu den athenischen Geschworenen im *Parapresbeia*-Verfahren, die nur eine mündliche Fassung und zwar nur einmal hörten, können wir heute in Ruhe und mehrfach die schriftlichen Fassungen beider Reden des Demosthenes und des Aischines nachlesen sowie Parallelquellen zur kritischen Interpretation der Reden hinzuziehen. Hierdurch können wir der rhetorischen *Diabole* zumindest in gewissem Maße entgehen.

Bei einer kritischen Interpretation muß auch die verbreitete antike Praxis bedacht werden, mündlich vorgetragene Reden für eine spätere Publikation erheblich zu überarbeiten. Die schriftlich publizierten Gesandtschaftsreden des Demosthenes und Aischines wurden vom antiken Publikum mit Ausnahme weniger antiker Historiker, Juristen und Antiquare nicht primär als Dokumente des tatsächlichen Verlaufes der gerichtlichen Auseinandersetzung und als Quellen zur politisch-militärischen Geschichte der athenisch-makedonischen Beziehungen gelesen, sondern als Musterstücke stilistisch-rhetorischer Eleganz studiert. Daher darf man auch eine primär rhetorisch-stilistische Überarbeitung der Reden für die Publikation erwarten, bei der eben diese bewunderten sprachlich-formalen Qualitäten der Reden noch verbessert wurden. Ein gattungstypischer Unterschied im Umfang an Überarbeitungen von Gerichtsreden, politisch-beratenden Reden oder epideiktisch-enkomiastischen Reden (Prunk- und Lobreden) konnte bisher noch nicht als allgemeine Regel nachgewiesen werden, obwohl Aristoteles und Plutarch Hinweise auf einen solchen Brauch in Athen geben. Es fällt uns heute schwer, einzelne Passagen einer Rede eindeutig als überarbeitet aufzuzeigen.

Auch in dieser schwierigen Frage ist die Lage für die Reden des Gesandtschaftsprozesses jedoch etwas besser als für die meisten anderen Reden, da wir Rede und Gegenrede in die Untersuchung einbeziehen können. Die vier besonders bekannten Reden des Aischines und des Demosthenes aus dem Gesandtschafts- und dem Kranzprozeß liegen uns mit Sicherheit in überarbeiteter Form vor. Denn bestimmte Anklagen, gegen die sich Aischines verteidigt, fehlen in der vorliegenden Fassung der Anklagerede des Demosthenes (Aischines 2,6, 2,10 und 2,86). Es fragt sich aber, ob beide Redner systematisch alle Passagen überarbeitet oder gar entfernt haben, die beim Vortrag vor der Jury keinen Anklang gefunden hatten oder leicht durch den Gegner widerlegt worden waren. Demosthenes hat erstaunlicherweise sogar die dramatische Stelle über die angebliche Mißhandlung einer Olynthierin durch Aischines stehengelassen, obwohl sie ihm beim Vortrag der Rede heftigen und lautstarken Unmut der Richter einbrachte. Demosthenes geht in seiner Anklagerede zwar schon mehrfach auf erst später in der Rede des Aischines geäußerte Verteidigungsargumente ein. Dies muß aber nicht in jedem Falle beweisen, daß er an solchen Stellen später Änderungen aus Kenntnis der vorgetragenen oder schriftlich publizierten Rede des Aischines eingefügt hat. Bestimmte Argumente der Verteidigung konnte Demosthenes auch antizipieren.

Jede Partei erhielt bei dieser Prozeßform die Hälfte der üblichen Gesamtdauer der Prozesse als Redezeit. Die uns vorliegende Fassung der Anklagerede des Demosthenes ist aber auffällig länger als die Verteidigungsrede des Aischines. Für die Diskussion über Überarbeitungen spielt auch die vermutliche Redezeit eine Rolle, die beiden Parteien insgesamt an dem einzigen Verhandlungstag im Sommer 343 zur Verfügung stand. Die vorliegende Fassung der Demosthenesrede ist jedenfalls deutlich zu lang, als daß er sie so vor Gericht hätte vortragen können.

Alle antiken griechischen Redner verwendeten in einer für sie individuell bezeichnenden Weise Zeugenaussagen, Dekrete, Gesetzestexte, Eidesformeln oder Einlassungen von *Synegoroi* (Fürsprecher vor Gericht) als Hilfsmittel ihrer rhetorischen Überzeugungsstrategie. Um so auffälliger ist die Beobachtung, die bisher in der Forschung noch nicht überzeugend erklärt wurde, daß in den uns vorliegenden Fassungen von Demosthenes' Rede 19 und Aischines' Rede 2 fast sämtliche im Verfahren selbst verlesenen Zeugenaussagen und Dokumente (Vertragsklauseln, Gesetze, Volksbeschlüsse, Eidesformeln) fehlen, während solche Dokumente durchaus in die Manuskripte anderer Reden des Aischines und Demosthenes aufgenommen sind, wenn auch ihre Authentizität im Einzelfall zweifelhaft ist.

Solche Beweismittel wären für uns aus heutiger Sicht von besonderem Wert. Wahrscheinlich erschienen diese Passagen aber antiken Editoren und hellenistisch-kaiserzeitlichen Liebhabern der Reden des Demosthenes und Aischines aus stilistisch-rhetorischen Gründen nicht überlieferswert.

Trotz der vermeintlich hervorragenden Quellenlage wird also auf der Basis unserer Redenquellen eine minutiöse und vollkommen wahrheitsgemäße Rekonstruktion des tatsächlichen Ganges der Friedensverhandlungen von 346 und des *Parapresbeia*-Prozesses von 343 nicht mehr möglich sein. Viele moderne Beurteilungen der Rolle, die Aischines und Demosthenes zwischen 347/6 und 343/42 gespielt haben, sind wegen dieser Quellenlage über Gebühr von einer eher positiven oder kritischen Einschätzung der gesamten politischen Biographie dieser Redner und insbesondere ihrer Politik gegenüber Makedonien und Philipp II. geprägt.

3. Der Gesandtschaftsprozeß von 343: Verfahrensform, Anklagen und die Bedeutung des Urteils

Der Gesandtschaftsprozeß und die *Eisangelia* gegen Philokrates (wegen Bestechlichkeit und Hochverrat) stehen in einem engen zeitlichen und sachlichen Zusammenhang. Formal betrachtet war der Antragsteller in Athen für ein auf seinen Antrag hin beschlossenes Dekret nur ein Jahr lang verantwortlich, Philokrates für das Dekret zum Philokratesfrieden also bis Frühjahr 345. Er war zudem in seinem formalen Rechenschaftsverfahren (*Euthynai*) für seine Tätigkeit als Gesandter offiziell entlastet worden. Dennoch konnte man ihn auch noch 343 für die Folgen, die sich für Athen aus dem Philokratesfrieden ergaben, juristisch verantwortlich machen. Denn in Athen galt auch für Gesandte eine 'Erfolgshaftung', während der souveräne Demos durch einen umfassenden 'Mißerfolgsschutz' geschützt blieb. Wenngleich die Rede des Hypereides gegen Philokrates nicht überliefert ist, vermitteln uns Zitate in der Verteidigungsrede des Hypereides für Euxenippos (kurz nach 330) einen Eindruck von seiner Anklage gegen Philokrates vom Frühjahr 343. Hypereides zitierte ausführlich und mit großer juristischer Fachkenntnis aus dem *Eisangelia*-Gesetz. Philokrates verließ Athen vor der Verhandlung des Falles und wurde in Abwesenheit zum Tode verurteilt. Aischines verwendete es 343 als eines seiner wirksamsten Verteidigungsargumente, daß er sich im Unterschied zu Philokrates überhaupt dem Verfahren stelle.

Als Aischines im Sommer 346 formal Rechenschaft für die zweite Gesandtschaft des Vorjahres ablegen sollte, klagten Timarchos und Demosthenes ihn vermutlich in zwei getrennten *Parapresbeia*-Verfahren an. Die erste Anklage durch Timarchos scheiterte, weil Timarchos wegen seiner früheren Tätigkeit als Prostituierter und seiner notorischen unmoralischen Lebensführung infolge einer Anklage durch Aischines zur *Atimia*, dem partiellen Verlust der Bürgerrechte, verurteilt wurde, die Timarchos als öffentlichen Ankläger und als Redner in der Volksversammlung ausschloß. Erstaunlich ist dann allerdings, daß die Klage des Demosthenes nach der Verurteilung des Timarchos nicht schneller, also schon 345/44 oder 344/43, zur Verhandlung kam. Die relative Chronologie des Gesandtschaftsprozesses ist jedoch durch Aussagen des Demosthenes und Aischines, die in ihren Reden auf den erst vor kurzer Zeit entschiedenen Philokratesprozeß verweisen, und durch die Bemerkung des Dionysios von Halikarnassos gesichert, daß der *Parapresbeia*-Prozeß schon im Amtsjahr des Archon Pythodoros 343/42 stattfand.

Die Athener führten über ihre Gesandten eine strenge Aufsicht, obwohl Gesandte (oder Herolde) Aristoteles zufolge nur mit Einschränkungen als Inhaber eines vollgültigen 'Amtes' galten. Für ein formales Prüfungsverfahren der Eignung (*Dokimasia*) von Gesandten in Athen gibt es bisher keine Belege. Der Rat der 500 prüfte lediglich den bürgerrechtlichen Status und die allgemeine Unbescholtenheit der Gesandten, die von der Volksversammlung gewählt wurden. Wie alle Amtsträger Athens mußten auch die Gesandten nach Ablauf ihrer Tätigkeit jedoch Rechenschaft ablegen *(Logous kai euthynas didonai)*. Aischines behauptete zuerst, daß die schon ausgesprochene Entlastung aller 10 Gesandten für die erste Gesandtschaft auch die Entlastung für die zweite Gesandtschaft abdecke, an der die gleichen Personen in der gleichen Sache teilgenommen hatten. Doch jeder Gesandte mußte für jede Gesandtschaft eines Archontatsjahres einzeln entlastet werden. Die Rechenschaftslegung mußte spätestens 30 Tage nach der Rückkehr einer Gesandtschaft und den Berichten an Rat und Volk erfolgen. Das strikte Verfahren war zweiphasig. Der erste Teil fand vor 10 aus den 500 Ratsherren ausgelosten Prüfern (*Logistai*) statt, die von 10 Beratern (*Synegoroi*) unterstützt wurden. Es betraf insbesondere die finanziellen Teile der Rechenschaftslegung. Schon in diesem Stadium war eine Verurteilung des Rechenschaftspflichtigen wegen Unterschlagung öffentlicher Gelder, Bestechlichkeit oder Amtsmißbrauch möglich. Im Falle des Aischines hatten die *Logistai* aber offenbar nichts zu beanstanden. Es folgte aber nun der zweite Teil des Rechenschafts- und Entlastungsverfahrens vor den 10 *Euthynoi* (je ein Rechenschaftsprüfer pro *Phyle* – einer Gliederungseinheit der athenischen Bürgerschaft), die von je zwei Beisitzern (*Parhedroi*) unterstützt wurden. Noch 3 (oder vielleicht sogar 30) Tage nach der Entscheidung der *Logistai* konnte jeder beliebige Bürger als Ankläger vor den *Euthynoi* Beschwerden über die Amtsführung eines Amtsträgers oder die Tätigkeit eines Gesandten vorbringen. Schienen diese Anklagen den *Euthynoi* von hinreichendem Gewicht, konnten sie ein Gerichtsverfahren einleiten. Der Gerichtshof (*Dikasterion*) zählte dann mindestens 501 und bei drei zusammengefaßten Dikasterien höchstens 1501 Geschworene. Bei der Prominenz der Prozeßbeteiligten und der Bedeutung des Philokratesfriedens wird man 343 einen großen Gerichtshof erwarten.

Das *Parapresbeia*-Verfahren ist ein Sonderfall der öffentlichen Klage bezüglich der Rechenschaftslegung (*graphe peri ton euthynon*) und ein unklarer Sammelbegriff für alle möglichen öffentlichen Klagen gegen einen athenischen Gesandten. In diesen Verfahren konnten verschiedene Beschuldigungen vorgetragen werden, die auch durch das *Eisangelia*-Gesetz gegen Rhetoren und Strategen oder durch bestimmte Gesetze gegen Bestechung verfolgt werden konnten – neben der Bestechlichkeit vor allem Hochverrat, Mißachtung der Instruktionen des Volkes oder absichtliche und wissentliche Fehlinformation und Täuschung des Volkes. Aischines soll den Anklagen des Demosthenes zufolge (Demosthenes 19, 4–8) gegen die fünf wichtigsten Verpflichtungen eines Gesandten verstoßen haben, die wir eben aus dem Gesandtschaftsprozeß erfahren:

1.) Aischines habe Rat und Volk in seinen Berichten zum Zwecke der Täuschung des Volkes absichtlich falsch informiert. Unter diesen Anklagepunkt fallen vor allem die umfangreichen Versprechungen Philipps bezüglich der Phoker, Thrakiens und Boiotiens, die Aischines angedeutet hatte, die sich aber später nicht erfüllten. Demosthenes trug vor, daß ein Rhetor als Mitglied der politischen Elite besser über die tatsächliche gegenwärtige Lage und die kommenden Entwicklungen informiert sein müsse als die Masse der Mitbürger. Wenn sich also Aischines damit verteidigen wolle, wie die Mehrheit der Athener sei auch er selbst von Philipp getäuscht worden, sei er trotzdem zu verurteilen, weil er ohne hinreichende Informationen als Berater des Volkes aufgetreten sei. Durch ihre Reden und das Erkennen günstiger Gelegenheiten erwirkten Gesandte Vorteile für ihre Städte. Daher liege auch in ihrer richtigen Situationseinschätzung und in ihren Reden die spezifische Verantwortung von Gesandten. Aischines verteidigte sich gegen den Vorwurf, die mit Athen verbündeten Phoker verraten zu haben, mit dem Argument, daß der Untergang der Phoker eine Folge des Glückes Philipps und der Fehler athenischer Strategen gewesen sei. Er hoffte darauf, daß die Athener gerne die Schuld für Niederlagen und ungünstige politische Entwicklungen ihren Strategen zuschoben.

2.) Aischines habe als prominenter Rhetor in der Debatte im Rat und in der Volksversammlung Ratschläge erteilt, die nicht im Interesse des athenischen Demos gewesen seien. Auch dieser Vorwurf konnte durch eine Eisangeliaklage verfolgt werden. Er zielt auf den Philokratesfrieden, aber auch auf den Rat des Aischines, Philipps Stellung in der Amphiktyonie anzuerkennen.

3.) Aischines habe als Gesandter die durch Dekrete des Rates und Volkes schriftlich niedergelegten Instruktionen mißachtet und mangelnden Einsatz bei ihrer Umsetzung gezeigt. Die infolge der schriftlichen Instruktionen seitens der Volksversammlung und des Rates und der Mehrköpfigkeit der Gesandtschaften engen Grenzen der individuellen Einflußmöglichkeiten athenischer Gesandter während ihrer Gesandtschaften wirkten sich auch im Gesandtschaftsprozeß als ein Schutz für die Gesandten aus. Wer sich penibel an seine Instruktionen hielt, war vor späteren Anklagen eher geschützt, konnte aber auch sich plötzlich bietende Gelegenheiten kaum eigenmächtig ohne neue Instruktionen der Polis ausnutzen. Hierin lag eine strukturelle Schwäche der demokratischen athenischen Außenpolitik in Krisenlagen und bei Auseinandersetzungen mit Einzelherrschern, auf die Demosthenes schon 343 (und noch deutlicher 330 im Kranzprozeß) in der Rolle des Staatsmannes hinwies.

4.) Aischines habe zum Schaden Athens und seiner Verbündeten, der Phoker und des Kersobleptes, die eilige Durchführung seiner Instruktionen, bei Philipp und seinen Verbündeten während der zweiten Gesandtschaft die Eide auf den Frieden einzuholen, verzögert. Bezeichnenderweise übergeht Aischines diese gefährlichen Vorwürfe weitgehend, obwohl er sich gegen andere Anklagen gerne mit einer präzisen Chronologie der Ereignisse verteidigt. Er behauptet abwiegelnd, daß das Schicksal des Kersobleptes und der Phoker ohnehin entschieden gewesen sei.

5.) Aischines habe von Philipp Bestechungsgelder und sonstige Geschenke angenommen und deshalb seine außenpolitische Haltung radikal gewechselt. Vermutlich durften athenische Gesandte offiziell überhaupt keine 'Geschenke' fremder Herrscher oder Poleis annehmen. Trotzdem war es weit verbreitete Sitte, sich aufwendig bewirten zu lassen und auch reiche Geschenke anzunehmen. Oft sahen die Athener darüber hinweg, falls eine Gesandtschaft politisch erfolgreich war. Doch blieb die Gefahr groß, später wegen Bestechlichkeit angeklagt zu werden. Aischines soll angeblich von Philipp im Jahre 346 Geldsummen und Landbesitz in Boiotien und Makedonien erhalten haben. Doch dieser Anklagepunkt kann von Demosthenes nicht bewiesen werden. Daher arbeitet er hier mit schlimmen Unterstellungen. Er betont angeblich verbrecherische und enge Verbindungen zwischen dem soeben verurteilten Philokrates und Aischines. Da Philokrates korrupt gewesen sei, sei es Aischines auch.

Demosthenes beantragte gegen Aischines die Todestrafe, während in einfachen Bestechungsfällen für verurteilte Amtsträger und Gesandte das Zehnfache der Bestechungssumme das übliche Strafmaß war. Die vergleichbaren Anschuldigungen und die Höhe des beantragten Strafmaßes sprechen für die in der Forschung bisher zu wenig betonte Austauschbarkeit der Verfahrensformen eines *Parapresbeia*-Verfahrens und einer *Eisangelia,* sofern der Beklagte ein stadtbekannter Rhetor war, und für den primär politischen Charakter der Anklage im Gesandtschaftsprozeß. Der Ankläger wählte die ihm jeweils erfolgversprechendste Verfahrensform. Demosthenes erwähnte als wichtigsten Präzedenzfall für den Gesandtschaftsprozeß von 343 in der Anklagerede dreimal die Anklage des Leon gegen seinen Kollegen Timagoras nach der Gesandtschaft zum Perserkönig vom Jahre 367 v. Chr., aufgrund der Timagoras in Athen zum Tode verurteilt wurde. Auch weitere historische Beispiele werden aufgeführt. Alle stellen aber nur Scheinparallelen dar, die die Jury zu einer Verurteilung des Aischines verleiten sollen. Bindend für ein Urteil in *Parapresbeia*-Verfahren waren Präzedenzfälle ohnehin nicht.

Es drängt sich die Frage auf, wie häufig und wie gefährlich *Parapresbeia*-Verfahren denn in der athenischen Rechtsgeschichte waren. Wir kennen nach den Studien von Mosley und Develin aus dem 5. und 4. Jahrhundert die Namen von etwa 125 Gesandten Athens, von denen etwa ein Fünftel in ein Gerichtsverfahren nach Ende der Gesandtschaft verwickelt wurde, einige sogar mehrfach in ihrer Karriere. Immerhin 18 unter diesen 125 Gesandten wurden mit Sicherheit verurteilt, einige davon sogar zum Tode. Bei etwa 110 Gesandtschaften, die wir aus der Periode des klassischen Athen zwischen dem Sieg der Athener bei Salamis 480 v. Chr. und ihrer Niederlage in der Seeschlacht bei Amorgos 322 v. Chr. kennen, folgte jedoch wohl nur auf fünf Gesandtschaften ein formales *Parapresbeia*-Verfahren, und in höchstens drei dieser Verfahren kam es zu einer Verurteilung. Diese Zahlen stehen selbstverständlich unter einem gewissen Vorbehalt, da unsere Überlieferungslage nicht vollständig ist. Dennoch waren wohl *Parapresbeia*-Verfahren seltener als *Dorodokia*- (Korruptions-) oder *Eisangelia*-Verfahren. Das Prozeßrisiko für weniger prominente Gesandte blieb deutlich niedriger als für Strategen oder Rhetoren. Ein Hinweis in der Anklagerede des Aischines im Kranzprozeß von 330 läßt die Folgerung zu, daß Aischines nach dem *Eisangelia*-Verfahren gegen Philokrates und vor dem *Parapresbeia*-Verfahren im Frühjahr 343 seinerseits eine *Eisangelia* gegen Demosthenes einzuleiten versuchte, welche er aber dann doch nicht formal erhob. Vielleicht ließen die Athener sie auch nicht vor einem Gericht zu. Dann wird es noch verständlicher, daß Demosthenes 343 eine Wiederaufnahme des *Parapresbeia*-Verfahrens gegen Aischines wählte, statt diesen mit einer *Eisangelia* anzugreifen. Mit der Verurteilung des Philokrates hatte der Demos nämlich schon einen öffentlichen Sündenbock für den unbeliebten Frieden gefunden.

Zeitgenössische Autoren räumen freimütig ein, daß Prozesse im Athen des 5. und 4. Jahrhunderts von mehreren, jeweils unterschiedlich einflußreichen Faktoren entschieden wurden: der formalen Anklage und den hierauf passenden Gesetzen der Polis, den Reden der Parteien inklusive der Zeugenaussagen, verlesenen Gesetzen und Dokumenten, dem Vorleben und stadtbekannten Charakter der beteiligten Personen, dem Einfluß der jeweiligen Fürsprecher und nicht zuletzt der politisch-psychologischen Stimmung im Demos. Athenische Gerichtshöfe mußten ihre Urteile bekanntlich weder mündlich noch schriftlich begründen. Daher bleiben alle Aussagen über die wahren Gründe für den Prozeßausgang von 343 nur hypothetisch. Die Mehrheit von nur 30 Stimmen für Aischines war angesichts der juristischen Schwäche der Anklage sehr knapp, besonders falls man einen Gerichtshof von 1501 Geschworenen annimmt. Die effektiven Auftritte seiner phokischen und boiotischen Fürsprecher, seiner beiden im Demos beliebten Brüder, des dreimaligen Strategen Philochares und des Sekretärs der Theorikon-Kasse Aphobetos, vor allem aber des allgemein geachteten Strategen Phokion und des führenden Rhetors Eubulos wirkten vielleicht prozeßentscheidend zugunsten des Aischines. Von prominenten *Synegoroi* der Anklage hören wir nämlich nichts.

Es gibt aber einen weiteren wesentlichen Unterschied zwischen den Verfahren gegen Philokrates und gegen Aischines, der für den Freispruch des Aischines eine Schlüsselrolle spielte: Im Philokratesverfahren war Hypereides der Hauptankläger, ein im Demos 343 beliebter Rhetor. Er hatte im Unterschied zu Demosthenes an keiner der Gesandtschaften 347/6 teilgenommen und konnte daher seine *Eisangelia* glaubwürdiger und schärfer vertreten. Demosthenes dagegen mußte seine eigene Rolle bei den ersten beiden Gesandtschaften, die für den Frieden und das Bündnis mit Philipp entscheidend waren, stets von derjenigen der übrigen Gesandten, insbesondere des Philokrates und Aischines, trennen. Dieser Spagat ist ihm nach dem Urteil der Jury nicht gelungen. Vielleicht war Hypereides auch aufgrund seiner besseren juristischen Kenntnisse als Ankläger in Gerichtsverfahren geschickter als Demosthenes, der als der bessere politische Debattenredner galt. Hypereides rühmte sich selbst, wie sorgfältig er die Anklage gegen Philokrates vorbereitet und wie genau er hierfür den Wortlaut des Eisangeliagesetzes studiert habe.

Allerdings gelang es Demosthenes als Ankläger im Gesandtschaftsprozeß, sich radikal vom Philokratesfrieden zu distanzieren und sich so selbst vor Anklagen anderer Rhetoren zu schützen. Deshalb war der Gesandtschaftsprozeß auch für Demosthenes ein Erfolg. In der direkten athenischen Demokratie des 4. Jahrhunderts waren Verfahren unter Beteiligung prominenter Bürger zugleich ein politischer

Stimmungstest unter den Juroren, die bei großen Gerichtshöfen einen repräsentativen Ausschnitt des Demos darstellten. Nach dem Wegfall der *Ostrakismos*-Verfahren (des Scherbengerichtes gegen prominente Politiker) waren bestimmte Gerichtsverfahren (besonders *Paranomon*- oder *Eisangelia*-Prozesse) typische Instrumente der Richtungsentscheidung über den führenden Demagogen in der Polis und über zentrale politische Sachfragen geworden. Außenpolitisch betrachtet war die Anklage des Demosthenes gegen Aischines 343 v. Chr. der Höhepunkt einer Reihe von Verfahren gegen Befürworter einer Außenpolitik, die auf eine dauerhafte, konstruktive und vertraglich ausgebaute Kooperation mit Philipp und Makedonien setzten. Das *Parapresbeia*-Verfahren von 343 und der Kranzprozeß von 330 versuchten eine Antwort auf die gleiche Kernfrage zu geben, die sich im 4. Jahrhundert v. Chr. den Athenern mehrfach stellte: Welche Außenpolitik war Athens ruhmreicher Traditionen des 5. und frühen 4. Jahrhunderts würdig, welche andererseits in einer durch Makedoniens Aufstieg unter Philipp II. veränderten geopolitischen Gesamtlage den tatsächlichen Ressourcen der Polis noch angemessen und realpolitisch geboten?

Der Kranzprozeß des Jahres 330 v. Chr. oder: Der Abgesang auf die klassische Polis

Wolfgang Schuller

In memoriam Hermann Wankel

Im Sommer des Jahres 330, kurz nachdem der persische Königspalast von Persepolis durch Alexander den Großen in Flammen aufgegangen war und kurz bevor der Großkönig Dareios III. ermordet wurde und Alexander seine Nachfolge antrat, fand in Athen ein seltsamer politischer Strafprozeß statt. Ein berühmter athenischer Politiker, Aischines, klagte einen gewissen Ktesiphon an, für den ebenfalls berühmten Politiker Demosthenes wegen dessen politischer Verdienste eine Ehrung durch Verleihung eines goldenen Kranzes beantragt zu haben. Der Kern der Anklage war die Frage, ob die Politik des Demosthenes wirklich so verdienstvoll gewesen sei, denn schließlich habe an deren Ende Athens endgültige Niederlage durch das Makedonenreich gestanden. Nach der Anklagerede des Aischines sprach Demosthenes selber zur Verteidigung des Ktesiphon, rechtfertigte seine Politik also in eigener Person. Beide Reden sind erhalten, so daß wir also die gesamte Verhandlung vor dem Volksgericht genau dokumentiert haben, und wir erfahren zudem, daß die Anklage mit überwältigender Mehrheit abgewiesen wurde.

Seltsam war an diesem Prozeß zum einen, daß er erst sechs Jahre nach dem Antrag auf die Ehrung durch den Kranz stattfand, seltsam war zum anderen, daß eine Politik glänzend gerechtfertigt wurde, die wirklich fulminant gescheitert war, seltsam war weiter, daß dieser Prozeßkrieg zwar auf eine anderthalb Jahrhunderte lange Tradition politischer Prozesse zurückblicken konnte, jetzt aber zu einer Zeit ausgefochten wurde, in der durch den Siegeszug Alexanders des Großen schon längst ein neues Zeitalter angebrochen war. Am seltsamsten aber ist, daß dieser schon anachronistische Kampf dennoch Höhepunkt und klassisches Beispiel eines griechischen politischen Prozesses geworden ist. Im folgenden werden zunächst die Sachverhalte geschildert, anschließend werden einige besondere Gesichtspunkte besprochen, und am Schluß steht eine Würdigung.

Die Sachverhalte

Nach dem Prozeß über die Truggesandtschaft, der im vorigen Beitrag dargestellt wurde,[1] verlief die innergriechische Entwicklung so, daß König Philipp II. von Makedonien für die auf Unabhängigkeit bedachten griechischen Städte immer bedrohlicher wurde. Das muß hier nicht im einzelnen ausgeführt werden;[2] es genügt, darauf hinzuweisen, daß Philipp sich durch die im Ergebnis freilich erfolglose Belagerung von Perinth und Byzantion und das Kapern einer für Athen bestimmten Getreideflotte – deren Erlös ihm die gewaltige Summe von 700 Talenten einbrachte – im Jahre 340 in einer Weise als Angreifer darstellte, daß Athen vor allem auf Betreiben des Demosthenes ein großangelegtes Bündnisgeflecht mit zahlreichen griechischen Staaten gegen ihn zustande bringen konnte: Byzantion, Abydos, Euböa, Megara, Korinth, Achaia, Akarnanien, Leukas und Korkyra. Ende 339 gelang es Philipp aber, von der delphischen Amphiktyonie, einer Schutzgemeinschaft für das Orakel von Delphi, den Auftrag zu bekommen, militärisch gegen die mittelgriechischen Lokrer vorzugehen. Philipp handelte blitzschnell und stand im November des Jahres 339 bei Elateia in Phokis.

Der Schock in Griechenland war groß, so groß, daß es Demosthenes sogar gelang, Böotien mit Theben an der Spitze in das gesamtgriechische Bündnis einzubeziehen, so daß nun endlich fast ganz Griechenland geeint Philipp gegenüberstand. Im Sommer 338 kam es bei Chaironeia in Böotien zur Schlacht, in der die Griechen vernichtend geschlagen wurden; einen bedeutenden Anteil daran hatte Philipps Sohn Alexander, der die Reiterei kommandiert hatte. Nach der Schlacht soll Philipp betrunken über das Schlachtfeld geritten sein und zum Hohn die Antragsformel athenischer Volksbeschlüsse ausgerufen haben: «Demosthenes, der Sohn des Demosthenes, aus dem Demos Paiania, hat beantragt»[3] – und in der Tat: Demosthenes war die Seele des Widerstandes gegen Philipp gewesen, und seine Politik war mit dieser Niederlage gescheitert. Aber nicht nur seine Politik; ganz Griechenland spielte von nun an in der Geschichte keine bestimmende Rolle mehr.

Nach der Niederlage wurde Theben von Philipp hart bestraft, Athen aber wurde geschont, und nicht nur das; Philipp griff so wenig in die athenische Innenpolitik ein, daß Demosthenes sie weiterhin maßgeblich mitgestalten konnte. Einige Anklagen gegen ihn – an denen sich Aischines nie beteiligt hatte – überstand er erfolgreich, mehr noch, er wurde in wichtige Positionen gewählt. Erstens wurde er vom Volk dazu bestimmt, die Totenrede auf die Gefallenen von Chaironeia zu halten. Weiter wurde er an der Aufgabe beteiligt, für die Versorgung der Stadt zu sorgen, und ebenfalls wurde er für das Jahr 337/36 zum Vorsitzenden des Beamtengremiums gewählt, das die Aufsicht über die wichtige Kasse des Theorikon hatte, aus der die Zuschüsse an arme Athener für Fest- und Theaterbesuche gezahlt wurden. Schließlich war auf seine Initiative schon 338/37 eine Versammlung aller zehn attischen Phylen einberufen worden, die über die Ausbesserung der Befestigungen beraten sollte. Auf dieser Versammlung wurden für das Amtsjahr 337/36 zehn Mauerbaubeauftragte (*teichopoioi*) bestellt, denen die Sorge für die Stadtmauern oblag, für jede Phyle einer, darunter Demosthenes selber für seine Phyle Pandionis; er erhielt dafür vom Staat zehn Talente, wozu er aus seinem Privatvermögen noch hundert Minen zuschoß, also ungefähr anderthalb Talente.

Im Frühjahr 336 dann stellte Ktesiphon den Antrag, Demosthenes mit einem goldenen Kranz zu ehren, im besonderen für seine Verdienste bei der Wiederherstellung der Stadtbefestigungen, im allgemeinen aber auch dafür, überhaupt eine der Stadt nützliche Politik betrieben zu haben. Dieser Antrag Ktesiphons wurde vom Rat der 500 angenommen in der Absicht, ihn als Vorbeschluß, *probouleuma,* an das Volk zur endgültigen Beschlußfassung weiterzuleiten. Dagegen ging Aischines vor. Er kündigte unter Eid (*hypomosia*) eine Strafklage wegen Gesetzwidrigkeit (*graphe paranomon*) an,[4] wodurch der weitere Gang des Verfahrens unterbrochen wurde, dann reichte er eine Klagschrift ein. Diese Klagschrift dürfte schon die drei Hauptpunkte enthalten haben, die dann in der späteren Anklagerede ausgeführt wurden: Es sei gesetzwidrig, einen Beamten während seiner Amtszeit zu ehren; es sei gesetzwidrig, einem zu Ehrenden den Kranz im Theater statt vor dem verleihenden Gremium zu verleihen; es sei unwahr, daß die Politik des Demosthenes ein Verdienst um Athen dargestellt habe, im Gegenteil, sie habe der Stadt geschadet. Weitere Schritte wurden aber nicht unternommen, der Prozeß fand zunächst nicht statt, und mit Ablauf des Jahres 337/36 verfielen dann auch der Antrag des Ktesiphon beziehungsweise das *probouleuma* des Rates.

Erst 330 wurde das Verfahren wieder aufgenommen, und es kam zum Prozeß. Die Beteiligten selber scheint diese sechsjährige Pause nicht weiter gestört zu haben, denn weder Aischines noch Demosthenes gehen in ihren Reden darauf ein, etwa in dem Sinne, daß die Verschleppung auf einem Manöver der Gegenseite beruhe oder überhaupt sachwidrig sei. Die Gründe für die lange Pause dürften in der politischen Opportunität gelegen haben, die es keinem der

Beteiligten ratsam erscheinen ließ, in den Jahren vorher auf einen Streit zurückzukommen, dessen unsicherer Ausgang angesichts der zahlreichen politischen Wechselfälle der jeweiligen Partei nur hätte schaden können. Vorwiegend wird angenommen, daß Aischines und nicht Demosthenes für die Wiederaufnahme des Verfahrens gesorgt habe, und zwar deshalb, weil der Siegeszug Alexanders des Großen die Verfehltheit der antimakedonischen Politik des Demosthenes gerade jetzt hätte deutlich machen sollen.[5] Das mag so sein, wichtiger ist aber wohl, daß die Zeitgenossen selber kein Problem darin sahen.

Der Prozeß fand unter großer öffentlicher Anteilnahme auch von Nichtathenern statt;[6] der Gerichtshof war mit möglicherweise 1001 oder sogar 1501 Richtern besetzt. Nach Aischines' Anklagerede wird Ktesiphon selber wohl nur wenige Worte gesprochen haben, während Demosthenes als *synegoros,* also als «Mitredner» die eigentliche Verteidigungsrede hielt. Verhandelt wurde den ganzen Tag, und jeder Prozeßpartei standen gut drei Stunden zur Verfügung; freilich sind die überlieferten Reden überarbeitete Versionen – jedenfalls die des Aischines ist es – und unterschiedlich lang, so daß von ihnen nicht auf die wirkliche Dauer geschlossen werden kann. Falls Aischines die Wiederaufnahme betrieben haben sollte, so wird er das bitter bereut haben, denn der Ausgang wurde zum Fiasko für ihn. Ktesiphon – und damit Demosthenes' Politik – wurde nicht nur freigesprochen, sondern der Antrag des Aischines erhielt nicht einmal ein Fünftel der Stimmen, so daß er eine Strafe von 1000 Drachmen zahlen mußte. Als politisch Geschlagener verließ er Athen und ging nach Rhodos. Es wird erzählt, er habe dort Rhetorikunterricht gegeben und habe in diesem Zusammenhang seine Rede gegen Ktesiphon vorgetragen – auf bewundernde Worte der Zuhörer soll er gesagt haben, wenn sie Demosthenes' Rede hören würden, würden sie anderen Sinnes werden. Ob es zu einer Erneuerung des Antrages auf Bekränzung kam, ob er angenommen wurde und ob Demosthenes nun endlich den Kranz erhielt, ist unbekannt.

Die Anklagerede des Aischines ist übersichtlich aufgebaut. Nach einleitenden Bemerkungen werden die beiden behaupteten Gesetzwidrigkeiten des Antrages des Ktesiphon erläutert, nämlich die Ehrung für einen Magistraten noch vor seiner Rechenschaftslegung sowie die Kranzverleihung im Theater. Daran schließt sich in weit größerer Ausführlichkeit der Teil an, auf den es Aischines besonders ankam, nämlich die Darlegung der politischen Unwürdigkeit des Demosthenes für eine solche Ehrung. Der letzte Teil besteht aus unterschiedlichen Zusatzgesichtspunkten, die die bisherigen Ausführungen vertiefen sollen. Die Verteidigung durch Demosthenes – der, obwohl er ja eigentlich für Ktesiphon spricht, doch in der Ichform redet – ist abwechslungsreicher gegliedert. Nach der Einleitung kommt zunächst ein Eingehen auf einzelne Anklagepunkte, die Demosthenes als sachfremd ansieht, woran sich in einem ersten Teil die Rechtfertigung seiner Politik anschließt. Dann wird eine knappe Widerlegung der beiden konkreten Punkte eingeschoben, die die Gesetzwidrigkeit des Bekränzungsantrages begründen sollten, woran sich ein Angriff auf Aischines als Person anschließt. In einem zweiten Teil kehrt Demosthenes zu seiner Politik zurück, worauf der Schlußteil sich wieder mit der Person des Aischines beschäftigt, diesmal im Vergleich mit Demosthenes selbst.

Einzelfragen

Als erstes muß ein Charakteristikum beider Reden erwähnt werden, das trotz allem berufsmäßigen Einfühlens des Historikers in vergangene fremde Mentalitäten immer noch Befremden hervorruft, nämlich das Beschimpfen des Gegners. Relativiert wird es freilich zum einen dadurch, daß diese Flut von Beleidigungen in der rhetorischen Kunst so selbstverständlich war, daß sie mit einem Fachausdruck bezeichnet wurde, nämlich auf griechisch *diabolé,* lateinisch Invektive, etwa als Verleumdung oder Schmähung zu übersetzen. Zum anderen gab es, neben einfachen Schimpfwörtern, durchaus Standardbehauptungen, mit denen diese Verleumdung praktiziert wurde, nämlich einerseits Bestechlichkeit, andererseits widerwärtige persönliche Eigenschaften und niedere gesellschaftliche Herkunft. Die Bestechlichkeit ist ein so gängiger Vorwurf, daß es für den Historiker äußerst schwierig ist, bloße rednerische Beschimpfung von eventuellen Tatsachen zu unterscheiden,[7] zumal gerade im Kranzprozeß dieser Vorwurf geradezu kaskadenartig auf den jeweiligen Prozeßgegner niederprasselt;[8] auf der anderen Seite tritt dabei doch eine Art Abstumpfungseffekt ein, beim damaligen Zuhörer und beim heutigen Leser.

Anders steht es mit den persönlichen Beleidigungen, sie sind qualvoll zu lesen. Aischines beschränkt sich darauf, den Charakter seines Gegners etwas anzuschwärzen und seine rein griechische Abstammung anzuzweifeln (51f.; 171), aber Demosthenes vergreift sich sogar an den Eltern des Aischines: Sein Vater sei Sklave gewesen, seine Mutter Prostituierte (129–131. 258f.). Da beruhigt es wenig zu hören, daß das Publikum so etwas ohnehin nicht geglaubt habe, weil die Verleumdungen früher, in der Gesandtschaftsrede, nicht ganz so deftig gewesen seien, die Mutter berufsmäßige niedere Bacchanalienpriesterin, der Vater Elementarlehrer (Truggesandtschaft §§ 199. 249. 281) – das Ganze ist unerfreulich,[9] und wir gehen schnell zu anderem über.

Der für Aischines katastrophale Ausgang des Prozesses ließ schon immer die Frage aufkommen, wie es um die sozusagen objektive Berechtigung seiner Anklagepunkte bestellt gewesen sei. Die Richtigkeit der demosthenischen Politik ist naturgemäß ein Problem, das sich jedenfalls heute schwer mit ja oder nein beantworten läßt. Anders könnte es mit den beiden sehr viel präziseren Vorwürfen bestellt sein, die Aischines zu Anfang seiner Rede abhandelt. Der erste war der, daß ein Gesetz die Bekränzung eines Beamten verbiete, bevor dieser Rechenschaft über seine Amtstätigkeit abgelegt habe; der Grund sei der gewesen zu verhindern, daß durch die Kranzverleihung ein positives Urteil über die Amtstätigkeit präjudiziert worden wäre. Demosthenes antwortete, daß der Kranz sich nicht auf die engere Amtstätigkeit, sondern darauf bezogen habe, daß er darüber hinaus eine nicht geringe Summe für den Mauerbau gespendet habe.

In der Literatur wurde meistens die Ansicht vertreten, daß diese Verteidigung des Demosthenes eher schwach gewesen sei, daß also Aischines die bessere Position gehabt habe; das ist jüngst mit guten Argumenten bestritten worden.[10] Die Frage dürfte auf ein Problem hinauslaufen, das in der athenischen Rechts- und Gerichtspraxis auch anderswo eine bedeutende Rolle spielt, nämlich ob die Gesetze eher nach dem Wortlaut oder eher nach ihrem Sinn ausgelegt werden sollten.[11] Aus dem Charakteristikum des athenischen Gerichtswesens, das ja eine Laienjustiz war, ist zu folgern, daß der Rechtssicherheit wegen eher eine enge Auslegung nach dem Wortlaut gefordert war, denn Auslegungsfragen hätten die in die Hunderte gehenden Laienrichter, die sofort nach den Plädoyers abzustimmen hatten, überfordert. Danach würde sich in der Tat ergeben, daß Demosthenes die bessere Rechtsposition hatte, denn der Antrag auf die Verleihung des Kranzes bezog sich eben nicht auf sein Verhalten im Amt, sondern darauf, daß er aus seinem eigenen Vermögen privatim Geld gespendet hatte. Ein Bezug auf seine Tätigkeit als *teichopoios* hätte eine Überdehnung dargestellt. Hinsichtlich des zweiten Vorwurfs, daß er entgegen dem Gesetz seinen Kranz nicht vor der verleihenden Instanz, sondern im Theater empfangen sollte, konnte er sich, ebenfalls zu Recht, darauf berufen, daß es Ausnahmeregelungen gegeben habe. Auch insofern ist also das Scheitern der Anklage erklärlich.

Was den dritten und Hauptvorwurf betrifft, daß nämlich die Politik des Demosthenes Athen ins Unglück gebracht habe, so kann hier nicht im einzelnen darauf eingegangen werden; zu unübersichtlich und verworren sind die Wechselfälle der politischen Entwicklung, die Anschuldigungen und die Erwiderungen darauf. Es seien nur einige allgemeine Gesichtspunkte herausgehoben. Zunächst wird man nicht sagen können, daß Aischines und Demosthenes als Repräsentanten zweier scharf voneinander geschiedener politischer Richtungen einander gegenübergestanden hätten.[12] Das wird besonders deutlich aus den wiederholt vorgebrachten und anscheinend unwiderlegten Behauptungen des Demosthenes, die darin bestehen, daß Aischines jeweils zu der Zeit, in der Demosthenes etwas nunmehr von Aischines Getadeltes getan habe, nie dagegen vorgegangen sei, also selber damals offensichtlich nichts dagegen gehabt habe. Besonders eindrucksvoll belegt dies Paragraph 243 der Kranzrede:[13]

«Jetzt redest du uns von dem Vergangenen? Wie wenn ein Arzt seinen Patienten bei der Krankenvisite mit keinem Wort angäbe, wie sie die Krankheit überstehen könnten, dann aber, wenn einer gestorben ist und man ihm die letzte Ehre erweist, mitginge und unterwegs zur Grabstätte erklärte: ‹Wenn dieser Mensch das und das getan hätte, wäre er nicht gestorben.› ‹Und das sagst du erst jetzt, du Schwachkopf?»› (Übersetzung nach Zürcher)

Höchst bemerkenswert ist weiter die durchgängige Argumentation des Demosthenes, in der er die Niederlage Athens zwar zugibt – was wäre auch sonst möglich gewesen –, jedoch darauf beharrt, daß für das rein Militärische natürlich die Feldherren verantwortlich seien, vor allem aber darauf, daß Erfolg oder Mißerfolg in der Politik von so vielen Zufällen, also von der unzuverlässigen Göttin Tyche abhängig seien, daß daraus kein Urteil über die sachliche Richtigkeit abgeleitet werden könne, zudem hätte es noch schlimmer kommen können.[14] Von diesem Gesichtspunkt aus kann er dann immer wieder darauf zu sprechen kommen, welche grundsätzliche Haltung ihn zu seiner Politik veranlaßt habe, nämlich das Bild, das er von seiner Vaterstadt hat.

Diese *certaine idée d'Athènes* – um eine Formulierung Charles de Gaulles abzuwandeln – setzt sich aus drei Komponenten zusammen. Zunächst sind es, in ständig wiederholten und variierten Formulierungen, der Ruhm und die Ehre der Stadt, die von den Vorfahren ererbt sind und die es verbieten, vermeintliche Sicherheit in der Knechtschaft zu suchen. Zweitens ist es die traditionelle Rolle Athens in der griechischen Politik, die auch den anderen Städten Freiheit gebracht habe.[15] Daß das nicht billiges patriotisches Pathos ist, folgt drittens daraus, daß er auch die Gebrechen gerade der spezifischen athenischen Demokratie sieht und sie gegen die monarchische Staatsform abhebt: Ein König entscheide selbst, habe ein stehendes Heer und Geld zur Verfügung; er müsse sich an keine Volksbeschlüsse halten, müsse nicht in aller Öffentlichkeit Politik betreiben und infolgedessen politische Verfolgung – wie etwa eine *graphe paranomon* – fürchten und sei zudem nicht der Rechenschaftspflicht unterworfen. Das Gegenteil von all dem bedeute die Politik in einer Demokratie, die obendrein noch durch die Umständlichkeit und Langsamkeit sowie die Kenntnislosigkeit und Kritiksucht des Volkes erschwert werde. Das sind Fehler – aber es sind notwendige Fehler einer Demokratie, und deshalb nimmt Demosthenes sie in Kauf, ja, akzeptiert sie, ja, erkennt in ihnen Korrelate der Freiheit, die den Ruhm Athens ausmachen.[16]

Schließlich soll auf die literarische Qualität der Reden, insbesondere der des Demosthenes, hingewiesen werden. Im allgemeinen ist es mit der Kenntnis der griechischen Sprache und Literatur heute so bestellt, daß das Mitreißende, das die Redekunst des Demosthenes auszeichnete, nur von wenigen nachempfunden werden kann.[17] Es sei nur eine Stelle zitiert, die schon im Altertum als Muster lebendiger Schilderung gegolten hat, nämlich die Passage, in der Demosthenes schildert, wie die Nachricht von der blitzartigen Besetzung Elateias in Athen gewirkt hatte:

«Abend war es, und es kam ein Bote mit der Nachricht zu den Prytanen, daß Elateia genommen sei. Da sprangen die einen sofort mitten vom Essen auf, ließen die Buden auf dem Markt räumen und steckten schnell die Hürden zwischen den Marktständen in Brand; andere schickten nach den Strategen und riefen den Trompeter herbei. Die Stadt war in Aufruhr. Gleich mit Anbruch des nächsten Tages beriefen die Prytanen den Rat ins Rathaus, ihr eiltet in die Volksversammlung, und noch bevor der Rat verhandeln und seinen Beschlußentwurf vorlegen konnte, saß das ganze Volk schon oben. Dann erschien der Rat, die Prytanen berichteten über die ihnen gemeldete Nachricht und man führte den Boten vor. Als der berichtet hatte, fragte der Herold: ‹Wer will sprechen?›, aber niemand trat vor. Und auch als der Herold die Frage mehrfach wiederholte, stand doch keiner auf...» (169f., Übersetzung nach Zürcher und Waldvogel)

Schließlich war es Demosthenes selber, der als einziger redete und von Widerstand sprach – niemand nahm dagegen Stellung, auch Aischines nicht.

Würdigung

Eine besiegte Sache hat schon oft in der Geschichte die Sympathien auf sich gezogen, durchaus auch in einer Art romantischen Trotzes. *Victrix causa deis placuit, sed victa Catoni* – die siegreiche Sache hatte die Götter auf ihrer Seite gehabt (sonst wäre sie ja nicht siegreich gewesen), aber die besiegte den Cato (den Mann der höchsten moralischen Autorität); so dichtete zur Zeit Neros Lukan in seinem Epos über den römischen Bürgerkrieg (1, 128). Zahlreiche weitere Beispiele ließen sich anführen, von der amerikanischen Südstaatenromantik über den Trotz in Deutschland nach dem Ersten Weltkrieg, der sich in der Rektoratsrede des Althistorikers Eduard Meyer[18] oder in der vom Klassischen Philologen Ulrich von Wilamowitz-Moellendorff verfaßten Inschrift für die Gefallenen der Berliner Universität *Invictis Victi Victuri* (Den Unbesiegten die Besiegten, die aber siegen werden) fassen läßt – bis hin zur allgemeinen Metapher vom Untergang mit wehender Flagge. In diese Reihe gehört auch der Kranzprozeß und insbesondere die Kranzrede des Demosthenes.

Man mache sich noch einmal die Situation klar. Alexander der Große hatte die Schlachten von Issos und Gaugamela geschlagen, hatte die Nachfolge der Perserkönige angetreten – in dieser Eigenschaft war er auch Pharao von Ägypten geworden –, die griechischen Kontingente des Makedonenheeres waren entlassen, weil das Kriegsziel des Sieges über Persien erreicht war, da wird in Athen vor dem Volksgericht darüber gestritten, ob der Widerstand gegen Makedonien richtig gewesen sei, und das Volk von Athen sagt vernehmlich ja. Auch in der Neuzeit und in der althistorischen Wissenschaft wurde und wird die Angemessenheit der Politik der griechischen Stadtstaaten gegenüber der Makedonenmonarchie diskutiert, und je nach zeitgeschichtlichem Kontext fällt die Antwort unterschiedlich aus, von philisterhaften Ermahnungen, sich den Zeichen der Zeit nicht zu widersetzen, bis zu naivem Widerstands- und Freiheitspathos. Wir lassen das auf sich beruhen und vergegenwärtigen uns den Prozeß und seine Umstände im Zusammenhang.

Noch einmal entfaltet sich in ihm aller Glanz der athenischen Demokratie, noch einmal zeigen sich ihre dunklen Schattenseiten. Nachdem der Ostrakismos, das Scherbengericht, außer Übung gekommen war, verlagerten sich die politischen Kämpfe in Athen vorwiegend auf Anklagen vor dem Volksgericht. Die athenische Demokratie hatte im Lauf ihrer Entwicklung und vor allem während ihrer Ausgestaltung und Vervollkommnung im vierten Jahrhundert eine Vielzahl von politischen Gerichtsverfahren entwickelt, die alle dazu dienen sollten, die Demokratie vor ihren Feinden zu schützen.[19] Im ganzen gesehen waren sie sinnvolle Einrichtungen, und es fehlte auch nicht das Bewußtsein davon, daß sie mißbraucht werden konnten; davon zeugte schon die Strafe, die Aischines traf, weil er weniger als ein Fünftel der Stimmen für seine Anklage bekommen hatte. Freilich hatten sie auch ihre dunklen Seiten, weil es eben doch vorkommen konnte, daß Urteile nach Volksleidenschaft gefällt wurden, was mit Blick auf die Häufigkeit der Todesstrafe durchaus schwerwiegend war. Auch ist es wohl doch nicht ganz anachronistisch, wenn einem heutigen Leser die Beschimpfungen des Prozeßgegners unappetitlich vorkommen, sonst hätte Demosthenes keine relativierenden Bemerkungen gemacht (126), und sonst würde man nicht feststellen können, daß in politischen Reden Beleidigungen gänzlich fehlen – das nun wiederum in positivem Unterschied zu heute.[20]

Aber der Glanz überwiegt, schon im äußeren Bild. Man braucht vielleicht etwas Phantasie, sich die Szene vorzustellen. Zum einen die Zeremonie, um die vordergründig der Streit ging, die Kranzverleihung im Theater. Aischines hatte schon recht, die Gesetze, die das verboten, wollten ein Ausufern dieser Verleihungen vermeiden, denn was war prächtiger, als wenn vor der Aufführung der Stücke zunächst diejenigen Bürger mit einem goldenen Kranz geehrt wurden, die sich um die Stadt verdient gemacht hatten. Kaum etwas unterstreicht besser als diese Zeremonie die auch politische Bedeutung der Theateraufführungen, und es ist kein Wunder, daß in der gesamten griechischen Welt gerade diese Art der Ehrung verdienter Staatsbürger übernommen wurde. Dann der Prozeß selber: die athenischen Richter, die im Morgengrauen in großer Zahl auf die Agora strömen, um sich für ihr Richteramt auslosen zu lassen; die Fremden wohl auch von außerhalb Athens, und alle wissen sie, daß es sich um einen geschichtlich bedeutenden Prozeß handeln würde: die beiden großen Politiker in einem Streit, der nicht nur ihre mitreißende Redekunst auf voller Höhe zeigen würde, sondern der auch zu einer Zeit, in der allmählich ganz andere Themen auf die Tagesordnung kamen, noch einmal deutlich machen würde, was athenische Politik und was athenisches Selbstverständnis sei.

Wir sollten die Gegenüberstellung ernstnehmen, in der Demosthenes die Demokratie und die Monarchie miteinander vergleicht, letzterer weit größere Effizienz zubilligt, die Umständlichkeiten, Hemmnisse und Ärgerlichkeiten der Demokratie zwar deutlich benennt, sie aber für notwendige Begleiterscheinungen erklärt. Es ist hoffentlich kein billiges, allzu zeitgebundenes demokratisches Ideologem, wenn diese Wertung uns nach den Erfahrungen des 20. Jahrhunderts besonders anspricht. Freilich stellt Demosthenes die Frage nach der Effizienz der Demokratie selber nicht. Wir müssen seinen Äußerungen entnehmen, daß er ein Scheitern der Politik in Kauf nimmt, wenn nur die Werte der athenischen Demokratie gewahrt bleiben, die neben Ruhm und Ehre vor allem in der Freiheit bestehen, auch der Freiheit, die man anderen gebracht hat. Hier ist vieles in allzu positivem Licht gesehen, und die Freiheit, die Athen exportierte, war zeitweise identisch mit seiner eigenen Herrschaft über die von ihm Beglückten. Und Athen war gescheitert, die Zeit der monarchischen hellenistischen Großreiche war angebrochen. Trotzdem sprach das athenische Volksgericht Demosthenes – über den formell angeklagten Ktesiphon – nicht nur frei, sondern bekannte sich in diesem Urteilsspruch entgegen den Zeittendenzen noch einmal zu seiner glorreichen Vergangenheit.

Aber geben wir zum Schluß doch noch einmal Demosthenes selber das Wort und schließen daran eine Würdigung durch Jacob Burckhardt an, durch einen Mann also, der stets für die verlorene Sache eingetreten war und daher zu Demosthenes eine besondere Affinität hatte:

«Aber es war kein Fehler von euch, nein, es war kein Fehler, ihr Männer von Athen, den Kampf für die Freiheit und die Rettung aller aufzunehmen, das schwöre ich bei unsern Ahnen, die in Marathon als Vorkämpfer Griechenlands angetreten sind, und bei jenen, die sich in Plataiai zum Kampf gestellt haben, und bei den vielen andern tapferen Männern, die in den öffentlichen Grabstätten liegen, die alle ohne Unterschied von der Stadt derselben ehrenvollen Bestattung gewürdigt wurden, Aischines, nicht die erfolgreichen und siegreichen unter ihnen allein. Und dies mit Recht. Denn was tapfere Männer zu tun hatten, das haben sie alle getan; ihr Geschick jedoch haben sie erfüllt, so wie es die Gottheit jedem einzelnen bestimmte.» (208, Übersetzung nach Zürcher)

Und Jacob Burckhardt: «Das eben erfüllt die Menschheit mit Hochgefühl, wenn wir sehen, wie eine hochangelegte Persönlichkeit, ein großer Charakter gegen seine Zeit, gegen die unabänderliche Schicksalsordnung der Geschichtsentwicklung dem Titanen gleich sich stemmt und lieber untergeht als seine Überzeugungen verleugnet.»[21]

Die Harpalos-Affäre

Walter Eder

Mitten im Sommer des Jahres 324 v. Chr. erschien eine kleine Flotte von dreißig Schiffen vor dem Piräus, dem Hafen von Athen. Der Führer der Flotte war ein Bürger der Stadt und den Athenern in frischer Erinnerung als einer ihrer Wohltäter, der sein Bürgerrecht erst kürzlich zum Dank für großzügige Getreidelieferungen in das vom Hunger bedrohte Athen erhalten hatte. Er war kein Unbekannter in dieser mit der Vergabe des Bürgerrechts nicht sonderlich freigiebigen Stadt. Sein Reichtum und sein aufwendiger Lebensstil waren in aller Munde; denn er lieferte nicht nur Getreide nach Athen, er bezog auch seine weithin berühmten Hetären ausschließlich aus dieser Stadt. Für die eine, Pythionike, hatte er in Attika an der vielbegangenen Straße nach Eleusis ein aufwendiges Grabmal errichten lassen, ihre Nachfolgerin Glykera vergaß nie ihre Heimat und soll sich mehrfach und nachdrücklich bei ihm für Athen eingesetzt haben.

Doch waren es nicht nur Kontakte der leichteren Art, die ihn mit Athen verbanden, auch an ernsthaften Beziehungen zu einflußreichen athenischen Familien fehlte es nicht. Für den Bau des genannten Grabmals hatte immerhin Charikles gesorgt, der Schwiegersohn der grauen Eminenz Phokion, der mehr als vier Jahrzehnte die Politik Athens als Feldherr und politischer Ratgeber mitgestaltete. Wenn wir den bewundernden Worten des Pausanias in seinem Reiseführer aus dem 2. Jahrhundert n. Chr. glauben dürfen, hatte Charikles die für das Grabmal vorgesehenen dreißig Talente – eine Summe, die hundert athenischen Durchschnittsfamilien gut fünf Jahre lang ein Auskommen gesichert hätte – tatsächlich hierfür ausgegeben.[1]

Reichtum und Großzügigkeit, Bürgerrecht und Beziehungen konnten dennoch Philokles, den Hafenkommandanten und Strategen für die Landesverteidigung, nicht dazu bewegen, der Flotte die Einfahrt in den Hafen zu gestatten. Auf den Schiffen befanden sich nämlich 6000 gut gerüstete Söldner, die auch in Friedenszeiten selbst für große Städte wie Athen ein Risiko darstellten, vor allem aber war der Einlaß begehrende Mitbürger angesichts der veränderten politischen Weltlage zu einem Bürger von zweifelhaftem Wert geworden. Es war Harpalos, der Sohn des Machatas, ein adeliger Makedone aus der Landschaft Elimiotis.[2]

Geographisch lag diese Landschaft zwischen Makedonien und Epirus, politisch zwischen Philipp II. von Makedonien und seiner ehrgeizigen Frau Olympias, einer Fürstentochter aus Epirus. Dieser ‹Zwischenlage› war es wohl auch zuzuschreiben, daß Harpalos zusammen mit Olympias und ihrem Sohn Alexander, dem späteren ‹Großen›, nach Epirus auswich, nachdem es bei der Hochzeit Philipps mit der Makedonin Kleopatra (337 v. Chr.) zum Streit zwischen Alexander und dem Onkel der Braut gekommen war. Der hatte dem Sohn der ‹Ausländerin› aus Epirus unverblümt klar gemacht, nun sei wohl bald ein vollbürtiger Makedone als Thronfolger zu erwarten.[3] Als der Streit zu Tätlichkeiten führte, bedrohte sogar Philipp seinen Sohn Alexander mit gezogenem Schwert. Solche Erlebnisse verbinden, und Alexander scheint seinem Jugendfreund Harpalos, der ihm in dieser gefährlichen Situation, als er um Leben und Thronfolge fürchten mußte, die Treue hielt, dies niemals vergessen zu haben.

Doch Philipp wurde im Jahr darauf ermordet, nicht ohne Zutun Alexanders, wie man heute mit guten Gründen vermutet,[4] und der neue König machte kurz nach Regierungsantritt seinen Freund Harpalos zum Schatzmeister der königlichen Kasse. Er hätte ihn sicher ebenso wie andere Freunde, etwa Hephaistion und Kleitos, mit einem hohen militärischen Kommando betraut, aber das verbot sich wegen eines körperlichen Gebrechens, das ihn zum Kriegsdienst untauglich machte.[5] Nichtsdestoweniger wurde er quasi zum Stellvertreter Alexanders im Westen und zum mächtigsten Mann zwischen Sardes in Kleinasien und Susa tief im Perserreich, als sich Alexander nach 331 bei der Verfolgung des Dareios nach Osten wandte und für Jahre in Baktrien und am Indus kämpfte.

Das in Harpalos gesetzte Vertrauen Alexanders ist keineswegs selbstverständlich und auch ein wenig rätselhaft; denn noch vor der Schlacht bei Issos 333 v. Chr., als Alexander nach seinem Bad im eiskalten Kydnos todkrank in Kilikien darniederlag und sich Dareios mit einem riesigen Heer immer näher heranschob, hatte sich Harpalos plötzlich nach Westen abgesetzt. Die Gründe sind bis heute ungeklärt. War es die Angst, von den persischen Massen überrollt zu werden, falls der vielfach befürchtete Tod Alexanders eintreten sollte; war es Opportunismus, der ihn bewog, Kontakte zu Städten in Griechenland oder zu Antipater, dem Stellvertreter Alexanders in Europa, knüpfen zu wollen; wollte er vielleicht nach Alexanders Tod seine

Hand bei der Thronfolge in Makedonien im Spiel haben[6] oder geschah es gar im Einverständnis mit Alexander, der die Lage in Griechenland sondieren lassen wollte?[7] Jedenfalls lebte Harpalos an die zwei Jahre in Megara (mit gutem Blick auf die unruhige Peloponnes und das immer freiheitsdurstige Athen), nicht nur unbelästigt von Alexander, sondern sogar von ihm gebeten und bestürmt, auf seinen alten Posten als Schatzmeister nach Asien zurückzukehren. Schließlich gab er nach und wurde 331 tatsächlich wieder in seine Funktionen eingesetzt.[8] Er verwaltete nun die sintflutartig in die Kassen strömenden Schätze, die in den persischen Königspalästen in Babylon, Susa, Persepolis und Pasargadai erbeutet worden waren, und hatte sich offenbar um den Nachschub für das im Osten operierende Heer zu kümmern. 326 sandte er 7000 Soldaten an den Indus, dazu auch aufwendige, prunkvolle Waffen in großen Mengen.[9]

Es mag vor allem diese Verantwortung für den Nachschub gewesen sein, die ein neues Kapitel im Leben des Harpalos beginnen und ihn erneut nach Griechenland zurückkehren ließ. Als nämlich Alexander – mehr von seinen Soldaten gedrängt als aus freiem Willen – am Indus umkehrte und sich 325 nach Durchquerung der Gedrosischen Wüste wieder westlichen Gefilden näherte, erleichterte Harpalos die Kasse um 5000 Talente, verließ seinen Amtssitz in Babylon und bewegte sich mit diesen 140 Tonnen Silber und 6000 Söldnern nach Westen ans Mittelmeer.[10] Sein Ziel war wohl vorerst das nördliche Syrien oder Tarsos in Kilikien, wo er gegen Ende 325/Anfang 324 angekommen sein dürfte. Dort besorgte er sich eben die 30 Schiffe, die nun vor Athen in der Ägäis dümpelten.[11]

Was konnte einen alten Jugendfreund und Vertrauten Alexanders bewegen, fluchtartig das Weite zu suchen? Alexander war nicht mehr der jugendliche, ehrgeizige und kameradschaftliche Held der frühen Jahre. Die Kämpfe im Osten, die seine Pläne störenden Erfahrungen mit den selbstbewußten alten Generälen seines Vaters, die nie verwundene Weigerung des Heeres am Hyphasis, ihm weiter zu folgen, die zahlreichen Entbehrungen und Strapazen (und die zahllosen Gelage) hatten ihn zu einem geltungssüchtigen, jähzornigen und vor allem mißtrauischen Potentaten gemacht. Nach seiner Rückkehr aus Indien, an die viele nicht mehr glauben wollten, und dem Marsch durch die Wüste in Gedrosien, der nur um Haaresbreite nicht in einer Katastrophe endete, setzte ein Terrorregime ein, das zu den schlimmsten Befürchtungen Anlaß gab.[12] Nicht nur persische Satrapen wie Astaspes in Karmanien, Abulites in der Susiana oder Orxines in der Persis mußten wegen angeblicher, aber niemals exakt untersuchter Verfehlungen ihr Leben lassen, seine Wut über die ausgebliebene Unterstützung in der Wüste und die Mißwirtschaft in den Satrapien machte auch vor hochgestellten Makedonen wie Kleander und Sitalkes nicht halt; sie wandte sich sogar gegen ganze Abteilungen.[13] Wohl die Hälfte der Satrapen fiel der Säuberung zum Opfer. Niemand schien vor seinem Zorn sicher zu sein: Beschwerden von Untertanen wurden bereitwillig von Alexander aufgegriffen und gegen führende Personen verwandt, deren selbstbewußtes und selbstherrliches Gehabe während seiner Abwesenheit seinen Verdacht nährte, sie hätten ihn schon im Osten aufgegeben.[14]

An selbstherrlicher Lebensführung auf Kosten der Staatskasse und sicher nicht immer zur Freude der Untertanen hatte es gewiß auch Harpalos nicht fehlen lassen.[15] Er residierte in den königlichen Residenzen in Babylon und Tarsos, ließ seine Hetäre als ‹Königin› anreden und für sie und sich Statuen errichten.[16] Glaubte man den Nachrichten aus Karmanien und Susa, konnte selbst ein Harpalos seines Lebens nicht mehr sicher sein, vor allem dann nicht, wenn ihm der Vorwurf gemacht werden konnte, er hätte es an der nötigen Umsicht für den Nachschub beim Rückmarsch fehlen lassen. Zudem hatte Harpalos Verbindungen zu Koinos, dem überraschend plötzlich gestorbenen Wortführer der Soldaten, die Alexander zur Umkehr am Hyphasis gezwungen hatten, und zu Kleander, der schon der Säuberung zum Opfer gefallen war. Auch scheint Harpalos der letzte aus dem Kreis der Mitwisser um das Mordkomplott gegen Philipp gewesen zu sein. Alle anderen hatte Alexander unter dem einen oder anderen Vorwand inzwischen beseitigen lassen. Die Befürchtung lag nur zu nahe, daß die gewalttätige Reorganisation der Reichsverwaltung auch den letzten Zeugen hinwegfegen würde.

Es gab also genügend Gründe, den Sicherheitsabstand zwischen den Jugendfreunden zu vergrößern. Die Frage war nur: Wo konnte man vor Alexanders oder Antipaters Häschern sicher sein? Selbst Athen, traditionell ein Ort, der seine Tore den Gegnern des Makedonenkönigs öffnete, hatte sich seit Ende der 30er Jahre auffällig ruhig und vorsichtig verhalten. Zwar war die alte Führungsriege im Kern die gleiche geblieben wie schon vor der Schlacht von Chaironeia (338 v. Chr.), als Athen den Widerstand gegen Makedonien organisierte und anführte. Doch wenige Jahre später hatte sich das politische Klima geändert; der alte antimakedonische Schwung war dahin. Schon 336 hatte sich Athen nach anfänglichen Kriegsvorbereitungen gegen Alexander entschlossen, ihn um Frieden zu bitten, und ihn dafür überschwenglich geehrt. 335 war Alexander in Eilmärschen nach Griechenland vorgestoßen, hatte das aufständische Theben dem Erdboden gleichgemacht, aber Athen, das

Waffen nach Theben geliefert hatte, geschont.[17] Aus dem Krieg, den der spartanische König Agis III. mit Unterstützung zahlreicher griechischer Städte 331 gegen Antipater führte, hatte sich Athen schon herausgehalten – und damit wohl auch zu seinem Scheitern beigetragen. Phokion, Lykurg, Demades und nun selbst der alte Falke und Makedonengegner Demosthenes betrieben eine überaus vorsichtige Politik gegenüber Makedonien. Menesaichmos blieb als Nachfolger Lykurgs seltsam konturlos; lediglich von Hypereides, dem ältesten der alten Garde, war – wie sich bald zeigen sollte – eine gewisse Bereitschaft zu erwarten, Athen erneut eine führende Rolle im Widerstand gegen Makedonien und Alexander zuzumuten.[18]

Die Chancen für Harpalos, in Athen bereitwillige Aufnahme und sicheren Unterschlupf zu finden, waren demnach zu Beginn des Jahres 324 nicht die besten. Die Appeasement-Politik Athens ließ ihn offenbar lange zögern, den Piräus anzulaufen. Die Chronologie seiner Flucht zeigt das deutlich;[19] denn selbst wenn er sich trotz der gebotenen Eile nicht im Winter 325/324 von Kilikien oder Syrien aus auf See wagte, sondern den Beginn der Seefahrtssaison im März 324 abwarten mußte, hätte bei direktem Kurs auf Athen spätestens im April Kap Sunion vor seiner Flotte auftauchen müssen. Er kam aber erst im Juli. Sein Aufenthaltsort in der Zwischenzeit läßt sich nicht mehr ergründen; vielleicht ankerte er vor Kreta, dem bekannten Schlupfwinkel für Piraten und seefahrende Abenteurer. Dorthin sollte er auch später wieder zurückkehren. Wenn er nun im Sommer doch nach Athen aufbrach, so lag das wiederum an Alexander. Dieser hatte sich nämlich entschlossen, den griechischen Städten per Dekret (*diagramma*) zu befehlen, ihre Verbannten wieder aufzunehmen.[20] Die griechische Welt des 4. Jahrhunderts v. Chr. war voll von Verbannten, die bei einem der zahlreichen Verfassungsumstürze (*staseis*) den Siegern hatten weichen müssen und durch ihre Versuche, den Lauf der politischen Dinge in ihrer Heimatstadt wieder umzukehren, ein ständiges Unruhepotential darstellten.[21] Zwar hatte Nikanor, der im Auftrag Alexanders dieses Dekret anläßlich der Olympischen Spiele im August 324 durch den Sieger im Heroldswettbewerb verkünden lassen sollte, seinen Zielort noch nicht erreicht, aber der Inhalt des Diagramma mußte längst weithin kolportiert worden sein; anders ist die Anwesenheit von zwanzigtausend Verbannten in Olympia, die den Erlaß begeistert begrüßten, nicht zu erklären.[22] Weniger begeistert mußten die griechischen Städte sein. Kaum eine war davon unberührt; besonders den Athenern drohte ein herber Verlust: Die Insel Samos, die sich seit 365 im unangefochtenen Besitz Athens befand und von zahlreichen athenischen Siedlern bewohnt war, würde mit Sicherheit verlorengehen, wenn die von dort Vertriebenen zurückkehren durften.[23]

In dieser Situation konnte Harpalos mit Recht starke antimakedonische Ressentiments in Athen erwarten. Seine Ankunft mit kriegswichtigem Geld, Schiffen und Söldnern mußte, so dachte er, den Athenern sehr gelegen kommen. Zu seiner großen Überraschung dachten die Athener anders. Eine eiligst einberufene Volksversammlung bestätigte nicht nur die Abweisung durch den Hafenkommandanten, sondern verpflichtete diesen auf Antrag des Demosthenes überdies, die Landung des Makedonen und seiner Flotte zu verhindern.[24] Noch einmal hatte sich der pragmatisch gewordene Demosthenes durchgesetzt – ein Pyrrhussieg, wie sich zeigen sollte. Denn an diesem Punkt zerbrach die Zusammenarbeit zwischen Demosthenes und Hypereides, der den Weizen Athens schon wieder blühen gesehen haben mochte.[25]

Harpalos jedenfalls mußte abdrehen und nahm Kurs auf die Südspitze der Peloponnes, wo sich auf Kap Tainaron eine regelrechte Stellenbörse für Söldner befand. Dorthin hatte der Athener Leosthenes – mit athenischen Schiffen – schon im Frühjahr 324 achttausend Söldner aus Kleinasien geschafft.[26] Auf Tainaron sammelten sich auch flüchtige Satrapen mit ihren Söldnerheeren, die ähnlich wie Harpalos von Alexander nichts Gutes zu erwarten hatten. Zu ihnen gesellten sich nun noch die 6000 Söldner des Harpalos, nicht aber Harpalos selbst. Er segelte sofort mit wenigen Schiffen und einem kleinen Teil des Geldes zurück nach Athen. Diesmal verweigerte der Hafenkommandant entgegen seinem Auftrag dem schutzflehenden Bürger Harpalos die Einfahrt nicht. Später sollte ihm das den Vorwurf der Bestechung, einen entsprechenden Prozeß und eine Verurteilung eintragen. Im Moment glaubte er wohl Verständnis für seine Haltung zu finden, zumindest bei Politikern, die wie Phokion das Gastrecht hochhielten (Phokion setzte sich tatsächlich für den Verbleib des Harpalos ein, auch wenn er sich weigerte, das mitgebrachte Geld in seine Obhut zu nehmen), oder bei Leuten, die wie Hypereides in den Besitz großer Geldmittel für politische Zwecke zu kommen hofften. Er konnte nicht ahnen, daß die Aufnahme des Lebemannes Athen in einen Strudel von Ereignissen stürzen sollte, die es unter dem Druck der Mächte aus dem Norden und dem Osten kaum selbst beeinflussen konnte, in denen es aber doch reagieren mußte, um seine Interessen zu wahren.

Harpalos, der sich nun als freier Mann in Athen bewegte, nutzte die wachsende Mißstimmung über den Inhalt des zu erwartenden Verbanntendekrets, um athenischen Politikern den Plan eines Krieges gegen die makedonische Herrschaft schmackhaft zu machen; denn nur so konnte er sich Sicherheit vor den Nachstellungen eines Alexander oder Antipater verschaffen. Der Erfolg seiner Versuche war jedoch gering. Die Mehrheit der Athener setzte mit Demosthenes auf eine Politik des Verhandelns und schickte den Redner wenige Tage nach der zweiten Ankunft des Harpalos an der Spitze einer Festgesandtschaft nach Olympia. Dort sollte Demosthenes mit Nikanor über eine mögliche Ausnahmeregelung für Samos verhandeln. Nikanor fehlte offensichtlich die Vollmacht, derartige Verhandlungen zu führen, aber er machte der Gesandtschaft wohl Hoffnung, bei Alexander direkt für das Anliegen Gehör zu finden, falls man ihn nicht zu sehr verärgere.

Die Ereignisse in Athen sogleich nach der Rückkehr der Gesandten sind geprägt von dem Bemühen, Loyalität gegenüber Alexander zu zeigen. Das Gespräch mit Nikanor zeigte Wirkung. Demosthenes erreichte in einer sehr gut besuchten Volksversammlung ein eindeutiges Votum für die Inhaftierung des Harpalos; damit war deutlich gemacht, daß man sich weder mit seiner Flucht noch mit seinen Plänen identifizieren wollte. Zugleich sollte sein Geld auf die Akropolis in sicheren Gewahrsam gebracht werden, um anzudeuten, daß es bereit stünde, wenn es zurückgefordert werden sollte.[27] Dabei erfuhr die versammelte Menge aus dem Munde des Harpalos auch die angebliche Höhe der mitgebrachten Summe, nämlich 700 Talente.[28] Das läßt aufhorchen; denn hier wirft die Harpalos-Affäre mit ihren Bestechungsvorwürfen gegen führende athenische Politiker bereits ihre Schatten voraus: Weshalb nannte Harpalos die volle Summe von angeblich 700 Talenten, wenn er die Zeit seiner Freiheit in Athen dazu genutzt hatte, sein Geld spielen zu lassen, um Unterstützung für seine Pläne zu finden? Wollte er sich an den Empfängern seiner Zuwendungen, die ihn jetzt im Stich ließen, rächen? Er mußte davon ausgehen, daß das Geld beim Transport gezählt und ein Fehlbestand ermittelt werden würde. Erstaunlicherweise tat dies die Kommission, die unter der Leitung des Demosthenes den Transfer überwachte, jedoch nicht. Das mochte im Moment seine guten Gründe haben, erwies sich aber später als schwerer Fehler.

Die sichere Verwahrung des Geldes und seines Besitzers war nur der erste Schritt, um Alexander dazu zu bewegen, die aus Samos vertriebenen Bürger entgegen seinem Verbanntendekret nicht zurückkehren und die Insel damit im Besitz der Athener zu lassen. Man wußte in Athen schon seit längerem, daß Alexander nichts sehnlicher wünschte, als ein Gott zu sein. Bisher hatte man sich einhellig gegen diese Überhöhung gewehrt. Den Athenern fehlte die nüchterne Art der Spartaner, die typisch lakonisch erklärten: «Wenn Alexander ein Gott sein will, so sei er ein Gott».[29] Die Athener mußte Demades erst daran erinnern, über dem Himmel nicht die Erde – nämlich die samische – zu vergessen.[30] Diese Mahnung wirkte. Selbst Demosthenes, bisher der eifrigste Gegner der Göttlichkeit Alexanders, sprang über seinen Schatten und verhalf dem Antrag des Demades, dem König endlich die gewünschten Ehrungen zuzugestehen, zum Erfolg.[31] So gerüstet begab sich eine bekränzte Delegation von Theoren auf den Weg zu dem neuen Gott in Babylon.

In der Zwischenzeit warf Harpalos selbst aus dem Kerker noch lange Schatten. Der neue Finanzbeauftragte Alexanders für Kleinasien, Philoxenos, war in Athen eingetroffen und hatte die Auslieferung des Harpalos verlangt.[32] Er blieb nicht der einzige. Auch Olympias, die in ständigem Kontakt zu ihrem Sohn stand, hatte Boten mit dem gleichen Begehren gesandt. Damit wollte sie Antipater zuvorkommen, den sie haßte und ständig bei ihrem Sohn verleumdete, und vermeiden, daß er in den Besitz des Harpalos und seiner Gelder käme; denn auch Antipater forderte die Auslieferung des Harpalos.[33] Die schlaue Olympias schätzte die Lage ganz richtig ein. Das niemals sehr gute Verhältnis zwischen Antipater und Alexander hatte sich, nicht ohne ihr Zutun, merklich weiter abgekühlt, und Antipater wußte wohl, daß sich in Opis am fernen Tigris ein Heereszug von 10 000 Veteranen in Richtung Makedonien in Bewegung gesetzt hatte. Der Anführer des Zuges war Krateros, der ihn als Stratege Europas ablösen sollte.[34] So ganz ohne Gegenwehr wollte sich der alte Gefolgsmann Philipps nicht absetzen lassen. Das Geld und die Söldner des Harpalos konnten beim Disput mit Krateros nicht schaden.

Athen war ohne sein Zutun in den Schnittpunkt vielfacher Interessen geraten. Die Lage begann, sich zu verwirren. Einerseits wollte man einen Bürger (und sein Geld) nicht einfach so ausliefern, konnte ihn überdies auch nicht allen geben, die ihn haben wollten; andererseits war man mit Blick auf die athenischen Interessen an Samos auf das Wohlwollen Alexanders angewiesen, und schließlich war Antipater den Athenern räumlich am nächsten und – so paradox es klingen mag – im Moment als möglicher Verbündeter gegen Alexander nicht uninteressant. Die Auflösung dieses Dilemmas, die man wohl Demosthenes zuschreiben muß, schien genial: Wenn es schon das beste gewesen wäre, Harpalos nicht in Athen zu haben, so war es sicher das zweitbeste, ihn nicht mehr hier zu haben. Man ermögliche ihm die Flucht auf einem seiner Schiffe, er begab sich nach Tainaron zu seinen Söldnern, segelte mit ihnen nach Kreta und wurde dort von einem seiner Unterführer, dem Spartaner Thibron, erschlagen.[35]

Athen schien von den außenpolitischen Schwierigkeiten, die das Erscheinen des unzuverlässigen Schatzmeisters mit sich gebracht hatte, endgültig befreit. Doch die Turbulenzen im Inneren, die Harpalos-Affäre im engeren Sinne, die Demosthenes seinen Einfluß kosten und eine Wende in der athenischen Politik herbeiführen sollte, standen Athen noch bevor. Denn dort besann man sich des Geldes, das Harpalos mitgebracht hatte, und begann es ohne einsichtigen Grund – niemand hatte das Geld zurückgefordert – zu zählen. Zur allgemeinen Überraschung fand sich nur etwa die Hälfte der angeblich mitgebrachten 700 Talente; neun Tonnen Silber fehlten, eine gewaltige Menge, und ebenso gewaltig war die Aufregung im Volk. Wer hatte das Geld? Wozu war es gebraucht worden? Wozu sollte es eventuell noch gebraucht werden? Betrieben hier bestimmte Politiker eine Geheimdiplomatie, ein dunkles Spiel unter Umgehung oder gar zum Schaden des souveränen Volkes? Die Wogen der Erregung gingen ähnlich hoch wie in der Situation des Mysterienfrevels vor knapp hundert Jahren, und das allgemeine Mißvergnügen richtete sich vor allem gegen den Mann, der in den letzten Wochen hauptsächlich die Politik um Harpalos bestimmt hatte: Demosthenes. Dabei interessierte es die Athener wie üblich wenig, daß sie selbst diese Politik mit großen Mehrheiten in den Volksversammlungen festgelegt hatten. Man war eben falsch beraten worden, und der Berater war Demosthenes gewesen. Er hatte die Inhaftierung vorgeschlagen, er hatte den Transport der Gelder überwacht, ihm traute man zu, die Flucht des Harpalos organisiert zu haben, um einen Zeugen loszuwerden, und schließlich kam der Verdacht, an seinen Fingern bleibe gerne Geld kleben, nicht zum ersten Mal auf. Vielleicht dachten die Athener auch deshalb immer sofort an Bestechung, weil das System der ständig rotierenden Ämter in der Demokratie fast jeden erwachsenen Bürger schon einmal in ein Amt gebracht hatte, das zu bekleiden sich lohnen konnte. Man wußte schon, was möglich und üblich war.

Bestochen oder nicht, was Demosthenes in dieser Situation am wenigsten gebrauchen konnte, war ein schneller Prozeß vor dieser erregten und leicht noch weiter erregbaren Menge hysterischer Athener. Er mußte Zeit gewinnen, und diesen Zeitgewinn konnte er mit einem Verfahren erzielen, mit dem er schon einmal beste Erfahrungen gemacht hatte, nämlich im Jahre 335. Damals hatte er in einer ähnlich mißlichen Lage, als man ihm die Unterschlagung persischer Hilfsgelder vorwarf (immerhin eine Summe von 300 Talenten), erreicht, daß man die Untersuchung des Sachverhalts dem Areopag übertrug. Die Sache war dann wie gewünscht im attischen Sande verlaufen.[36] Der Areopag hatte damals durchaus Grund, dem Demosthenes gefällig zu sein; denn dieser hatte (vermutlich zusammen mit Demades) wenige Jahre zuvor (wohl um 343 v. Chr.) das alte und angesehene, aber politisch seit mehr als hundert Jahren unbedeutende Gremium ehemaliger Archonten politisch erheblich aufgewertet.[37] Auf Antrag des Demosthenes war dem Areopag ein neues rechtliches Verfahren übertragen worden, das die Bezeichnung *Apophasis* trug. Wörtlich bedeutet *apophasis* lediglich die ‹Kundmachung› eines Untersuchungsergebnisses, sachlich stand dahinter die Kompetenz des Areopags, politisch schwerwiegende Delikte wie Bestechung und Hochverrat zu untersuchen und durch die ‹Kundmachung› des Ergebnisses ein gewichtiges Präjudiz für den folgenden Prozeß vor einem Volksgericht zu schaffen.

Das Verfahren vor dem Areopag ähnelte dem *Eisangelia*-Verfahren, also dem üblichen Verfahren bei schwerwiegenden Verletzungen der Interessen des Volkes und des Staates, insofern, als es ähnlich schwere Delikte behandelte, doch war das Klageverfahren unterschiedlich. Eine *Eisangelia*-Klage konnte von jedem Bürger im Rat oder bei der Volksversammlung eingebracht werden. Wenn die Untersuchung im Rat zur Feststellung der Schuld führte (*katagnosis*), ging der Fall an die Volksversammlung oder an einen vielköpfigen Gerichtshof, wurde dort neu verhandelt und endete mit einem Urteil. Wurde die Klage vor der Volksversammlung erhoben, kam der Fall erst an den Rat und gelangte von dort zusammen mit einem Vorschlag (*probouleuma*) bezüglich des Strafmaßes wieder an die Volksversammlung, die den Vorschlag bestätigen oder auch abändern konnte. Der Rat konnte demnach großen Einfluß auf das Strafmaß nehmen, falls sich die Volksversammlung seinem Urteil anschloß.

Eine *Apophasis* des Areopags konnte dagegen nur durch einen Volksbeschluß oder auf eigene Initiative des Areopags in Gang gesetzt werden, wobei sich ‹Eigenverfahren› des Gremiums nur auf interne Untersuchungen von Vorwürfen gegen Mitglieder des Areopags beschränkt zu haben scheinen. Im *Apophasis*-Verfahren untersuchte der Areopag in der Regel im Auftrag der Volksversammlung den Fall in der ihm richtig erscheinenden Gründlichkeit und zeitlichen Dauer und verkündete dann seine Meinung über Schuld oder Unschuld. Anders als der Rat legte er aber kein Strafmaß fest. Dies oblag dann einem normalen Gerichtshof, vor dem nun vom Volk gewählte Ankläger tätig wurden, falls der Areopag eine Schuld erkannt hatte. Das Gericht ersparte sich dabei die *anakrisis*, die eigene ‹Beweisaufnahme›, und ersetzte sie gewissermaßen durch die vorangegangene Untersuchung des Areopags. Dennoch war das Urteil dieses Gerichtshofs dann endgültig und ohne die Möglichkeit der Berufung.

Bei all den Vorteilen des Zeitgewinns, die das aufschiebende Verfahren vor dem Areopag angesichts der momentanen Erregtheit des Volkes für Demosthenes und andere beschuldigte Politiker bot, barg es doch auch einige Risiken in sich. Zum einen galt es, eiligst einen Volksbeschluß herbeizuführen, um einem beliebigen Einzelkläger, der ein *Eisangelia*-Verfahren in Gang setzen konnte, zuvorzukommen. Zum andern raubte dieses Verfahren den Beschuldigten jede Möglichkeit, sich gegen konkrete Vorwürfe zur Wehr zu setzen. Denn eine effiziente, sachbezogene Verteidigung war unmöglich, weil der Areopag seine Untersuchung in geschlossener Runde durchführte und – wie auch die üblichen athenischen Gerichtshöfe – das Ergebnis seiner Nachforschungen weder erläutern noch begründen mußte. So konnte sich die eigenartige Situation ergeben, daß die *Apophasis* des Areopags zwar als starkes Präjudiz wirken und die Entscheidung der Richter erheblich beeinflußen konnte, aber den Richtern ebenso wie den Beklagten und den Anklägern jede Kenntnis der Gründe fehlte, die den Areopag zu seiner Entscheidung geführt hatten. Für die Ankläger war dies freilich eine willkommene Situation. Sie brauchten sich und die Richter im Prozeß nicht mit langwierigen und schwierigen Beweisfragen zu quälen, sondern konnten sich ganz darauf konzentrieren, schmutzige Wäsche zu waschen und den Richtern rhetorisch geschliffen vor Augen zu führen, daß der Angeklagte offensichtlich genau der Mensch war, von dem man dieses Delikt ohnehin erwarten mußte, auch wenn es das unbestechliche Auge des Areopags nicht schon erkannt hätte.

Als ein mit allen Wassern gewaschener Gerichtsredner war sich Demosthenes der Risiken bewußt, die in dieser Art von Rechtsfindung per Diffamierung lagen, aber das Risiko, in dieser erhitzten Atmosphäre unmittelbar vor ein Volksgericht gezogen zu werden, war noch weit größer. Deshalb wagte er die Flucht nach vorne und beantragte in einer Volksversammlung eine *Apophasis* des Areopags gegen sich selbst, wobei er sich zu der unvorsichtigen Aussage verstieg, er wolle die Todesstrafe akzeptieren, falls sich erweisen sollte, er sei von Harpalos bestochen worden.[38] Er schien sich seiner Sache bzw. des Wohlwollens des Areopags recht sicher zu sein; denn die Todesstrafe war für das in Rede stehende Delikt gar nicht vorgesehen. Erst wenn der Verurteilte die Strafsumme, die allerdings bis zum

Zehnfachen der Bestechungssumme gehen konnte, nicht bezahlte, drohte ihm die Hinrichtung. Aber Demosthenes gehörte nicht zu den Armen Athens. Mitgerissen von seiner Selbstsicherheit schloß sich auch der Hafenkommandant dem Begehren nach einer *Apophasis* des Areopags an.[39]

Die Rechnung schien aufzugehen. Der Areopag untersuchte, verhörte Zeugen, untersuchte, hörte die Beklagten und untersuchte weiter. Mehrfaches Drängen des Volkes, endlich zu einem Ergebnis zu kommen,[40] lief ins Leere. Der Areopag blieb Herr des Verfahrens. Doch anders als erwartet, legte sich die Erregung des Volkes nicht, vermutlich geschürt von Hypereides, der dem Volk wider besseres Wissen ständig die Gefahr vor Augen rückte, daß diese Affäre Athen noch einen Krieg mit Alexander bescheren würde. Um Bestechung, Schuld oder Unschuld ging es schon lange nicht mehr. Das Volk suchte Sündenböcke, die man einem Alexander anbieten konnte, um einen Krieg zu vermeiden und Samos zu behalten. Die Strategie des Zeitgewinns hatte sich für die Beschuldigten noch nicht wirklich ausgezahlt. Besonders für Demosthenes waren in der Zwischenzeit die Chancen gesunken: Die Gesandtschaft an Alexander war nicht zurückgekehrt, hatte ihn vermutlich noch gar nicht in Babylon erreicht; der Besitz von Samos war längst noch nicht gesichert. Schlimmer noch kam es, als Ende 324 die Nachricht vom Tode des Hephaistion, dem wohl engsten Freunde Alexanders, eintraf. Mit ihm verlor Demosthenes seine wichtigste Kontaktperson im unmittelbaren Umkreis Alexanders; er büßte damit erheblich an politischem Wert als Vermittler zwischen Athen und Alexander ein, war quasi nutzlos geworden.

So kann es nicht verwundern, wenn zwei Monate nach dieser Nachricht und nach insgesamt sechsmonatiger Untersuchungsdauer[41] der Areopag nun doch zu einem Ergebnis kam und eine Liste der Bestochenen veröffentlichte, eine Namensliste, sonst nichts, und an ihrer Spitze stand Demosthenes. Er sollte 20 Talente bekommen haben, ebensoviel hatte angeblich Demades eingesteckt. Dann folgten weitere in die Affäre um Harpalos irgendwie Verwickelte, darunter der Hafenkommandant Philokles und auch Charikles, der Schwiegersohn des Phokion, und manche andere Staatsmänner wie Kephisophon, Hagnonides, Aristonikos und Aristogeiton.[42] Jede Begründung fehlte. Der Versuch des Demosthenes, den Areopag zur Offenlegung seiner Urteilsgründe zu bewegen, blieb erfolglos.[43]

Der starke politische Druck, der offensichtlich von Hypereides und seiner Gruppe auf den Areopag ausgeübt worden war, ließe erwarten, daß hier eine politische Richtung über eine andere triumphierte. Aber das war nicht der Fall. Eine einheitliche politische Linie, der alle Beschuldigten gefolgt wären, ist nicht zu erkennen. Hagnonides, Aristonikos oder Aristogeiton standen dem Hypereides politisch wohl näher als dem Demosthenes oder Demades. Auch die Ankläger, die nun vom Volk für den kommenden Prozeß gewählt wurden, sind keiner Gruppe zuzuordnen. Von den zehn Gewählten sind uns die Namen von sechs erhalten geblieben: Hypereides, Pytheas, Menesaichmos, Himeraios, Prokles (vielleicht Patrokles) und ein Stratokles.[44] Davon gehören Pytheas und Menesaichmos schwerlich ins Lager des Hypereides, sondern eher zum Umkreis des Demosthenes. Der Prozeß vor den 1500 Geschworenen kann deshalb kaum als politischer Prozeß, d. h. als Auseinandersetzung zwischen anti- und promakedonischen Kräften, gewertet werden.

Doch wäre es verfehlt, deshalb schon in diesem Prozeß einen ernsthaften Versuch zu vermuten, der Gerechtigkeit zum Siege zu verhelfen. In keiner der vier erhaltenen Reden, die von Anklägern gehalten wurden, ist auch nur eine Spur des Bemühens zu entdecken, die Bestechung durch Harpalos wirklich nachzuweisen. Dies gilt sowohl für die drei Reden, die Deinarchos für uns unbekannte Kläger gegen Demosthenes, Aristogeiton und Philokles geschrieben hat, als auch für die wichtigste, leider nicht vollständig erhaltene Rede des Hypereides gegen Demosthenes. Zwar enthält die gegen Demosthenes gerichtete Rede des Deinarchos zahlreiche Dokumente – und erweckt so den Eindruck einer sorgfältigen Beweissammlung –, doch bei näherem Hinsehen hat keines dieser Dokumente einen direkten Bezug zum in Rede stehenden Delikt. Sie rufen durchweg sachfremde Erinnerungen an längst vergangene Ereignisse wach, die nur insofern einen Bezug zum Prozeß haben, als sie den Beklagten charakterlich und politisch im übelsten Licht erscheinen lassen sollen. Durch alle Reden zieht sich der ständig wiederholte Aufruf, die Richter sollten der Reputation des Areopags mehr oder weniger blind vertrauen und das Ergebnis der *Apophasis* unbesehen als Schuldspruch werten, auch wenn ihnen – wie oben erläutert – die Gründe und Argumente für die ‹Kundmachung› des Areopags verborgen blieben. Sie mußten sich ja mit dem zufrieden geben, was man ihnen sagte; eine Möglichkeit nachzufragen, hatten die athenischen Geschworenenrichter nämlich nicht.

Obwohl in diesem Verfahren die Suche nach Gerechtigkeit kaum eine Rolle spielte, war es dennoch – zumindest aus athenischer Sicht – ein fairer Prozeß; denn nun mußte ein Demosthenes als Beklagter all das über sich ergehen lassen, was er als Ankläger dutzendfach in ähnlichen Prozessen in giftigen Tiraden gegen andere vorgebracht hatte. Ohne Zweifel hat er es auch in diesem Prozeß in seiner (nicht erhaltenen) Verteidigungsrede seinen Anklägern gekonnt mit gleicher Münze heimgezahlt. Versöhnlich mit dieser eigenartigen Form der ‹Rechtsfindung› stimmt vielleicht, daß sich die Richter weder von der Forderung der Todesstrafe für Demosthenes und Philokles noch von der Flut persönlicher Angriffe und Verunglimpfungen, die sich über die Angeklagten ergoß, sonderlich beeindrucken ließen, auch wenn sich der eine oder der andere unter den 1500 gefragt haben mochte, wie man denn mit solchen Menschen so lange gemeinsam am Fuße der Akropolis hatte leben können.

Demosthenes wurde zwar verurteilt, aber keineswegs zum Zehnfachen der Bestechungssumme, wie es möglich gewesen wäre, sondern nur zum Zweieinhalbfachen. Weil er die 50 Talente nicht zahlen konnte oder wollte, wurde er ins Gefängnis geworfen, wo man ihm aber bald die Gelegenheit zur Flucht bot. Von Demades, der sich dem Prozeß durch Flucht entzogen hatte, forderte man nur die einfache Bestechungssumme von 20 Talenten zurück; vermutlich zahlte er sie, denn kurz darauf finden wir ihn wieder rührig in der Politik Athens tätig.[45] Philokles, dem man vorwarf, 15 Talente bekommen zu haben, wurde wohl verurteilt, war aber bald wieder mit einer Vertrauensposition in der Ephebenausbildung betraut. Aristogeiton, der 2000 Drachmen, nicht einmal ein halbes Talent, erhalten haben sollte, wurde sogar freigesprochen, vielleicht auch Hagnonides und andere.

Damit aber wird der Prozeß vollends zur juristischen Farce. Denn in diesem Freispruch liegt der eigentliche Skandal: Da im Prozeß ja keine Schuldbeweise vorgelegt wurden und sich Kläger und Richter mit dem Verdikt des Areopags zufrieden geben mußten, hätten logischerweise alle vom Areopag für schuldig Befundenen verurteilt oder, falls die Richter dem Areopag nicht trauten, alle freigesprochen werden müssen.[46] Im Freispruch eines einzelnen wird die Beliebigkeit, ja geradezu Willkür der Entscheidungen in den athenischen Geschworenengerichten deutlich. Doch sollte uns das nicht befremden. Für die Athener waren die großen Prozesse vor riesigen Richtergremien, die einen Querschnitt durch die athenische Bevölkerung darstellten, primär ein Mittel, um die Hackordnung in der Führungsriege und damit die Richtung der Politik festzulegen. In diesem Prozeß, der Generationen von Klassischen Philologen so erregte, weil ein Demosthenes ein unbestechlicher Patriot zu sein hat, ging es also gar nicht darum, Politikern Korruption nachzuweisen und sie der verdienten Strafe zuzuführen. Hier testeten die Redner ihre Beliebtheit und spürten den Chancen nach, für ihre politischen

Vorhaben Mehrheiten in der Volksversammlung zu finden. Im Harpalosprozeß sollte die Entscheidung über die zukünftige Politik gegenüber den Makedonen fallen. Dabei bekam Hypereides und damit eine härtere Gangart den Zuschlag; er wurde für kurze Zeit anstelle des Demosthenes zum ‹ersten Redner› Athens. Die militärische Auseinandersetzung mit Antipater im Lamischen oder ‹Hellenischen› Krieg, der zum letzten Mal Athen an der Spitze eines ‹Hellenbundes› sah, ließ nicht lange auf sich warten, auch nicht die neuerliche Zusammenarbeit mit Demosthenes, der sicher mit dem Einverständnis des Hypereides schon im nächsten Jahr wieder ehrenvoll in Athen aufgenommen wurde.[47]

Harpalos lachte sich im Hades vielleicht ins kalte Fäustchen. Er hatte posthum sein Ziel doch noch erreicht. Niemandem schien es aufgefallen zu sein, daß der Areopag trotz seiner langen Untersuchung nur an die 64 Talente Bestechungssumme insgesamt aufspüren konnte.[48] Das ergab zusammen mit den 350 auf der Akropolis gefundenen noch lange keine 700 Talente. Harpalos hatte verständlicherweise hoch gepokert. Es ging schließlich um seine nackte Existenz. Wenn er die Athener mit seinem Geld und seinen Söldnern nicht dazu bringen konnte, den Makedonen Paroli und ihm damit Schutz zu bieten, dann mußte er versuchen, mit einer überhöhten Angabe seiner Gelder Unfrieden in Athen zu stiften. Gelang es ihm, die Verhandlungspolitiker in Mißkredit und die Falken ans Ruder zu bringen, konnte er hoffen, doch noch gebraucht zu werden. Der Ehrenbürger von Athen kannte seine Mitbürger recht gut. Seine Rechnung war aufgegangen, obwohl oder weil er mit falschen Zahlen gespielt hatte.[49]

III.
ALLTAG VOR GERICHT: ZWEI PRIVATPROZESSE

Die Tötung des Ehebrechers*

Ulrich Manthe

Euphiletos war ein Athener Bürger von eher bescheidenem Wohlstand; er besaß ein kleines Haus in Athen, zwei Sklavinnen und ein Ackerfeld außerhalb der Stadt. Er hatte eine wahrscheinlich sehr junge Frau geheiratet. Wie es so manches Mal geschieht, kühlte die Liebe der beiden nach einiger Zeit ab. Dann und wann kam, wenn der Mann den ganzen Tag oder auch mehrere Tage bei der Feldarbeit war, ein junger Mann namens Eratosthenes zu Besuch. Der gehörnte Euphiletos schien längere Zeit gar nichts zu bemerken, und so wurde die Frau immer verwegener und empfing ihren Eratosthenes selbst zu Zeiten, in denen ihr Mann im Hause war.

Die Geschichte hätte so weitergehen können wie bei Boccaccio die Geschichte der Madonna Filippa,[1] und dann hätte sich vielleicht ein Menander des Themas angenommen und eine Komödie daraus gemacht. Aber das Leben hält sich nicht immer an die Erwartungen des Zuschauers oder gar an einen Komödientext, und in der Wirklichkeit gibt es wohl mehr Effi Briests als Madonne Filippe, und so drang der sonst so sanfte Euphiletos mit mehreren Männern in das Zimmer seiner Frau ein, traf dort einen nackten Eratosthenes an, schlug den entsetzt aus dem Bette der Frau Springenden nieder, fesselte, beschimpfte und erschlug schließlich den verzweifelt um sein Leben Flehenden.

Von den Verwandten des erschlagenen Eratosthenes wurde Euphiletos des Mordes angeklagt, und es drohte ihm die Todesstrafe.

I. Der athenische Prozeß wegen Tötung

Nach dem zu Beginn des 4. Jahrhunderts v. Chr. immer noch gültigen Gesetz Drakons von 621/620 waren bei jeder Tötung die näheren Verwandten eines Getöteten verpflichtet, die Anklage vor dem Archon Basileus, dem zuständigen Justizbeamten Athens, zu erheben.[2]

Der Basileus klärte zunächst, welches Gericht zuständig war. Dies hing davon ab, ob der Täter wegen vorsätzlicher oder fahrlässiger

* Lysias, Rede 1.

Tötung angeschuldigt war, ob er (unmittelbar) mit eigener Hand getötet oder (mittelbar) einen anderen zur Tötung veranlaßt hatte, ob er einen athenischen Bürger oder einen Ausländer oder Sklaven getötet hatte, ob er exiliert oder gar unbekannt war. Nur im Fall der vorsätzlichen unmittelbaren Tötung eines athenischen Bürgers durch einen nichtexilierten Bürger war das altehrwürdige Gericht des Areopags zuständig, in allen anderen Fällen die sogenannten Epheten. Die Epheten waren 51 Männer, über 50 Jahre alt, welche ausgelost wurden – vielleicht aus den Mitgliedern des Areopags; sie tagten bei verschiedenen Heiligtümern, je nachdem welche Tat angeklagt war: Ging es um vorsätzliche Tötung, berief sich aber der Angeklagte darauf, zur Tat berechtigt zu sein, so traten die Epheten am Tempel des Apollon Delphinios und der Artemis Delphinia im Südosten Athens zusammen. Am Delphinion war einst Theseus vom Mord an seinem Verwandten Pallas freigesprochen worden, weil er sich auf einen Rechtfertigungsgrund berufen hatte, und seitdem war das Delphinion zum Gerichtsort für solche Taten geworden.[3]

Im Falle des Euphiletos war die Tötung offenkundig; da er sich darauf berief, wegen des Ehebruchs sei er zur Tötung des Eratosthenes berechtigt gewesen, waren die Epheten am Delphinion zuständig.

Jede Partei hielt zwei Plädoyers, im Wechsel der Ankläger und der Angeklagte; der Ankläger begann und der Angeklagte hatte das Schlußwort. Nach seiner ersten Rede durfte der Angeklagte das Gericht und Attika verlassen und ins Ausland gehen. Die Entscheidung fiel nicht leicht: Entschied er sich für das Exil, so könnten die Richter dies als Eingeständnis der Schuld werten und ihn verurteilen, so daß sein Exil lebenslang dauern würde. Blieb er hingegen, so konnte er sich noch in der zweiten Rede wirkungsvoll verteidigen – wenn dies freilich fehlschlüge, so wäre ihm der Tod gewiß. Die Möglichkeit zum freiwilligen Exil ist weniger Ausfluß einer gewissen Menschlichkeit des athenischen Strafprozesses, sondern eher einer wohldurchdachten Psychologie.[4] Nach den Reden stimmten die Richter ab, und der Basileus verkündete das Urteil. Auf vorsätzliche und nicht gerechtfertigte Tötung stand die Todesstrafe und die Einziehung des Vermögens – dies hatte Euphiletos zu gewärtigen, wenn seine Verteidigung mißlang.

II. Ehebruch und Selbstjustiz

Die einzige Rettung konnte darin bestehen, daß Euphiletos die offenkundige Tötung des Eratosthenes gar nicht in Frage stellte, sondern sich sogleich auf einen anerkannten Rechtfertigungsgrund berief. Das Gesetz Drakons bedrohte zwar die vorsätzliche Tötung mit der Todesstrafe, erließ aber bei Vorliegen gewisser Tatumstände die Strafe.

Das Gesetz[5] lautete:

«Wenn jemand einen bei Wettkämpfen fahrlässig tötet oder einen Wegelagerer oder im Kriege, ohne daß er ihn kennt, oder einen Ehebrecher, den er bei der Ehefrau, der Mutter, der Schwester, der Tochter oder der Nebenfrau, die er hat, um freie Kinder zu zeugen, antrifft, so soll er keinem Mordprozeß unterzogen werden.»

Es hing also alles davon ab, ob Eratosthenes mit der Frau des Euphiletos ehebrecherisch verkehrt hatte und dabei ertappt worden war.

Wie meist in der Antike, wurden Ehen in Athen zwischen dem Bräutigam und dem gesetzlichen Vertreter der Ehefrau vereinbart und abgeschlossen; griechische Frauen standen, auch wenn sie erwachsen waren, stets unter der Gewalt eines Kyrios, das heißt ihres Vaters und nach dessen Tode des älteren Bruders oder Onkels. Die Eheschließung war ein Vertrag zwischen Bräutigam und Kyrios, der die Vertretungsmacht auf den künftigen Ehemann übertrug; dieser war hinfort Kyrios der Frau, eine Art Vormund.[6]

Daraus, daß die athenische Ehefrau nicht Partnerin, sondern nur Objekt der Eheschließung war (sie mußte bei der Eheschließung nicht einmal anwesend sein!), folgt auch ein anderes Verständnis des Ehebruchs. Die Frau war zur geschlechtlichen Treue verpflichtet, nicht aber der Mann. Sein außerehelicher Verkehr war erlaubt und von der Sitte geduldet, Verkehr mit Hausklavinnen war üblich, wenn auch zuweilen unklug, da der Ehefriede doch nachhaltig gestört wurde; andere Aktionen als Eifersuchtsszenen standen der Frau allerdings nicht zu Gebote. Hatte der Mann ein Verhältnis mit einer anderen Frau,[7] so konnte die Ehefrau immerhin die Scheidung erzwingen, aber nur, wenn der Mann die Hetäre ins Haus einführte.[8]

Außerehelicher Verkehr eines Mannes war nur dann strafbar, wenn er mit einer freien Frau Ehebruch beging; in diesem Fall verletzte er durch die Straftat nicht seine eigene Ehefrau (diese hatte es zu dulden), sondern den Kyrios der Geliebten. Dies genau bezeichneten die Griechen als *moicheia*.[9] *Moicheia* konnte mit unverheirateten oder verheirateten Frauen begangen werden; wir wollen uns auf den eigentlichen ‹Ehebruch›, *moicheia* mit einer verheirateten Frau, konzentrieren. Die Strafwürdigkeit des Ehebruchs wurde nicht so sehr in dem Umstand gesehen, daß mit der Ehefrau Geschlechtsverkehr ausgeübt wurde; vielmehr wurde das Opfer (der Ehemann) besonders dadurch verletzt, daß aus der ehebrecherischen Beziehung Kinder entspringen konnten, deren Blutsfremdheit nicht erkennbar war. Vor allem die religiösen Folgen waren gefürchtet: Unerkannt nichteheliche Söhne hätten bei der Ausübung des Totenkultes den Hausgöttern Opfer darbringen und diese wiederum hätten durch die Opfer familienfremder Personen beleidigt werden können. Das Unrecht bestand also nicht in der Untreue der Frau, sondern im heimlichen Eindringen des Ehebrechers in eine fremde Rechtssphäre. Daher war die *moicheia* dann strafbar, wenn sie mit einer freien Frau begangen wurde, und daher auch wurde der Unrechtsgehalt des Ehebruchs höher eingeschätzt als der der Vergewaltigung. Der Vergewaltiger verletzte die Geschlechtsehre der Frau und das Recht des Ehemannes, allein mit der Frau zu verkehren; er zog sich aber den Haß des Opfers zu, und (in einer Gesellschaft ohne sichere Möglichkeiten des Vaterschaftsnachweises wichtig) es war oft einfacher festzustellen, ob eine Schwangerschaft von der Vergewaltigung herrührte. Auch der Ehebrecher verletzte die Ehre der Frau und das Recht des Mannes, aber er gewann zudem noch die Liebe der Frau und verdarb so ihre Seele, und es war unklar, von wem die Kinder abstammten.[10]

Das Gesetz Drakons erlaubte die straflose Tötung des Ehebrechers nur dann, wenn er auf frischer Tat ertappt wurde – lag diese Voraussetzung nicht vor, so konnte der Ehemann nur auf Geldbuße klagen. Freilich war der Ehemann nicht gezwungen, den Ehebrecher zu töten; er konnte sich stets mit einer Geldbuße zufriedengeben. In der griechischen Komödie werden entehrende Behandlungen für den Ehebrecher dargestellt – so wurden einem Ehebrecher die Schamhaare ausgerupft und ihm ein Rettich in den After gezwängt;[11] ob dies das Übliche war, mag dahingestellt bleiben. Von der untreuen Ehefrau mußte der Mann sich scheiden lassen, wenn er nicht die bürgerlichen Ehrenrechte verlieren wollte; die Frau wurde in jedem Falle ehrlos.[12]

III. Lysias

Eine Besonderheit erschwerte die Verteidigung: Die Parteien, Ankläger und Angeklagter, mußten ihre Reden selbst halten. Allerdings durfte man sich die Plädoyers von einem berufsmäßigen Redenschreiber verfassen lassen. Ein solcher ‹Logograph›, wie man ihn nannte, war kein Jurist in heutigem Sinne, vielmehr ein Fachmann für Argumentation und Rhetorik, für Glaubhaftmachung und Überzeugung. Natürlich mußte er die einschlägigen Gesetzesvorschriften kennen,[13] um sie in die Rede einarbeiten zu können, doch genügte dies nicht. Es war nämlich ein nichtjuristisches Publikum, das überzeugt werden mußte; die Richter waren keine ausgebildeten Juristen, sondern Männer mit einer gewissen Lebenserfahrung, die vernünftigen Argumenten zugänglich waren, an deren gesunden Menschenverstand man appellieren konnte – aber eben doch Laien, die eine allzu juristische Argumentation als Spitzfindigkeit empfinden und ablehnen würden. So war die Psychologie der Rede entscheidender als der inhaltliche Gehalt. Dies mußte ein Logograph berücksichtigen, wenn er erfolgreich sein wollte.[14] Euphiletos setzte seine ganze Hoffnung auf den erfolgreichen Logographen Lysias.

Lysias,[15] des Kephalos Sohn, war kein athenischer Vollbürger, sondern als Metöke – Minderbürger – in Athen um 450 geboren und in jungen Jahren nach Thurioi in Süditalien (der Heimat des Geschichtsschreibers Herodot) ausgewandert; von dort kehrte er zurück und ließ sich im Piräus nieder, wo er mit 120 Sklaven eine Schildfabrik betrieb. Die Tyrannei der Dreißig (404) beraubte Lysias fast seines gesamten Vermögens, und er mußte nach Megara fliehen; Lysias' Bruder Polemarchos wurde unter den Dreißig hingerichtet. Im folgenden Jahr, als die Tyrannen gestürzt worden waren, kehrte Lysias nach Athen zurück und klagte unverzüglich einen der Dreißig, einen gewissen Eratosthenes, wegen Mordes an.

Die Schildfabrik im Piräus war verlorengegangen, und so mußte Lysias seinen Lebensunterhalt auf andere Weise suchen. Er hatte bereits vor 404 eine Redeschule betrieben, in welcher er Schüler das rhetorische Handwerk lehrte. Doch hatte er die Schule bald wieder aufgegeben; den Grund hierfür kennen wir nicht. Jetzt jedenfalls war er höchst erfolgreich in der Logographie – er schrieb im Auftrag anderer Gerichtsreden und studierte sie mit ihnen ein. Insgesamt soll Lysias 425 Reden verfaßt haben; von 172 ist der Titel bekannt, nur 34 sind erhalten, einige davon nur zum Teil.[16] Welche der Reden des Lysias-Corpus tatsächlich von ihm stammen, ist nicht immer gewiß; schon das Altertum hat manche Reden für unecht gehalten. Daß unsere Rede für Euphiletos echt ist, ist freilich nie bezweifelt worden.

An diesen Lysias wandte sich unser Euphiletos. Lysias zu engagieren, war nicht billig. War Euphiletos wirklich so arm, wie er sich darstellte? Daß Lysias die Verteidigungsrede geschrieben hat, ist übrigens der einzige Anhaltspunkt für die Datierung des Mordfalls – Lysias hat wahrscheinlich erst nach 403 mit der Logographie begonnen und jedenfalls bis 380 damit fortgefahren. Irgendwann zwischen

403 und 380 hat sich unser Fall zugetragen. Es ist gewiß Zufall, daß der Getötete ebenso den Namen Eratosthenes trug wie jenes Mitglied der Dreißig, welches Lysias selbst im Jahre 403 angeklagt hat – es gibt keinen plausiblen Anhaltspunkt, eine Verwandtschaft oder gar Identität der beiden anzunehmen.[17]

IV. Die Verteidigungsrede

Die rhetorische Perfektion unserer Lysiasrede wird oft gerühmt. Wir wollen daher einen Blick in die Werkstatt eines griechischen Logographen werfen und dabei dem antiken rhetorischen Schema folgen.[18]

a. Die antike Rhetorik unterschied fünf Phasen der Erarbeitung einer Rede:[19]

(1) Zur Stoffauffindung gehörte das Finden und Sammeln der für das Thema geeigneten Gedanken; diese konnten über den Verstand oder über das Gemüt auf den Hörer wirken; die Gemütseinwirkung konnte sanfter sein, indem sie nur das Wohlwollen des Hörers erweckte, oder auch heftiger, indem sie ihn erregte.[20] Ferner mußte die Stoffauffindung auch die Beweise, die Herausarbeitung der streitigen juristischen Probleme sowie die Redeteile bereitstellen.

(2) Die Gliederung der Rede sah folgende Einzelteile vor: Einleitung, Darstellung des Sachverhaltes, Beweise zur Bekräftigung der Ansicht des Redners und zur Widerlegung der gegnerischen Ansicht sowie den Schluß.

(3) Die sprachliche Verarbeitung berücksichtigte unter anderem den Redeschmuck, welcher durch Tropen (Wendungen einzelner Wortinhalte zu anderen Wortinhalten, wie zum Beispiel Metonymie und Metapher), durch Figuren (kunstvolle Veränderungen der Worte, wie beispielsweise Wiederholungen, Ellipse, Chiasmus und Parallelismus, oder Variationen der Gedanken, wie etwa Beispiel, Allegorie, rhetorische Frage) sowie durch das Stilniveau hergestellt wurde.[21]

(4) Zur Erleichterung des Auswendiglernens gab es Methoden der Mnemotechnik;[22] wenn in einer gut gegliederten Rede die Teile in natürlicher Weise aufeinanderfolgten, so erleichterte dies das Auswendiglernen.

(5) Der Vortrag schließlich bestand aus Stimmführung und Gestik. Lysias war ein Meister der Redekunst. Da das attische Gerichtsverfahren von den Parteien verlangte, daß sie selbst die Rede vortrugen, mußte Lysias den Euphiletos auf die Rede vorbereiten. Es war nicht damit getan, die Rede zu verfassen, vielmehr mußte er dem Euphi-

letos das Auswendiglernen erleichtern und vor allem den Vortrag einüben. Da unsere Quelle nur aus der schriftlich niedergelegten Rede besteht, können wir nicht feststellen, ob die beiden letzteren Aufgaben zufriedenstellend gelangen.

b. Die Einleitung (§§ 1–5) erweckt die Sympathie der Richter: Euphiletos bittet die Richter, sich in seine Situation zu versetzen, dann wären sie ebenso empört über das schändliche Verhalten des Ehebrechers (§ 1) und würden dieselbe Vergeltung verlangen wie er (§ 3) – nur zur rechtmäßigen Vergeltung habe er den Eratosthenes getötet, nicht etwa aus alter Feindschaft (§ 4). Schließlich dient auch die feste Behauptung, er trage nur die reine Wahrheit vor (§ 5), dazu, Aufmerksamkeit und Wohlwollen der Richter zu erwecken.

Die Sachverhaltsdarstellung (§§ 6–28) ist ein Meisterstück der Suggestion. Vorgeschichte und Hergang der Tat kennen wir nur aus Euphiletos' eigener Rede; daß Eratosthenes getötet worden war, stand fest, streitig waren nur die Umstände der Tötung. Es ist klar, daß allein die Behauptungen des Angeklagten nicht genügten, von der Rechtmäßigkeit der Tötung zu überzeugen, vielmehr mußte gerade die Rechtmäßigkeit von ihm bewiesen werden.

Nach Euphiletos' Darstellung hatte sich alles so zugetragen: Er, Euphiletos, führte eine mustergültige Ehe. Sorgsam führte er als wohl älterer Ehemann seine Frau in die Ehepflichten ein (§ 6). Nach einer gewissen Zeit vertraute er ihr völlig und überließ ihr die Führung des Haushaltes alleine (§§ 6–7).[23] Dann aber machte Eratosthenes sich auf üble Weise an seine Frau heran (§ 8) – kein Vorwurf gegen die Frau wird laut, sie wird als naives Opfer eines gefährlichen Gewohnheitsverbrechers hingestellt.

Das kleine Haus, das Euphiletos besaß, hatte 2 Stockwerke mit je 2 oder 3 Kammern. Wie üblich wohnte der Mann im Erdgeschoß, die Frau, die ein kleines Kind hatte, hatte im Obergeschoß eine Kammer, und die beiden Sklavinnen waren in einer weiteren Kammer im Obergeschoß untergebracht. Das Obergeschoß war nun nur durch eine Außentreppe vom Hof, in welchem sich auch ein Brunnenraum befand, erreichbar.[24] Wenn die Frau ihr Kind nachts waschen wollte, so mußte sie die steile Treppe mit dem Kind auf dem Arm herunterklettern und lief Gefahr, dabei auszugleiten und zu stürzen. Daher bat sie ihren Mann, er möchte doch nach oben ziehen, sie würde gern mit den Sklavinnen im Erdgeschoß wohnen. Damit war Euphiletos einverstanden, und der Umzug fand statt. Das hatte eine von Euphiletos nicht geahnte Folge: Der Nebenbuhler Eratosthenes konnte nun ohne weiteres ins Erdgeschoß, wo die Frau wohnte, eintreten – selbst wenn der Mann oben war, bemerkte er nichts. Meist war der Mann ja auf dem Feld, und die beiden Liebenden hatten nichts zu befürchten.

Nach dem Umzug ereignete sich eine burleske Szene (§§ 11–14). Einmal nämlich war Euphiletos früher als erwartet nach Hause gekommen, und Eratosthenes war noch bei seiner Frau im Erdgeschoß. Sie meistert die Situation: Schleunigst wird der Ehemann über die Außentreppe nach oben geführt, eine Sklavin bringt das Essen, Wein wird eingeschenkt, die Frau wartet nur darauf, daß er endlich einschläft, damit sie wieder nach unten eilen kann – im Erdgeschoß sind der Liebhaber, das kleine Kind und die andere Sklavin, das Kind schreit, vielleicht hat die Sklavin es zum Schreien gebracht, um der Frau einen Vorwand zu bieten, angeblich zum Kind, in Wirklichkeit aber zum Liebhaber zu eilen. Euphiletos ist schon müde. «Geh doch endlich das Kind stillen!» sagt er seiner Frau, die so tut, als wolle sie ihren lieben Mann nicht verlassen; sie scherzt: «Du schickst mich wohl weg, damit du, betrunken wie du bist, dich an die Sklavin heranmachen kannst» – es ist ja noch die zweite Sklavin, die das Essen aufgetischt hatte, im Obergeschoß –; die Frau geht schließlich hinaus, zieht die Sklavin mit sich, schließt lachend die Tür ab und geht nach unten. Euphiletos schläft ein und schöpft auch keinen Verdacht, als er nachts durch eine knarrende Tür geweckt wird.

Diese eines Boccaccio würdige Szene trägt Euphiletos selbst in der Rede vor und stellt sich so naiv und arglos dar, daß die Richter schon jetzt sich gar nicht vorstellen können, er habe die Tötung irgendwie geplant. Kein Wort darüber, daß der Umzug den Schurken begünstigte – das muß den Richtern ja auffallen, ohne daß man sie eigens darauf hinweist, und wenn sie es selbst bemerken, sind sie vom inneren Zusammenhang des Umzugs mit der ehebrecherischen Beziehung viel mehr überzeugt, als wenn sie darauf aufmerksam gemacht werden.

Danach jedoch klärt ihn die Sklavin einer fremden Frau auf (§§ 15–17). Diese fremde Frau hat nämlich auch ein Verhältnis mit Eratosthenes gehabt, ist von ihm aber zugunsten der Frau des Euphiletos verlassen worden und sendet nun in ihrer Enttäuschung ihre Sklavin zu Euphiletos, um ihn zu warnen. Jetzt erst fällt ihm auf, was das alles zu bedeuten hatte! Als er oben arglos schlief, knarrte die Haustür – natürlich, der Liebhaber verließ sein Haus! Am andern Morgen war die Frau noch mit Bleiweiß[25] gepudert, einem antiken Kosmetikmittel – natürlich, für den Liebhaber!

Nun befragt er die Sklavin, die von allem gewußt hat (§§ 18–21), sie streitet ab, er droht ihr, verspricht ihr schließlich Straffreiheit –

sie gesteht alles, und er gewinnt sie als Verbündete. Jetzt muß er nur noch eine Situation abpassen, den Eratosthenes auf frischer Tat zu ertappen: Eines Abends meldet ihm die Sklavin, daß der Hausfreund bei der Frau ist. «Achte auf die Tür, daß er nicht weggeht!» befiehlt Euphiletos der Sklavin, rasch ruft er einige Zeugen zusammen, dringt ins Zimmer der Frau ein – dort liegt in der Tat Eratosthenes nackt im Bett bei der Frau.

Schließlich die dramatische Schilderung der Tat (§§ 22–26). Daß Euphiletos den Eratosthenes getötet hatte, stand außer Zweifel; bemerkenswerterweise erwähnte die Verteidigungsrede diesen Tatbestand überhaupt nicht – offenbar wollte Lysias das Augenmerk der Richter gar nicht darauf lenken, daß sie ja eigentlich über eine Tötung zu richten hatten; vielmehr diente die ganze Rede dazu, den Ehebruch in möglichst verwerflichem Licht darzustellen, um die Sympathien der Richter für den Täter zu gewinnen und vom Opfer abzuwenden.

Es war aber noch eine weitere Schwierigkeit zu überwinden. Euphiletos verteidigte sich vehement gegen den Vorwurf, er habe seine Sklavin an jenem Tage beauftragt, den Eratosthenes herbeizuholen. Wenn nämlich der ergriffene Ehebrecher beweisen könnte, daß er angelockt worden war, wäre er frei und könnte seinerseits wegen «ungerechter Ergreifung wegen Ehebruchs»[26] klagen. Daß Euphiletos sich gegen den Vorwurf der Anlockung verteidigte, zeigt, daß er seine Rechte gegen den Ehebrecher verwirkte, wenn er als *agent provocateur* die Ehebruchsituation herbeigeführt hatte.

Wir wollen diesen Punkt in Euphiletos' Rede noch etwas genauer betrachten, denn gerade hier liegt eine gewisse Schwäche der Argumentation. Es wäre gewiß einfach gewesen, die Sklavin darüber zu vernehmen, daß Eratosthenes an jenem Abend nicht ins Haus gelockt worden war. Statt dessen legte Euphiletos ausführlich und mit manch überflüssigen Wiederholungen dar, wie unwahrscheinlich doch die Annahme sei, er habe den Eratosthenes herbeigelockt: An jenem Abend nämlich habe er einen Freund, Sostratos, in sein Zimmer eingeladen, um mit ihm zu speisen – wenn er, Euphiletos, den Nebenbuhler wirklich hätte ins Haus locken wollen, dann hätte er doch eher einen Abend gewählt, an welchem kein weiterer Besuch im Haus war, da die Anwesenheit des Sostratos dazu geeignet gewesen sei, den Eratosthenes abzuschrecken.

Da wir die räumlichen Verhältnisse kennen, ist das Sostratos-Argument nicht mehr so überzeugend. Vielleicht könnte es ja auch so gewesen sein: Gerade um die Frau und den Eratosthenes in Sicherheit zu wiegen, brachte Euphiletos seinen Freund Sostratos ins

Obergeschoß mit und ließ zugleich durch die Sklavin dem Eratosthenes mitteilen, er könne jetzt gefahrlos kommen. Vielleicht wollte er gerade den Sostratos zum Zeugen haben, wenn er in gespielter Überraschung den Liebhaber bei seiner Frau antraf. Sostratos aber war bald gesättigt und verabschiedete sich eilig, die geplante Kompromittierung des Ehebrechers im Beisein des Sostratos war gescheitert. Sollte der Plan heute noch gelingen, so mußte Euphiletos schleunigst andere Zeugen herbeiholen.

Natürlich wissen wir nicht, was wirklich geschehen ist. Euphiletos schilderte eine Situation, in der er völlig unerwartet nur durch die Sklavin von der Anwesenheit des Liebhabers erfahren habe; die Glaubwürdigkeit seiner Darstellung wurde durch viele geschickt an mehreren Stellen in die Rede eingeflochtene Details untermauert. Das alles ist ein wenig zu perfekt, um wahr zu sein. Es erhebt sich der Verdacht, daß Euphiletos doch nicht so ahnungslos war, vielmehr die Ereignisse jenes Abends planvoll inszeniert hatte, wobei der eilige Abschied des Sostratos alles zu verderben drohte. Die Richter sollten aber gar nicht auf den Gedanken kommen, Sostratos hätte ihm durch seinen schnellen Abschied einen Strich durch die Rechnung gemacht.

Zusammen mit den Zeugen dringt Euphiletos ein, er geht nicht als erster, sondern läßt einem anderen den Vortritt. So ist sicher, daß ein Unparteiischer bezeugen wird, Eratosthenes habe mit der Frau noch im Bett gelegen. Euphiletos streckt den Ehebrecher mit der Faust nieder, bindet ihn; vor den Zeugen bezichtigt er ihn des Ehebruchs, weist empört sein Bußgeldangebot zurück, hält ihm vor:[27] «Nicht ich werde dich töten, sondern das Gesetz unserer Stadt, das du für deine Lustbefriedigung gebrochen hast!» (§ 26) Die Darstellung wird ihre Wirkung nicht verfehlen; die Richter identifizieren sich mit dem betrogenen Ehemann, seiner recht biederen Arglosigkeit, seiner Empörung, seiner spontanen Reaktion, seinem starken Rechtsgefühl. Nicht aus Rache hat Euphiletos gehandelt, nein, um dem Gesetz Genüge zu tun! Ganz nebenbei werden zwei gewichtige Vorwürfe der Anklage weggewischt: Die Ankläger behaupten, Eratosthenes sei auf die Straße geflohen und wieder zurückgezerrt worden; sie behaupten auch, er habe an der häuslichen Herdstätte Schutz gesucht (§ 27) – in beiden Fällen hätte Euphiletos ihn nicht mehr töten dürfen. Auf diese Vorwürfe wird Euphiletos in der späteren Widerlegung der gegnerischen Ansicht (§§ 37–46) nicht mehr eingehen. Hatte er Gründe, die Vorwürfe nicht hochzuspielen?

Wer würde nach diesem Teil der Rede nicht für Euphiletos Sympathie empfinden? Lysias hat alle Register gezogen: Die Einleitung appelliert an das männliche Selbstbewußtsein der Richter, sie sollen sich mit dem Angeklagten identifizieren. Der Sachverhaltsbericht erweckt Sympathien für den liebenswürdigen und bescheidenen Euphiletos, der zutiefst gedemütigt und gequält wurde. Die Sprache ist schlicht; mehrere Wiederholungen derselben Worte und Redewendungen schärfen das Gesagte ein und erwecken zugleich den Eindruck, daß Euphiletos ein einfacher und nicht redegewandter Mann sei.[28] Die einzelnen Geschichten sind am rechten Ort eingeflochten; nur das wird berichtet, was in der späteren Beweisführung notwendig sein wird.

c. Dem Sachverhaltsbericht folgte die Beweisführung (§§ 29–46). Dem Euphiletos drohte die Todesstrafe, wenn es ihm nicht gelang, sich erfolgreich auf einen Rechtfertigungsgrund zu berufen. Der gefährlichste Angriff der Gegner war die Behauptung, Euphiletos habe dem Liebhaber eine Falle gestellt; die hiergegen vorgebrachte Verteidigung war besonders angreifbar, weil sie sich nicht auf Tatsachen stützte, sondern nur versuchte, hypothetische Gedankengänge glaubhaft zu machen.

Zuerst mußte die eigene Ansicht, daß die Tötung gerechtfertigt war, durch Beweise bekräftigt werden. Drei Gesetze wurden verlesen, nämlich ein uns unbekanntes Gesetz,[29] das Gesetz Drakons, welches die Tötung des auf frischer Tat ertappten Ehebrechers erlaubte, sowie das Gesetz über Vergewaltigung,[30] welches die Vergewaltigung milder bestrafte als die *moicheia* (§§ 29–36).

Euphiletos hatte drei mögliche Beweismittel: die Sklavin jener fremden Frau, die von Eratosthenes verlassen worden war, mehrere Zeugen des aktuellen Ehebruchs sowie seine eigene Sklavin, die am genauesten über das Verhältnis Bescheid wußte.

(1) Die Sklavin der fremden Frau war als Beweismittel nicht geeignet – sie hätte ja nur über das Verhältnis jener Frau zu Eratosthenes aussagen können, nicht über das, was Eratosthenes mit Euphiletos' Frau getan hatte. Diese Sklavin wird dann auch im Prozeß nicht vorgeführt und nicht mehr erwähnt.

(2) Die Zeugen konnten aussagen, daß sie den Eratosthenes im Bette bei Euphiletos' Frau gesehen hatten. Der Ehebrecher mußte freilich beim Geschlechtsakt selbst angetroffen worden sein.[31] Euphiletos behauptete und bewies aber nur, daß Eratosthenes nackt bei der Frau gelegen hatte (§ 24), was allenfalls als Indiz für den Vollzug des Geschlechtsaktes gewertet werden konnte.[32] Jedenfalls brachte Euphiletos die Zeugen bei und rief sie in der Rede (§ 29) auf.

(3) Sehr problematisch war es, die eigene Sklavin als Zeugin zu vernehmen. Der Hörer erwartete natürlich, daß sie das ehebrecherische Verhältnis überhaupt und den aktuellen Ehebruch zur Zeit

der Tötung bezeugte. Der eine Sachverhalt – das länger andauernde Verhältnis – tat allerdings nichts zur Sache: Das Gesetz erlaubte die Tötung eines Ehebrechers nur bei frischer Tat, nicht aber zur Vergeltung einer schon geschehenen Tat; es war daher gar nicht notwendig, das schon länger bestehende Verhältnis zu beweisen. Die Berufung auf ein schon bestehendes Verhältnis konnte sogar schädlich sein, weil der Eindruck entstehen hätte können, Euphiletos habe nur zur Vergeltung gehandelt. In der Tat erwähnte Euphiletos das ehebrecherische Verhältnis nur in der Erzählung des Sachverhaltes – am Anfang der Rede –, nicht aber in jenem Teil der Rede, der dem Beweis diente. Lysias hat seinen Mandanten gut beraten. Es gehört zur Kunst des Gerichtsredners, nur dasjenige vorzutragen und zu beweisen, was unmittelbar zur rechtlichen Würdigung beiträgt – wer zuviel sagt und zuviel beweist, riskiert, daß überflüssige Tatsachenangaben ihm selbst schaden.

Für den zweiten Sachverhalt – den aktuellen Ehebruch unmittelbar vor der Tat – wäre die Aussage der Sklavin sinnvoll. Tatsächlich aber wurde sie nicht aufgerufen. Man hat manche Vermutungen darüber angestellt, warum Euphiletos auf die Zeugenaussage der Sklavin verzichtete. Hierzu muß man wissen, daß Sklaven grundsätzlich nicht als Zeugen wie freie Bürger vernommen werden konnten. Vielmehr galt ihre Aussage nur, wenn sie vorher gefoltert worden waren; daher wurden sie in ihrer Funktion als Beweismittel auch nicht als Zeugen (*martyres*), sondern als Folterobjekte (*basanoi*) bezeichnet.[33] Möglicherweise konnten Sklaven in Tötungsprozessen ausnahmsweise als Zeugen ohne Folter auftreten; doch sind die Quellenbelege hierzu unklar, und ob diese Ausnahme existiert hat, ist umstritten.[34] Wenn Sklaven aber als Folterobjekte vernommen wurden, hing dies von der Zustimmung beider Parteien ab, und die Quellen scheinen es zu belegen, daß dies tatsächlich nie vorkam, weil immer wenigstens eine Partei diese Art von Beweis ablehnte.[35] Jedenfalls verzichtete Euphiletos auf den Aufruf seiner Sklavin. Vielleicht fürchtete er, daß sie eine für ihn ungünstige Aussage machen würde. Er hatte ja geschickt eingeflochten, daß er der Sklavin Straffreiheit zugesichert hatte – das war jetzt wichtig, wenn es darum ging, die Vernehmung der Sklavin zu verhindern; die Folterung würde sie ja bestrafen. So konnte er gegebenenfalls begründen, daß er ihre Vernehmung ablehnte, und niemand würde bemerken, daß er sie aus vielleicht ganz anderen Gründen aus dem Spiel lassen wollte. Wahrscheinlich aber war die Aussage der Sklavin gar nicht notwendig – der aktuelle Ehebruch konnte ja durch die Aussagen der Zeugen genügend bewiesen werden.

Daraufhin war die gegnerische Ansicht durch Beweise zu widerlegen (§§ 37–42). Hatte Euphiletos den Eratosthenes ins Haus gelockt? Wir haben diese Frage bereits untersucht und festgestellt, daß die ganze Sachverhaltserzählung darauf abzielte, diesen Vorwurf als unwahrscheinlich hinzustellen. Die Sklavin, die dies hätte bezeugen können, wurde aber nicht aufgerufen, sondern nur die Männer, die am Tatabend zusammengerufen worden waren. Sie konnten allenfalls eine Hilfstatsache beweisen, nämlich, daß das Zusammenrufen nicht geplant war. Wenn es so gewesen sein sollte, daß Euphiletos wirklich den Eratosthenes hergelockt hatte und den Sostratos als Zeugen eingeplant hatte, der Plan aber durch den raschen Abschied des Sostratos geändert werden mußte, dann wäre die Aussage der Männer ohne Wert. Diese Alternative wurde in der Rede wohlweislich nicht angesprochen.

Wie die Sachverhaltsdarstellung ist auch die gesamte Beweisführung in einfachem Stil ohne großen Redeschmuck gehalten; manche Sätze aus dem Sachverhaltsbericht werden in der Beweisführung wörtlich wiederholt, was dem Gedächtnis der Richter aufhilft.

d. Erst im Schlußteil (§§ 47–50) erhebt sich der Stil. Der Ton wird pathetischer, Ironie (§ 47), Metapher (§§ 47, 49), Amplifikation (§ 50) werden zum ersten Mal gebraucht, ein grandioser Schlußsatz ruft das Pathos der Thermopylen-Inschrift herbei: «Ich riskiere jetzt mein Leben, mein Vermögen und alles andere, weil ich den Gesetzen der Polis gehorcht habe.»

V. Die Kunst des Lysias

Lysias wurde schon im Altertum hoch geschätzt; nur Demosthenes und Isokrates wurden ihm vorgezogen. Er galt als Vertreter der schlichten Stilgattung;[36] diese will den Hörer nur intellektuell überzeugen, indem sie belehrt und beweist. In mancher Hinsicht aber sind die Reden des Lysias auch der mittleren Stilgattung zuzuordnen, welche zur Unterstützung der intellektuellen Überzeugung sich auch emotionaler Techniken bedient, indem sie das Gemüt des Hörers in sanfter Weise zur Ansicht des Redners hinwendet. Die antike Rhetorik führte die von der mittleren Stilgattung hervorgerufene sanfte Gemütshinwendung darauf zurück, daß der Redner seine Rede dem Charakter (*ethos*)[37] des Sprechers (etwa des Euphiletos) anpaßte, und gerade Lysias galt als Meister dieser Kunst, der «Ethopoiie».[38] Anders zum Beispiel Thukydides: Er erregte in der erhobenen Stilgattung das Gemüt des Hörers und war ein Meister der

Überzeugung durch Gemütserschütterung *(pathos)*. Demosthenes schließlich, der Größte von allen, vermochte es, alle Register zu ziehen.[39]

Lysias' prägnanter und auf alles Überflüssige verzichtender Stil wurde gerühmt; man könne kein Wort wegnehmen, ohne den Sinn zu zerstören, heißt es einmal.[40] Er vermied den übertragenen Wortgebrauch, war sparsam im Redeschmuck, rief dadurch den Eindruck der Lauterkeit und Wahrheit hervor und überzeugte so mehr als ein Isaios oder Demosthenes durch ihre aufgeputzten Reden.[41] Die äußere Stoffgliederung seiner Reden war immer gleich und konnte dadurch auch leicht vom Hörer nachverfolgt werden.[42] Auf die Einleitungen aber verwendete er viel Mühe, und angeblich soll in 200 Reden keine einzige Einleitung einer anderen geglichen haben.[43] Lysias durchdrang die in den Reden darzustellenden Probleme mit großer gedanklicher Schärfe und zog alle Register der psychologischen Beeinflussung; diese seine Kreativität war freilich nicht anderen vermittelbar, und so erklärt sich vielleicht, daß er als Redenschreiber äußerst erfolgreich war, aber die Rednerschule, die er einst eröffnet hatte, nach kurzer Zeit wieder schließen mußte. Seine Reden erwecken stets den Eindruck, als seien sie mit leichter Hand hingeworfen; wieviel Kunst gerade hinter einer solchen Natürlichkeit steht, hat Cicero einmal bemerkt:[44] «Wer eine Rede im schlichten Stil hört, ist davon überzeugt, er könne auch so reden, auch wenn er ein Kind sei. Als Literaturkritiker meint man, eine solche ungekünstelte Schlichtheit könne ohne weiteres nachgeahmt werden; versucht man es einmal, so ist es ganz anders.»

Euphiletos hat mit Lysias den besten Logographen seiner Zeit gewählt. Es ist kaum denkbar, daß die Rede die Richter nicht überzeugt hat – freilich ist der Ausgang des Prozesses nicht überliefert. Vielleicht ist unsere Rede nur die erste Verteidigungsrede gewesen, und die danach zu haltende zweite Anklagerede mag gesiegt haben. Vielleicht auch ist Euphiletos ins Exil gegangen und in der Fremde gestorben. Wahrscheinlich aber ist er freigesprochen worden.

Auch wissen wir nichts über das weitere Schicksal seiner Frau. Hat er sie verstoßen, wie es attisches Recht gebot? Hat er, wie Wilamowitz[45] annahm, ihr großmütig verziehen, in welchem Fall er freilich die bürgerlichen Ehrenrechte verlor? In der Verteidigungsrede spielt die Frau nur eine Nebenrolle; nicht einmal ihr Name wird erwähnt.[46]

Schließlich wissen wir auch nicht, was an jenem Abend wirklich geschehen ist. Die Rede des Lysias zeigt uns einige Szenen eines

Films, dessen Anfang und Ende fehlen und dessen Ausschnitte von jemandem ausgewählt worden sind, der nur die eine Seite der Wahrheit zeigen will.[47] Aber das ist das Schicksal jedes Strafprozesses – die volle Wahrheit wird nie ermittelt.

Die zwei Leben des Euktemon
Familienstreit zwischen Bürgerlichkeit und Milieu*

Winfried Schmitz

Als im Jahre 365/64 v. Chr. der Adoptivsohn des Philoktemon, Chairestratos, bei dem für familienrechtliche Belange zuständigen Amtsträger in Athen die Zuerkennung des Erbes beantragte, wurde von einem entfernteren Verwandten namens Androkles Einspruch erhoben. Begründet wurde der Einspruch damit, daß Philoktemon kein Recht zur Abfassung eines Testaments gehabt und auch keine testamentarische Verfügung abgefaßt hatte und daß der Vater Philoktemons, Euktemon, rechtmäßige Kinder aus einer zweiten Ehe habe. Das Familienvermögen Philoktemons und seines Vaters Euktemon stehe den beiden rechtmäßigen Söhnen Euktemons aus zweiter Ehe zu. Da Androkles der Vormund dieser Söhne Euktemons war, war es seine Pflicht, gegen den Antrag des angeblichen Adoptivsohns Chairestratos Einspruch zu erheben. Chairestratos war indes nicht gewillt, seinen Anspruch auf das Erbe so einfach aufzugeben und das Vermögen denen zu überlassen, mit denen er und seine Angehörigen schon seit einiger Zeit in erbittertem Streit lagen, und reichte gegen Androkles Klage beim Gerichtsmagistraten ein. Da er noch relativ jung war – er mag zum Zeitpunkt des Verfahrens zwischen 23 und 30 Jahre alt gewesen sein –, wandte er sich an einen väterlichen Freund, der ihm vor Gericht als *Synegoros* beistehen, also die Rede der Anklage den Geschworenen vortragen sollte.[1] Dieser begab sich zu dem *Logographos* Isaios, einem gewerbsmäßigen Verfasser von Gerichtsreden, zudem ein Fachmann für Familienrecht und Erbstreitigkeiten. Er sollte, rhetorisch geschult, eine geschliffene Rede verfassen, in der alle rechtlichen Möglichkeiten und Kniffe ausgeschöpft wurden, um die Geschworenen zu überzeugen. Da nach attischem Recht jeder seine Sache persönlich vor Gericht führen mußte – nur ein *Synegoros* war zulässig –, trug nicht Isaios selbst, sondern der ältere Freund der Familie die von Isaios verfaßte Rede vor. Durch die Rede erhalten wir eine anschauliche Schilderung, wie es zu dem Familienstreit kam.

* Isaios, 6. Rede *Über das Erbe des Philoktemon*

An den Ausläufern des etwa 1100 Meter hoch aufragenden Pentelikon, der die Ebene um Athen im Nordosten begrenzte, lag in quell- und waldreichem Gebiet das Dorf Kephisia. Von dort stammte der Athener Euktemon, der – geboren im Jahre 460 v. Chr. – als junger Mann die Blütezeit der athenischen Demokratie erlebt hatte, in der Perikles als Stratege und Demagoge die Geschicke der Stadt geleitet hatte. Während des Peloponnesischen (431–404) und des Korinthischen Krieges (395–386 v. Chr.) hatte Euktemon Kriegsdienst geleistet, vermutlich als Kommandant eines Kriegsschiffes, denn er entstammte einer wohlhabenden Familie. Wie alle anderen Stadtstaaten in Griechenland erwartete auch Athen, daß jeder Bürger für seine militärische Ausrüstung selbst aufkam oder einen Beitrag zur Kriegführung leistete. So war die Zuweisung zu einer Waffengattung vom häuslichen Vermögen abhängig, und die reichsten Bürger Athens hatten ein Kriegsschiff mit 200 Mann Besatzung zu kommandieren und für eine voll funktionsfähige Ausrüstung zu sorgen.

Die Grundlage von Euktemons Familienvermögen waren landwirtschaftlich genutzte Anbauflächen, die vermutlich im Gebiet von Kephisia lagen. Des weiteren besaß Euktemon einen Acker im etwa 2 km südlich von Kephisia gelegenen Dorf Athmonon. Die einem Hirten anvertraute Ziegenherde nutzte das Weideland an den Hängen des Pentelikon. Wie der Ziegenhirt dürften auch diejenigen, die Euktemons Äcker, Oliven- und Weinkulturen bewirtschafteten, Sklaven gewesen sein. Euktemon nutzte aber auch die neuen Möglichkeiten, die sich den Athenern seit dem 5. Jahrhundert mit dem Aufstieg der Stadt zu einem wirtschaftlichen Zentrum Griechenlands boten. Er besaß nämlich auch ein Badehaus in Munichia, einem Hügel, der sich über den athenischen Hafen, den Piräus, erhob, zwei Miets- bzw. Gasthäuser, von denen das eine am Stadtrand Athens, das andere im Piräus lag, ein ihm für 4400 Drachmen verpfändetes Haus in Athen und Handwerkersklaven, die er offenbar für einen festen Tagessatz an Manufakturbetreiber verpachtete. Insgesamt bezifferte sich sein Vermögen auf über sechs Talente, und damit gehörte Euktemon zu den 300 reichsten Bürgern Athens.[2] Er machte also seinem Namen («der Wohlhabende», «der Begüterte») alle Ehre.

Wir dürfen vermuten, daß Euktemon um 430 v. Chr. heiratete, denn das Heiratsalter lag im antiken Griechenland bei Männern relativ hoch. Euktemon wandte sich an Meixiades, einen – vermutlich ebenfalls vermögenden – Athener aus dem Dorf Kephisia, und kam mit ihm überein, dessen Tochter zur Frau zu nehmen. Den Namen der Tochter erfahren wir nicht, und das ist kein Zufall. Es widersprach den gesellschaftlichen Normen, daß sich Frauen allzu oft in der Öffentlichkeit sehen ließen oder daß man über sie sprach. In der Rede, die Perikles im Winter 431/30 v. Chr. auf die Gefallenen des ersten Kriegsjahres im Peloponnesischen Krieg hielt, hatte er sich auch an die Witwen gewandt, denen es zur Ehre gereiche, wenn sie sich weder mit Tugend noch mit Tadel unter den Männern einen Namen machten.[3] Eine Frau sollte also bei den Männern nicht ins Gerede kommen, weder positiv noch negativ. Diese Forderung ist ganz wörtlich zu verstehen, und so erfahren wir in den Gerichtsreden, die vor einem großen Quorum männlicher Geschworener gehalten wurden, den Namen der Frauen in der Regel nicht. Aus der Ehe Euktemons mit der Tochter des Meixiades gingen fünf Kinder hervor. Der älteste Sohn wurde Philoktemon genannt. Um die Abstammung von der väterlichen Linie auch im Namen deutlich zu machen, wählten die Athener für die Söhne häufig Namen, die dem des Vaters ähnlich waren. Philoktemon hatte vier weitere Geschwister, zwei Schwestern, deren Namen wir wiederum nicht erfahren, und zwei Brüder. Die beiden jüngeren Brüder, Ergamenes und Hegemon, verstarben relativ früh, Hegemon offenbar schon als Kind, Ergamenes als junger Erwachsener. Die Gerichtsrede illustriert damit die sehr unterschiedlichen Lebenserwartungen, wie sie für vormoderne Gesellschaften typisch sind. Wir haben davon auszugehen, daß etwa jedes zweite Kind innerhalb der ersten drei Jahre verstarb. Die durchschnittliche Lebenserwartung lag, selbst wenn man die hohe Kindersterblichkeit unberücksichtigt läßt, bei nur 30 bis 35 Jahren. Das heißt aber nicht, daß es nicht auch sehr alte Menschen gab: Euktemon verstarb im Alter von 96 Jahren.

Verfolgen wir die weitere Geschichte der Familie: Wie es bei Angehörigen der Oberschicht üblich war, bewarb sich Euktemon um öffentliche Ämter. Im Jahre 408 v. Chr. wurde er zum Archonten gelost, ursprünglich einmal eines der höchsten Ämter in Athen. Der Sohn Philoktemon folgte später dem Vater in seinem politischen, militärischen und gesellschaftlichen Engagement. Als erwachsenes Mitglied einer reichen Familie bekleidete auch er ein Amt, diente in der Reiterei und als Kommandant eines Kriegsschiffes und erfüllte die finanziellen Verpflichtungen (*Leiturgien*), die mit der Leitung von Wettspielen, Kultfeiern und Aufführungen im Theater verbunden waren.

Die beiden Töchter wurden von Euktemon standesgemäß verheiratet. Die eine gab er dem Phanostratos, Hausvorstand einer ebenfalls sehr vermögenden Familie aus Kephisia. Auch Phanostratos gehörte zu den 300 reichsten Athenern, war mehrfach Kommandant

Die zwei Leben des Euktemon 237

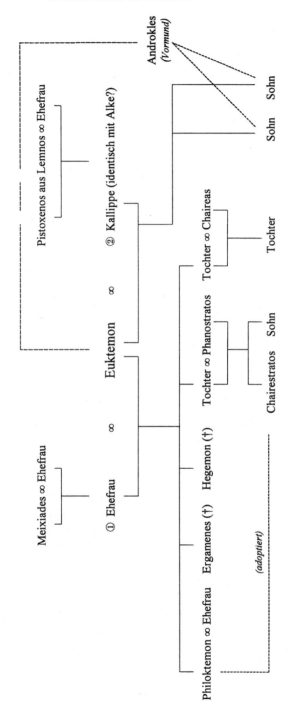

Die Familie des Euktemon

von Kriegsschiffen, krönte ihm aufgetragene Leiturgien mit glanzvollen Siegen und bewarb sich um öffentliche Ämter.[4] Die andere Tochter gab Euktemon einem Mann namens Chaireas in die Ehe. Aus der Ehe der Tochter mit Phanostratos gingen zwei Söhne hervor, aus der Ehe der zweiten Tochter mit Chaireas eine Tochter.[5]

Auch Philoktemon hatte geheiratet, doch diese Ehe blieb kinderlos. Um in solchen Fällen die Nachfolge im Haus zu sichern, bot das athenische Recht die Möglichkeit, daß der Hausvater einen Nachfolger durch Adoption ins Haus holte.[6] Um Konflikte zwischen dem Adoptivsohn und der kinderlos gebliebenen Stiefmutter zu verhindern, aber auch um der Frau die Möglichkeit zu geben, in einer zweiten Ehe Kinder zu bekommen und großziehen zu können, war es in diesen Fällen üblich, daß die Ehe geschieden wurde. Mitunter sorgte der Ehemann selbst dafür, einen Ehepartner für eine zweite Ehe seiner Frau zu suchen. Nach der Trennung nahm der Mann den Adoptivsohn ins Haus, wobei nie Säuglinge oder Kleinkinder adoptiert wurden, sondern erwachsene junge Männer, wenn möglich aus der nahen Verwandtschaft. Dies zeigt, daß dem Mann nicht daran gelegen war, ein leibliches Kind, mit dem ihn eine emotionale Beziehung verband, heranwachsen zu sehen, sondern einen geeigneten Nachfolger zu finden, der nach seinem Tod die Kulthandlungen am Grab versah und sein Haus und damit seinen Namen fortführte. Bei einem 18- oder 20jährigen jungen Mann konnte sich der Erblasser ein Bild von dessen Charakter und dessen Arbeitseinstellung machen, also abschätzen, ob er ihn für fähig hielt, sein Haus zu übernehmen. Philoktemon nun hatte sich trotz der kinderlosen Ehe von seiner Frau offenbar nicht getrennt, wohl weil er noch die Hoffnung hatte, daß seine Frau einmal Kinder gebären würde. Da er aber im Korinthischen oder im Thebanischen Krieg (395–386 bzw. 378–371 v. Chr.) häufig Militärdienst leisten mußte, setzte Philoktemon ein Testament auf, in dem er verfügte, daß im Falle seines Todes Chairestratos, sein ältester Neffe aus der Ehe der Schwester mit Phanostratos, als Adoptivsohn in sein Erbe eingesetzt werden sollte.

Im frühen Griechenland wurde das Hausvermögen allein in männlicher Linie weitergegeben. Töchter waren also vom Erbe ausgeschlossen, das zu gleichen Teilen unter die Söhne aufgeteilt wurde. Um das Recht der leiblichen Kinder zu schützen, war nach attischem Recht eine Adoption oder eine testamentarische Verfügung nur möglich, wenn aus der Ehe keine Söhne hervorgegangen waren. Hatte der Hausvater hingegen eine Tochter, war der Adoptivsohn verpflichtet, die Tochter zu heiraten. Trat der Fall ein, daß der Vater nur eine Tochter hatte und keine Adoption vorgenommen oder ein Testament aufgestellt hatte, mußte die Tochter den nächsten männlichen Verwandten der väterlichen Linie heiraten. Die aus dieser Ehe hervorgehenden Söhne wurden dann als Erben des Hauses eingesetzt. Auch in diesem Fall war also sichergestellt, daß der Besitz in der männlichen Linie verblieb.

Um den Fortbestand seines Hauses zu sichern, setzte Philoktemon also testamentarisch für den Fall des Todes seinen Neffen Chairestratos ein. Mit der Adoption schied der Adoptierte aus seiner natürlichen Familie aus, war also gegenüber dem leiblichen Vater nicht mehr erbberechtigt und sicherte so seinem Bruder als verbleibendem Haussohn einen größeren Erbteil.

Bis hierher haben wir es mit einer Familiengeschichte zu tun, die wir als typisch für die einer reichen und angesehenen Familie in Athen in klassischer Zeit ansehen können. Euktemon und später sein Sohn Philoktemon erfüllten nicht nur ihre öffentlichen, sondern auch ihre familiären Pflichten vollauf. Diesen Anschein wollte jedenfalls der Kläger den Geschworenen vermitteln. Doch dann habe das Schicksal der Familie übel mitgespielt. Eine unerwartete Wendung trat ein, die das ganze Haus zerrüttet, seine Besitzgrundlage schwer geschädigt und zu einem Zerwürfnis innerhalb der Familie geführt habe. Und das kam so: Euktemon hatte das Miethaus (*Synoikia*), das er im Piräus besaß, an eine Freigelassene von ihm verpachtet. In dem Haus wohnten in einzelnen Kammern *(Oikemata)* Prostituierte. Eines dieser Freudenmädchen, es waren Sklavinnen, war Alke, die über viele Jahre hin eine Kammer in diesem Etablissement hatte. Nachdem sie genug Geld angespart hatte, um sich freizukaufen, oder von einem ihrer Freier – vielleicht auch von Euktemon selbst – freigekauft worden war, verließ sie zwar das Etablissement, wohnte aber, zusammen mit einem Freigelassenen namens Dion, weiterhin in dem Miethaus. In dieser Zeit wurden zwei Kinder geboren, die Dion als die seinen aufzog. Auch Dion scheint eine etwas zwielichtige Gestalt gewesen zu sein und hielt sich, stigmatisiert als Freigelassener, im Hafen- und Prostituiertenmilieu des Piräus auf. Als ihm für ein Vergehen eine Strafe drohte, floh er nach Sikyon, einer Stadt auf der Peloponnes. Euktemon, der reiche Eigentümer des Miethauses, nahm sich nun der Frau und der beiden Kinder an. Er setzte Alke als Verwalterin seines zweiten Miethauses ein, das im Kerameikos, einem Stadtteil im Nordwesten Athens, lag, «nahe bei der kleinen Pforte, wo der Wein verkauft wird» (Isaios VI 20). Auch der Kerameikos war nach Auskunft antiker Lexikographen ein verrufenes Viertel, in dem Dirnen ihre Dienste

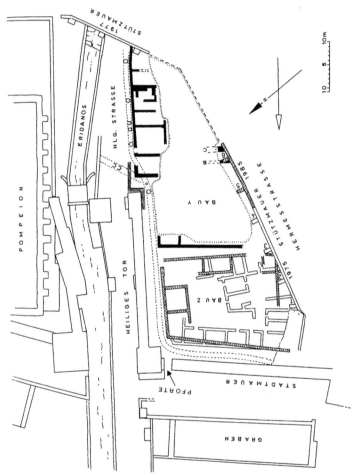

Abb. 8 Grundrißplan der Bebauung an der Athener Stadtmauer im Bereich des Heiligen Tores mit den stadteinwärts gelegenen Gebäuden Y und Z.

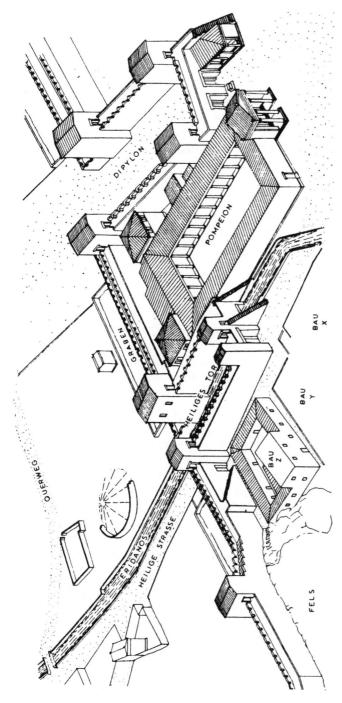

Abb. 9 Rekonstruktion der Bebauung an der Athener Stadtmauer im Bereich von Dipylon und Heiligem Tor mit den stadteinwärts gelegenen Gebäuden X, Y und Z.
(Grundrißplan und Rekonstruktionsskizze: Deutsches Archäologisches Institut, Athen, Kerameikosgrabung)

anboten.⁷ Nach eindeutigen Anspielungen in attischen Komödien konnte man im Kerameikos das ausschweifende Leben studieren. Verworfene Existenzen verbrächten in diesem antiken St. Pauli ihre Zeit; die Stadtmauer sei dort mit entsprechenden Graffiti übersät gewesen. An diesem Ort gingen Krämer, Höker und Schieber allerlei dubiosen Geschäften nach. In der Komödie *Die Ritter* bringt Aristophanes einen Händler auf die Bühne, der nicht zu den ehrenwerten Geschäftsleuten gehörte, die im Zentrum der Stadt ihr Geschäft betrieben, sondern zu denen, die an den Stadttoren ihre Waren feilboten, wo die Metzger schlechtes Fleisch untermischten oder auf anderen Betrug sannen. Agorakritos, ein Händler übelster Sorte, brüstet sich denn auch damit, daß er am Tor mit Wurst handle und ein bißchen herumhure.⁸ In diesem Milieu hatte also der ehrenwerte Herr Euktemon ein Miets- und Gasthaus.

Bei den archäologischen Ausgrabungen, die 1873/74 im Kerameikos durchgeführt wurden, stießen die Archäologen auch auf eine kleine Pforte von 1,65 m Breite, die unmittelbar neben dem äußeren Torturm des ‹Heiligen Tores› Einlaß in die Stadt gewährte. Es handelt sich dabei mit ziemlicher Sicherheit um die in der Gerichtsrede erwähnte Pforte. Stadteinwärts schloß an die Pforte eine Wohnbebauung an, die durch Ausgrabungen von 1978/79 an vollständig freigelegt wurde.⁹ Zwei umfangreiche Baukomplexe lassen sich unterscheiden, die von der Heiligen Straße her zugänglich waren (von den Archäologen als Bau Z und Bau Y bezeichnet). Beim Gebäude im Nordwesten, das aus Lehmziegeln errichtet war und direkt an die Stadtmauer angrenzte (Bau Z), gruppierten sich um einen Innenhof herum mehrere kleine bis mittelgroße Räume. Aufgrund der sehr großen Grundfläche von über 500 m², der großen Anzahl der Räume und der in ihnen gefundenen Fragmente von Amphoren und Gebrauchsgeschirr – vor allem Koch-, Eß- und Trinkgeschirr – wird es sich bei diesem Gebäude um ein Wirtshaus oder eine Herberge gehandelt haben. Die in dem Bau des 4. Jahrhunderts ausgegrabenen Webgewichte, die in fast jedem Raum entdeckt wurden, lassen vermuten, daß das Haus als Gewerbebetrieb diente, in dem die Weberinnen «nicht nur selbst gewohnt haben, sondern offensichtlich auch Gäste bewirteten».¹⁰ Weil außerdem kleine Bilder weiblicher orientalischer Gottheiten wie Kybele und Aphrodite-Astarte gefunden wurden, kleine Marmorstatuetten und Darstellungen auf Silberblech, wie man sie aus Thrakien und Syrien kennt, liegt der Schluß nahe, daß die Bewohnerinnen Sklavinnen fremder Herkunft waren, die in diesem Haus wohnten und Webarbeit verrichteten, aber auch als Hetären ihre Dienste anboten.¹¹ Ob es sich allerdings bei diesem Gebäude um das in der Gerichtsrede des Isaios genannte Gebäude, um die *Synoikia* Euktemons, handelt, ist sehr fraglich. Denn Bau Z war um 400 v. Chr. durch Brand gründlich zerstört worden, und erst nach 350 v. Chr. entstand an dieser Stelle wieder ein Bau, wenn auch weitgehend auf gleichem Grundriß.

Bei dem Nachbargebäude (Bau Y) erstreckten sich auf einer Fläche von 270 m² ein kleinerer Wohntrakt mit zwei geschlossenen Räumen im Norden und ein größerer Trakt mit mindestens drei, einen Hof umschließenden Räumen im Süden.[12] Da das Innere des Hauses zerstört und fast das ganze Inventar am Ende des 4. Jahrhunderts geraubt worden war, läßt sich nur aus der Raumstruktur erschließen, welchem Zweck das Gebäude gedient haben könnte. Aller Wahrscheinlichkeit nach handelt es sich um ein Bankettenhaus, wobei in den beiden Räumen im Norden neun bzw. elf Speisesofas (*Klinen*) aufgestellt waren. Gerade in Kreisen reicherer Athener war es üblich, daß sich die Männer abends zum gemeinsamen Gastmahl (*Symposion*) zusammenfanden und in geselliger Runde Wein tranken. Vasendarstellungen zeigen, daß Flötenspielerinnen dabei für musikalische Unterhaltung und Hetären für eine erotische Stimmung sorgten – so wohl auch in diesen Räumen, denn einer der Gäste hatte seine Verehrung für eine von ihm besonders geschätzte Dame in den Wandverputz geritzt: «die schöne Boubalion». Welches dieser Gebäude dem reichen Euktemon gehörte, läßt sich nicht mit Sicherheit sagen. Zumindest bestätigen aber die archäologischen Ausgrabungen die Aussagen der antiken Gewährsmänner über das Milieu unmittelbar beim ‹Heiligen Tor› im Kerameikos.

Euktemon ging oft in die *Synoikia* am Stadttor, um die Miete zu kassieren, hielt sich häufiger dort auf, ließ sich mitunter von Alke bewirten und speiste mit ihr. Schließlich verließ er sogar seine Ehefrau und seine Familie und zog ganz zu Alke in das Haus am ‹Heiligen Tor›. Daß Euktemon die Ehe mit seiner Frau löste, verschweigt Isaios in seiner Rede geflissentlich.[13] Aber es kam noch schlimmer. Euktemon wurde von der Hetäre Alke offenbar so bezirzt, daß er schließlich seinen Sohn Philoktemon drängte, seine Einwilligung zu geben, den älteren von Alkes Söhnen auf seinen eigenen Namen, also als einen rechtmäßigen Sohn Euktemons, in die Bruderschaft der Familie, die *Phratrie*, einzuführen. Nur Zaubermittel, Alterssenilität oder der betörende Einfluß einer Frau könnten den früher so vernünftigen Euktemon zu einem solchen Schritt bewegt haben. Zunächst vereitelte Philoktemon das Ansinnen, indem er das von Euktemon angebotene Opferschaf, das üblicherweise vom Vater am dritten Tag des für die Aufnahme in die Phratrie zentralen Apaturienfestes den Mitgliedern der Bruderschaft gespendet wurde, vom Altar riß. Voller Wut auf seinen Sohn wandte sich Euktemon an Demokrates von Aphidna. Er, Euktemon, wolle noch einmal heiraten, und so vereinbarte er mit Demokrates, dessen Schwester in die Ehe zu führen. Er drohte also Philoktemon damit, eine weitere unbestreitbar rechtmäßige Ehe einzugehen und Kinder zu zeugen, die so als legitime Nachkommen das Erbe des Erstgeborenen, Philoktemon, beträchtlich schmälern würden. Demokrates entstammte einer reichen und angesehenen, in Aphidna ansässigen Familie und war ein Nachfahre des Aristogeiton, eines der beiden Tyrannenmörder, die im Jahre 514 den Tyrannen Hipparchos getötet hatten und damit in der athenischen Geschichtsdarstellung als (Mit-)Begründer der athenischen Demokratie galten.[14] Uns mag es erstaunen, daß Euktemon trotz seiner Eskapaden als betagter Familienvater bei Demokrates nicht auf blanke Ablehnung stieß. Vielleicht war es ja auch nur ein abgekartetes Spiel, um Philoktemon unter Druck zu setzen.

Um das Zerwürfnis in der Familie zu heilen, versuchten nun Verwandte, zwischen Vater und Sohn zu vermitteln. Sie beredeten Philoktemon, seinem Vater zu gestatten, das Kind in die Phratrie aufnehmen und ihm so ein Grundstück zukommen lassen zu können. Schließlich willigte Philoktemon ein. Da die Bruderschaft einem solchen Ansinnen nicht zustimmen konnte – es war verboten, ein Kind aus unrechtmäßiger Ehe in die Bürgerschaft aufnehmen zu lassen –, gab man wahrscheinlich vor, das Kind entstamme einer Verbindung Euktemons mit einer Frau namens Kallippe, der Tochter eines gewissen Pistoxenos.[15] Pistoxenos stamme aus Lemnos, einer Insel in der Ägäis, auf der athenische Bürger angesiedelt worden waren. Nachkommen eines Atheners und einer Lemnierin waren als athenische Bürger anzuerkennen. Vor der athenischen Expedition nach Sizilien 415 v. Chr. im Rahmen des Peloponnesischen Krieges habe Pistoxenos, der an dem Kriegszug teilnahm, seine Tochter in die Obhut des Euktemon gegeben. Da Pistoxenos auf dem Feldzug gefallen war, sei Kallippe im Haus des Euktemon geblieben.

Die Mitglieder der Bruderschaft stimmten jedenfalls der Aufnahme zu, und im Gegenzug gab Euktemon die Absicht auf, die Schwester des Demokrates zu heiraten. Nach den Ausführungen des Klägers wurde der älteste Sohn – zunächst nur dieser – «unter bestimmten Bedingungen» in die Phratrie aufgenommen, Bedingungen, die offenbar ohne Kenntnis der Phratriemitglieder zwischen Euktemon und Philoktemon ausgehandelt wurden.[16] Vereinbart wurde wohl, daß das Kind später ein Grundstück, aber keinen Anspruch auf einen gleichwertigen Erbanteil wie Philoktemon erhalten sollte, eine Regelung, die dem attischen Recht eindeutig widersprach.

Mit der von Euktemon durchgesetzten Einführung des angeblich aus einer Ehe mit Kallippe gezeugten Kindes in die Phratrie hatte die Gegenseite den Fuß in die Tür gesetzt, um weitere Ansprüche zu erheben. Die Vereinbarung zwischen Euktemon und Philoktemon kam nämlich nicht zur Ausführung, weil Philoktemon als Kommandant eines Kriegsschiffs bei einem Flottenunternehmen gegen Chios, wahrscheinlich im Thebanischen Krieg 378–371, im Kampf fiel.[17] Euktemon wollte wohl zunächst an den mit Philoktemon ausgehandelten Bedingungen festhalten, legte sie im Beisein seiner Schwiegersöhne Phanostratos und Chaireas schriftlich nieder und hinterlegte diese schriftliche Anweisung bei einem weiteren Verwandten namens Pythodoros. Nicht ganz nachvollziehbar ist, warum Chairestratos zu diesem Zeitpunkt als Adoptivsohn des nun verstorbenen Philoktemon noch keinen Antrag auf Zuerkennung des Erbes stellte, ein Umstand, der gewisse Zweifel an der Echtheit von Philoktemons Testament weckt.[18] Chairestratos blieb also zunächst rechtlich seiner Familie zugehörig und leistete aus dem väterlichen Vermögen Trierarchien – übernahm also das mit hohen Kosten verbundene Jahreskommando über ein Kriegsschiff (Triere) –, leitete als Chorege einen tragischen Chor und fungierte als Gymnasiarch für den Fackellauf.

Mit zunehmendem Alter geriet Euktemon anscheinend immer stärker in die Fänge seiner Leidenschaften. Nach zwei Jahren forderte er von Pythodoros die schriftliche Vereinbarung zurück, die die Rechte der Kinder aus der angeblichen zweiten Ehe mit Kallippe beschränkte, und er erklärte vor dem Archonten, daß das Schriftstück seinem Willen nicht mehr entspreche. Dann verkaufte er große Teile seines Besitzes, Land, Haus, Tiere und Sklaven im Wert von insgesamt 3 Talenten. Die Umwandlung in Barvermögen erlaubte es ihm, seinen Besitz der Kontrolle der Verwandten zu entziehen und den Kindern der Alke zukommen zu lassen. Schließlich setzten die Gegner des Chairestratos ihren tollsten Streich ins Werk: Als der greise Euktemon schon bettlägrig war, beantragten sie beim zuständigen Magistraten, die Besitzungen, die Euktemon noch verblieben waren, verpachten zu können. Dabei gaben sie vor, die in die Phratrie des Euktemon aufgenommenen Kinder seien Adoptivsöhne des Philoktemon und Ergamenes und sie selbst, Androkles und ein gewisser Antidoros, seien deren Vormünder.[19] Diesen Coup, der ihre Position nach dem Tod Euktemons wesentlich gestärkt hätte, konnten die Verwandten aus erster Ehe aber verhindern.

Schließlich starb Euktemon im Jahre 365/64 v. Chr. im hohen Alter von 96 Jahren.[20] In ihrer Infamie erkannten Androkles und Antidoros sofort, was zu tun war. Sie ließen die Sklaven im Haus bewachen, damit niemand von ihnen der Familie Nachricht geben konnte, und ließen eiligst alle Habseligkeiten des alten Mannes in das Nachbarhaus schaffen, in dem Antidoros zur Miete wohnte. Als die Töchter und deren Mutter, die dann doch Nachricht erhalten hatten, vor dem Haus erschienen, um sich um den Toten zu kümmern, ihn zu waschen und die Totenklage anzustimmen, wurde ihnen der Zugang zum Haus verwehrt mit der Begründung, die Bestattung Euktemons ginge sie nichts an. Dies war nicht nur ein barsches Abweisen eines familiären Verbundenheitsgefühls, sondern hatte vor allem taktische Gründe. Da die Erben für den Totenkult und das Andenken an den Toten zu sorgen hatten, konnte man mit der Erfüllung dieser Pflicht seinen Anspruch auf das Erbe nach außen demonstrieren. Als die Familienangehörigen aus erster Ehe schließlich gegen Abend das Haus endlich betreten konnten, fanden sie es leer vor. Sie verlangten daraufhin eine Hausdurchsuchung in der Wohnung des Antidoros und die Auslieferung der Sklaven, die die Gegenstände herübergeschafft hatten, doch wurde ihnen beides verweigert.[21]

Die Gegner versuchten nun mit allen Tricks, sich Rechte am Erbe Euktemons zu sichern. Androkles stellte beim Archonten den Antrag, daß ihm die zweite Tochter Euktemons, die Witwe des Chaireas, als Erbtochter zugesprochen werde, da ja nach athenischem Recht die Haustochter, die keine Brüder hatte, den nächsten Verwandten väterlicherseits heiraten mußte, und er dieser nächste Verwandte sei. Dazu beantragte Androkles ein Fünftel von Euktemons Vermögen. Nichts könne, so der Kläger, die Skrupellosigkeit, mit der die Gegner ihre unberechtigten Ansprüche durchzusetzen versuchten, besser demonstrieren: Denn wenn Androkles damals den Antrag gestellt habe, daß man ihm wegen fehlender männlicher Nachkommen die Erbtochter zusprechen müsse, dann könne er jetzt nicht als Zeuge dafür auftreten, daß Euktemon rechtmäßige Kinder aus einer zweiten Ehe mit Kallippe habe. All dies seien also nur üble Tricks, um sich das Vermögen Euktemons zu erschleichen, und das zur Not auch mit falschen Zeugnissen.

Um dem einen Riegel vorzuschieben, beantragte Chairestratos seinerseits beim Magistraten, daß ihm als Adoptivsohn Philoktemons das Erbe zugesprochen werde. Da Chairestratos nicht zu den natürlichen Hauserben gehörte und nicht zu Lebzeiten als Adoptivsohn eingesetzt worden war, war es ihm nicht möglich, das Erbe unmittelbar anzutreten, sondern er mußte beim zuständigen Magistraten die Zuweisung, eine *Epidikasia,* beantragen. Gegen diesen Antrag erhob Androkles mittels einer *Diamartyria* Einspruch: Er bezeugte vor dem Magistrat, daß Euktemon eheliche Kinder aus einer zweiten Ehe habe, denen das Erbe daher unmittelbar zustehe. Damit war der Magistrat gezwungen, den Antrag des Chairestratos abzuweisen. Diesem blieb nur der Weg, durch eine Klage wegen falschen Zeugnisses die Angabe des Zeugen Androkles anzufechten.[22]

Das Gerichtsverfahren begann mit einem Vorverfahren vor dem Gerichtsmagistraten, mit der sogenannten *Anakrisis.* Anders als bei der Hauptverhandlung, in der lediglich die Plädoyers von Anklage und Verteidigung vorgetragen wurden, war es in der Vorverhandlung möglich, der gegnerischen Prozeßpartei Fragen zu stellen, und diese hatte die Pflicht, auf die Fragen zu antworten. Chairestratos verlangte von Androkles, die legitime Abstammung der beiden angeblichen Söhne Euktemons darzulegen und den Namen der Mutter zu nennen. Androkles konnte lediglich angeben, daß die Mutter aus Lemnos stammte. Den Namen wisse er nicht. So wurde die Vorverhandlung zunächst vertagt. Erst beim folgenden Termin nannte Androkles den Namen: Kallippe, die Tochter des Pistoxenos aus Lemnos, und er erläuterte die Umstände, unter denen Kallippe ins Haus Euktemons gekommen war.

Am Tag des Prozesses hatte zunächst der Kläger seine Rede vorzutragen. Chairestratos sprach wahrscheinlich nur einige einleitende Worte, in denen er auf seine Jugend und seine Unerfahrenheit hinwies und den Antrag stellte, einen *Synegoros* für sich sprechen zu lassen. Es hätte wohl auch einen schlechten Eindruck auf die Geschworenen gemacht, wenn Chairestratos die skandalöse Geschichte über den Vater seiner Mutter selbst vorgebracht hätte. Der *Synegoros,* dessen von Isaios verfaßte Rede im Wortlaut erhalten ist, ging im wesentlichen auf die beiden Punkte ein, die von seiten des Androkles bei der *Diamartyria* vorgebracht worden waren: daß Philoktemon nicht berechtigt war, ein Testament aufzustellen, und er auch keines aufgestellt hatte und daß Euktemon zwei rechtmäßige Söhne aus einer zweiten Ehe habe, denen das Erbe zukomme.

In einer kurzen Einleitung erläutert der *Synegoros* zunächst, in welchem Verhältnis er zur Familie des Phanostratos und des Chairestratos stehe. Er habe als vertrauter Freund der Familie den jungen Chairestratos begleitet, als dieser zu einem Flottenunternehmen als Kommandant eines Dreiruderers (Triere) aufbrechen mußte. Beide seien sie in Gefangenschaft geraten.[23] Diese Äußerungen dienten, genauso wie die Bitte um Nachsicht und Wohlwollen, vor allem dazu, die Sympathie der Geschworenen zu gewinnen. Anschließend berichtet der Sprecher kurz, wie es zu dem Rechtsstreit kam, daß Philoktemon den Chairestratos für den Fall seines Todes adoptiert hatte und Chairestratos daher einen Antrag auf Zuerkennung des Erbes gestellt habe, aber Androkles mit einer *Diamartyria* dazwischengetreten sei. Der Sprecher wandte sich dann dem ersten Punkt zu, auf den sich Androkles bei der *Diamartyria* gestützt hatte. Philoktemon habe voll und ganz nach attischem Recht gehandelt, als er seinen Neffen Chairestratos testamentarisch zu seinem Erben einsetzte. In knappen Worten werden dazu die verwandtschaftlichen Verhältnisse erläutert. Danach handelt es sich geradezu um einen klassischen Musterfall, um eine Situation, die regelrecht zu einer Adoption zwang. Denn Philoktemon hatte keine Kinder, und auch seine Brüder waren kinderlos verstorben. Er war also der einzige, der noch für den Fortbestand des Hauses sorgen konnte. Und Chairestratos war der einzige, der für eine Adoption in Frage kam, denn die eine von Philoktemons Schwestern hatte keine Söhne, wohingegen aus der Ehe des Phanostratos mit der zweiten Schwester zwei Söhne hervorgegangen waren, so daß bei der Adoption des Chairestratos ein weiterer Sohn als Erbe im Haus des Phanostratos blieb. Dann ließ der *Synegoros* den Gerichtsschreiber das Testament des Philoktemon verlesen und durch Zeugen als echt bestätigen. Um zu bekräftigen, daß Philoktemon in völliger Übereinstimmung mit dem attischen Recht gehandelt hatte, läßt der Sprecher außerdem noch das Gesetz über die Testierfreiheit verlesen. Da Philoktemon keine Kinder hatte, sei sein Recht zu testieren unbestreitbar, und Geisteskrankheit, Alterssenilität oder ein ungebührlicher Einfluß einer Frau könne ihm wohl kaum vorgeworfen werden. Dies waren nach attischem Recht Gründe, ein bestehendes Testament für ungültig erklären zu lassen. Denn wenn Philoktemon eines öffentlichen Amtes für würdig befunden worden war und als Kommandant eines Kriegsschiffes im Dienst Athens sein Leben gelassen hatte, könne keiner behaupten, er sei nicht bei gesundem Verstand gewesen. Diese knappen und klaren Ausführungen sollen den Eindruck erwecken, als könne nichts diese Position erschüttern. Doch es gilt, auch das zu beachten, was von einer Gerichtsrede verschwiegen wird. Denn das juristische Problem beim Erbe des Philoktemon lag eigentlich woanders. Im attischen Recht gab es nämlich keinen klaren Begriff vom Individualeigentum. Eigentum war Familieneigentum, über das der Hausvater in Verantwortung gegenüber den Vorfahren und den Nachfahren zu entscheiden hatte. Der Generationenwechsel war in erster Linie kein Erbvorgang, sondern die Übergabe der Hausgewalt vom Vater an den Sohn, und dies zu Lebzeiten des Vaters, der dann auf das Altenteil ging.[24] Was aber geschah, wenn der Sohn, der die Hausgewalt übernommen hatte, vor dem auf das Altenteil gegangenen Vater starb? Konnte er überhaupt zu Lebzeiten seines Vaters über das Erbe eine Verfügung treffen oder fielen nach seinem Tod Hausgewalt und Erbe zunächst an den Vater zurück?[25] Dies war im attischen Recht nicht eindeutig geregelt. Auf eine solche Diskussion aber ließ sich der *Synegoros* erst gar nicht ein. Wohl nicht zufällig nennt der Sprecher das strittige Erbe nie das «Erbe Euktemons», sondern spricht immer von dem «Erbe Philoktemons».

Anschließend berichtet er in aller Ausführlichkeit von der anrüchigen Beziehung Euktemons zu Alke, von der mehr als zweifelhaften Abstammung der beiden Kinder und den Kniffen und Tricks der Gegner, sich Euktemons Vermögen zu bemächtigen. Er läßt zunächst Aussagen von Verwandten verlesen, die bezeugen, daß sie von einer zweiten Heirat Euktemons nichts wüßten. An der Geschichte, die Androkles beim zweiten Termin der Voruntersuchung aufgetischt habe, könne jeder fühlen, daß sie eine plumpe Erfindung sei. Die Darstellung sei nämlich höchst unwahrscheinlich, weil der Feldzug, auf dem Pistoxenos gefallen war, bereits 52 Jahre zurückliege und die angeblichen Kinder der Kallippe noch nicht einmal 20 Jahre alt seien. Euktemon müsse danach der ihm in seine Obhut gegebenen Kallippe lange Zeit eine Heirat verweigert haben. Denn Frauen wurden in der Regel noch unter 20 Jahren verheiratet. Euktemon hätte also seine Pflichten als Vormund der Kallippe grob mißachtet. Außerdem sei niemandem der Verwandten und des Hausgesindes bekannt, daß Kallippe so lange in Euktemons Haus gelebt habe.

Die Schilderung von Euktemons Lebenswandel, die geschickt mit einem Hinweis eingeleitet wird, daß dem Phanostratos die Offenlegung vor dem athenischen Geschworenengericht sicherlich peinlich sei, ist Schwarzweißmalerei. Euktemon hat demnach zwei Leben gelebt, das eine als angesehener Bürger in geordneten Familienverhältnissen, das andere als ein der Liebe zu einer Prostituierten verfallener Mann, nicht mehr Herr seiner selbst, sondern von Sinnen, gebunden in den Fängen des Milieus. Kann es da gerecht sein, wenn man die suspekten Ansprüche eines Androkles anerkenne, der mit Hilfe einer stadtbekannten Dirne und unter Ausnutzung der Leidenschaften des alten Euktemon sich bereits große Teile des Vermögens erschlichen habe, dagegen das Testament des ehrenwerten, um Vermögen und Ansehen der Familie besorgten und im Dienst der Polis verstorbenen Philoktemon beiseite schiebe? Das ist die Botschaft, die der *Synegoros* den Geschworenen vermitteln will.

Wie schamlos Androkles und seine feine Gesellschaft alle juristischen Tricks auszunutzen versuchten, erläutert der *Synegoros* an Hand der von Androkles vor den Behörden eingereichten Anträge. Mal wurden die Kinder der Alke als adoptierte Kinder der verstorbenen Euktemonsöhne Philoktemon und Ergamenes ausgegeben, mal erhob Androkles Anspruch auf die Witwe des Chaireas, weil Euktemon keine rechtmäßigen Söhne habe, und nun werden die Kinder der Alke als eheliche Söhne Euktemons vorgeführt.

Zum Schluß weist der Sprecher auf das honorige Verhalten des Phanostratos und seines Sohnes Chairestratos hin, die große Teile ihres Vermögens in den Dienst der Stadt gestellt hatten und dies auch weiterhin tun würden, wenn dem Chairestratos das Erbe zugesprochen werde. Androkles hingegen habe als armer Mann nur aus Neid gegenüber seinen reichen Verwandten seine *Diamartyria* vorgebracht. Würde seinen Mündeln das Vermögen zugesprochen, wäre es für die Stadt verloren. Auch damit versucht der Sprecher nochmals, um Sympathien für Chairestratos zu werben. Dann faßt er seine Argumente noch einmal kurz zusammen und schließt mit der Aufforderung, daß der Gegner seine *Diamartyria,* die eheliche Abstammung der Kinder und den bürgerlichen Status der Mutter mit Zeugen aus Phratrie und Dorf beweisen müsse.

Ob die Darstellung, die uns die Gerichtsrede vermittelt, der Realität entsprach, ist durchaus zweifelhaft. Wir müssen damit rechnen, daß in Gerichtsreden die Wahrheit zurechtgebogen wurde, Halbwahrheiten ausgebreitet oder Aspekte, die dem eigenen Standpunkt hinderlich waren, beiseite geschoben oder verschwiegen wurden. Das Plädoyer der Gegenpartei ist nicht erhalten, ebensowenig der Spruch der Geschworenen. Eine Begründung des Urteils gab es ohnehin nicht.

Wessen Kinder es also waren, die in die Bruderschaft Euktemons eingeführt worden waren und nun Anspruch auf das gesamte Erbe erhoben hatten, läßt sich heute nicht mehr klären. Waren es tatsächlich Kinder der ehemaligen Sklavin und Prostituierten Alke und des Freigelassenen Dion, die weder eine eheliche Geburt noch das Bürgerrecht für sich in Anspruch nehmen konnten? Waren sie aus einer unehelichen Verbindung Euktemons mit Alke hervorgegangen? Nicht auszuschließen ist auch, daß Alke und Kallippe ein und dieselbe Person waren, daß Euktemon die ihm anvertraute Kallippe mit Dion verheiratet und sie nach der Flucht des Dion wieder zu sich genommen und ihr eine unabhängige wirtschaftliche Grundlage verschafft hatte.[26] Hatte Euktemon Zuneigung zu Kallippe alias Alke und den Kindern gewonnen? Vielleicht hatte er selbst Vorkehrungen treffen wollen für den Fall, daß keiner seiner Söhne ihn überlebte, und war auf den Gedanken gekommen, die Kinder der Kallippe zu adoptieren. Um Philoktemons Ansprüche als leiblicher Sohn zu schützen, hatte er ihn vielleicht dazu bringen wollen, daß er für den Fall, daß auch Philoktemon vor ihm kinderlos sterben sollte, die Kinder als Adoptivsöhne von Philoktemon und Ergamenes einsetze. Waren dies die «Bedingungen», von denen bei der Aufnahme in die Phratrie die Rede war?[27] Je nachdem, was man von dem Bericht des *Synegoros* glauben will und was nicht, kann sich also eine ganz andere Geschichte ergeben.

Wie bei den anderen Reden des Isaios auch, erfahren wir durch die Rede *Über das Erbe des Philoktemon* von Grundstrukturen und zentralen Bedingungen der Familie im klassischen Athen: vom vorzeitigen Tod von Kindern, von den Verhandlungen zwischen Brautvater und Brautwerber über die Ehe, bei der die sozialen Schranken eingehalten werden sollten, von Strategien zur Weitergabe des Hausvermögens durch Adoption oder Testament, von den Auswirkungen des Erbtochterwesens, von Zerwürfnissen innerhalb der Familien und Allianzen zwischen den Häusern. Die sechste Rede des Isaios vermittelt zumindest einen Eindruck davon, daß auch uneheliche, illegitime Kinder kein seltenes Phänomen in dieser Gesellschaft waren. Zugegeben, die Verwendung von Gerichtsreden als zentraler Quelle des sozialen und familiären Lebens läßt Konflikte, Spannungen, Zerwürfnisse stärker in Erscheinung treten, als dies der Realität entspricht. Trotzdem zeigt sich, daß bestimmte Konfliktlinien immer wieder auftreten und durch die Struktur der Gesellschaft bedingt sind. Die Tatsache, daß Legitimität und Illegitimität von Kindern oft ein Streitpunkt in den Gerichtsreden waren, dürfte wohl auch damit zusammenhängen, daß aufgrund der geringen Lebenserwartung Wiederverheiratungen sehr häufig waren, mit der Konsequenz, daß die Nachkommen aus der einen Ehe den Nachkommen aus der anderen Ehe im Kampf um das Erbe Illegitimität vorwarfen, sei es berechtigt, sei es unberechtigt. Dies stellte die Gemeinschaft vor das Problem, wem sie das Bürgerrecht und damit das Erbrecht in der Familie zuerkennen wollte. Außerdem war man mit Vorwürfen, jemand habe sich gegen das Recht in die Bürgerschaft eingeschlichen, schnell bei der Hand. Betrug, Bestechung und Erpressung waren hier Tür und Tor geöffnet. Dabei muß man bedenken, daß es um viel ging: Wer als illegitimes Kind von Bruderschaft und Bürgerrecht ausgeschlossen wurde, dem haftete lebenslang ein Stigma an. Er war politisch, rechtlich, wirtschaftlich und sozial zurückgesetzt, ohne je eine Verbesserung seiner Situation erreichen zu können. Niemand kann sagen, wie vielen illegitimen Kindern bürgerlicher Väter nur der Weg zurück ins Milieu blieb.

ANHANG

Literatur und Anmerkungen

Einleitung: Große Prozesse im antiken Athen
Leonhard Burckhardt/Jürgen von Ungern-Sternberg

1 Es sei verwiesen auf die zahlreichen einschlägigen Veröffentlichungen von Mogens Herman Hansen oder David Cohen (z. B. Law, Violence, and Community in Classical Athens, Cambridge 1995), dazu kommen als ganz neue Publikationen etwa M. Christ, The Litigious Athenian, Baltimore 1998; St. Johnstone, Disputes and Democracy: The Consequences of Litigation in Ancient Athens, Austin 1999; vgl. auch L. Burckhardt, Das Volk als Richter. Politische Prozesse in Athen im 4. Jahrhundert v. Chr., in: U. Manthe/J. von Ungern-Sternberg (Hrsgg.), Große Prozesse der römischen Antike, München 1997, 161–173, 213–215.

I. DIE GERICHTSHÖFE UND IHR VERFAHREN

Die Entwicklung des Gerichtswesens im antiken Athen.
Von Solon bis zum Ende des 5. Jahrhunderts v. Chr.
Karl-Wilhelm Welwei

R. A. Bauman, Political Trials in Ancient Greece, London – New York 1990.
J. Bleicken, Die athenische Demokratie, 2. Aufl. Paderborn u. a. 1994.
A. L. Boegehold, The Lawcourts at Athens. Sites, Buildings, Equipment, Procedure, and Testimonia (The Athenian Agora XXVIII), Princeton, N. J. 1995.
M. Braun, Die «Eumeniden» des Aischylos und der Areopag, Tübingen 1998.
P. Cartledge – P. M. Millett – St. Todd (Hrsgg.) Nomos. Essays in Athenian Law, Politics and Society, Cambridge u. a. 1990.
D. Cohen, Theft in Athenian Law, München 1983.
M Gagarin, Drakon and the Early Athenian Homicide Law, New Haven – London 1981.
M. H. Hansen, Die athenische Demokratie im Zeitalter des Demosthenes. Struktur, Prinzipien und Selbstverständnis (deutsch von W. Schuller), Berlin 1995.
A. R. W. Harrison, The Law of Athens, I–II, Oxford 1968–71 (Neuauflage London 1998).
D. M. MacDowell, The Law in Classical Athens, London 1978.
M. Ostwald, From Popular Sovereignty to the Sovereignty of Law. Law, Society, and Politics in Fifth Century Athens, Berkeley u. a. 1986.
R. Sealey, The Athenian Republic. Democracy or the Rule of Law?, London 1987.
R. Sealey, The Justice of the Greeks, Ann Arbor 1994.
S. C. Todd, The Shape of Athenian Law, Oxford 1993.
A. Tulin, *Dike Phonou*. The Right of Prosecution and Attic Homicide Procedure, Stuttgart – Leipzig 1996.

1 Homer, Ilias 18, 497–508.
2 Ediert in: Inscriptiones Graecae, Band I, Fasc. 1, 3. Aufl. Berlin 1981, Nr. 104;

K. Brodersen – W. Günther – H. H. Schmitt (Hrsgg.), Historische griechische Inschriften in Übersetzung, I, Darmstadt 1992, Nr. 145.

3 Ein Sonderfall war das Prytaneion-Gericht, das wegen «Mordanklagen gegen unbekannte Täter sowie gegen Tiere und Gegenstände» tagte (Aristoteles, Athenaion Politeia 57, 4).

4 Plutarch, Solon 19, 4; vgl. O. De Bruyn, La compétence de l'Aréopage en matière de procès publics, Darmstadt 1995, 24 ff. S. den Beitrag von Ch. Schubert in diesem Band.

5 Aristoteles, Athenaion Politeia 8, 4.

6 Zum Begriff «face-to-face-society» vgl. P. Laslett, The world we have lost. England before the Industrial Age, 2. Aufl. New York 1973, 55–83.

7 M. H. Hansen, Die athenische Volksversammlung im Zeitalter des Demosthenes, Konstanz 1984, 95 ff.

8 Demosthenes 23, 28; 24, 105; vgl. E. Ruschenbusch, Solonos Nomoi. Die Fragmente des solonischen Gesetzeswerkes, 2. Aufl. Wiesbaden 1983, Frgm. 23 (S. 76 f.). Wahrscheinlich war die *Heliaia* auch seit Solon erste Instanz, wenn die Exekutivbehörde der sog. *Hendeka* («Elfmänner») gegen einen auf frischer Tat ergriffenen Dieb oder gemeinen Verbrecher, der leugnete, ein Verfahren vor der Heliaia einzuleiten hatte (Aristoteles, Athenaion Politeia 52, 1). Zum Verfahren vgl. E. M. Harris, «In the Act» or «Red-Handed»? *Apagogé* to the Eleven and *furtum manifestum*, in: G. Thür (Hrsg.), Symposion 1993. Vorträge zur griechischen und hellenistischen Rechtsgeschichte, Köln u. a. 1994, 169–184.

9 Aristoteles, Athenaion Politeia 16, 5; 26, 3; 53, 1. Die 30 Demenrichter sprachen in den attischen Demen («Gemeinden») Recht. In der restaurierten Demokratie (nach 403/02 v. Chr.) wurde ihre Zahl auf 40 erhöht. Ihre Gerichtstermine in den Demen wurden aber abgeschafft.

10 Vgl. E. Stein-Hölkeskamp, Adelskultur und Polisgesellschaft. Studien zum griechischen Adel in archaischer und klassischer Zeit, Stuttgart 1989, 190 ff.; Ch. Schubert, Die Macht des Volkes und die Ohnmacht des Denkens. Studien zum Verhältnis von Mentalität und Wissenschaft im 5. Jahrhundert v. Chr., Stuttgart 1993, 32 ff.

11 Herodot 6, 104, 2.

12 Herodot 6, 132–136.

13 Vgl. M. H. Hansen, *Apagoge, Endeixis* and *Ephegesis* against *Kakourgoi, Atimoi* and *Pheugontes*, Odense 1976, 9 ff., 17 ff., und passim.

14 Demosthenes 22, 25–27; vgl. Plutarch, Solon 18, 6–7; Isokrates 15, 314; dazu R. Osborne, Law in Action in Classical Athens, Journal of Hellenic Studies 105 (1985), 40 ff.

15 Vgl. E. M. Carawan, *Eisangelia* and *Euthyna*: The Trials of Miltiades, Themistocles, and Cimon, Greek, Roman and Byzantine Studies 28 (1987), 167 ff. Vgl. den Beitrag von L. Thommen in diesem Band.

16 Inscriptiones Graecae, I^3 (wie Anm. 2), Nr. 10, Z. 8–11.

17 Inscriptiones Graecae, I^3 (wie Anm. 2), Nr. 40, Z. 74–75; vgl. Chr. Koch, Volksbeschlüsse in Seebundangelegenheiten, Frankfurt a. M. u. a. 1991, 152 ff.

18 Pseudo-Xenophon, Athenaion Politeia 1, 18.

19 Thukydides 3, 43, 4–5. Dazu im einzelnen H. J. Wolff, «Normenkontrolle» und Gesetzesbegriff in der attischen Demokratie, Sitzungsberichte der Heidelberger Akademie der Wissenschaften, phil.-hist. Klasse 1970, 2. Abhandlung, 21 f.

20 Inscriptiones Graecae, I^3 (wie Anm. 2), Nr. 71.

21 Vgl. R. A. Knox, «So Mischievous a Beast»? The Athenian Demos and its Treatment of its Politicians, Greece and Rome 32 (1985), 132–161.

22 Thukydides 7, 48.

23 C. A. Powell, Religion and the Sicilian Expedition, Historia 28 (1979), 21.

24 Xenophon, Hellenika 1, 7, 1–35; vgl. R. J. Buck, Thrasybulus and the Athenian Democracy, Stuttgart 1998, 57 ff.
25 N. Robertson, The Laws of Athens, 410–399 BC: The Evidence for Review and Publication, Journal of Hellenic Studies 110 (1990), 44.

Das Gerichtswesen Athens im 4. Jahrhundert v. Chr.
Gerhard Thür

Allgemeine Literatur:
A. Biscardi, Diritto greco antico, Milano 1982.
A. L. Boegehold, The Lawcourts at Athens. Sites, Buildings, Equipment, Procedure and Testimonia (The Athenian Agora XXVIII), Princeton, N. J. 1995.
L. Burckhardt, Das Volk als Richter. Politische Prozesse in Athen im 4. Jahrhundert v. Chr., in: U. Manthe / J. von Ungern-Sternberg (Hrsgg.), Große Prozesse der römischen Antike, München 1997, 161–173.
M. H. Hansen, The Athenian Democracy in the Age of Demosthenes, Oxford 1991; Übersetzung: Die athenische Demokratie im Zeitalter des Demosthenes, Berlin 1995.
A. R. W. Harrison, The Law of Athens II. Procedure, Oxford 1971.
J. H. Lipsius, Das Attische Recht und Rechtsverfahren 1–3, Leipzig 1905–15.
D. M. MacDowell, The Law in Classical Athens, London 1978.
S. C. Todd, The Shape of Athenian Law, Oxford 1993.

Teilaspekte:
E. Carawan, Rhetoric and the Law of Draco, Oxford 1998.
D. Cohen, Law, Violence, and Community in Classical Athens, Cambridge 1995.
G. Thür, Beweisführung vor den Schwurgerichtshöfen Athens (SB ÖAW ph 317), Wien 1977.
H. J. Wolff, Die attische Paragraphe, Weimar 1966.

Zur *Athenaion Politeia*:
M. H. Chambers, Aristoteles. Staat der Athener (übers. u. erl.), Berlin 1990.
M. Dreher, Aristoteles. Der Staat der Athener (übers.) (Reclam 3010), Stuttgart 1993.
P. J. Rhodes, A Commentary on the Aristotelian Athenaion Politeia, Oxford 1981.

Der Beitrag stützt sich auf eine Reihe bereits publizierter Aufsätze des Autors:
- Der Streit über den Status des Werkstättenleiters Milyas (Dem., or. 29). RIDA[3] 19 (1972), 151–177; Neuaufl. in: Demosthenes, hrsg. v. U. Schindler, Darmstadt 1987, 403–430.
- Komplexe Prozeßführung. Dargestellt am Beispiel des Trapezitikos (Isokr. 17); in: Symposion 1971, gem. m. J. Modrzejewski u. D. Nörr hrsg. v. H. J. Wolff, Köln/Wien 1975, 157–188.
- Prozeßrechtliches in der Mauerbauinschrift IG II[2] 244, in: Lebendige Altertumswissenschaft. Festschrift Hermann Vetters, Red. M. Kandler, Wien 1985, 66–69.
- Neuere Untersuchungen zum Prozeßrecht der griechischen Poleis: Formen des Urteils, in: Akten des 26. Deutschen Rechtshistorikertages, hrsg. v. D. Simon, Frankfurt a. M. 1987, 467–484.
- Das Recht der altgriechischen und hellenistischen Staaten, in: Antike Rechts- und Sozialphilosophie, hrsg. v. O. Gigon/M. W. Fischer, Frankfurt a. M. u. a. 1988, 251–257.
- Die Todesstrafe im Blutprozeß Athens, JJP 20 (1990), 143–156.
- Juristische Gräzistik im frühen 19. Jahrhundert, in: Die Bedeutung der Wörter (FS S. Gagnér), hrsg. v. M. Stolleis, München 1991, 521–534.

- The Jurisdiction of the Areopagos in Homicide Cases, in: Symposion 1990, hrsg. v. M. Gagarin, Köln/Weimar/Wien 1991, 53–72.
- Die athenischen Geschworenengerichte – eine Sackgasse? in: Die athenische Demokratie im 4. Jahrhundert v. Chr., hrsg. v. W. Eder, Stuttgart 1995, 321–334.
- Oaths and Dispute Settlement in Ancient Greek Law, in: Greek Law in its Political Setting. Justification not Justice, hrsg. v. L. Foxhall/A. D. E. Lewis, Oxford 1996, 57–72.
- Reply to D. C. Mirhady: Torture and Rhetoric in Athens, JHS 116 (1996), 132–134.

1 S. meinen Aufsatz, Juristische Gräzistik (1991).
2 Lipsius, Attisches Recht 146, revidiert von S. Dow, Aristotle, the Kleroteria and the Courts, HSCP 50 (1939), 1–34.
3 Aischines 3, 14.27.29 und IG II^2 244, 32, sprechen von *hegemonía dikasteríou;* s. meinen Aufsatz, Mauerbauinschr. (1985), 68.
4 Thür (1977), 155 f., 313.
5 Boegehold (1995), 14 f.
6 Näheres in meinem Aufsatz, Areopagos (1991), 58 u. 68.
7 Zu AP 3,5 s. meinen Beitrag, Oaths (1996), 62 ff.
8 Vgl. meinen Beitrag, Formen des Urteils (1987).
9 AP 53,3; ein ähnliches ‹Neuerungsverbot› ist auch aus anderen griechischen Staaten bekannt, vgl. IPArk 17, 43/44 (Prozeßrechtl. Inschr. Arkadiens, hrsg. v. G. Thür/H. Taeuber, Wien 1994, 167 u. 236).
10 Andokides 1,14 (399 v. Chr.); vgl. a. Aristophanes, Wespen 962–966. S. dazu meinen Beitrag, Sackgasse (1995), 329.
11 Verwiesen sei auf die juristisch korrekte Übersetzung von Dreher (1993).
12 Rhodes (1981) und Chambers (1990) fassen die «vier» in AP 67,1 erwähnten Privatprozesse als über den ganzen Tag verteilt auf. Nach dem Befund von Boegehold (1995), 16 und 110 ff., muß man jedoch an vier parallel tagende Gerichtshöfe denken; wie viele Prozesse an einem Tag stattfinden, hängt von der jeweiligen Redezeit ab. «Ein einziger» öffentlicher Prozeß (AP 67,1) dürfte im Gegensatz zu den vier privaten einer vor einem großen, im Hof tagenden Gericht mit 1000 oder 1500 Geschworenen sein; daneben können in den Kolonnaden keine weiteren Prozesse mehr stattfinden, weil sonst die Öffentlichkeit keinen Zutritt hätte.
13 Hat ein Beklagter Einspruch gegen die Zulässigkeit der Klage *(paragraphé)* erhoben, hat ausnahmsweise er das erste Wort, s. Wolff (1966).
14 Cohen (1995).

Der Areopag. Ein Gerichtshof zwischen Politik und Recht
Charlotte Schubert

Bleicken (1995) – J. Bleicken, Die athenische Demokratie, 5. Aufl., München.
Braun (1998) – M. Braun, Die Eumeniden des Aischylos und der Areopag, Tübingen (Classica Monacensia 19).
Chambers (1990) – M. H. Chambers, Aristoteles. Staat der Athener. Übersetzt und erläutert, Berlin.
De Bruyn (1995) – O. De Bruyn, La compétence de l'Aréopage en matière de procès publics, Stuttgart (Historia Einzelschr. 90).
Engels (1988) – J. Engels, Das Eukratesgesetz und der Prozeß der Kompetenzerweiterung des Areopags in der Eubulos- und Lykurgära, Zeitschrift für Papyrologie und Epigraphik 74, 181–209.

Flashar (1997) – H. Flashar, Orest vor Gericht, in: W. Eder/K.-J. Hölkeskamp (Hrsgg.), Volk und Verfassung im vorhellenistischen Griechenland (Festschrift für K.-W. Welwei), Stuttgart, 99–111.
Gagarin (1981) – M. Gagarin, Drakon and Early Athenian Homicide Law, New Haven/London.
Hansen (1995) – M. H. Hansen, Die athenische Demokratie im Zeitalter des Demosthenes, übersetzt von W. Schuller, Berlin.
HGIÜ – Brodersen, K., Günther, W., Schmitt, H. H., Historische Griechische Inschriften in Übersetzung, Bd. 1: Die archaische und klassische Zeit, Darmstadt 1992, Bd. II: Spätklassik und Frühhellenismus (400–250 v. Chr.), Darmstadt 1996.
Humphreys (1991) – S. Humphreys, A Historical Approach to Drakons Law on Homicide, in: M. Gagarin (Hrsg.), Symposion 1990. Vorträge zur griechischen und hellenistischen Rechtsgeschichte, Köln/Weimar/Wien, 17–45.
Meier (1988) – Chr. Meier, Die politische Kunst der griechischen Tragödie, München.
ML – R. Meiggs/D. Lewis, A Selection of Greek Historical Inscriptions to the End of the Fifth Century B. C., 2. Aufl., Oxford 1988.
Ostwald (1986) – M. Ostwald, From Popular Sovereignty to the Sovereignty of Law. Law, Society, and Politics in Fifth-Century Athens, Berkeley/Los Angeles/London.
Rhodes (1972) – P. J. Rhodes, The Athenian Boule, Oxford.
Rhodes (1985) – A Commentary on the Athenaion Politeia, Oxford.
Sealey (1981) – R. Sealey, Ephialtes, Eisangelia and the Council, in: Classical Contributions, Studies presented to M. F. McGregor, New York, 125–134.
Thür (1990) – G. Thür, Die Todesstrafe im Blutprozeß Athens, JJP 20, 143–156.
Thür (1991) – G. Thür, The Jurisdiction of the Areopagos in Homicide Cases, in: M. Gagarin (Hrsg.), Symposion 1990. Vorträge zur griechischen und hellenistischen Rechtsgeschichte, Köln/Weimar/Wien, 53–72.
Todd (1991) – S. Todd, Response to S. Humphreys, in: M. Gagarin (Hrsg.), Symposion 1990. Vorträge zur griechischen und hellenistischen Rechtsgeschichte, Köln/Weimar/Wien, 47.
Wallace (1989) – R. W. Wallace, The Areopagos Council to 307 B. C., Baltimore.
Wallace (1990) – R. W. Wallace, Response to G. Thür., in: M. Gagarin (Hrsg.), Symposion 1990. Vorträge zur griechischen und hellenistischen Rechtsgeschichte, Köln/Weimar/Wien, 73.

1 Demosthenes 23, 66.
2 Athenaion Politeia 57.
3 Athenaion Politeia 57, 3; etwas anders Demosthenes 23, 66 ff.
4 Demosthenes 23, 74.
5 Demosthenes 23, 65–70.
6 Vgl. dazu Thür (1991), 55, 62, 66, 71. Anders: Wallace (1990), 73 f.
7 Athenaion Politeia 57, 3, vgl. Platon, Gesetze 865 a 1–874 d 1.
8 Harpokration s. v. ἐν Φρεαττοῖ; Pausanias 1, 28, 4–11; vgl. A. L. Boegehold, The Lawcourts at Athens, Princeton, N. J. 1995, 146 f. mit Nr. 54.
9 Athenaion Politeia 4, 4.
10 Athenaion Politeia 8, 4.
11 Athenaion Politeia 25, 2; vgl. Plutarch, Solon 19, 1.
12 IG I^3 104.
13 Koerner (1993) 29: Z. 13–14.16–20: Demosthenes 43, 57; Z. 26–29: Demosthenes 23, 27; Z. 30–31: Demosthenes 23, 28; Z. 33–34: Platon, Gesetze 869 c; Z. 36–38: Demosthenes 23, 60.

14 Ob daran anschließend oder im Vorlauf auch die vorsätzliche Tötung behandelt wurde, also das Gesetz zuerst die Regelungen für die vorsätzliche gab und daran anschließend die erhaltenen Bestimmungen über die unbeabsichtigte Tötung erst folgten, ist umstritten: Nach Gagarin (1981), 111 ff., trafen die Bestimmungen auch für Mord zu; Wallace (1989), 7 ff., diskutiert die verschiedenen Möglichkeiten ausführlich.
15 Sie sollten *aristinden* bestimmt werden, d. h. nach ihrer vornehmen Geburt.
16 Demosthenes 23, 28.33.
17 Thür (1990), 155 f.
18 Plutarch, Solon 19, 2 ff.; vgl. Aristoteles, Politik 1273 b 35 ff.
19 Plutarch, Solon 19, 3.
20 So Wallace (1989).
21 Athenaion Politeia 7, 1; vgl. Demosthenes 23, 51, der alle zitierten Gesetze als drakontisch bezeichnet; vgl. Chambers (1990), 166 f.
22 Vgl. Anm. 16 und 17.
23 Vgl. Chambers (1990), 179; anders Wallace (1989), a. a. O.
24 Athenaion Politeia 8, 1–2; vgl. dazu skeptisch Chambers (1990), 176.
25 Athenaion Politeia 13, 2.
26 Athenaion Politeia 8, 4; vgl. 3, 6 und 4, 4 (4, 4 aller Wahrscheinlichkeit nach anachronistisch). Zur Politophylakia: Plutarch, Solon 19, 2 und Athenaion Politeia 25,2.
27 ML 8.
28 ML 13.
29 Anders z. B. Ostwald (1986), 7.
30 Todd (1991), 48.
31 Chambers (1990), 140.
32 Plutarch, Solon 12 und 31, 2.
33 Vgl. dazu Aristoteles, Politik 1267 b 22 ff.; vgl. dazu Schütrumpf (1991) 271 ff.
34 Philochoros 64 b, Aischylos, Eumeniden 700–6; 693–4; Teisamenos-Dekret (Andokides 1, 83–84) und ein entsprechendes Gesetz aus Elis (Thukydides 5, 47, 9).
35 Anders Wallace (1989), 59 mit Bezug auf Athenaion Politeia 8, 4; 25, 2.
36 Plutarch, Solon 22, 3; vgl. Chambers (1990) zu Athenaion Politeia 3, 6.
37 Athenaion Politeia 16, 8 (Peisistratos); Plutarch, Solon 31, 2; Aristoteles, Politik 1315 b 21–22; indirekt: Demosthenes 23, 66.
38 Athenaion Politeia 22, 5, aber dies schon bei Solon Athenaion Politeia 8, 2: vgl. Rhodes (1985), 149 f., 182 f., 273.
39 So Rhodes (1972) und (1985) zu Athenaion Politeia 8, 4 und 25, 3–4; Wallace (1989), 75, schließt sich dem an; Hansen (1995), 28 ff., hingegen vertritt die Ansicht, daß der Demos in der Ekklesia schon seit Solon das Recht hatte, die Verfahren nach einer Eisangelia zu hören.
40 Athenaion Politeia 23, 1–2.
41 Vgl. dazu Braun (1998), 144.
42 Herodot 8, 41 ff.; vgl. das Themistokles-Dekret ML 23 = HGIÜ 35.
43 Athenaion Politeia 25, 1–2.
44 Athenaion Politeia 25.
45 Athenaion Politeia 25, 3–4.
46 E. Badian, The Peace of Callias, Journal of Hellenic Studies 107 (1987), 1 ff.; vgl. R. Meiggs, The Athenian Empire, Oxford 1972, 73 f.; Chambers (1990), 259 f.
47 Vgl. dazu Chambers (1990), 258 im Anschluß an Sealey (1981), 125 ff. gegen Rhodes (1972), 204.
48 Anaximander F 13.

49 W. E. Thompson, The Tholos of Athens and Its Predecessors, (Hesperia Suppl. 4), Baltimore 1940, 126 ff., 153; vgl. E. D. Francis, Image and Idea in Fifth-Century Greece, London 1990, 18 ff.
50 Vgl. ML 31 = HGIÜ I 52: Phaselis-Dekret.
51 Vgl. IG I³ 21 = HGIÜ I 65 (Milet): Hier werden zum erstenmal Dikasten erwähnt. Vgl. ML 31 = HGIÜ I 52 mit der Erwähnung des Prytaniesystems. Das Phaselis-Dekret ist durch Plutarch, Kimon 12 auf die erste Hälfte der 60er Jahre zu datieren und damit um einige Jahre früher als das von der *Athenaion Politeia* für die Reform des Ephialtes angegebene Jahr 462/1 v. Chr. Zu der Einschätzung der Ereignisse der 60er Jahre in Athen vgl. T. E. Rihll, Democracy denied: why Ephialtes attacked the Areiopagus, JHS 115 (1995), 87–98; E. Stein-Hölkeskamp, Kimon und die athenische Demokratie, Hermes 127 (1999), 145–164.
52 Vielleicht gehört auch der *nomos eisangeltikos* in diesen Prozeß, doch läßt sich dies kaum mit Sicherheit festlegen.
53 Meier (1988) 113 ff.
54 Braun (1998) 81 ff.; Flashar (1997) 99 ff.
55 Aischylos, Eumeniden 693 f.
56 Anders: A. Philippi, Der Areopag und die Epheten, Berlin 1874, 153; vgl. Engels (1988).
57 Zu IG I³ 105, vgl. Rhodes (1972), 179 ff.
58 Athenaion Politeia 35, 2: Die Gesetze des Ephialtes und Archestratos werden entfernt, und 35, 4 folgt die Gewaltherrschaft mit den Massenhinrichtungen unter den 30 Tyrannen.
59 Wallace (1989), 134 ff.; vgl. Lysias 12, 69 und Athenaion Politeia 35, 2.
60 Athenaion Politeia 35, 2 und Andokides 1, 83–84; vgl. dazu Wallace (1989), 131 ff.
61 Andokides 1, 84; vgl. Hansen (1995), 169.
62 Wallace (1989), 135. Anders: Bleicken (1995).
63 Demosthenes 24, 20–23; vgl. Hansen (1995), 181.
64 Wallace (1989), Engels (1988), 182 ff.
65 Athenaion Politeia 60, 2.
66 Philochoros F 65. Vgl. ausführlich Engels (1988), 188 ff.
67 IG II² 204, 16–33.
68 Demosthenes 57, 32 nennt einen *nomos argias*; Pseudo-Platon, Axiochos 367a: Aufsichtsrecht des Areopags über die jungen Männer; dazu Engels (1988) 184 mit Anm. 10.
69 Andokides 1, 84; vgl. Isokrates, Areopagitikos 37; insgesamt steht der Areopag für Gute Ordnung *(eukosmia)*, Tugend *(arete)*, Besonnenheit *(sophrosyne)*, Gerechtigkeit *(dikaiosyne)*.
70 Vgl. dazu Engels (1988), 186.
71 Deinarch 1, 62 f.; ausführlich dazu Wallace (1989), 115 ff.; De Bruyn (1995), 117 ff.; Engels (1988), 189 ff.
72 IG I³ 102, Z. 39–41; Deinarch 1, 10; 58. Vgl. De Bruyn (1995), 143.
73 Deinarch 1, 10–11.
74 Hypereides, Gegen Demosthenes, Frg. III col. 5; vgl. De Bruyn (1995), 143; Hansen (1995), 304 f.
75 Demosthenes 18, 132–134; Demosthenes 14, 4; Engels (1988), 190 f.; Wallace (1989), 114; De Bruyn (1995), 126 ff.
76 Anders als Wallace (1989), a. a. O., dem ich hier folge, hält Engels (1988), a. a. O., diese Untersuchung des Areopags für eine Kompetenzanmaßung.
77 Engels (1988), 192.
78 Beispiele bei Engels (1988), a. a. O., und De Bruyn (1995), 129 ff.: Charidemos, Chairephilos, Polyeuktos, Demosthenes.

79 Lykurg, Gegen Leokrates 16, 36f., 40f.; Pseudo-Demosthenes 26, 11; Pseudo-Plutarch, Moralia 849a, Hypereides, F. 27–39; Engels (1988), 193; Aischines 3, 252.
80 Lykurg, Gegen Leokrates 16, 36f., zu der Interpretation als Notstandsmaßnahmen vgl. Engels (1988), 193.
81 Engels (1988), 193.
82 SEG 12, 87; Epigraphica 27 (1965), 110ff. = HGIÜ II 258.
83 So M. H. Hansen/B. Elkrog, Areopagosrådets historie i 4.århog samtidens forestillinger om rådets kompetence før Efialtes, in: Museum Tusculanum, 1973, 21–22, 17–47; Engels (1988).
84 Andokides 1, 95.
85 Engels (1988), 203f.

Verbannung ohne Vergehen. Der Ostrakismos (das Scherbengericht)
Martin Dreher

S. Brenne, Ostraka and the Process of Ostrakophoria, in: W. D. F. Coulson u. a. (Hrsgg.), The Archaeology of Athens and Attica under the Democracy, Oxford 1994, 13–24.
W. R. Connor, The New Politicians of Fifth-Century Athens, Princeton 1971.
N. A. Doenges, Ostracism and the *Boulai* of Kleisthenes, Historia 45, 1996, 387–404.
R. M. Errington, Ἐκκλησία κυρία in Athens, Chiron 24, 1994, 135–160.
T. J. Figueira, Residential Restrictions on the Athenian Ostracized, Greek, Roman and Byzantine Studies 28, 1987, 281–305.
J. J. Keaney/A. E. Raubitschek, A Late Byzantine Account of Ostracism, American Journal of Philology 93, 1972, 87–91.
K. H. Kinzl, Androtion's Dating of Ostrakismos, Ancient History Bulletin 5, 1991, 107–110.
M. Lang, Ostraka (The Athenian Agora 25. Results of Excavations, conducted by the American School of Classical Studies at Athens), Princeton 1990.
G. A. Lehmann, Der Ostrakismos-Entscheid in Athen: von Kleisthenes zur Ära des Themistokles, Zeitschrift für Papyrologie und Epigraphik 41, 1981, 85–99.
A. Martin, L'Ostracisme Athénienne. Un demi-siècle de découvertes et des recherches, Revue des Études Grecques 102, 1989, 124–174.
H. B. Mattingly, The Practice of Ostracism at Athens, Antichthon 25, 1991 (1994), 1–26.
D. Mirhady, The Ritual Background to Athenian Ostracism, Ancient History Bulletin 11, 1997, 13–19.
D. Phillips, Observations on some Ostraka from the Athenian Agora, Zeitschrift für Papyrologie und Epigraphik 83, 1990, 123–140.
M. Rausch, Isonomia in Athen. Veränderungen des öffentlichen Lebens vom Sturz der Tyrannis bis zur zweiten Perserabwehr, Frankfurt a. M. u. a. 1999.
P. J. Rhodes, Commentary on the Aristotelian Athenaion Politeia, Oxford 1993 (2. Aufl.).
Ders., The Ostracism of Hyperbolus, in: R. Osborne/S. Hornblower (Hrsgg.) Ritual, Finance, Politics, Oxford 1994, 85–98.
Ch. Schubert, Die Macht des Volkes und die Ohnmacht des Denkens. Studien zum Verhältnis von Mentalität und Wissenschaft im 5. Jahrhundert v. Chr., Stuttgart 1993.
E. Stein-Hölkeskamp, Adelskultur und Polisgesellschaft. Studien zum griechischen Adel in archaischer und klassischer Zeit, Stuttgart 1989.

F. Willemsen/S. Brenne, Verzeichnis der Kerameikos-Ostraka, Mitteilungen des Deutschen Archäologischen Instituts (Athen) 106, 1991, 147–156.

1 Zu Unrecht behauptet [Andok.] 4, 6, den Ostrakismos habe es nur in Athen gegeben. Als allgemeine demokratische Institution nennt ihn Aristoteles, Politik 1284 a 17 ff. Konkret existierte die Einrichtung in Argos, Milet und Megara (Scholion ad Aristophanem, Equites 855), und im taurischen Chersonesos (auf der Krim) sind entsprechende Ostraka gefunden worden, die jetzt eindeutig dem Ostrakismos zugeordnet werden können, vgl. J. Vinogradov/M. I. Zolotarev, L'ostracismo e la storia della fondazione di Chersonesos Taurica. Analisi comparata con gli ostraka dal Kerameikós di Atene, Minima Epigraphica et Papyrologica 2, 1999, 111–131. In Syrakus (vgl. Diodor 11, 86, 5) hieß ein ähnliches Verfahren Petalismós, weil die Namen der Kandidaten auf Olivenblätter geschrieben wurden (pétalon = Blatt). Wo das Verfahren erfunden wurde, kann derzeit nicht entschieden werden.

2 Die wichtigsten Quellen sind: Aristoteles, Athenaion politeia 22; Philochoros FGrHist 328 F 30; Plutarch, Aristeides 7. Die Texte sind in englischer Übersetzung zusammengestellt und kommentiert bei G. R. Stanton, Athenian Politics c. 800–500 BC, London/New York 1990, 173 ff.

3 Übersetzung nach Lehmann 1981, 86. Der Text, Vaticanus Graecus 1144 f. 222 Nr. 213 Sternbach, entstammt einer spätbyzantinischen Sammelhandschrift. Er wurde wieder «ausgegraben» und in die Diskussion gebracht von Keaney/Raubitschek 1972. Die moderne Forschung teilt sich in diejenigen, die den historischen Gehalt der singulären und obskuren Notiz ablehnen, und in diejenigen, denen hier gefolgt wird, die ihn aufgrund der Detailkenntnisse und der historischen Wahrscheinlichkeit akzeptieren.

4 Karl-Wilhelm Welwei hat in der Diskussion über diesen Beitrag vom Selbstschutz der Beteiligten gesprochen. Wolfgang Schuller hat auf die moderne Parallele der (ehrenvollen) Festungshaft verwiesen.

5 Vgl. besonders Schubert 1993, 26 f.

6 Diejenigen Forscher, die den Ostrakismos des Rates nicht für historisch halten, entscheiden sich für eine der folgenden Rekonstruktionen. Die einen nehmen an, daß Kleisthenes zusammen mit seinen anderen Reformen gleich den Ostrakismos des Volkes eingeführt habe – dann kann nur schwer erklärt werden, warum die Einrichtung zwanzig Jahre lang nicht genutzt wurde. Die anderen (z. T. gestützt auf Androtion FGrHist 324 F 6) votieren dafür, daß der Ostrakismos erst Anfang der 80er Jahre eingeführt wurde – dann macht die Zuweisung an Kleisthenes Schwierigkeiten.

7 Im allgemeinen nimmt man an, die Abstimmung in der Volksversammlung habe in der 6. Prytanie, die Ostrakophorie vor der 8. Prytanie jeden Jahres stattgefunden. Wie Errington 1994 gezeigt hat, reflektieren die entsprechenden Quellen aber die veränderte Praxis des späten 4. Jahrhunderts, so daß wir über die Termine des 5. Jahrhunderts nichts Sicheres sagen können.

8 Zum möglichen Ort der Abstimmung auf der Agora vgl. Rausch 1999, 33 ff.

9 Vgl. dazu den Beitrag von L. Thommen in diesem Band.

10 Die Agora-Ostraka sind publiziert von Mabel Lang 1990. Die Publikation aller Kerameikos-Ostraka, von denen erst ein geringer Teil veröffentlicht wurde, durch Stefan Brenne wird erwartet, vgl. vorläufig die Auflistung von Willemsen/Brenne 1991. Zur Auswertung der Ostraka vgl. besonders Thomsen 1972; Philips 1990; Mattingly 1991 (1994); Brenne 1994.

11 Die Anekdote bei Plutarch, Aristeides 7, 7. Das Ostrakon bei Lang 1990, S. 36 Nr. 34.

12 Gegen entsprechende Interpretationen vgl. etwa L. H. Jeffery, The Local Scripts of Archaic Greece, Oxford 1990 (2. Aufl.), 70.
13 Athenaion politeia 22, 8; Plutarch, Themistokles 11, 1; Aristeides 7, 1; 25, 10; Nepos, Aristeides 1, 2. Vgl. auch das Themistokles-Dekret von Troizen, etwa bei K. Meister, Einführung in die Interpretation historischer Quellen, Schwerpunkt: Antike, Band 1: Griechenland, Paderborn u. a. 1997, 99 ff.
14 So Philochoros FGrHist 328 F30; die *Athenaion politeia* (22, 8) behauptet hingegen umgekehrt, die Verbannten hätten sich *diesseits* der genannten Punkte ansiedeln müssen. Dementsprechend werden auch in der modernen Literatur beide Positionen vertreten. Ich folge hier denen, die einen Irrtum der *Athenaion politeia* annehmen, insbesondere Figueira 1987, der das Problem am gründlichsten untersucht hat.
15 Plutarch, Nikias 11; Alkibiades 13. Eine dem Andokides zugeschriebene Rede, die in Wirklichkeit eine Übungsrede aus dem 4. Jahrhundert v. Chr. ist (Andokides 4: Gegen Alkibiades), gibt vor, von einem dritten potentiellen Ostrakismos-Opfer außer Alkibiades und Nikias gehalten zu sein, und versucht, Stimmung gegen Alkibiades zu machen.
16 Das ist die These von Errington 1994, der ich nur darin nicht folge, daß das Motiv der Tyrannenfurcht von den Quellen des 4. Jahrhunderts auf die Zeit des Kleisthenes rückprojiziert worden sei. Vielmehr dürfte man 337/6 gerade deshalb auf den Ostrakismos zurückgegriffen haben, weil er ursprünglich wirklich gegen Tyrannisaspiranten gerichtet war.
17 Letztere Vorstellung bei Mirhady 1997 mit Verweisen auf frühere Literatur.
18 Brenne 1994, 16.
19 In dieser Hinsicht ist der Ostrakismos das Gegenteil des heutigen demokratischen Führerkults, wie er z. B. mit der Kennedy-Familie in den Vereinigten Staaten getrieben wird.
20 Plutarch, Nikias 11; vgl. Alkibiades 13; vgl. auch Thukydides 8, 73.
21 Zu diesen neuen Politikern vgl. Connor 1971. Eine andere Erklärung für das Verschwinden des Ostrakismos bietet Rhodes 1994.
22 Nach Aristoteles, Politik 1284 a 14–b 25 sollte der Ostrakismos die Gleichheit des Volkes gewährleisten, die durch das Machtstreben der Vornehmen gefährdet war.
23 Vgl. Rausch 1999, 358.
24 Eine Gemeinsamkeit, die weniger beachtet wird, besteht allerdings darin, daß die Verbannung in beiden Fällen durch einfachen Volksbeschluß wieder aufgehoben werden konnte.
25 Dadurch, daß das Verfahren von der Gesamtpolis und nicht von einem einzelnen initiiert wurde, brauchte auch niemand Repressalien von seiten der bedrohten Mächtigen zu befürchten, vgl. [Andokides] 4, 35.
26 Die einzige antike Reflexion über den Ostrakismos ist die Rede [Andokides] 4. Der Autor versucht zu zeigen, daß das Verfahren ein ungeeigneter und widersinniger Ersatz für einen Gerichtsprozeß sei, wobei er in irreführender Weise unterstellt, daß der Ostrakismos bestimmte Delikte bestrafen wolle. In diesem Zusammenhang moniert er (§ 3 f.), daß beim Ostrakismos niemand angeklagt und verteidigt wurde und keine Richter, sondern alle Bürger abstimmten. Die ebenda beklagte geheime Abstimmung ist natürlich kein Unterschied zu einem Gerichtsverfahren, sondern zu einer Volksabstimmung, die im allgemeinen per Handaufhebung stattfand.
27 Vgl. besonders Brenne 1994; Rausch 1999, 350 ff.
28 Brenne 1994, 21.
29 Connor 1971, 73. Stein-Hölkeskamp 1989, 197, übersetzt: «umgekehrter Popularitätstest», genauer wäre: «Popularitätswettstreit», der allerdings tatsächlich auch den Charakter eines Tests besaß.

II. POLITISCHE PROZESSE

Spielräume der Demokratie. Der Prozeß gegen Themistokles
Lukas Thommen

W. den Boer, Themistocles in Fifth Century Historiography, Mnemosyne 15, 1962, 225–237.
G. L. Cawkwell, The Fall of Themistocles, in: Auckland Classical Essays Presented to E. M. Blaiklock, hrsg. v. B. F. Harris, Auckland/Oxford 1970, 39–58.
W. R. Connor, Lycomedes against Themistocles? A Note on Intragenos Rivalry, Historia 21, 1972, 569–574.
F. J. Frost, Plutarch's Themistocles. A Historical Commentary, Princeton 1980.
R. J. Lenardon, The Saga of Themistocles, London 1978.
J. Papastavrou, Themistokles. Die Geschichte eines Titanen und seiner Zeit, (Erträge der Forschung Bd. 92), Darmstadt 1978.
A. J. Podlecki, The Life of Themistocles. A Critical Survey of the Literary and Archaeological Evidence, Montreal/London 1975.
L. Schumacher, Themistokles und Pausanias. Die Katastrophe der Sieger, Gymnasium 94, 1987, 218–246.

1 Herodot 6, 21: Die Athener auferlegten dem Dichter 1000 Drachmen Buße und verboten die Wiederaufführung der Tragödie. E. Badian, Phrynichus and Athen's οἰκήια κακά, Scripta Classica Israelica 15, 1996, 55–60, datiert das Stück mit bemerkenswerten Argumenten ins Jahr 478/7 v. Chr.
2 Dazu grundsätzlich Podlecki (1975), 189 ff. Insgesamt sind momentan 2167 Ostraka, die auf Themistokles lauten, bekannt: M. L. Lang, Ostraka, (The Athenian Agora 25), Princeton 1990, 102 ff. 143 ff. (575 Stück), und F. Willemsen / S. Brenne, Verzeichnis der Kerameikos-Ostraka, Mitteilungen des Deutschen Archäologischen Instituts, (Athen), 106, 1991, 151 (1592 Stück).
3 Der Inhalt des Beschlusses ist ansatzweise auf einer Inschrift vom früheren 3. Jahrhundert v. Chr. aus Troizen erhalten, wobei hier freilich eine spätere literarische Bearbeitung des Volksbeschlusses vorliegt: K. Brodersen / W. Günther / H. H. Schmitt, Historische griechische Inschriften in Übersetzung, Bd. 1, Darmstadt 1992, Nr. 35.
4 Herodot 8, 75; vgl. Plutarch, *Themistokles* 12.
5 Dazu Podlecki (1975), 25 ff.; Frost (1980), 161 ff.; J. Marr, Themistocles and the supposed second message to Xerxes. The anatomy of a legend, Acta Classica 38, 1995, 57–69.
6 Dazu E. Stein-Hölkeskamp, Kimon und die athenische Demokratie, Hermes 127, 1999, 145–164.
7 J. Travlos, Bildlexikon zur Topographie des antiken Athen, Tübingen 1971, 121 ff.; zum Problem der «Porträtstatue» Podlecki (1975), 143 ff.
8 Zur Frage der Demokratisierung von Argos, Mantineia und Elis J. L. O'Neil, The Exile of Themistocles and Democracy in the Peloponnese, Classical Quarterly 31, 1981, 335–346.
9 Dazu L. Thommen, Lakedaimonion politeia. Die Entstehung der spartanischen Verfassung, (Historia Einzelschriften 103), Stuttgart 1996, 123 ff.
10 Cawkwell (1970), 44 ff.; Schumacher (1987), 231 f.
11 Brief Nr. 8: Neben Leobotes auch Lysander und Pronapes sowie vier weitere, die einen Meineid schworen; weitere Gegner auch in Brief Nr. 11.
12 Miscellanea p. 608. Dazu Connor (1972).

13 So U. Kahrstedt, Themistokles, in: Paulys Realencyclopädie der Classischen Altertumswissenschaft Bd. 5 A, 1934, 1694; anders E. M. Carawan, *Eisangelia* and *Euthyna:* the Trials of Miltiades, Themistocles, and Cimon, Greek, Roman and Byzantine Studies 28, 1987, 197 ff.
14 Dazu C. Ruggeri, Il processo ‹panellenico› di Temistocle, in: Processi e politica nel mondo antico, hrsg. v. M. Sordi, Mailand 1996, 29–35.
15 Abwesenheit: Thukydides 1, 135, 3; Platon, *Gorgias* 516d; Plutarch, *Themistokles* 23, 4; Cornelius Nepos, *Themistokles* 8, 2.
Verrat: Thukydides 1, 138, 6; Idomeneus, Fragmente Griechischer Historiker 338f 1; Plutarch, *Themistokles* 23, 1; Diodor 11, 55; Scholia zu Aristophanes, *Ritter* 84; Cornelius Nepos, *Themistokles* 8, 3. Zu den Quellen Frost (1980), 196 ff.
16 Krateros, Fragmente Griechischer Historiker 342 F 11–12.
17 Vgl. dazu M. H. Hansen, Eisangelia, Odense 1975, 70; Carawan (oben Anm. 13) 196 f.
18 Einzug des Vermögens: Plutarch, *Themistokles* 25, 3; Aelian, *Varia historia* 10, 17.
Verlust der bürgerlichen Ehren, der auch die Nachfahren betraf: Idomeneus, Fragmente Griechischer Historiker 338 F 1.
19 Podlecki (1975), 169 ff.; J. Nollé, Themistokles in Magnesia. Über die Anfänge der Mentalität, das eigene Porträt auf Münzen zu setzen, Schweizerische Numismatische Rundschau 75, 1996, 5–26.
20 Zu den Gräbern des Themistokles Lenardon (1978), 201 ff.
21 Plutarch, *Themistokles* 7, 4.
22 Stesimbrotos, Fragmente Griechischer Historiker 107 F 1–3; Plutarch, *Themistokles* 3; 5.

Den Olympier herausfordern? Prozesse im Umkreis des Perikles
Kurt Raaflaub

1 Thukydides 2, 1–31; Donald Kagan, The Archidamian War, Ithaca NY 1974, Kap. 1–2. Zur Geschichte des 5. Jahrhunderts jüngst The Cambridge Ancient History, Bd. 5 (künftig CAH 5), 2. Aufl. 1992; zu der Athens: Christian Meier, Athen, Berlin 1993; K - W. Welwei, Das klassische Athen, Darmstadt 1999.
2 Thukydides 2, 47–65; Kagan, Kap. 3. Seuche: J. Poole / A. Holladay, Thucydides and the Plague of Athens, Classical Quarterly 29, 1979, 282–300.
3 Perikles: Fritz Schachermeyr, Perikles, Stuttgart 1969; Charlotte Schubert, Perikles, Darmstadt 1994; Wolfgang Will, Perikles, Reinbek 1995; Anthony Podlecki, Pericles and His Circle, London 1998. Demokratie: Jochen Bleicken, Die athenische Demokratie, 2. Aufl. Paderborn 1994; Mogens Hansen, The Athenian Democracy in the Age of Demosthenes, Oxford 1991, erw. Nachdr. Norman Okl. 1999.
4 Plutarch, Perikles 11–14 (in mancher Hinsicht irreführend); dazu Anthony Andrewes, The Opposition to Pericles, Journal of Hellenic Studies 98, 1978, 1–5; Walter Ameling, Plutarch, Perikles 12–14, Historia 34, 1985, 47–63; Martin Ostwald, From Popular Sovereignty to the Sovereignty of Law, Berkeley 1986, 185–188; Philip Stadter, A Commentary on Plutarch's Pericles, Chapel Hill 1989, 130 ff. Peter Krentz, The Ostracism of Thoukydides, Son of Melesias, Historia 33, 1984, 499–504, schlägt 437 vor.
5 Thukydides 1, 139–146. Dazu D. Kagan, The Outbreak of the Peloponnesian War, Ithaca NY 1969, bes. Teil 3.
6 Erich Bayer, Thukydides und Perikles, Würzburger Jahrbücher 3, 1948, 1 ff., bes. 44 ff.; Schubert, Perikles Teil I; Podlecki, Pericles 132–152. Sehr kritisch gegen-

über Perikles: Julius Beloch, Griechische Geschichte, Bd. 2.1, Straßburg 1914, 294 ff.; Die attische Politik seit Perikles, Leipzig 1884, Nachdr. Darmstadt 1967, 19 ff.; gegenüber Thukydides: Ernst Badian, From Plataea to Potidaea, Baltimore 1993, 125–162.

7   Athenaion Politeia 43, 4; 61, 2. Dazu Mogens Hansen, Eisangelia, Odense 1975, 41–44; Peter Rhodes, Eisangelia at Athens, Journal of Hellenic Studies 99, 1979, 110; anders Douglas MacDowell, The Law in Classical Athens, London 1978, 169.

8   Arnold Gomme, A Historical Commentary on Thucydides, Bd. 2, Oxford 1956, 182 f.; W. Robert Connor, Thucydides, Princeton 1984, 59 A. 21.

9   Strafe: MacDowell, Law 171. Für Tempelraub (*hierosylia*) konnte allerdings die Todesstrafe verhängt werden; dies müßte sich auf die Verwaltung der Finanzen des Parthenon-Baus beziehen.

10 Man denke an das erste Buch der Ilias. Entsprechende Andeutungen bei Thukydides 1, 118, 3 mit 2, 54; dazu Morrison Marshall, Pericles and the Plague, in: Elisabeth Craik (Hrsg.), ‹Owls to Athens›: Essays ... Kenneth Dover, Oxford 1990, 163–170.

11 Dazu u. im Text. Zum Perikles-Prozeß ferner Beloch, Attische Politik 330–335; Hermann Swoboda, Über den Prozeß des Perikles, Hermes 28, 1893, 536–598; Georg Busolt, Griechische Geschichte III 2, 2. Aufl. Gotha 1904, 949–957; Hansen, Eisangelia 71–73; Stadter, Comm. 323–325; Richard Bauman, Political Trials in Ancient Greece, London 1990, 42–45; Schubert, Perikles 138–139; Podlecki, Pericles 150–152.

12 S. dazu generell Luisa Prandi, I processi contro Fidia, Aspasia, Anassagora e l'opposizione a Pericle, Aevum 51, 1977, 10–26; Richard Klein, Die innenpolitische Gegnerschaft gegen Perikles, in: Gerhard Wirth (Hrsg.), Perikles und seine Zeit, Darmstadt 1979, 494–533 (mit reicher Lit.); Ostwald, Sovereignty 191–198; Bauman, Political Trials 37–40; Schubert, Perikles, Teil V.

13 Joachim Schwarze, Die Beurteilung des Perikles durch die attische Komödie, München 1971, Reg. unter Aspasia; Madeleine Henry, Prisoner of History: Aspasia of Miletus and Her Biographical Tradition, New York 1995 (Reg. unter Aspasia as prostitute). Polemik gegen Perikles: Klein, Innenpolitische Gegnerschaft 511–515.

14 615–17: von Trygaios und dem Chorführer als Neuerung bezeichnet. Vgl. S. D. Olson, Aristophanes, Peace, Oxford 1998, 196. Phidias' Tod: Jacoby (wie A.20) 488; Robert Fitts, The Attacks upon the Associates of Pericles, Diss. Ohio State Univ. 1971, 109–118; s. auch Gomme, Commentary, Bd. 2, 186 mit Verweis auf Thukydides 5, 16, 1.

15 Vgl. Felix Jacoby, Die Fragmente der griechischen Historiker (FGrHist), Teil IIC, Kommentar, Leiden 1963, 92 ff., der auch zum folgenden heranzuziehen ist.

16 Nach Plutarch, Perikles 31, 3 brauchte Perikles lediglich die entsprechende Aufforderung auszusprechen; von dieser Möglichkeit wurde wahrscheinlich auch später kein Gebrauch gemacht: Stadter, Commentary 292.

17 MacDowell, Law 64.

18 Evelyn Harrison, The Composition of the Amazonomachy on the Shield of Athena Parthenos, Hesperia 35, 1966, 107–133 (Komödie); Felix Preisshofen, Phidias-Daedalus auf dem Schild der Athena Parthenos? Jahrbuch des Deutschen Archäologischen Instituts.89, 1974, 50–69 (Hellenismus); Tonio Hölscher / Erika Simon, Die Amazonenschlacht auf dem Schild der Athena Parthenos, ibid. 91, 1976, 116–118, 136.

19 Alfred Mallwitz / Wolfgang Schiering, Die Werkstatt des Pheidias in Olympia, Bd. 1, Berlin 1964.

20 Jacoby, FGrHist 328 F 121 mit Kommentar, Bd. IIIb Suppl. 1, Leiden 1954, 484–496, mit der Rez. von Herbert Bloch, Gnomon 31, 1959, 495–499; Otto Lendle,

Philochoros über den Prozeß des Phidias, Hermes 83, 1955, 284–303; G. Donnay, La date du procès de Phidias, L'Antiquité classique 37, 1968, 19–36.
21 S. folgende A. Über den Wert von Philochoros' Werk s. Jacoby, ibid. 220–255 (positiv); vgl. id., Atthis, Oxford 1949, Reg. unter Philochoros; Lionel Pearson, The Local Historians of Attica, Philadelphia 1942, Nachdr. Chico Ca. 1981, 105–136 (stark pro-athenische Tendenz; scheute vor Änderung der Fakten nicht zurück). Die Nachricht von Phidias' Verurteilung in Elis ist kaum historisch: Podlecki, Pericles 107.
22 Dazu Stadter, Commentary 296. Zitat: Angelos Delivorrias, Über die letzte Schöpfung des Phidias in Athen, in: Egert Pöhlmann / Werner Gauer (Hrsgg.), Griechische Klassik, Nürnberg 1994, 264. Zur Diskussion neben dem bereits Angeführten: Friedrich Schöll, Sitzungsber. Bayer. Akad. 1888, 1–53; Schubert, Perikles 116–129; Podlecki, Pericles 101–109.
23 Thukydides 1, 126, 2–127; dazu G. Schmidt, Fluch und Frevel als Elemente politischer Propaganda im Vor- und Umfeld des Peloponnesischen Krieges, Rivista storica dell'antichità 20, 1990, 7–30. Widerstand: 1, 139, 4; vgl. 44, 4. Unter Perikles' Gegnern befand sich vermutlich der rabiate Kleon: Plutarch, Perikles 33, 8; Simon Hornblower, Thucydides, Baltimore 1987, 55 f.
24 Zur Diskussion über den Kriegsausbruch s. etwa Kagan, Outbreak; Geoffrey de Ste. Croix, The Origins of the Peloponnesian War, London 1972; den Literaturüberblick bei Erich Bayer / Jürgen Heideking, Die Chronologie des perikleischen Zeitalters, Darmstadt 1975, 157–166, und jüngst David Lewis, CAH 5, 370–380.
25 Als ein weiterer indirekter Angriff auf Perikles gilt in der Überlieferung der Ostrakismos des Damon (bes. Aristoteles, Athenaion Politeia 27, 3–4; Plutarch, Perikles 4, 2–3; 9, 2–3). Im Gegensatz zu Robert Wallace, Private Lives and Public Enemies: Freedom of Thought in Classical Athens, in: Alan Boegehold / Adele Scafuro (Hrsgg.), Athenian Identity and Civic Ideology, Baltimore 1994, 139–142; Schubert, Perikles 101–102, und andern halte ich diesen Ostrakismos, jedenfalls im Zusammenhang und mit der Begründung, die die Überlieferung nennt, ebenfalls für höchst zweifelhaft; vgl. auch Jérôme Carcopino, Damon a-t-il été ostracisé? Revue des études grecques 18, 1905, 415–429. Meine Argumente muß ich anderweitig vorlegen.
26 So bes. Dietmar Kienast, Der innenpolitische Kampf in Athen von der Rückkehr des Thukydides bis zu Perikles' Tod, Gymnasium 60, 1953, 210–229; dagegen bes. Frank Frost, Pericles, Thucydides, Son of Melesias, and Athenian Politics before the War, Historia 13, 1964, 385–399, der Kleon als treibende Kraft sieht.
27 Wallace, Private Lives 131–32; Henry, Prisoner, bes. Kap. 1–3; Podlecki, Pericles 109–117.
28 Wallace, ibid. 136–137 mit Bibliographie.
29 Kenneth Dover, The Freedom of the Intellectual in Greek Society, Talanta 7, 1976, 24–54 = id., The Greeks and Their Legacy, Oxford 1988, 135–158 (danach zitiert); Podlecki, Pericles 31–34. U. a. ist Jaap Mansfeld, The Chronology of Anaxagoras' Athenian Period and the Date of His Trial, I, Mnemosyne 32, 1979, 39–69; II, ibid. 33, 1980, 17–95, anderer Meinung.
30 Zur Eigenheit antiker Biographie und Historiographie etwa Arnaldo Momigliano, The Development of Greek Biography, Cambridge Mass. 1971; Charles Fornara, The Nature of History in Ancient Greece and Rome, Berkeley 1983; Michael Grant, Greek and Roman Historians: Information and Misinformation, London 1995; John Marincola, Authority and Tradition in Ancient Historiography, Cambridge 1997.
31 Zu Plutarch: Konrat Ziegler, Plutarchos (2), RE 21, 1, 1951, 636–962; Alan Wardman, Plutarch's Lives, London 1974; Christopher Pelling, Plutarch and Thucy-

dides, in: Philip Stadter (Hrsg.), Plutarch and the Historical Tradition, London 1992, 10–40; Barbara Scardigli (Hrsg.), Essays on Plutarch's Lives, Oxford 1995. Wahrheit: T. Peter Wiseman, Lying Historians: Seven Types of Mendacity, in: Christopher Gill / T. Peter Wiseman (Hrsg.), Lies and Fiction in the Ancient World, Austin Tex. 1993, 122–146; John L. Moles, Truth and Untruth in Herodotus and Thucydides, ebd. 88–121. Belehrung: Raaflaub, Herodotus, Political Thought, and the Meaning of History, Arethusa 20, 1987, 221–248.

32 Philip Stadter, Pericles among the Intellectuals, Illinois Classical Studies 16, 1991, 111–124.

33 Christian Habicht, Falsche Urkunden zur Geschichte Athens im Zeitalter der Perserkriege, Hermes 89, 1961, 1–35; manche ‹Gesetze Solons› sind ebenfalls spätere Erfindungen. Krateros: Stadter, Commentary lxixf. mit Bibliog. Diopeithes: Dover, Freedom 146f.; Wallace, Private Lives 137f. Drakontides: Frank Frost, Pericles and Dracontides, Journal of Hellenic Studies 84, 1964, 69–72.

34 Dies gilt, wenn denn ihre Charakterisierung in den Quellen nicht völlig erfunden ist, auch für Aspasia. Andererseits hatte die Anklage gegen Phidias gewiß nichts mit Kunst und Ideen zu tun.

35 Dover, Freedom 135–158; Wallace, Private Lives 127–155; vgl. auch Robert Parker, Athenian Religion, Oxford 1996, 207–210. Diagoras: Dover, 137f.; weitere Lit. in Der Neue Pauly 3, 1997, 509–510.

36 Dazu siehe das Kapitel von Peter Scholz in diesem Band. Aristoteles: Ingemar Düring, Aristotle in the Ancient Biographical Tradition, Göteborg 1957, 341f. («may well be true»).

37 Allgemein: Dover, Freedom 151–157; Wallace, Private Lives 142–146; vgl. auch Moses Finley, The Freedom of the Citizen in the Greek World, in: id., Economy and Society in Ancient Greece, New York 1982, 77–94; Martin Ostwald, Athens as a Cultural Centre, CAH 5, 306–369; Peter Scholz, Der Philosoph und die Politik, Stuttgart 1998, bes. Kap. 1. Komödie: Jeffrey Henderson, Attic Old Comedy, Frank Speech, and Democracy, in: Deborah Boedeker / Kurt Raaflaub (Hrsgg.), Democracy, Empire, and the Arts in Fifth-Century Athens, Cambridge Mass. 1998, 255–273. Tragödie: Dover, Freedom 148–151.

38 Matthew Christ, The Litigious Athenian, Baltimore 1998; Josiah Ober, Mass and Elite in Democratic Athens, Princeton 1989. Allgemein zum Wesen der Politik in der griechischen Polis: Moses I. Finley, Politics in the Ancient World, Cambridge 1983, mit der Rez. von Christian Meier, Gnomon 58, 1986, 496–509; Paul Cartledge, La politica, in: Salvatore Settis (Hrsg.), I Greci, Bd. 1, Turin 1996, 39–72.

39 Erhalten ist unter Xenophons Namen eine anonyme Schrift, ‹Die Verfassung der Athener›. S. etwa auch Klaus Meister, Stesimbrotos' Schrift über die athenischen Staatsmänner und ihre historische Bedeutung, Historia 27, 1978, 274–294. Zur Komödie z. B. Paul Cartledge, Aristophanes and His Theatre of the Absurd, Bristol 1990; Jeffrey Henderson, Comic Hero versus Political Elite, in: Alan Sommerstein et al. (Hrsgg.), Tragedy, Comedy and the Polis, Bari 1993, 307–319; Gregory Dobrov (Hrsgg.), The City as Comedy, Chapel Hill 1997.

40 Schwarze, Beurteilung, bes. 169–172; Podlecki, Pericles 169–176; Walter Ameling, Komödie und Politik zwischen Kratinos und Aristophanes: das Beispiel des Perikles, Quaderni Catanesi 3, 1981, 383–424.

41 S. A. 3–4. Kimon: Plutarch, Kimon 15–17 mit Bleicken, Demokratie 43–46. Allgemein zum Ostrakismos s. Martin Drehers Beitrag in diesem Band. Prozesse: Plutarch, Kimon 14; Perikles 10, 6 mit Stadter, Comm. 126f.; Aristoteles, Athenaion Politeia 25; 27, 1 mit den Kommentaren von Peter Rhodes, A Commentary on Aristotle's Athenaion Politeia, Oxford 1981, und Mortimer Chambers,

Aristoteles, Staat der Athener, Berlin 1990, jeweils ad locc.; dazu auch Bauman, Political Trials 28−31; Podlecki, Pericles 40−42.
42 Dazu Klein, Innenpolitische Gegnerschaft.
43 Peter J. Rhodes, The Ostracism of Hyperbolus, in: Robin Osborne / Simon Hornblower (Hrsgg.), Ritual, Finance, Politics: Athenian Democratic Accounts Presented to David Lewis, Oxford 1994, 85−98.
44 4, 65; vgl. dazu 1, 70 und 6, 24.
45 Demosthenes, 4, 47. Vgl. die Übersicht bei W. Kendrick Pritchett, The Greek State at War, Bd. 2, Berkeley 1974, 4−33, und allgemein Jennifer Roberts, Accountability in Athenian Government, Madison Wisc. 1982; Ronald A. Knox, ‹So Mischievous a Beast›? The Athenian Demos and Its Treatment of Its Politicians, Greece & Rome 32, 1985, 132−161. Rivalitäten: W. Robert Connor, The New Politicians of Fifth-Century Athens, Princeton 1971; Moses I. Finley, Athenian Demagogues, in: id., Studies in Ancient Society, London 1974, 1−25; Bleicken, Athenische Demokratie 172−175.

Der Mysterienprozeß
Fritz Graf

Douglas Macdowell (Hrsg.), Andokides. On the Mysteries, Oxford 1962.
David M. Lewis, After the Profanation of the Mysteries, in: Ancient Society and Institutions. Studies Presented to Victor Ehrenberg, Oxford 1966, 177−191.
Kenneth Dover, Excursus on the Herms and the Mysteries, in: An Historical Commentary on Thucydides 4, Oxford 1970, 264−288.
J. L. Marr, Andokides' Part in the Mysteries and Hermae Affairs 415 B. C., Classical Quarterly 21, 1971, 326−338.
Robin Osborne, The Erection and Mutilation of the Hermai, Proceedings of the Cambridge Philological Society 31, 1985, 47−73.
Gustav Adolf Lehmann, Überlegungen zur Krise der attischen Demokratie im Peloponnesischen Krieg. Vom Ostrakismos des Hyperbolos zum Thargelion 411 v. Chr., Zeitschrift für Papyrologie und Epigraphik 69, 1987, 33−73.
Oswyn Murray, The Affair of the Mysteries. Democracy and the Drinking Group, in: ders., Sympotica. A Symposium on the Symposium, Oxford 1990, 149−161.
William D. Furley, Andocides and the Herms. A Study of Crisis in Fifth-century Athenian Religion (Bulletin of the Institute of Classical Studies. Supplement 65), London 1996.

1 Immerhin C. A. Powell, Religion and the Sicilian Expedition, Historia 28, 1979, 15−31.
2 Die moderne Literatur ist beachtlich, und die obige Bibliographie verzeichnet bloß einen Ausschnitt, vgl. die Übersicht bei Furley (1996).
3 Wichtig: Diodor 13, 2 (Hermenfrevel), die Biographien des Alkibiades von Plutarch und Cornelius Nepos, die pseudo-plutarchische Biographie des Andokides.
4 IG I^3 421−430; eingehend William Kendrick Pritchett, The Attic Stelai. Part 1, Hesperia 22, 1953, 225−299; Part 2, Hesperia 25, 1956, 178−317; D. A. Amyx, The Attic Stelai. Part 3, Hesperia 27, 1958, 163−310.
5 Thukydides 6, 27−29. 60f. − Siehe auch Dover (1970).
6 Auf den nützlichen Kommentar von Douglas Macdowell (s. oben) wird gewöhnlich nicht besonders verwiesen.
7 Lysias, Rede 6 (gegen Andokides).
8 Aristophanes, Lysistrate 1093 f.

9 Phrynichos, Frg. 58 Kassel-Austin; Nepos, Alkibiades 3 f. (*deicerentur*), wohl nach Philochoros.
10 Philochoros, FGrHist 133 (= Scholion V zu Aristophanes, Lysistrate 1094); Nepos, Alkibiades 3. – Zur Herme des Andokides auch Andokides, Über die Mysterien 62.
11 Kratippos, FGrHist 64 F 3; Philochoros, a. a. O. – G. A. Lehmann, Ein Historiker namens Kratippos, Zeitschrift für Papyrologie und Epigraphik 23, 1976, 284 f., vermutet allerdings, daß erst die «athenisch-patriotische Geschichtsschreibung» des 4. Jahrhunderts die Korinther ins Spiel gebracht habe.
12 Thukydides 6, 28, 1 ist terminologisch wichtig, denn *agalmata* sind Weihgeschenke, keine Kultbilder.
13 Thukydides 6, 60, 1.
14 Thukydides 6, 53, 2, vgl. 60, 1 f.
15 Thukydides 6, 61, 2; Andokides, Über die Mysterien 43.
16 Plutarch, Alkibiades 22, 4.
17 IG I^3 (421–430).
18 Vgl. zur Herkunft Pollux 10, 97.
19 S. die vorige Anm.
20 C. W. Fornara, Andocides and Thucydides, in: S. M. Burstein / L. A. Olkin (Hrsgg.), Panhellenica. Essays in Ancient History and Historiography in Honor of T. S. Brown, Lawrence, Kansas 1980, 43–56.
21 Teukros kann mithin nicht der von Diod. 13, 2, 4 genannte Hausbesitzer sein, in dessen Haus Alkibiades und andere angeblich die Mysterien feierten.
22 Andokides, Über die Mysterien 28.
23 Wiederholt in Über die Mysterien 67 f.
24 Murray (1990).
25 Plutarch, Alkibiades 19, 3.
26 Diskussion bei Furley (1996) 32.
27 Diodor 13, 2, 3 f.
28 Etwa: «Ein Bubenstreich», Eduard Meyer, Geschichte des Altertums 4,2, Berlin 1956, 216; «an unusually grandiose and spectacular piece of vandalism», Dover (1970) 286; Widerspruch besonders bei Lehmann (1987), bes. 52 f., und Furley (1996).
29 Andokides, Über die Mysterien 67.
30 Ebd. 61 f.
31 Thukydides 3, 83, 6.
32 Ebd. 67.
33 Polyainos, Strategemata 1, 40, 1.
34 Zur Provokation der Götter unten Anm. 40 f. – Mitwisserschaft: Die samischen Verschwörer töten einen gewissen Hyperbolos als Solidaritätsbeweis, Thukydides 8, 73, 3; den Catilinariern wird das Trinken menschlichen Bluts (Sall. Cat. 22), gar Kannibalismus nachgesagt (Plutarch, Cicero 10, 4), wie auch den Christen (Minucius Felix, Octavius 9, 5).
35 Thukydides 6, 27, 2.
36 Thukydides 6, 60, 2.
37 Die Liste steht bei Dover (1970) 276–282.
38 Etwa Martin Ostwald, From Popular Sovereignty to the Sovereignty of Law, Berkeley 1986, 537–550; Lehmann (1987) 60–65.
39 S. auch unten Anm. 61.
40 Lysias, Frg. V 2 Gernet-Bizos.
41 P. Maas, s. v. Kinesias, RE 11, 1921, 479–481.
42 Scholion zu Aristophanes, Frösche 366.
43 Ps.-Demosthenes 54, 39.

44 Zu den Hekataia S. I. Johnston, Restless Dead. Encounters Between the Living and the Dead in Ancient Greece, Berkeley 1998, 60 f.
45 Aufgeführt bei Furley (1996) 20.
46 Furley (1996) 22.
47 Anathemata: Besonders markant Andokides, Über die Mysterien 33, in der Ankündigung des Themas; Agalmata: Thukydides 6, 28, 1; Plutarch, Alkibiades. 19, 1; zum Ausdruck Hansjörg Bloesch, Agalma: – Kleinod, Weihgeschenk, Götterbild. Ein Beitrag zur frühgriechischen Kultur- und Religionsgeschichte, Bern-Bümpliz 1943.
48 Titelbild von Furley (1996); Lexicon Iconographicum Mythologiae Classicae, Bd. 5, Zürich 1990, Hermes Nr. 179 (Text S. 306, Abb. S. 216).
49 Thukydides 6, 28, 1.
50 Andokides, Über die Mysterien 11, vgl. 12. 15. 16. 17. – Ebenso Isokrates, Rede 16, 5.
51 Alkibiadesbiographie in Papyri aus Oxyrrhynchos Nr. 411.
52 Lysias, Gegen Andokides 51; Plutarch, Alkibiades 19.
53 Andokides, Über die Mysterien 12 (im Haus des Pulytion; Alkibiades, Nikides und Meletos als Akteure, die andern als Zuschauer); 16 (im Haus des Charmides: Alkibiades, Axiochos, Adeimantos). – Plutarch, Alkibiades 19, 1.
54 Lysias, Gegen Andokides 51.
55 Plutarch, Alkibiades 22, 4: «Die öffentliche Anzeige hatte nach den Geschichtsquellen folgenden Wortlaut: ‹Thessalos, Sohn des Kimon, von Lakiadai erstattete Anzeige gegen Alkibiades, Sohn des Kleinias, von Skambonidai, daß er gegen die Göttinnen frevelt, indem er die Mysterien nachahmt und sie seinen Freunden in seinem Haus vorführt, wobei er das Gewand trägt, wie es der Hierophant trägt, wenn er die Heiligtümer vorzeigt, und sich selbst Hierophant, Pulytion Fackelträger, Theodoros von Phegaia Herold nennt und die anderen Freunde als Mysten und Epopten (Mysten der höchsten Weihestufe, F. Graf) anredet, entgegen den Gesetzen und Bräuchen, die von den Eumolpiden und den Keryken und den Priestern in Eleusis geschaffen sind.»› (Übersetzung nach K. Ziegler und W. Wuhrmann in der Ausgabe bei Artemis & Winkler, 1994).
56 Mehrfach in der Forschung herausgestellt, jüngst etwa von Murray (1990) 155.
57 Ableitung des Namens IG II^2 3411. 3639. 3661 f.; Gewand Athenaios, Deipnosophistai 1, 39, 21 E (stimmt zu Schauspielertracht) und Plutarch, Aristeides 5, 7 (von einem Perser für den König der Griechen gehalten); Stimme IG II^2 3639.
58 Eupolis, Demoi vv. 81–87.
59 Andokides, Über die Mysterien 11.
60 Ebd. 17.
61 Ps.-Homer, Demeterhymnos 480; Pindar, Frg. 137; Sophokles, Frg. 837 Radt.
62 Die Belege bei N. J. Richardson in seinem Kommentar zum Homerischen Demeterhymnus, Oxford 1974, 304 f.
63 Aristoteles, De virtute et peccatis 1251 a 30; vgl. Jean Rudhardt, Le délit d'impiété d'après la législation attique, Museum Helveticum 17, 1960, 87–105.
64 Lysias, Gegen Andokides 51.
65 Ebd. 39.
66 Isokrates, Rede 4, 28.
67 IG I^3 78, zur Datierung (ca. 435) Maureen B. Cavanaugh, Eleusis and Athens. Documents in Finance, Religion and Politics in the Fifth Century, Atlanta (Ga.) 1996.
68 Lehmann (1987) 56 f.
69 Fritz Graf, Eleusis und die orphische Dichtung Athens, Berlin/New York 1974, 151–186.
70 Aristophanes, Die Vögel 1072 ff. mit Scholion; danach das Lexikon Suda in seinem Artikel über Diagoras von Melos.

71 L. Woodbury, The Date and Atheism of Diagoras, Phoenix 19, 1965, 178–211; M. Winiarczyk, Diagoras von Melos. Wahrheit und Legende, Eos 67, 1979, 191–218; 68, 1980, 51–75.
72 Lysias, Gegen Andokides 1.
73 Ebd. 51.
74 Plutarch, Alkibiades 22, 5.

Eine Demokratie wohl, aber kein Rechtsstaat? Der Arginusenprozeß des Jahres 406 v. Chr.
Leonhard Burckhardt

1 Aristoteles, Athenaion politeia 34, 1.
2 Xenophon, Hellenika 1, 7, 6; 2, 3, 35.
3 Diodor 13, 102, 4 f.; vgl. Xenophon, Hellenika 1, 7, 25.
4 Xenophon, Erinnerungen an Sokrates 1, 1, 18; Hellenika 1, 7, 15; Platon, Apologie 32 b; vgl. Pseudo-Platon, Axiochos 368 de; Diodor 14, 5; Athenaios 5, 217 f.–218 a.
5 Xenophon, Hellenika 1, 6, 24–7, 35; Diodor 13, 97–103.
6 B. Bleckmann, Athens Weg in die Niederlage. Die letzten Jahre des Peloponnesischen Krieges, Stuttgart/Leipzig 1998, ist über weite Strecken eine Auseinandersetzung über das Verhältnis der beiden Autoren. Für den Arginusenprozeß kommt Bleckmann (509–571) zum Schluß, daß Xenophons Referat im ganzen im Vergleich mit Diodor glaubwürdiger sei, ja daß dieser streckenweise zumindest indirekt von seinem älteren Vorläufer abhänge (bes. 539 ff.).
7 Zumindest ein Teil dieser Stimmen läßt sich zudem mit einiger Wahrscheinlichkeit auf Xenophon zurückführen, z. B. Athenaios 5, 217 f.–218 a, und wohl auch Aristoteles, Athenaion politeia 34, 1, der in seinen Wertungen Xenophon sehr nahe kommt. Besonders A. Andrewes, The Arginusai Trial, Phoenix 28, 1974, 112–122, und A. Mehl, Für eine neue Bewertung eines Justizskandals. Der Arginusenprozeß und seine Überlieferung vor dem Hintergrund von Recht und Weltanschauung im Athen des ausgehenden 5. Jh. v. Chr., ZRG 99, 1982, 32–80, wollen sich eher auf Diodor stützen, weil sie seinen Bericht für stringenter und plausibler als denjenigen Xenophons halten und er in ihrer Einschätzung zuverlässigere Quellen gehabt habe.
8 R. Bauman, Political Trials in Ancient Greece, London/New York 1990, 69–76.
9 G. Németh, Der Arginusen-Prozeß. Die Geschichte eines politischen Justizmordes, Klio 66, 1984, 51–57.
10 Im folgenden werden die einigermaßen gesicherten Ereignisse geschildert, für eine detailliertere ereignisgeschichtliche Darlegung D. Kagan, The Fall of the Athenian Empire, Ithaca/London 1987, 325–375.
11 Das Folgende beruht ausschließlich auf Xenophon, Hellenika 1, 7, 4 ff. Diodor 13, 101, 6 f. zieht den Bericht über die eigentlichen Verhandlungen derart zusammen, daß er für die Rekonstruktion der weiteren Ereignisse wertlos ist.
12 Xenophon, Hellenika 1, 7, 16–33.
13 Das Motiv der Reue taucht auch bei anderen Autoren auf: Platon, Apologie 32 b; Diodor 13, 103, 1 f.; vgl. Isokrates 15, 19. Bleckmann (wie Anm. 6), 510–514, hält diesen Zug freilich für eine Erfindung der demokratiekritischen Literatur der Zeit.
14 Aristoteles, Athenaion politeia 45, 2; 59, 2. Zur Eisangelie M. H. Hansen, Eisangelia. The Sovereignty of the People's Court in Athens in the Fourth Century B. C. and the Impeachment of Generals and Politicians, Odense 1975.
15 Hansen (wie Anm. 14), 26 f.

16 Es war noch keine Gerichtsverhandlung, deswegen mußte den Verdächtigen auch noch keine Mindestredezeit eingeräumt werden, auch wenn dies Xenophon (Hellenika 1, 7, 5) insinuiert.
17 Als Beispiele für ein unterschiedliches Verhalten und damit möglicherweise unterschiedliches Verschulden führt Euryptolemos einerseits gleich zu Beginn seiner Rede seinen Verwandten Perikles und den Diomedon an, die ihre Kollegen davon abgehalten hätten, einen Bericht über das Geschehene an den Demos zu richten, und andererseits jenen Feldherren, der selber hätte gerettet werden müssen und der deswegen kaum für die unterlassene Rettung der übrigen Schiffbrüchigen verantwortlich zu machen sei (Hellenika 1, 7, 32).
18 Der Katalog der Eisangelie-Fälle bei Hansen (wie Anm. 14), 69–120.
19 Katalog Nrn. 7–9; 13–42; 43–60.
20 Hansen (wie Anm. 14), Nrn. 131–133, S. 112; Nrn. 135–137, S. 113f.; Nr. 142, S. 118 (datiert erst 361 v. Chr.).
21 Dazu W. von Wedel, Die politischen Prozesse im Athen des fünften Jahrhunderts, Bullettino dell'Istituto di Diritto romano 74, 1971, 107–188, bes. 158–171. Anders J. H. Lipsius, Das attische Recht und Rechtsverfahren, Leipzig 1905–1912, ND Darmstadt 1966, 185 f., der vor allem in der einzigen Abstimmung über alle Feldherren zugleich die Rechtswidrigkeit sieht.
22 Xenophon, Hellenika 1, 7, 4ff.; 9; 11; Diodor 13, 101, 6; 15, 35, 1.
23 Lipsius (wie Anm. 21), 186 f.; Hansen (wie Anm. 14), 12 ff.
24 Für letzteres hat dies A. Mehl (wie Anm. 7), 59 ff., bes. 71 ff., ausführlich dargelegt, ersteres ließ sich ohne große argumentative Schwierigkeiten unter dem Titel Verrat am athenischen Volk subsumieren.
25 Diodor 13, 100, 1–4.
26 Xenophon, Hellenika 1, 6, 35.
27 Xenophon, Hellenika 1, 7, 30f. und 2, 3, 35.
28 77 Schiffe der Peloponnesier gegenüber 25 der Athener nach Diodor 13, 100, 4; Xenophon, Hellenika 1, 6, 34, hat ebenfalls 25 athenische und 9 lakonische sowie mehr als 60 der Verbündeten der Spartaner.
29 Im eigentlichen Schlachtbericht, in den Reden des Euryptolemos und des Theramenes.
30 Diodor 13, 102, 3 f.
31 Xenophon, Hellenika 1, 7, 8; 12ff.; Diodor 13, 101, 6.
32 Xenophon, Hellenika 1, 6, 34.
33 Xenophon, Hellenika 1, 7, 8.
34 In diesen Zusammenhang gehört auch die Geschichte eines Teilnehmers der Schlacht, der sich auf einem Mehlfaß hatte retten können. Er trat vor der Ekklesie auf und berichtete, daß ihm von Ertrinkenden aufgetragen worden sei, er möge zu Hause melden, daß die Feldherren die wehrhaftesten Vaterlandsverteidiger nicht gerettet hätten: Xenophon, Hellenika 1, 7, 11.
35 S. auch L. Burckhardt, Das Volk als Richter. Politische Prozesse im Athen des 4. Jahrhunderts v. Chr., in: U. Manthe/J. von Ungern-Sternberg (Hrsgg.), Große Prozesse der römischen Antike, München 1997, 171 f. u. pass.
36 Diodor 15, 35, 1.
37 Xenophon, Hellenika 1, 7, 12.
38 Zum Begriff der Volkssouveränität im klassischen Athen s. M. Ostwald, From Popular Sovereignty to the Sovereignty of Law. Law, Society, and Politics in Fifth-Century Athens, Berkeley/Los Angeles/London 1986.
39 Xenophon, Hellenika 1, 7, 13.

‹Die Revolution frißt ihre eignen Kinder›. Kritias vs. Theramenes
Jürgen von Ungern-Sternberg

G. A. Lehmann, Oligarchische Herrschaft im klassischen Athen, Opladen 1997.
K.-W. Welwei, Das klassische Athen. Demokratie und Machtpolitik im 5. und 4. Jahrhundert, Darmstadt 1999.

1 E. Kalinka, Die pseudoxenophontische Athenaion Politeia. Einleitung, Übersetzung, Erklärung, Leipzig/Berlin 1913; danach die Zitate. Hübsch wäre es, wenn man die Schrift dem Kritias zuschreiben könnte: dazu A. Thierfelder, Pseudo-Xenophon und Kritias, in: Politeia und Res Publica. Gedenkschrift R. Stark, hrsg. von P. Steinmetz, Wiesbaden 1969, 79 ff.
2 M. I. Finley, The Fifth-Century Athenian Empire: A Balance-Sheet, in: Imperialism in the Ancient World, hrsg. von P. D. A. Garnsey / C. R. Whittaker, Cambridge 1978, 103 ff.
3 W. G. Forrest, An Athenian Generation Gap, Yale Classical Studies 24, 1975, 37 ff.; H. Wolff, Die Opposition gegen die radikale Demokratie in Athen bis zum Jahre 411 v. Chr., Zeitschrift für Papyrologie und Epigraphik (ZPE) 36, 1979, 279 ff.; K. Raaflaub, Politisches Denken und Krise der Polis. Athen im Verfassungskonflikt des späten 5. Jahrhunderts v. Chr., Historische Zeitschrift 255, 1992, 1 ff.
4 Thukydides, Geschichte des Peloponnesischen Krieges, übersetzt von G. P. Landmann, Zürich 1960; danach die Zitate.
5 G. A. Lehmann, Überlegungen zur Krise der attischen Demokratie im Peloponnesischen Krieg: Vom Ostrakismos des Hyperbolos zum Thargelion 411 v. Chr., ZPE 69, 1987, 33 ff.; H. Heftner, Die Rede für Polystratos ([Lysias] XX) als Zeugnis für den oligarchischen Umsturz von 411 v. Chr. in Athen, Klio 81, 1999, 68 ff.
6 H. Diels / W. Kranz, Die Fragmente der Vorsokratiker, 6. Aufl., Bd. 2, Berlin 1952, 386 ff. (Frg. 25). Ob das Stück dem Kritias oder Euripides zuzuschreiben ist, ist umstritten: E. Pöhlmann, Sisyphos oder der Tod in Fesseln, in: Tradition und Rezeption, hrsg. von P. Neukam, München 1984, 7 ff.; M. Winiarczyk, Nochmals das Satyrspiel «Sisyphos», Wiener Studien 100, 1987, 35 ff.; H. Yunis, The Debate on Undetected Crime and an Undetected Fragment from Euripides' Sisyphos, ZPE 75, 1988, 39 ff.; M. Davies, Sisyphus and the Invention of Religion («Critias› TrGF 1 [43] F 19 = B 25 DK), Bulletin of the Institute of Classical Studies 36, 1989, 16 ff.
7 [Demosthenes] 68, 67; Lysias 12, 66.
8 Eupolis Frg. 251 Kassel-Austin; vgl. Xenophon, Hellenika 2, 3, 30 (die Zitate in der Übersetzung von G. Strasburger). Gegensätzliche Urteile über Theramenes bei R. J. Buck, The Character of Theramenes, The Ancient History Bulletin 9, 1995, 14 ff.; W. J. McCoy, The Political Debut of Theramenes, in: Polis and Polemos. Festschr. D. Kagan, hrsg. von Ch. D. Hamilton / P. Krentz, Claremont, Ca., 1997, 171 ff.
9 G. E. Pesely, Hagnon, Athenaeum 67, 1989, 191 ff. E. David, Theramenes' Speech at Colonus, L' Antiquité classique 64, 1995, 15 ff., sucht unter Verweis auf Lys. 12, 65 zu zeigen, daß Theramenes ganz wesentlich am Sturz der Demokratie im Jahre 411 beteiligt war.
10 H. Diels / W. Kranz, Vorsokratiker (Anm. 6), 377 f. (Frg. 4 u. 5); vgl. Plutarch, Alkibiades 33, 1. Für bittere Ironie hält die Fragmente freilich W. Lapini, I frammenti alcibiadei di Crizia: Crizia amico di Alcibiade?, Prometheus 21, 1995, 1 ff. 111 ff.

11 Diodor 13, 38, 2; Nepos, Alcibiades 5, 4.
12 Aristophanes Frg. 563 Kassel–Austin; Polyzelos Frg. 3 Kassel – Austin; B. Bleckmann, Athens Weg in die Niederlage. Die letzten Jahre des Peloponnesischen Krieges, Stuttgart / Leipzig 1998, 378 f.
13 Lysias 12, 67; vgl. M. H. Hansen, Eisangelia. The Sovereignty of the People's Court in Athens in the Fourth Century B. C. and the Impeachment of Generals and Politicians, Odense 1975, 113 ff. Zur Datierung der Lysiasrede gegen Eratosthenes in das Jahr 403 s. zuletzt A. Natalicchio, Il processo contro Eratostene, Hermes 127, 1999, 293 ff.
14 Thukydides 8, 89; vgl. B. Bleckmann, Athens Weg (Anm. 12), 358 f.
15 Xenophon, Hellenika 1, 1, 12; Diodor 13, 47, 8.
16 B. Bleckmann, Athens Weg (Anm. 12), 390 ff.
17 Aristoteles, Rhetorika 1375 b 32.
18 Xenophon, Memorabilia 1, 2, 24; Philostratos, Vitae sophistarum 1, 16.
19 K. J. Dover, Aristophanes. Frogs, Oxford 1993, 76.
20 Philonides Frg. 6 Kassel-Austin; vgl. Xenophon Hellenika 2, 3, 30.47; Plutarch, Nikias 2, 1.
21 U. Hackl, Die oligarchische Bewegung in Athen am Ausgang des 5. Jahrhunderts v. Chr., Diss. München 1960, 73 ff.; P. Krentz, The Thirty at Athens, Ithaca 1982.
22 Lysias 12, 71–76; Xen. Hell. 2, 3, 11; apologetisch Aristoteles, Athenaion politeia 34, 3; Diodor 14, 3–4.
23 Diesen Gesichtspunkt unterstreicht die Rede Caesars in Sallust, Coniuratio Catilinae 51, 28–31; zur Situation s. J. von Ungern-Sternberg, Das Verfahren gegen die Catilinarier oder: Der vermiedene Prozeß, in: Große Prozesse der römischen Antike, hrsg. von U. Manthe – J. von Ungern-Sternberg, München 1997, 94 ff.
24 Zu solchen Integrationsmechanismen durch ‹Mutproben› in Hetairien s. den Beitrag von Fritz Graf in diesem Bande.
25 Xen. Hell. 2, 3, 24–34; zur Authentizität dieser Rede: S. Usher, Xenophon, Critias and Theramenes, Journal of Hellenic Studies 88, 1968, 128 ff.
26 J. Köhler, Der Ankläger als Angeklagter. Der Volkstribun Georges Danton auf dem Weg zur Guillotine, in: Große Prozesse. Recht und Gerechtigkeit in der Geschichte, hg. von U. Schultz, München 1996, 224 ff.
27 H. C. Youtie / R. Merkelbach, Ein Michigan-Papyrus über Theramenes, ZPE 2, 1968, 161 ff.; W. Luppe, Die Lücke in der Theramenes-Rede des Michigan-Papyrus Inv. 5982, ZPE 32, 1978, 14 ff.; vgl. M. Treu, Einwände gegen die Demokratie in der Literatur des 5./4. Jh., Studii Classice 12, 1970, 17 ff.; C. Bearzot, Per una nuova immagine di Teramene. P. Mich. inv. 5982 e il processo di Eratostene, in: L'immagine dell'uomo politico: vita pubblica e morale nell'antichità, hrsg. von M. Sordi, Mailand 1991, 65 ff.; J. Engels, Der Michigan-Papyrus über Theramenes und die Ausbildung des ‹Theramenes-Mythos›, ZPE 99, 1993, 125 ff.
28 Ph. Harding, The Theramenes Myth, Phoenix 28, 1974, 101 ff.; M. Chambers, Aristoteles. Staat der Athener, Berlin 1990, 280 ff.; vgl. Anm. 8 und 27.

Der Prozeß gegen Sokrates.
Ein ‹Sündenfall› der athenischen Demokratie?
Peter Scholz

D. Cohen, The prosecution of impiety, in: ders., Law, Sexuality, and Society, Cambridge 1991, 203–217.
K. Döring, Sokrates, in: H. Flashar (Hrsg.), Grundriss der Geschichte der Philoso-

phie. Die Philosophie der Antike 2.1: Sophistik, Sokrates, Sokratik, Mathematik, Medizin, Basel 1998, 141–178.

M. I. Finley, Socrates and Athens, in: ders., Aspects of Antiquity. Discoveries and Controversies, London/New York 1977^2, 64–73.

M. I. Finley, Sokrates und die Folgen, in: ders., Antike und moderne Demokratie, Stuttgart 1987, 76–106.

M. H. Hansen, The Trial of Sokrates. From the Athenian Point of View, Kopenhagen 1995.

J. Malitz, Sokrates im Athen der Nachkriegszeit (404–399 v. Chr.), in: H. Kessler (Hrsg.), Sokrates. Geschichte, Legende, Spiegelungen, Zug 1995, 11–38.

C. Mossé, Le procès de Socrate, Brüssel 1987.

V. Parker, Athenian Religion. A History, Oxford 1996, 199–217.

P. Scholz, Der Philosoph und die Politik. Die Ausbildung der philosophischen Lebensform und die Entwicklung des Verhältnisses von Philosophie und Politik im 4. und 3. Jahrhundert v. Chr., Stuttgart 1998.

G. Vlastos, Socratic Studies, Cambridge 1994.

R. Zoepffel, Sokrates und Athen, in: H. Kessler (Hrsg.), Sokrates. Gestalt und Idee, Heitersheim 1993, 11–45.

1 Zur Problematik der Identifizierung des Anklägers: H. Blumenthal, Meletus the Accuser of Andocides and Meletus the Accuser of Socrates: One Man or Two, Philologus 117 (1973), 169–178. Es gibt in dieser Zeit noch sieben weitere Träger dieses Namens.

2 Zur Person s. W. Aly, Anytos, der Ankläger des Sokrates, Neue Jahrbücher für das klassische Altertum, Geschichte und deutsche Litteratur 16 (1913), 169–175; J. K. Davies, Athenian Propertied Families, 600–300 B. C., Oxford 1971, 40 f. (nr. 1324).

3 Zur Verfahrensweise ausführlich: A. L. Boegehold, The Lawcourts at Athens. Sites, Buildings, Equipment, Procedure and Testimonia (The Athenian Agora XXVIII), Princeton, N. J. 1995, 30–36.

4 Zur Herrschaft der 30 Tyrannen vgl. G. A. Lehmann, Oligarchische Herrschaft im klassischen Athen. Zu den Krisen und Katastrophen der attischen Demokratie im 5. und 4. Jahrhundert v. Chr., Opladen 1997, 48–54 (Nordrhein-Westfälische Akademie der Wissenschaften G 346); D. M. Lewis, in: The Cambridge Ancient History VI, Cambridge 1994, 32–40.

5 Zur Wiederherstellung der Demokratie und zum Amnestieerlaß: P. Harding, King Pausanias and the Restoration of Democracy at Athens, Hermes 116 (1988), 186–193; T. Loening, The Reconciliation Agreement of 403/402 B. C. in Athens. Its Content and Application, Wiesbaden 1988.

6 Zur außen- und innenpolitischen Situation dieser Jahre s. allgemein: P. Funke, Homónoia und Arché. Athen und die griechische Staatenwelt vom Ende des Peloponnesischen Krieges bis zum Königsfrieden, Wiesbaden 1980, 12 ff.; G. A. Lehmann, Die revolutionäre Machtergreifung der «Dreißig» und die staatliche Teilung Attikas (404–401/0 v. Chr.), in: Antike und Universalgeschichte. Festschrift für H. E. Stier, Münster 1972, 201–233.

7 Vgl. Malitz (1995), 25–27.

8 Näheres bei P. Green, Text and Context in the Matter of Xenophon's Exile, in: I. Worthington (Hrsg.), Ventures into Greek History, Oxford 1994, 215–227.

9 Eryximachos: Pap. Ryl. 489. Hippotherses: Pap. Oxy. 1606. Eratosthenes: Lysias, or. 12. Vgl. K. J. Dover, Lysias and the Corpus Lysiacum, Berkeley/Los Angeles 1968, 34. 40 f.

10 Sokrates gehörte dem athenischen Mittelstand an, der Klasse der Hopliten, die

imstande waren, die Kosten für ihre Hoplitenrüstung, bestehend aus Panzer, Helm, Beinschienen, Schwert, Stoßlanze und Schild, selbst zu tragen. Sie bildeten den Kern des athenischen Heeres, dessen Hauptwaffe die geschlossene Formation der Hoplitenphalanx war. Daher galt der Hoplit traditionell als der klassische Repräsentant des athenischen Bürgers, dessen politische Selbstbestimmung auf die Repräsentation und Ausübung militärischer Macht gegründet war. Daß der Philosoph aus nicht ganz ärmlichen Verhältnissen kam, darauf weist auch der Umstand, daß sein Hausstand neben seinen beiden Ehefrauen noch mehrere Frauen umfaßte, die vor dem Trunk des Schierlingsbechers zusammen mit seinen drei Söhnen noch einmal zu ihm geführt wurden.

11 Daß die öffentliche Wahrnehmung des Sokrates als Oligarchenfreund im Widerspruch zu dessen eigentlich demokratischer Gesinnung stand, hat G. Vlastos (The Historical Socrates and Athenian Democracy, in: ders., Socratic Studies, Cambridge 1994, 87–108) gezeigt.

12 So trug dem Sokrates seine Kritik am erotischen Verhältnis des Kritias zu dem jungen Euthydemos nicht nur dessen Zorn, sondern auch ein gesetzliches Verbot ein, «die Kunst des Redens zu lehren». Das wiederum soll Sokrates zum Anlaß genommen haben, den Tyrannen mit ironischer Rede seine intellektuelle Unabhängigkeit und Ohnmacht vorzuführen (Xenophon, Memorabilia 1, 2, 31 f.). Der Philosoph weigerte sich zudem, auf Befehl der 30 den zur Hinrichtung bestimmten demokratischen Strategen Leon von Salamis festzunehmen (Platon, Apologia 32 c–d). Zur Biographie des Strategen: W. J. McCoy, The Identity of Leon, AJPh 96 (1975), 187–199.

13 Eine kurze Liste der übereinstimmenden Angaben findet man bei Hansen (1995),6.

14 Zur Rekonstruktion der Prozeßreden: Döring (1998), 150–153.

15 Platon, Apologia 19 a.

16 Platon, Apologia 32 b–d; Xenophon, Memorabilia 1, 1, 18.

17 Platon, Apologia 37 c 4–38 ab; Kriton 53 c 3 f.

18 Xenophon, Apologia 23; Platon, Apologia 36 d 1–37 a. 38 b 6–9.

19 Vgl. hierzu die Kontroverse zwischen R. Kraut, Socrates and the State, Princeton 1984, und T. C. Brickhouse/N. D. Smith, Socrates on Trial, Princeton 1989, 170–173.

20 S. zuletzt P. A. Vander Waerdt, Socrates in the Clouds, in: ders., The Socratic Movement, Ithaca/London 1994, 48–86.

21 Zu den «oligarchischen» Freunden des Sokrates vgl. besonders D. I. Rankin, Socrates, an Oligarch?, L' Antiquité classique 56 (1987), 68–87.

22 Vgl. K. Dover, Aristophanes. Clouds, London 1968, XXXII–XXXIV. XLVII; A. Weiher, Philosophen und Philosophenspott in der attischen Komödie, Diss. München 1913, 5–37.

23 Plat. Theait. 149 a; Symp. 215 b; Gorg. 494 d. Zur äußerlichen Abgrenzung der philosophischen von der politischen Lebensform: Scholz (1998), 14–37.

24 So etwa Cohen (1991), 212–217.

25 S. hierzu Parker (1996) und den Beitrag von Fritz Graf im vorliegenden Band.

26 Aristoteles, Fragment 667 Rose^3 = I. Düring, Aristotle in the Ancient Biographical Tradition, Göteborg 1961, T 44.

27 Zu den Asebieprozessen und zu der Problematik der Redefreiheit: Scholz (1998), 62–71; R. W. Wallace, Private Lives and Public Enemies. Freedom of Thought in Classical Athens, in: A. L. Boegehold/A. C. Scafuro (Hrsgg.), Athenian Identity and Civic Ideology, Baltimore/London 1994, 127–155; K. J. Dover, The Freedom of the Intellectual in Greek Society, Talanta 7 (1976), 24–54 = ders., The Greeks and their Legacy. Collected Papers II, Oxford/New York 1988, 135–158.

28 Ch. Meier, Der Sokrates-Prozeß, in: U. Schultz (Hrsg.), Große Prozesse. Recht und Gerechtigkeit in der Geschichte, München 1997, 21–31; M. Stahl, Sokrates, in: K. Brodersen (Hrsg.), Große Gestalten der griechischen Antike. 58 historische Portraits von Homer bis Kleopatra, München 1999, 241.
29 In seiner Schrift *Verteidigung des Sokrates (F.* Wehrli, Die Schule des Aristoteles 4, Basel 1949, Fragment 91–98) warf Demetrios von Phaleron, nicht zuletzt aus Enttäuschung über sein eigenes politisches Scheitern, den Athenern eine grundsätzliche Abneigung gegen Philosophen vor und stellte als Beleg für diese Behauptung eine Sammlung von historischen Beispielen zusammen. Zur Nachwirkung s. ansonsten: K. Döring, Exemplum Socratis. Studien zur Sokratesnachwirkung in der kynisch-stoischen Populärphilosophie der frühen Kaiserzeit und im frühen Christentum, Stuttgart 1979 (Hermes Einzelschriften 42); P. A. Vander Waerdt, The Socratic Movement, Ithaca/London 1994.

‹Der Streit um den unbeliebten Frieden›.
Der Gesandtschaftsprozeß 343 v. Chr.
Johannes Engels

Textausgaben und Übersetzungen der Hauptquellen:
Griechischer Text:
Mervin R. Dilts, Aeschinis orationes, (Bibliotheca Teubneriana) Stuttgart und Leipzig 1997.
Carl Fuhr, Demosthenis orationes, Vol. I, (Bibliotheca Teubneriana) Leipzig 1914.
Englische Übersetzung:
Demosthenes and Aeschines translated by A. N. W. Saunders, introduction by T. T. B. Ryder, (The Penguin Classics) Harmondsworth 1975.
Deutsche Übersetzung:
Demosthenes: Politische Reden, Gr./Dt. übers. v. W. Unte, (Reclams Universal-Bibliothek 957) Stuttgart / Leipzig 1995 (zu Demosthenes' Rede 5).

Weiterführende Fachliteratur:
Richard A. Bauman, Political Trials in Ancient Greece, London / New York 1990, 87–94.
Hermann Bengtson (Hrsg.), Die Staatsverträge des Altertums, Band II, München ²1975 (Philokratesfrieden Nr. 329).
Pierre Carlier, Démosthène, Paris 1990.
Robert Develin, Athenian Officials 684–321 B. C., Cambridge 1989, 318–332.
Johannes Engels / Michael Weissenberger, Demosthenes 2, in: Der Neue Pauly Bd. 3, Stuttgart / Weimar 1997, 467–473.
Johannes Engels / Michael Weissenberger, Aischines 2, in: Der Neue Pauly Bd. 1, Stuttgart / Weimar 1996, 347–349.
Françoise Frazier, A propos de la disposition du 'Sur l'ambassade infidèle': Stratégie rhétorique et analyse politique chez Démosthène, Revue des études grecques 107, 1994, 414–439.
George L. Greaney, A Commentary on Aeschines's «De Falsa Legatione», Ph. D. New York University 1992.
Edward M. Harris, Aeschines and Athenian Politics, Oxford / New York 1995.
Ryszard Kulesza, Die Bestechung im politischen Leben Athens im 5. und 4. Jahrhundert v. Chr., (Xenia 37) Konstanz 1995.
Derek J. Mosley, Envoys and Diplomacy in Ancient Greece, (Historia Einzelschriften 22) Wiesbaden 1973, 39–42.
Thomas Paulsen, Die Parapresbeia-Reden des Demosthenes und des Aischines.

Kommentar und Interpretation zu Demosthenes, or. XIX, und Aischines, or. II, (Bochumer Altertumswissenschaftliches Colloquium 40) Trier 1999.

Jennifer T. Roberts, Accountability in Athenian Government, Madison 1982, 49–54.

Arnold Schaefer, Demosthenes und seine Zeit, Leipzig ²1885–1887 (ND Hildesheim 1966).

Raphael Sealey, Demosthenes and his Time. A Study in Defeat, Oxford. New York 1993.

Hermann Wankel, Die Korruption in der rednerischen Topik und in der Realität des klassischen Athen, in: Wolfgang Schuller (Hrsg.), Korruption im Altertum. Konstanzer Symposium Oktober 1979, München 1982, 29–53.

Ian Worthington, Greek Oratory, Revision of Speeches and the Problem of Historical Reliability, Classica et Medievalia 42, 1991, 55–74.

Der Kranzprozeß des Jahres 330 v. Chr.
oder: Der Abgesang auf die klassische Polis
Wolfgang Schuller

Moderne deutsche Übersetzungen der Aischines-Rede gibt es nicht; man muß auf die englischen und französischen Fassungen von Adams (Loeb) und Martin/Budé (Budé) zurückgreifen. Die Rede des Demosthenes dagegen ist neuerdings von Waldvogel (Reclam) und von Zürcher (zweisprachig) zuverlässig übersetzt worden. Der Kommentar zur Kranzrede von Wankel 1976 ist nicht nur sachlich ausgiebig und zuverlässig, er läßt sich wegen der Prägnanz und Lebendigkeit seiner Ausdrucksweise sogar gut lesen, was sonst weder Eigenschaft noch auch Aufgabe wissenschaftlicher Kommentare ist. Im übrigen sind von Bedeutung:

Adams 1919/1958 – The Speeches of Aeschines. With an English Translation, London und Cambridge, Mass., 1958 (zuerst 1919).

Bleicken 1995 – J. Bleicken, Die athenische Demokratie, Paderborn u. a. 1995, 4. Aufl.

Boegehold 1995 – A. L. Boegehold, The Lawcourts at Athens. Sites, Buildings, Equipment, Procedure, and Testimonia (The Athenian Agora XXVIII), Princeton 1995.

Burckhardt 1997 – L. Burckhardt, Das Volk als Richter. Politische Prozesse in Athen im 4. Jahrhundert v. Chr., in: U. Manthe / J. von Ungern-Sternberg (Hrsgg.), Große Prozesse der römischen Antike, München 1997, 161–173.

Carlier 1990 – P. Carlier, Démosthène, o. O. (Paris) 1990.

Engels 1993 – J. Engels, Studien zur politischen Biographie des Hypereides. Athen in der Epoche der lykurgischen Reformen und des makedonischen Universalreiches, München 1993, 2. Aufl.

Hansen 1995 – M. H. Hansen, Die athenische Demokratie im Zeitalter des Demosthenes. Struktur, Prinzipien und Selbstverständnis, Berlin 1995.

Harris 1994 – E. M. Harris, Law and Oratory, in: I. Worthington (Hrsg.), Persuasion: Greek Rhetoric in Action, London / New York 1994, 130–150.

Harris 1995 – E. M. Harris, Aeschines and Athenian Politics, New York / Oxford 1995.

Hillgruber 1988 – M. Hillgruber, Die zehnte Rede des Lysias. Einleitung, Text und Kommentar mit einem Anhang über die Gesetzesinterpretationen bei den attischen Rednern, Berlin / New York 1988.

Kulesza 1995 – R. Kulesza, Die Bestechung im politischen Leben Athens im 5. und 4. Jahrhundert v. Chr., Konstanz 1995.

Martin/Budé 1928/1962 – Éschine. Discours. Tome II. Contre Ctésiphon. Lettres. Texte établi et traduit, Paris 1962 (zuerst 1928).

Murphy 1983 – J. J. Murphy (Hrsg.), Demosthenes' On the Crown. A Critical Case Study of a Masterpiece of Ancient Oratory, Davis, Ca., 1983.
Schaefer 1885–1887 – A. Schaefer, Demosthenes und seine Zeit, 3 Bände, Leipzig 1885, 1886, 1887, 2. Aufl. (Nachdruck Hildesheim 1966).
Sealey 1993 – R. Sealey, Demosthenes and His Time. A Study in Defeat, Oxford / New York 1993.
Usher 1993 – S. Usher, Demosthenes On the Crown (De Corona). Translated with an Introduction and Commentary, Warminster 1993.
Waldvogel 1968 – W. Waldvogel, Demosthenes. Rede über den Kranz. Übersetzung, Anmerkungen und Nachwort, Stuttgart 1968.
Wankel 1976 – H. Wankel, Demosthenes. Rede für Ktesiphon über den Kranz. Erläutert und mit einer Einleitung versehen, 2 Halbbände, Heidelberg 1976.
Wankel 1982 – H. Wankel, Die Korruption in der rednerischen Topik und in der Realität des klassischen Athen, in: W. Schuller (Hrsg.), Korruption im Altertum. Konstanzer Symposium Oktober 1979, München 1982, 29–53.
Zürcher 1983 – W. Zürcher, Demosthenes. Rede für Ktesiphon über den Kranz, Darmstadt 1983.

1 Von Johannes Engels.
2 Carlier 1990, 192–219; Sealey 1993, 172–193; Harris 1995, 124–137.
3 Plutarch, Demosthenes 20.
4 Hansen 1995, 213–219.
5 Etwa Wankel 1976, 19–25; Carlier 1990, 247–249; Harris 1994, 140–142.
6 Aischines 3, 56; Demosthenes 18, 196. Der genaue Platz, wo der Prozeß stattfand, ist nicht eindeutig feststellbar; vgl. generell zum Gerichtsgebäude den Beitrag von Gerhard Thür in diesem Band.
7 Wankel 1982 und Kulesza 1995.
8 Bei Aischines zähle ich 37 Stellen, bei Demosthenes 24.
9 Trotz Wankels Bemerkung: «Eine moralisierende Betrachtungsweise in der Beurteilung des literar- und kulturgeschichtlichen Phänomens der Invektive muß ... als überwunden gelten.» Wankel 1976, 689. Immerhin beteuert Demosthenes, er sei «kein Freund von Beschimpfungen» (126).
10 Harris 1994; aber auch schon Wankel 1976, 599. 602–604, sah die Rechtslage nicht ganz eindeutig.
11 Hillgruber 1988.
12 Daß sich überhaupt keine festen politischen Gruppierungen in diesem Sinne feststellen ließen, ist die These von Sealey 1993; speziell zum Kranzprozeß siehe nur Engels 1993, 148 f., 213 f.
13 Weitere Stellen: §§ 13. 14. 15. 23. 83. 139. 179. 188. 191. 196. 197. 199. 222. 239. 279.
14 §§ 192. 193. 200. 208. 290. 300. 306.
15 §§ 68. 95. 96. 98. 99. 108. 200. 201. 203. 204. 205. 206. 208. 211. 322.
16 §§ 235. 246.
17 Wankel gibt in seinem Kommentar zahlreiche Hinweise auf derartiges.
18 Ed. Meyer, Rede beim Antritt des Rektorats der Friedrich-Wilhelms-Universität Berlin am 15. Oktober 1919, in: Kleine Schriften II, Halle 1924, 539 ff.; dazu J. von Ungern-Sternberg, Politik und Geschichte. Der Althistoriker Eduard Meyer im Ersten Weltkrieg, in: W. M. Calder III/A. Demandt (Hrsgg.), Eduard Meyer. Leben und Leistung eines Universalhistorikers, Leiden 1990, 501 ff.
19 Hansen 1995, 210–226; Bleicken 1995, Register unter Klage, politische; Burckhardt 1997.
20 Wankel 1976, 690.
21 Siehe Heinrich Gelzer, Jacob Burckhardt, in: Ausgewählte Kleine Schriften,

Die Harpalos-Affäre
Walter Eder

Ernst Badian, Harpalus, The Journal of Hellenic Studies 81, (1961), 16–43.
Siegfried Jaschinski, Alexander und Griechenland unter dem Eindruck der Flucht des Harpalos, Bonn 1981.
Wolfgang Will, Athen und Alexander, München 1983.
Ian Worthington, A Historical Commentary on Dinarchus. Rhetoric and Conspiracy in Later Fourth-Century Athens, Ann Arbor 1992.
Ian Worthington, The Harpalus affair and the Greek response to Macedonian hegemony, in: Ian Worthington (Hrsg.), Ventures into Greek history, Oxford 1993, 307–330.
Johannes Engels, Studien zur politischen Biographie des Hypereides, München 1993 (2. Aufl.), 308–322.

1 Pausanias, Beschreibung Griechenlands 1, 37, 5; Athenaios 13, 594f–595c; abwertend Plutarch, Phokion 22.
2 Die Quellen zu Harpalos sind gesammelt bei H. Berve, Das Alexanderreich auf prosopographischer Grundlage, Bd. 2, München 1926, Nr. 143.
3 Plutarch, Alexander 9, 4–5; Arrian 3, 6, 5.
4 E. Badian, The Death of Philip II., Phoenix 17 (1963), 244–250.
5 Arrian 3, 6, 6.
6 S. Jaschinski, Alexander und Griechenland unter dem Eindruck der Flucht des Harpalos, Bonn 1981, 10–18.
7 B. M. Kingsley, Harpalos in the Megarid (333–331 B.C.) and the Grain Shipment from Cyrene, Zeitschrift für Papyrologie und Epigraphik 66 (1986), 165–177.
8 Arrian 3, 6, 7.
9 Curtius 9, 3, 21 (mit Gold und Silber eingelegte Waffen für 25 000 Mann), vgl. Plutarch, Alexander 8, 3.
10 Diodor 17, 108, 6.
11 Curtius 10, 2, 1.
12 ‹Reign of terror›: E. Badian, Harpalus, Journal of Hellenic Studies 81 (1961), 21 f.
13 Arrian 6, 27, 3–4; 7, 4, 2; Curtius 9, 10, 29; 10, 1, 1–9.
14 Arrian 7, 4, 3; Curtius 10, 1, 7.
15 Diodor 17, 108, 4.
16 Diodor 17, 108, 5–6; Athenaios 13, 586c–d, 594e–596a.
17 Arrian 1, 10, 2–6; Plutarch, Alexander 13, 1–2. Demosthenes 23, 4–6. Phokion 17, 2–6.
18 J. Engels, Studien zur politischen Biographie des Hypereides, München 1993 (2. Aufl.), 257–322.
19 Zur umstrittenen Chronologie der Harpalosaffäre siehe zuletzt J. Engels, Studien (s. Anm. 18), 308–313. Ich folge der von W. Will, Alexander und Athen, München 1983, entwickelten und in einer Rezension zu S. Jaschinski (s. Anm. 6) in Gnomon 52 (1982), 746–750, bereits gut begründeten Chronologie.
20 Diodor 17, 109, 1; 18, 8, 2; Curtius 10, 2, 4.
21 J. Seibert, Die politischen Flüchtlinge und Verbannten in der griechischen Geschichte, Darmstadt 1979, 147–162, 319–327.
22 Diodor 18, 8, 3–5.
23 Diodor 18, 8, 7.

24 Deinarchos 3 (Gegen Philokles), 1; Pseudo-Plutarch, Leben der 10 Redner, 846a (Demosthenes).
25 Hypereides 1 (Gegen Demosthenes), frg. VI, col. 20–21; J. Engels, Studien (s. Anm. 18), 319–322.
26 Diodor 17, 111, 1–3; 18, 9, 1.
27 Deinarchos 1 (Gegen Demosthenes), 89; Plutarch, Demosthenes 25, 2; I. Worthington, A Historical Commentary on Dinarchus, Ann Arbor 1992, 44–47.
28 Hypereides 1 (Gegen Demosthenes), frg. III, col. 9; Pseudo-Plutarch, Leben der 10 Redner, 846b (Demosthenes).
29 Aelian 2, 19; Plutarch, Moralia 219e.
30 Valerius Maximus 7, 2, 13; vgl. Aelian 5, 12.
31 Deinarchos 1 (Gegen Demosthenes), 91–96; Hypereides 1 (Gegen Demosthenes), frg. VIII, col. 31.
32 Hypereides (Gegen Demosthenes), frg. III col. 8; Plutarch Moralia 531a; Pausanias, Beschreibung Griechenlands 2, 33, 4.
33 Diodor, 17, 108, 7.
34 Arrian 7, 12, 3–7.
35 Diodor 17, 108, 7–8.
36 Deinarchos 1 (Gegen Demosthenes), 10.
37 R. W. Wallace, The Areopagus Council to 307 B.C., Baltimore / London 1985 (1989), 113–119 (Einrichtung und Datierung des Apophasis-Verfahrens), 198–201 (Harpalos-Affäre); I. Worthington, Commentary (s. Anm. 27), 357–362 (zur Abgrenzung von Eisangelia-Verfahren).
38 Deinarchos 1 (Gegen Demosthenes), 1 und 8.
39 Deinarchos 3 (Gegen Philokles), 2, 5, 16.
40 Hypereides 1 (Gegen Demosthenes), frg. III, col. 5.
41 Deinarchos 1 (Gegen Demosthenes), 45.
42 Zu den Beschuldigten siehe I. Worthington, Commentary (s. Anm. 27), 54–55.
43 Hypereides 1 (Gegen Demosthenes), frg. II, col. 3.
44 Pseudo-Plutarch, Leben der 10 Redner, 846c (Demosthenes); Deinarchos 1 (Gegen Demosthenes), 1.
45 Plutarch, Phokion 26, 2.
46 J. A. Goldstein, The Letters of Demosthenes, New York 1968, 57–59, 85.
47 Pseudo-Plutarch, Leben der 10 Redner, 846d (Demosthenes).
48 Deinarchos 1 (Gegen Demosthenes), 89.
49 I. Worthington, Commentary (s. Anm. 27), 65–69.

III. ALLTAG VOR GERICHT: ZWEI PRIVATPROZESSE

Die Tötung des Ehebrechers
Ulrich Manthe

Lysiae orationes, ed. Thalheim, Leipzig 1901.
Lysiae orationes, ed. Hude, Oxford 1912 (u. ö.).
Lysias, with an English translation by W. R. M. Lamb, London 1930 (u. ö.).
Lysias, Drei ausgewählte Reden, Griechisch/Deutsch, übers. u. hrsg. von G. Wöhrle, Stuttgart 1995 (Reclam 5597), 21 ff.
C. Carey, Lysias, Selected Speeches, Cambridge 1989, 17 ff.
C. Carey, Trials from Classical Athens, London 1997, 27 ff. (engl. Übersetzung).

F. Blass, Die attische Beredsamkeit I, Leipzig ³1887 (ND Hildesheim 1979), 339 ff., 571 ff.
W. Erdmann, Die Ehe im alten Griechenland, München 1934.
M. Gagarin, Drakon and Early Athenian Homicide Law, New Haven 1981.
G. Kennedy, The Art of Persuasion in Greece, Princeton 1963.
J. H. Lipsius, Das Attische Recht und Rechtsverfahren I–III, Leipzig 1905–1915, ND Darmstadt 1966.
D. M. MacDowell, The Law in Classical Athens, London 1978.
G. Thür, Beweisführung vor den Schwurgerichtshöfen Athens, Sitz.-Ber. Öst. Ak. Wiss., phil.-hist. Kl. 317, Wien 1977.
S. C. Todd, The Shape of Athenian Law, Oxford 1993.
DNP. = Der Neue Pauly, 1996 ff.
KP. = Der Kleine Pauly, 1964 ff.
RE = Paulys Realencyclopädie der klassischen Altertumswissenschaft, 1894 ff.

1 Decameron VI 7: «Madonna Filippa, von ihrem Gatten mit einem Liebhaber angetroffen und vor Gericht gefordert, rettet sich durch eine geschwinde und launige Antwort und erwirkt die Änderung des Gesetzes.»
2 Zum Verfahren: Lipsius III 810 f.; J. Miller, Drakon 1, RE V 2, 1905, 1650 ff.; MacDowell 110 ff., 118 ff.; Gagarin 54 ff.
3 Pausanias, Beschreibung Griechenlands I 28, 10; Lipsius I 19, 130; Wachsmuth, Delphinion 3, RE IV 2, 1901, 2512 f.
4 MacDowell 119.
5 Demosthenes 23, 53; Lipsius II 1, 430; J. Miller, Drakon 8, RE V 2, 1905, 1649; Erdmann 287, 290.
6 Lipsius II 2, 468 f., 482; Erdmann 267 f.; E. Bund, Engyesis, KP. II, 1967, 268.
7 Was auch von Lysias selbst berichtet wurde: Demosthenes 59, 21; Blass I 352.
8 Erdmann 282 ff.
9 K. Latte, Moicheia, RE XV 2, 1932, 2446 ff.; Erdmann 286 ff.; B. Wagner-Hasel, Ehebruch, DNP. III, 1997, 900.
10 Dies trug Euphiletos vor (§ 33). E. M. Harris, Did the Athenians Regard Seduction as a Worse Crime than Rape?, Classical Quarterly 40, 1990, 370 ff., hält die Behauptung, Vergewaltigung sei weniger strafwürdig als *moicheia,* für rein rhetorisch.
11 Lipsius III 1, 431; Erdmann 292; K. Latte, Moicheia, RE XV 2, 1932, 2447.
12 Lipsius II 1, 433; Thalheim, Ehescheidung, RE V 2, 1905, 2012; Erdmann 294; B. Wagner-Hasel, Ehebruch, DNP. III, 1997, 900.
13 Der heute selbstverständliche Grundsatz, daß der Richter das Gesetz kennt (*iura novit curia*), galt in Griechenland nicht, da die Richter keine ‹Juristen› waren.
14 Vgl. E. Wolf, Griechische Rechtsdenker III 2, Frankfurt 1956, 179 f.; J. Triantaphyllopoulos, Das Rechtsdenken der Griechen, München 1985, 32.
15 Blass I 339 ff.; Plöbst, Lysias 13, RE XIII 2, 1927, 2533 ff.; H. Gärtner, Lysias 6, KP. III, 1969, 834 ff; M. Weißenberger, Lysias, DNP VII, 1999, 598 ff.
16 Blass I 357, 375.
17 Identität vermutete Kirchner, Eratosthenes 1, RE VI 1, 1907, 358; ablehnend H. Schultz, Zu Lysias, Hermes 46, 1911, 631 Fn. 3; unentschlossen H. C. Avery, Was Eratosthenes the Oligarch Eratosthenes the Adulterer?, Hermes 119, 1991, 380 ff.
18 Zu unserer Rede (oratio 1): Blass I 571 ff.; S. Usher, Die individuelle Charakterdarstellung bei Lysias, in: A. Anastasiou/D. Irmer (Hrsgg.), Kleinere attische Redner, Darmstadt 1977, 220 ff.; Todd 61, 202 ff.; Carey, Sel. Speeches 59 ff.
19 Übersicht bei H. Hommel/K. Ziegler, Rhetorik, KP. IV, 1972, 1411–1414.
20 H. Lausberg, Elemente der literarischen Rhetorik, München ⁷1982, 34 f.

21 Einzelheiten bei J. Martin, Antike Rhetorik, München 1974, 247–345; Lausberg, a. a. O. 59–153.
22 Cicero, Über den Redner II 86, 350–88, 360; Martin, a. a. O. 349 f.
23 Der Bericht des Euphiletos erinnert an die Belehrung, welche Ischomachos dem Sokrates über die richtige Erziehung der Ehefrau erteilte, Xenophon, Oikonomikos 7, 4–10, 13.
24 G. Morgan, Euphiletos' House: Lysias I, Transactions of the American Philological Association 112, 1982, 115 ff.; P. D. Dimakis, Quelques remarques à propos de la position juridique des Athéniennnes à l'époque classique, Symposion 1985, Köln 1989, 228.
25 *Psimythion,* vgl. Xenophon, Oikonomikos 10, 2. Schon 2000 v. Chr. in Ägypten verwendet: P. Walter u. a., Making make-up in Ancient Egypt, Nature 397, 1999, 483 f.
26 Demosthenes 59, 65 f.; Lipsius II 1, 434; Erdmann 292; E. Ruschenbusch, Der Ursprung des gerichtlichen Rechtsstreits bei den Griechen, Symposion 1977, Köln 1982, 5 ff.
27 Der moderne Jurist ist geneigt, die Schuld des Euphiletos deshalb zu bejahen, weil er erst nach längerer Überlegung und daher nicht mehr im Affekt gehandelt hat. Doch erließ das athenische Recht die Strafe nicht wegen mangelnder Schuld, sondern weil die Tat durch den Ehebruch gerechtfertigt war; es kam daher nicht darauf an, ob der Täter noch im Affekt gehandelt hatte.
28 Einzelheiten bei Blass I 571 ff.; Carey, Sel. Speeches 64 ff. Zu dieser Selbstdarstellung als einfacher Mensch paßt freilich nicht die juristische Belehrung, die er dem Eratosthenes noch zuteil werden ließ (§ 26).
29 § 28. Lipsius II 1, 430 f. schreibt das Gesetz Solon zu, zweifelnd Todd 276.
30 Lipsius II 2, 639; Todd 276.
31 Digesten XLVIII 5, 24 pr.; Erdmann 291.
32 Zur Problematik dieser Argumentationsschwäche unserer Rede vgl. E. Cantarella, Moicheia. Reconsidering a Problem, Symposion 1990, Köln 1991, 292; E. M. Harris, «In the Act» or «Red-Handed»?, Symposion 1993, Köln 1994, 179.
33 Thür 25 f. Demosthenes behauptete, Sklaven würden unter der Folter die Wahrheit sagen (oratio 30, 37); realistischer meinte Lysias, Sklaven würden eher zugunsten ihres Herrn, wenn sie ihm zugetan seien, aussagen (oratio 6, 16); grundlegend nunmehr H. Klees, Sklavenleben im klassischen Griechenland, Stuttgart 1998, 388 ff.
34 Lipsius III 873; Thür 26; MacDowell 119; C. Carey, A Note on Torture in Athenian Homicide Cases, Historia 37, 1988, 241.
35 Lipsius III 888 ff.; Thür 233 ff., 261.
36 Dionysios von Halikarnassos, Über Demosthenes 2; Blass I 388 ff.
37 H. Gärtner, Ethos – Pathos, KP. II, 1967, 382.
38 Blass I 382, 394; Kennedy 135.
39 Dionysios von Halikarnassos, Über Demosthenes 15; Cicero, Redner 29, 104; Blass I 390, 394.
40 Gellius, Attische Nächte II 5; Blass I 393.
41 Dionysios von Halikarnassos, Über Isaios 16: «So möchte man einem lügenden Klienten des Lysias glauben, einem des Isaios aber, selbst wenn er die Wahrheit spricht, nicht.» Sokrates hingegen tadelte an Lysias den Mangel philosophischer Bildung, Platon, Phaidros 257b, 262e–264a, 269d. Daß Sokrates ein Angebot des Lysias, ihn zu verteidigen, abgelehnt habe (Diogenes Laërtios, Leben der Philosophen II 40; Cicero, Über den Redner I 54, 231), ist wohl Legende, Blass I 351.
42 Blass I 403.
43 Dionysios von Halikarnassos, Über Lysias 17; Blass I 382.
44 Cicero, Redner 23, 76.

45 U. von Wilamowitz-Moellendorff, Lesefrüchte, Hermes 58, 1923, 58.
46 Es war üblich, den Namen einer athenischen Frau nur dann in einer Gerichtsrede zu nennen, wenn sie einen schlechten Ruf hatte, vgl. Todd 201.
47 Vgl. H. J. Wolff, Opuscula dispersa, Amsterdam 1974, 37.

Die zwei Leben des Euktemon.
Familienstreit zwischen Bürgerlichkeit und Milieu
Winfried Schmitz

Ausgaben der sechsten Rede des Isaios bieten:
Th. Thalheim, Isaeus: Orationes. Bibliotheca Teubneriana (Stuttgart ^{2}1903; ND 1963).
Edward S. Forster, Isaeus (London/Cambridge, Mass., 1927) (mit engl. Übersetzung).
Pierre Roussel, Isée: Discours (Paris 1960) (mit franz. Übersetzung).
Eine deutsche Übersetzung hat K. Münscher in der Zeitschrift für vergleichende Rechtswissenschaft 37, 1920, 32–328, vorgelegt.
Der beste Kommentar ist nach wie vor der von William Wyse, The Speeches of Isaeus (Cambridge 1904; ND 1967).
Weiteres findet sich bei:
Friedrich Blass, Die attische Beredsamkeit 2: Isokrates und Isaios (Leipzig ^{2}1892; ND Hildesheim / New York 1979), 548–551.
Rolf Lentzsch, Studien zu Isaios (Diss. Leipzig 1932; Weida 1932), 20–28.
Wesley E. Thompson, Isaeus VI: The Historical Circumstances, Classical Review 84, 1970, 1–4.
Gerhard Thür, Beweisführung vor den Schwurgerichtshöfen Athens. Die Proklesis zur Basanos. Sitzungsberichte der Österreichischen Akademie der Wissenschaften, Phil.-Hist. Klasse 317 (Wien 1977) (zur 6. Rede: S. 235–240).
Richard F. Wevers, Isaeus. Chronology, Prosopography, and Social History. Studies in Classical Literature 4 (The Hague / Paris 1969).
John M. Lawless, Law, Argument and Equity in the Speeches of Isaeus (Diss. Brown Univ. Providence 1991).
Zu den Ausgrabungen am ‹Heiligen Tor› siehe Ursula Knigge, Der Kerameikos von Athen. Führung durch Ausgrabungen und Geschichte (Athen 1988), 88–95, Hermann Lind, Ein Hetärenhaus am Heiligen Tor? Der Athener Bau Z und die bei Isaios (6, 20 f.) erwähnte Synoikia Euktemons, Museum Helveticum 45, 1988, 158–169, und die in Anm. 9 genannte Literatur.
Informationen zu Mitgliedern reicher athenischer Familien sind zusammengestellt bei John K. Davies, Athenian Propertied Families 600–300 B.C. (Oxford 1971).
Zur Familie im klassischen Griechenland W. K. Lacey, Die Familie im antiken Griechenland (Mainz 1983; engl. 1968).
Carola Reinsberg, Ehe, Hetärentum und Knabenliebe im antiken Griechenland (München ^{2}1993).

1 Vielleicht handelt es sich bei dem väterlichen Freund um einen Mann namens Aristomenes (IG II^2 1609, 81 f.; s. u. Anm. 23). – Zum Alter des Chairestratos: Wyse (1904), 484; Davies (1971), 564.
2 Zu den genannten Vermögensteilen und der Höhe des Gesamtvermögens Wyse (1904), 521–523; Davies (1971), 562.
3 Thukydides II 45, 2.
4 Zum Zeitpunkt der Rede (365/64 v. Chr.) war Phanostratos bereits siebenmal *Trierarchos* gewesen (*Syntrierarchos* vielleicht 366/65: IG II^2 1609, 49 u. 92). Später folgte ein weiteres Kommando (IG II^2 1612, 123; 356/55 v. Chr.). Zu Phanostratos Davies (1971), 530 f.; 562–564 (PA 14093).

5 Ob es eine blutsverwandtschaftliche Beziehung zwischen Chaireas und Chairestratos gab, wie die Ähnlichkeit der Namen nahelegt, läßt sich nicht ermitteln.
6 Zur Adoption Wevers (1969), 112–116; Lacey (1983), 136f.; Lene Rubinstein, Adoption in IVth century Athens (Kopenhagen 1993); Edward M. Harris, A note on adoption and deme registration, Tyche 11, 1996, 123–127.
7 Die Quellen sind zusammengetragen bei Lind (1988); vgl. Hans Herter, Die Soziologie der antiken Prostitution im Lichte des heidnischen und christlichen Schrifttums, Jahrbuch für Antike und Christentum 3, 1960, 70–111.
8 Aristophanes, Ritter 1242–1247. Ein farbiges Bild vom städtischen Handel im antiken Athen zeichnen Victor Ehrenberg, Aristophanes und das Volk von Athen. Eine Soziologie der altattischen Komödie (Zürich/Stuttgart 1968; engl. ³1962), 122–143, und Robert J. Hopper, Handel und Industrie im klassischen Griechenland (München 1982; engl. 1979).
9 Zu den Ausgrabungen siehe Ursula Knigge, AA 1980, 256 ff.; dies., Kerameikos. Tätigkeitsbericht 1979, AA 1981, 385–393; dies., Kerameikos. Tätigkeitsbericht 1981, AA 1983, 209–221; dies., Kerameikos. Tätigkeitsbericht 1982, AA 1984, 27–35; dies. u. Bettina von Freytag gen. Löringhoff, Ausgrabungen im Kerameikos 1983–1985, AA 1987, 481–499. Siehe auch Knigge (1988), 88–95.
10 So Ursula Knigge, AA 1981, 387.
11 Bestätigt wird die Vermutung durch den Fund eines Silbermedaillons mit dem Bild der auf einer Ziege reitenden Aphrodite Pandemos: Denn nach einer Notiz des aus Syrien stammenden Autors Lukian opferten Hetären dieser Göttin weiße Ziegen (Hetärengespräche 7, 1). Zu den Funden Ursula Knigge, AA 1980, 265; 264 Abb. 13; dies. (1988), 94 Abb. 86.
12 U. Knigge, AA 1991, 373 ff.; dies., Die Ausgrabungen im Kerameikos 1990/1991, AA 1993, 125–140, bes. S. 139; dies., Kerameikos. Tätigkeitsbericht 1992–1994, AA 1995, 627–634.
13 So Wyse (1904), 508, Lentzsch (1932), 27, und Davies (1971), 563. Nach Blass (1892) sei die Ehe nicht geschieden worden.
14 Zu Demokrates siehe Wevers (1969), 41f., 73; Davies (1971), 474–476.
15 So die Vermutung von Wyse (1904), 505. Ebenso Lentzsch (1932), 28; Davies (1971), 563.
16 So auch Wyse (1904), 510: «a secret compact between father and son, contrary to law and morality». – Damit bezichtigt der Sprecher indirekt Euktemon, aber auch Philoktemon eines schweren Vergehens, nämlich ein Kind nichtathenischer Eltern in die athenische Bürgerschaft eingeschmuggelt zu haben.
17 Philoktemons Todesjahr ist umstritten. Die meisten Autoren sprachen sich für die 370er Jahre (378–373 v. Chr.) aus (Wyse [1904] 484; 512f.). Thompson (1970) vertrat dagegen eine Datierung in die Jahre 368/7 oder 367/6. Vgl. Davies (1971), 562.
18 Vgl. in diesem Sinne Wyse (1904), 484; Lentzsch (1932), 22–25.
19 Die verwegene Behauptung, die Kinder seien Philoktemons und Ergamenes' Adoptivsöhne, wurde vorgebracht, da nur der Besitz von Waisen durch den Vormund verpachtet werden durfte. Als Söhne Euktemons hätte dieses Recht allein Euktemon zugestanden oder war erst nach dem Tod Euktemons zulässig (so auch Lentzsch [1932], 25).
20 Das Todesjahr war entweder 365/64 oder 364/63 (Wyse [1904], 484).
21 Aussagen von Sklaven konnten nur dann vor Gericht eingesetzt werden, wenn sie unter Folter abgelegt worden waren. Die Forderung, Sklaven zur Folterung auszuliefern, oder das Angebot, sie zum Zweck der Folter auszuhändigen, war indes nur ein geschickter Schachzug. Durchgeführt wurde die Folter in aller Regel nicht. Dazu Thür (1977).
22 Zwar ist der Titel Περὶ τοῦ Φιλοκτήμονος κλήρου durch Harpokration (s. v. εἰς ἐμφανῶν κατάστασιν) belegt, doch handelt es sich formell bei der Klage

um eine *dike pseudomartyrias* gegen Androkles' *Diamartyria* (also: κατ' 'Ανδροκλέος ψευδομαρτυριῶν). Vgl. Gerhard Thür, Art. Diamartyria, in: DNP 3, 1997, 522 f.

23 Nach Isaios VI 1 soll Chairestratos als Trierarch nach Sizilien ausgefahren sein. Welches Flottenunternehmen damit gemeint ist, bleibt unklar. Zu den verschiedenen Lösungsvorschlägen Wyse (1904), 488 f., der bei der Textüberlieferung bleibt. Da die Kenntnisse über Flottenunternehmungen in dieser Zeit relativ gering sind, könnte auch eine gefahrvolle Gesandtschaft oder ein anderer Zug gemeint sein. Siehe auch Münscher (1920), 181 Anm. 1. Davies (1971), 564, spricht sich für ein Unternehmen im Jahre 366/65 aus. – Bereits Sundwall hatte in IG II² 1609, 81 f. die Ergänzung [Χαιρέστρ]ατος vorgeschlagen. Trifft dies zu, wäre der Mittrierarch Aristomenes gewesen, in dem dann der *Synegoros* zu sehen wäre.

24 Dieser Umstand wird von Wyse (1904), 483 f., und Lentzsch (1932) nicht beachtet. Für sie handelt es sich um das Vermögen Euktemons. Differenzierter Davies (1971), 563.

25 Nach Isaios VI 56 war dies die Position der Gegenpartei.

26 Ob Dion wirklich ein ehemaliger Sklave war, läßt sich nicht nachprüfen. Mit Vorwürfen über erschlichenes Bürgerrecht und Herkunft aus dem Sklavenstand war man in athenischen Gerichtsreden schnell bei der Hand.

27 So in etwa die These von Thür (1977), 235–240: Euktemon hatte die unter seiner Vormundschaft stehende Kallippe, eine athenische Bürgerin, rechtsgültig an einen Athener namens Dion verheiratet und die beiden Söhne aus dieser Ehe adoptiert, indem er sie als Kinder zweier verstorbener Söhne, des Philoktemon und des Ergamenes, in die Listen seiner Phratrie habe eintragen lassen. Die Eintragung in die Phratrie sei unter der Bedingung erfolgt, daß Philoktemon zuerst sterbe, weil Euktemon zu Lebzeiten Philoktemons keine Adoption vornehmen konnte. Allerdings geht m. E. Thür von einem falschen Verständnis von Isaios VI 44 aus (Thür 236 Anm. 6 und 237; vgl. demgegenüber Münscher [1920], 196). In § 44 geht es darum, daß selbst unter der (nicht zutreffenden) Annahme, die Kinder seien einmal eheliche Söhne Euktemons gewesen und dann als Adoptivsöhne des Philoktemon und des Ergamenes eingetragen worden, sie nicht in das Vermögen Euktemons unmittelbar eintreten könnten, da eine Rückkehr in die leibliche Familie nur gestattet war, wenn man einen Sohn als Erben zurücklasse. Wenn sie also eheliche Kinder Euktemons wären und als Adoptivsöhne von Philoktemon und Ergamenes eingetragen worden wären, dann hätten sie wie Chairestratos beim Magistraten die Zuerkennung des Erbes beantragen müssen. Außerdem steht der These von Thür entgegen, daß von seiten der Kläger immer nur gefordert wurde, daß Androkles den bürgerlichen Status der Kallippe durch Zeugen beweise, nicht den Dions.

Zeittafel

ca. 630	Umsturzversuch Kylons
um 620	Gesetzgebung Drakons
594/3	Reformen Solons
546/5−510	Tyrannis des Peisistratos und seiner Söhne
508/7	Reformen des Kleisthenes
500−494	Ionischer Aufstand
493	Erster Prozeß gegen Miltiades
490	Schlacht bei Marathon
489	Zweiter Prozeß gegen Miltiades
488	Erster Ostrakismos
480	Seeschlacht bei Salamis
478/7	Gründung des Attischen Seebundes
472	Prozeß gegen Themistokles
ca. 469	Sieg Kimons gegen die Perser am Eurymedon
462/1	Reformen des Ephialtes, endgültiger Durchbruch der Demokratie
450/49	Friede Athens mit Persien (sog. Kallias-Friede)
um 450−nach 380	Lysias
443	Ostrakismos gegen Thukydides, Sohn des Melesias
431−404	Peloponnesischer Krieg
429	Tod des Perikles
417	Letzter bekannter Ostrakismos gegen Hyperbolos
415	Beginn der Sizilischen Expedition
	Hermenfrevel und Mysterienprozeß
	Erste *graphe paranomon*
411/0	Oligarchischer Umsturz in Athen. Verfassung der Vierhundert, nach deren Sturz Regime der 5000
406	Arginusenprozeß
404	Niederlage Athens im Peloponnesischen Krieg
404/3	Tyrannis der Dreißig
	Prozeß gegen Theramenes
399	Prozeß gegen Sokrates
397/391−322/315	Aischines
384−322	Demosthenes
1. Hälfte des 4. Jh.	Lebenszeit des Isaios
359−336	Philipp II. von Makedonien
357	Philipp II. gewinnt die Kontrolle über Amphipolis, Beginn des Krieges gegen Athen
356−346	Dritter Heiliger Krieg in Mittelgriechenland
348/47	Erste Friedenssondierungen zwischen Athen und Philipp II.; Scheitern einer *Koine eirene* (allg. Friede) in Griechenland gegen Philipp II.
347/6	Winter: erste athenische Gesandtschaft zu Philipp II.
346	April: Friede des Philokrates in Athen beschlossen, zweite Gesandtschaft an Philipp II. und seine Verbündeten

346	Sommer: Rückkehr der zweiten Gesandtschaft; Beginn des Prozeßkrieges in Athen
Frühjahr 343	Eisangelia-Verfahren des Hypereides gegen Philokrates
Sommer 343	Parapresbeia-Verfahren des Demosthenes gegen Aischines (Gesandtschaftsprozeß)
340	Kriegserklärung Athens an Philipp II.
338	Schlacht von Chaironeia: Niederlage Athens und Thebens gegen Philipp II.
334–323	Perserzug Alexanders des Großen
330	Kranzprozeß
325/4	Harpalos in Athen
323	Tod Alexanders des Großen
322	Niederlage Athens im Lamischen Krieg gegen Makedonien; Selbstmord des Demosthenes

Glossar

Agora: politisches, wirtschaftliches und religiöses Zentrum einer griechischen Stadt.
Amphiktyonie: Bund, dessen Mitglieder sich um ein Heiligtum gruppierten und den Kult pflegten. Am bekanntesten ist die delphische Amphiktyonie.
Anakrisis: Vorverfahren, in dem die Parteien vor dem Gerichtsmagistrat einander Rede und Antwort standen und Beweise gesammelt wurden.
Apaturien: Phratrieenfest, das an drei Tagen im Oktober/November stattfand.
Archonten: das Kollegium ranghöchster Staatsbeamter, bestehend aus neun Mitgliedern. Ursprünglich der Aristokratie vorbehalten, wurde das Archontat in klassischer Zeit schrittweise für die gesamte Bevölkerung geöffnet. Gleichzeitig trat es als Losamt hinter die Strategie zurück. Als Gerichtsbeamte führten die Archonten die *Anakrisis* eines Verfahrens durch und saßen der *Heliaia* vor. Der *archon eponymos* war für Familien- und Erbrecht zuständig, der *basileus* für Mordprozesse und Religiöses, der *polemarchos* für Prozesse, an denen Nichtbürger beteiligt waren, die *thesmothetai* leiteten die politischen Verfahren.
Areopag: aus den ehemaligen Archonten bestehender Blutgerichtshof, dessen politische Kompetenzen schwankten und in der Forschung umstritten sind.
Boule: Der von Kleisthenes geschaffene ‹Rat der Fünfhundert› setzte sich aus je 50 Mitgliedern der Phylen zusammen. Neben der Aufsicht über die Verwaltung bereitete er vor allem die Arbeit der Volksversammlung vor.
Demos: einmal das ‹Volk›, die Bürgerschaft, zum anderen eine wichtige regionale Gliederungseinheit Attikas, die ‹Gemeinde›. Jeder Athener gab in seinem vollen Namen auch seine Demoszugehörigkeit an.
Dikasterion: sowohl die Stätte des Gerichts als auch das Geschworenenkollegium selbst.
Eisangelia: ‹Anzeige›, öffentliche, das heißt von jedem erhebbare Klage in Strafsachen, die schriftlich eingereicht und begründet wurde. Diese Verfahrensform kam vor allem bei einer Verletzung der Amtspflichten und schweren Schädigungen des Gemeinwohls in Betracht.
Ekklesia: ‹Volksversammlung›, die wichtigste politische Körperschaft. Die Ekklesia konnte auch als Gericht fungieren.
Elfmänner: zuständige Behörde für die Inhaftierung und Hinrichtung zum Tode Verurteilter. Bei manchen Delikten führten sie den Vorsitz im Verfahren.
Epheten: Geschworenenkollegium, das in drei Gerichtshöfen neben dem Areopag für das Blutrecht zuständig war.
Epopten: Personen, die eine bestimmte Einweihungsstufe in Mysterien erreicht hatten.
Euthynai: Rechenschaftsverfahren, in dem die Amtsführung von Beamten überprüft wurde.
Graphe paranomon: Klage wegen Gesetzwidrigkeit eines Antrags.
Heliaia: das von Solon eingeführte Volksgericht, das im 5. Jahrhundert in mehrere Gerichtshöfe aufgeteilt wurde. Sie setzte sich aus Laienrichtern zusammen, die das 30. Lebensjahr überschritten und einen Eid, den Heliasteneid, geschworen haben mußten.
Hetairie: exklusiver Club, eine kleinere Personengruppe, die sich um einen Anführer scharte und oft Träger von Machtkämpfen innerhalb der Führungsschicht war.

Hopliten: schwerbewaffnete Fußsoldaten. Da die Soldaten sich selbst auszurüsten hatten, entsprachen die Hopliten auch einer mittleren sozialen Schicht, die zwischen dem Adel und den Besitzlosen stand.

Hypomosie: eidliche Erklärung, durch die ein Verfahren, sei es vor Gericht oder in der Boule / Volksversammlung, vertagt bzw. einstweilen ausgesetzt wurde.

Koine eirene: ‹allgemeiner Friede›, ein für alle Griechen, nicht nur für die jeweiligen Kriegsgegner verbindlicher Friedensschluß, der die Autonomie der griechischen Staaten festlegte.

Metöken: in Athen ansässige Nichtbürger, die sich durch Rechtsstellung und soziale Bedeutung von Besuchern abhoben, aber keine politischen Rechte besaßen.

Mysten: Personen, die eine bestimmte Einweihungsstufe in Mysterien erreicht hatten.

Ostrakismos: ‹Scherbengericht›, durch das die Volksversammlung einen Mitbürger für zehn Jahre verbannen konnte.

Palästra: Übungsplatz der Ringer.

Parapresbeia: pflichtwidrig ausgeführte Gesandtschaft, wegen der eine Klage erhoben werden konnte.

Peristyl: den Innenhof eines Gebäudes begrenzende Säulenhalle.

Phratrie: ‹Bruderschaft›, soziale Gliederungseinheit, in der mehrere (miteinander verwandte) Familien zusammengefaßt wurden.

Phylen: An die Stelle der alten, aus Personenverbänden bestehenden Phylen setzte Kleisthenes eine rein geographische Unterteilung Attikas. Diese zehn Phylen bildeten die entscheidenden Organisationseinheiten des Volkes, nach denen sich Heer, Rat und viele Magistraturen gliederten. Sie lagen auch der Auslosung der Richter zugrunde.

Praetor: für die Justiz zuständiger Beamter der Römischen Republik.

Probouleuma: Beschlußvorschlag, den die Boule der Volksversammlung vorlegte.

Propylon: Eingangshalle zu einem Gebäude.

Prytanen: Die 50 Ratsherren einer jeden Phyle bildeten jeweils eine Prytanie. Für jeweils ein Zehntel des Jahres führten sie den Vorsitz in Boule und Volksversammlung. Der oberste Prytane wechselte täglich.

Pythische Spiele: alle vier Jahre stattfindende Festspiele zu Ehren des delphischen Apollon.

Rat der Fünfhundert → *Boule*

Ritter: die Mitglieder der Reiterei. Als soziale Schicht bildeten sie die zweite Vermögensklasse in Athen.

Strategen: militärische Befehlshaber, in Athen seit Kleisthenes die Anführer der Phylenaufgebote, zehn an der Zahl. Da die Strategen nicht gelost, sondern (aus dem ganzen Volk) gewählt wurden und Wiederwahl unbegrenzt möglich war, stiegen sie im 5. Jahrhundert zu den wichtigsten Beamten auf.

Synegoroi: ‹Mitredner›, die in Prozessen als Fürsprecher einer Partei eigene Reden hielten.

Theoren: sakrale Festgesandte.

Theorikon: aus einer öffentlichen Kasse bezahltes ‹Schaugeld›, das arme Bürger für den Theaterbesuch erhielten.

Thesmotheten: ‹Rechtssetzer›, sechs Beamte, die zu den Archonten gehörten.

Volksgericht → *Heliaia*

Volksversammlung → *Ekklesia*

Sachregister

(Berücksichtigt wurden vornehmlich Begriffe, die sich auf das athenische Rechtswesen beziehen.)

Adoption 234, 238, 239, 245, 246, 248, 250, 251
Agora 31, 39, 41, 47, 58, 68, 69, 117, 164
Aidesis 51, 52
Amnestie 53, 61, 161, 164, 173
Anakrisis s. Vorverfahren
Ankläger (mutwillig) 104
Anklageschrift 157
Apaturienfest 130, 138, 243
Apocheirotonia 100, 136
Apophasis 62–64, 210–213
Aporreta 176
Archon Basileus 16, 23, 33, 36, 45, 157, 164, 219
Archonten 15–17, 21, 23, 33, 36, 42–46, 52, 53, 56, 68, 69, 83, 236, 245, 245
Areopag 16, 17, 20, 35, 36, 50–65, 93, 111, 210, 212–215, 220
Arginusenprozeß 28, 29, 128–143, 154, 165
Asebema 115, 116
Asebie 32, 33, 102, 103, 110, 157, 164, 170–172
Atimia 52, 64, 67, 69, 72, 76, 93, 183
Axon 58

Bakterion 158
Basileus s. Archon Basileus
Beamtenkontrolle s. Rechenschaftsverfahren
Berufung s. Ephesis
Bestechung/Bestechlichkeit/Korruption 21, 100, 183, 186, 187, 194, 206, 209, 210, 212, 214
Blutrecht/Blutgerichtsbarkeit 16, 17, 23, 33–36, 50–56, 60
Boule s. Rat der Fünfhundert
Boulomenos s. öffentlicher Ankläger
Brandstiftung 50

Chorege 245

Delphinion 16, 50, 220
Demagogie 24, 139, 148, 189, 235
Demenrichter 19, 36
Demos s. Ekklesia – Heliaia
Diabole s. Verleumdung
Diäten 18, 36, 46, 48, 49, 58, 159
Diaiteten 37, 38
Diamartyria 247, 248, 250
Diebstahl 21
Dikasterien s. Gericht
Dike 31, 32
Dike pseudomartyrion 247
Diokon 32
Diomosia 157
Dokimasia 58, 59, 63, 148, 184
›Dreißig‹, die 29, 37, 60, 135, 146, 150–152, 154, 155, 160–163, 165, 168, 172, 223, 224
›Dreitausend‹, die 150–154, 160–162, 173

Ehebruch/Moicheia 50, 76, 219–233
Eheschließung 221
Eid/Heliasteneid 35, 182
Eisangelia 20, 22, 32–34, 53, 56, 76, 93, 105, 132–135, 174, 183, 185–189, 210, 211
Ekklesia 14, 19–22, 26, 33, 34, 57, 58, 61–64, 66–69, 73, 76–83, 88, 93, 95, 109, 129–134, 136–140, 142, 143, 147, 149, 150, 158, 159, 161, 174, 176, 177, 183, 185, 197, 206, 207, 209–211, 215
Elfmänner 21, 155
Ephesis 25, 53, 211
Epheten 16, 17, 35, 52–54, 220
Ephoren 150
Epicheirotonia 100

Epidikasia 247
Eponymer Archon 23, 33, 175, 178, 179
Erbschaft 23, 234–252
Erbtochter 239, 251
Erfolgshaftung 138, 139, 183
Erzwingungsstab 18, 26
Eunomia 144
Euthynai s. Rechenschaftsverfahren
Exil 50–52, 57, 66, 67, 69, 75, 84, 90, 93, 105, 113, 161, 162, 166, 205, 207
Exomosia 39

Familie 23, 234–252
Folterobjekte/Basanoi 230
Freigelassene 239, 250
Fremde 50, 107
Fremdengerichtsbarkeit 23
‹Fünftausend›, die 146, 147

Geldstrafe 99, 113, 163, 193, 228
Gericht/Gerichtshöfe 22–27, 29–49, 57–60, 62–64, 75, 140, 157–159, 164–167, 193
Gerichtsreden 30, 31, 179–182, 224, 225, 230–232, 242, 248, 250, 251
Geschworene/Geschworenengericht 24, 30, 34–39, 42–49, 180, 188, 189, 213, 214, 234, 236, 249, 250
Gesetze s. Nomoi
Giftmord 50
Götter/Einführung neuer Götter/Daimonion 157, 158, 163, 165, 170
Graphe paranomon 26, 29, 61, 131, 134, 141, 142, 189, 192, 197
Gymnasiarch 245

Hausdurchsuchung 246
Heliaia 15, 17–22, 24, 35, 54, 132, 190, 198, 200, 210
Heliaia der Thesmotheten 25
Hermenfrevel 27, 114–123, 171
Hetairien 119–122, 145, 176
Hochverrat/Prodosia 30, 32, 52, 56, 57, 76, 92, 131, 135, 136, 140, 142, 152, 183, 185, 210
Hypomosie 132, 192

Jugend/Jugendverderber 158, 165, 168, 170

Kakodaimonistai 122, 171
Katagnosis 210
Klageschrift 158
Kleroteria 31, 40, 42–46
Klepshydra 40, 46, 47, 164, 165
Koine eirene 175, 178
Kollektivverfahren 131–134
Komödie/Komödienspott 168
Kranzverleihung/Kranzprozeß 131, 179, 181, 187, 189–200
Kylonischer Frevel 54
Kyrbeis 58
Kyrios 221, 249

Ladung 32
Laienrichter 17, 18, 24–26, 29, 37, 58, 159, 195
Leiturgien 236, 238
Logisten 184
Logograph 34, 222–224, 234
Losverfahren 39, 42–46, 56, 72, 163

Medismos 22, 57, 76, 90
Metöken 31, 50, 119, 151, 153, 223
Mikropolitai 176
Mord 50, 52, 53, 55, 56, 121, 219, 220
Mündlichkeit 37, 38
Müßiggang 167
Mysterienprozeß/Mysterienfrevel 110, 114–127, 209

Nebenkläger s. Synegoros
Nomoi/Nomothesie 28, 29, 55, 61, 221
Nomophylakia 53, 55, 62, 64
Normenkontrollverfahren 29
Notstandsmaßnahmen 63

Öffentlicher Ankläger 21, 183
Öffentlichkeit/öffentliche Meinung 37
Ordnungsstrafe 33
Ostrakismos/Ostraka, 66–77, 81, 83, 84, 88, 90, 93, 95, 97, 106, 112, 189, 198

Palladion 16, 50
Paranomieklage s. Graphe paranomon

Sachregister

Parapresbeia-Verfahren 174–189
Parhedroi 184
Patrios politeia 60
Peribolos 35, 41, 42
Peripatos 173
Pharmakos 74, 100
Phasis 32
Pheugon 32
Phratrien 17, 51, 243–245, 250, 251
Phreato (s) 16, 50
Phyle 16, 36, 42–46, 52, 53, 68, 157–159, 184, 192
Phylobasileis 16
Polemarchos 23, 24, 33
Politophylakia 53, 55
Popularklage 18, 28, 32–34
Praetor 33, 36, 37
Privatprozeß 21, 31, 219–233, 234–252
Proboulen 146
Probouleuma 130, 132, 133, 192, 197, 210
Prodidaskai 34, 36
Proklesis 34
Prostituierte/Hetären 183, 194, 201, 204, 221, 239, 249, 250
Prozeß(verfahren) 23, 30–49, 157–159
Prytaneion 50, 166
Prytanie/Prytanen 53, 58, 100, 118, 131, 137, 138, 159, 162, 197
Psephisma s. Volksbeschlüsse
Psephoi s. Stimmsteine

Rat der Fünfhundert/Ratsherren 22, 25, 26, 29, 32, 33, 54, 56–62, 66–69 130, 132, 138, 145, 150–152, 154, 155, 158, 177, 184, 185, 210
Rechenschaftsverfahren/Euthynai 22, 29, 53, 58, 59, 130, 148, 162, 178, 183, 184, 193, 195, 197
Redefreiheit 134, 171
Redelehrer 167, 223, 232
Redezeit 46, 47, 164
Religionsvergehen s. Asebie
Reue 132, 173
Rhetoren/Redner 34, 175, 177, 178, 182, 183, 185, 187, 188, 207, 214, 215
Rhetorik 30, 179–181, 193, 194, 197, 199, 211, 222–224, 231, 234
Richterbesoldung s. Diäten
Richtertäfelchen 40, 42–46, 77

Satrapen 203, 206
Schiedsgericht 24, 37
Sklaven/Sklavinnen 34, 50, 118, 139, 219, 221, 225–231, 239, 242, 245, 246, 249
Söldner 201, 203, 206, 209, 215
Sophistik/Sophisten 145, 165, 167–170
Stasis 54
Stimmsteine 40, 47 f., 166
Strafen s. Exil – Todesstrafe – Geldstrafe
Straflosigkeit 119
Strategen/Strategie 128–133, 135–140, 142, 146–148, 150, 154, 175, 178, 185, 187, 188, 196, 197, 201, 208, 235
Streitschlichtung 15
Sykophanten 150, 154
Symbolon 158
Synegoros 23, 24, 34, 157, 164, 182, 184, 188, 193, 234, 247–251
Synhedrion 92

Taxiarchen 150, 154
Teichopoioi 192, 195
Tempelraub/Hierosylia 102, 131, 134
Testament 234, 238, 239, 245, 247–249, 251
Theoren 208
Theorikon 192
Thesmotheten 17, 21, 23, 33, 34, 42, 43, 100
Thudipposdekrete 26
Todesstrafe/Todesurteil 67, 93, 119, 126, 131, 137, 138, 152, 154, 166–169, 186, 187, 199, 211, 214, 219, 221
Toleranz 171
Totenkult 222, 238, 246
Totenrede 192
Tötung 16, 32, 50–53, 219–222, 225, 227, 229, 230
Trierarchen 130, 135, 148, 235, 236, 245, 247, 248
Tyrann 64, 67, 68, 72, 84, 111, 244

Unterschlagung 100, 103, 105

Verbannung s. Exil

Vergewaltigung 222, 229
Verleumdung 180, 181, 194, 214
Vermögenskonfiskation 117, 121, 126
Verteidigungsrechte 133, 134
‹Vierhundert›, die 28, 67, 146
‹Vierzig›, die 33, 36–38, 45
Volksbeschlüsse 131, 132, 134, 175, 182, 191, 197, 210, 211
Volksgericht s. Heliaia – Ekklesia
Volkssouveränität 141
Volksversammlung s. Ekklesia

Vormund s. Kyrios
Vorverfahren 33, 34, 36–38, 157, 211, 247

Wergeld 52, 53

Zetetai 32
Zeugen 38, 39, 131, 133, 165, 182, 188, 227–230, 246, 248, 250

Personenregister

Abulites 203
Adeimantos 118
Admetos 93
Agariste 118
Agis III. von Sparta 205
Aglaokreon von Tenedos 176
Aischines (der Redner) 63, 111, 169, 174–179, 181–189, 190–200
Aischines von Sphettos 107
Aischylos 88
Alexander I. von Makedonien 93
Alexander III. (der Große) 190, 191, 193, 198, 202–208, 212
Alexikles 147
Alke 237, 239, 243, 245, 249, 250
Alkibiades 27, 66, 73, 102, 112, 114, 116–121, 123–125, 138, 139, 145–148, 153, 163, 164, 166, 171
Alkmaion 91
Anaxagoras 97, 102–104, 106, 107, 109, 110, 157
Andokides 114–116, 118–120, 123–126
Androkles (Demagoge, Ankläger im Mysterienprozeß) 119
Androkles (Vormund der Söhne Euktemons aus 2. Ehe) 234, 237, 245–250
Andromachos 118
Anthemion 157
Antidoros 245, 246
Antiochos 138
Antipater 204, 205, 207, 208, 215
Antiphon (der Redner) 145, 147, 153
Antiphon (Agent Philipps II.) 63
Anytos 153, 157, 160, 161, 163–165, 168, 171, 172
Aphobetos 188
Archelaos 157
Archeptolemos 147
Archippe 82
Aristarchos 147
Aristeides 57, 66, 70, 72, 74, 84, 85–88
Aristodemos 176
Aristogeiton (Tyrannenmörder) 244

Aristogeiton (athen. Politiker) 212–214
Aristonikos 212, 213
Aristophanes 15, 24, 101–104, 106, 107, 111, 115, 121, 122, 148, 167, 170, 171, 242
Aristophon von Azenia 176
Aristoteles 16, 23, 31, 72, 73, 6., 100, 108, 110, 124, 171, 181, 184
Artaxerxes I. 94
Aspasia 97, 101–103, 106, 107, 110
Astaspes 203
Athenagoras 145
Atromethos 174
Augustus 66
Autokles 169
Autolykos 160
Axiochos 118, 121

Boccaccio 219, 226
Boubalion 243
Büchner, Georg 151, 152
Burckhardt, Jacob 200

Cato 198
Chabrias 140
Chaireas 237, 238, 245, 246, 250
Chairestratos 234, 237–239, 245–248, 250
Charikles 201, 212
Charmides 118, 121, 160, 163
Cicero 232

Damon 110
Danton 151, 154
Dareios III. 190, 202
De Gaulle, Charles 196
Deinarchos 62, 63, 213
Demades 205, 208, 210, 212, 213
Demetrios von Phaleron 173
Demokrates von Aphidna 244
Demophantos 64
Demosthenes (der Redner) 21, 29,

51, 61–63, 111, 113, 174–179, 181–189, 190–200, 205–215, 231, 232
Demosthenes (Stratege) 113
Derkylos 176
Diagoras von Melos 110, 125, 126
Diodoros 92, 99, 102, 103, 105, 106, 109, 119, 128, 129, 135, 136, 137, 140, 169
Diodotos 26
Diogenes Laertios 158, 169
Diogenes von Apollonia 110
Diokleides 119
Dion 239
Dionysios von Halikarnassos 179, 183
Diopeithes 103, 109
Drakon 16, 17, 20, 51–53, 219, 221, 222, 229
Drakontides 104, 109

Elpinike 74
Ephialtes 22–24, 56–60, 73, 140
Ephoros 92, 99, 102, 105, 106, 108
Erasinides 130
Eratosthenes (Mitglied der 30) 162, 224
Eratosthenes (Ehebrecher) 219–221, 223–229, 231
Ergamenes 236, 237, 245, 250, 251
Eryximachos 121, 162
Eubulos 175–177, 188
Eukleides 159
Eukrates 64
Euktemon 234–239, 242–247
Euphiletos (Anführer einer Hetairie) 120
Euphiletos (Angeklagter in Lysias 1) 219–221, 223–232
Eupolis 124, 146
Euripides 110
Eurybiades 85
Euryptolemos 131, 133–136, 141–143
Euxenippos 183

Glaukon od. Glykon 103, 105, 109
Glykera 201

Habronichos 87
Hagnon 146
Hagnonides 212–214
Harpalos 201–209, 211, 213, 215

Harpokration 179
Hegemon 236, 237
Hegesippos 178
Hephaistion 202, 212
Hermippos 103, 107
Hermogenes 164
Herodot 20, 57, 86, 94, 99, 101, 108, 109, 223
Himeraios 213
Hipparchos (athen. Tyrann, 514 ermordet) 244
Hipparchos (ostrakisierter athen. Politiker) 71
Hippias 72
Hipponikos 164
Hippotherses 162
Hyperbolos 73, 75, 112
Hypereides 63, 169, 174, 183, 188, 205, 206, 212, 213, 215

Iatrokles 176
Isaios 232, 234, 239, 247, 250
Isagoras 67, 68
Isokrates 125, 155, 231

Kallaischros 146
Kallikles 145
Kallippe 237, 244–247, 249–251
Kallixenos (Name auf Ostrakon) 76
Kallixenos (Ratsherr 406 v. Chr.) 130, 131, 133, 134, 137, 141, 154, 162
Kannonos 132, 134
Kephalos 223
Kephisophon 212
Kersobleptes 177, 186
Kimon (Sohn des Miltiades, Stratege) 22, 57, 66, 73, 74, 87, 88, 91, 95, 97, 112
Kimon (346 v. Chr. Gesandter zu Philipp II.) 176
Kinesias 122, 124, 126
Kleander 204
Kleisthenes 19, 20, 36, 56, 59, 60, 66–68, 71, 81, 140, 158
Kleitos 202
Kleon 99, 111–113
Kleopatra 202
Kleophon 148
Koinos 204

Konon (Angeklagter in Demosthenes' 54. Rede) 122, 124
Konon (athen. Stratege) 130, 135
Krateros (Verfasser einer Gesetzessammlung) 93, 109
Krateros (makedon. Feldherr) 208
Kritias 121, 146–155, 160, 163, 166, 169
Ktesiphon 176, 190, 192–194, 200
Kylon 16
Kyros der Jüngere 162

Lakratidas 99
Lamachos 118
Leobotes 91, 92
Leon von Salamis 153, 166
Leon (367 v. Chr. athen. Gesandter zum Großkönig) 187
Leonidas 85
Leosthenes 206
Leotychidas 87
Lukan 198
Lydos 118
Lykomedes 92
Lykon 157, 160, 164, 165
Lykurgos (athen. Redner) 63, 147, 205
Lysandros (spart. Feldherr) 149, 150
Lysandros (Athener) 82
Lysias 114, 122, 123, 125, 150, 153, 155, 161–163, 222–232

Machatas 202
Megakles 69, 71, 74, 76, 84
Meixiades 235–237
Meletos (Angeklagter im Mysterienprozeß) 118
Meletos (Ankläger des Sokrates) 157, 158, 161, 164–166
Menander 219
Menekles 132
Menesaichmos 205, 213
Menon 103, 104
Meyer, Eduard 198
Miltiades 19, 20, 83, 87, 90, 97, 99, 111

Nausikles 176
Neokles 82
Nero 198

Nikanor 205, 207
Nikeratos 153
Nikias 27, 73, 112, 113, 118, 153
Nikides 118

Olympias 202, 208
Orxines 203
Onomakles 147
Ovid 66

Pallas 220
Patrokles 213
Pausanias (spart. Feldherr bei Plataiai) 87, 88, 90, 91
Pausanias (spart. König) 160
Pausanias (Reiseschriftsteller) 201
Peisandros 145
Peisistratos 18, 19, 54, 67
Perikles 18, 26, 28, 58, 60, 66, 73, 96–112, 159, 235, 236
Phainarete 157
Phalaikos 175, 177
Phanostratos 235–238, 245, 247–250
Pherekles 118
Pheidias 97, 102–105, 107, 109
Philipp II. von Makedonien 63, 174–179, 181, 182, 185, 186, 189, 191, 202, 204, 208
Philochares 188
Philochoros 69, 105
Philokles 201, 212, 214
Philokrates 174, 176–179, 183–188
Philoktemon 234, 236–239, 243–251
Philonides 148
Philoxenos 208
Phokion 63, 176, 188, 201, 205, 206, 212
Phrynichos 83, 88 145, 147
Phrynon 176
Pistoxenos 237, 244, 247, 249
Platon 100, 107, 122, 127, 128, 145, 160, 162, 164–167, 172, 173
Plutarch 52, 54, 57, 63, 69, 70, 73, 75, 83, 89, 91–93, 99, 100, 103–109, 117, 119, 123, 127, 179, 181
Prodikos 110
Prokles 213
Protagoras 109, 110
Pulytion 118, 119, 124
Pytheas 213
Pythionike 201

Pythodoros 245
Python 178
Pythonikos 118

Robespierre 151, 152

Sanson 155
Satyros 155
Simmias 99
Sitalkes 204
Sokrates 15, 99, 107, 110, 121, 129, 131, 137, 157–173
Solon 15–19, 28, 35, 52–55, 58, 59, 61
Sophokles 109
Sophroniskos 157, 158
Sostratos 227, 228, 231
Stratokles 213
Strepsiades 15

Tacitus 108
Teisamenos 61
Teukros 118
Theano 127
Themistokles 21, 56, 57, 66, 69, 71, 72, 76, 81–95, 109, 111

Theodoros 119, 124
Theodoros Metochites 92
Theophilos 175
Theramenes 28, 130, 131, 135, 138, 139, 146–156
Theseus 220
Thessalos 117, 119
Thibron 209
Thrasybulos 28, 130, 131, 135, 148, 153
Thukydides (Historiker) 23, 26, 27, 92, 94, 96, 98, 99, 106, 111–121, 123, 145–149, 155, 231
Thukydides (Sohn des Melesias) 73, 97, 106, 112
Timagoras 187
Timarchos 178
Timokrates 61
Tissaphernes 145

Wilamowitz-Moellendorff, Ulrich von 198, 232

Xanthippos 72, 86, 87
Xenophon 127–137, 141–144, 161, 164, 166, 173
Xerxes 21, 72, 86

Die Autoren

Leonhard Burckhardt, geb. 1953, ist Titularprofessor für Alte Geschichte an der Universität Basel

Martin Dreher, geb. 1953, ist Professor für Alte Geschichte an der Universität Magdeburg

Walter Eder, geb. 1941, ist Professor für Alte Geschichte an der Universität Bochum

Johannes Engels, geb. 1959, ist Privatdozent für Alte Geschichte an der Universität zu Köln

Fritz Graf, geb. 1944, ist Professor für Klassische Philologie an der Princeton University

Ulrich Manthe, geb. 1947, ist Professor für Bürgerliches Recht und Römisches Recht an der Universität Passau

Kurt Raaflaub, geb. 1941, ist Direktor des Center for Hellenic Studies in Washington D. C. und Professor für Alte Geschichte an der Brown University/ Providence (Rhode Island)

Winfried Schmitz, geb. 1958, ist Professor für Alte Geschichte an der Universität Bielefeld

Peter Scholz, geb. 1965, ist wissenschaftlicher Mitarbeiter am Forschungskolleg «Wissenskultur und gesellschaftlicher Wandel» an der Universität Frankfurt a. M.

Charlotte Schubert, geb. 1955, ist Professorin für Alte Geschichte an der Universität Leipzig

Wolfgang Schuller, geb. 1935, ist Professor für Alte Geschichte an der Universität Konstanz

Lukas Thommen, geb. 1958, ist Privatdozent für Alte Geschichte an der Universität Basel

Gerhard Thür, geb. 1941, ist Professor für Römisches Recht und antike Rechtsgeschichte an der Universität Graz

Jürgen von Ungern-Sternberg, geb. 1940, ist Professor für Alte Geschichte an der Universität Basel

Karl-Wilhelm Welwei, geb. 1930, ist emeritierter Professor für Alte Geschichte an der Universität Bochum

Rechtsgeschichte von der Antike bis zur Gegenwart

Mario Bretone
Geschichte des römischen Rechts
Von den Anfängen bis zu Justinian
Aus dem Italienischen von Brigitte Galsterer
2. Auflage. 1998. 471 Seiten. Broschiert

Gerhard Köbler
Lexikon der europäischen Rechtsgeschichte
1997. XVIII, 657 Seiten. Leinen

Ute Gerhard (Hrsg.)
Frauen in der Geschichte des Rechts
Von der Frühen Neuzeit bis zur Gegenwart
1999. 960 Seiten mit 32 Abbildungen und 1 Karte.
Broschierte Sonderausgabe

Max Kaser/Karl Hackl
Das römische Zivilprozeßrecht
2., völlig neu bearbeitete und erweiterte Auflage. 1997.
XXXIV, 712 Seiten. Leinen

Ulrich Manthe/Jürgen von Ungern-Sternberg (Hrsg.)
Große Prozesse der römischen Antike
1997. 236 Seiten. Leinen

Verlag C. H. Beck München

Rechtsgeschichte von der Antike bis zur Gegenwart

Wolfgang Reinhard
Geschichte der Staatsgewalt
Eine vergleichende Verfassungsgeschichte Europas
von den Anfängen bis zur Gegenwart
1999. 631 Seiten mit 13 Abbildungen. Leinen

Uwe Schultz (Hrsg.)
Große Prozesse
Recht und Gerechtigkeit in der Geschichte
2. Auflage. 1997. 462 Seiten. Leinen

Michael Stolleis
Juristen
Ein biographisches Lexikon. Von der Antike bis zum 20. Jahrhundert
1995. 703 Seiten. Leinen

Detlef Liebs (Hrsg.)
Lateinische Rechtsregeln und Rechtssprichwörter
Zusammengestellt, übersetzt und erläutert von Detlef Liebs
unter Mitarbeit von Hannes Lehmann und Gallus Strobel.
6., vollständig neubearbeitete und verbesserte Auflage. 1998.
300 Seiten. Pappband

Uwe Wesel
Geschichte des Rechts
Von den Frühformen bis zum Vertrag von Maastricht
1997. 582 Seiten. Leinen

Verlag C. H. Beck München